Hörisch · Das Wissen der Literatur

Jochen Hörisch

# Das Wissen der Literatur

Wilhelm Fink

Bibliografische Information der Deutschen Nationalbibliothek

Die Deutsche Nationalbibliothek verzeichnet diese Publikation in der Deutschen
Nationalbibliografie; detaillierte bibliografische Daten sind im Internet über
http://dnb.d-nb.de abrufbar.

© 2007 Wilhelm Fink Verlag, München
Wilhelm Fink GmbH & Co. Verlags-KG, Jühenplatz 1, D-33098 Paderborn

Internet: www.fink.de

Einbandgestaltung: Evelyn Ziegler, München
Herstellung: Ferdinand Schöningh GmbH & Co KG, Paderborn

ISBN 978-3-7705-4520-9

# INHALT

# VORWORT

Schönheit, die dauert, ist ein Gegenstand
des Wissens. Und ist es fraglich, ob die
Schönheit, welche dauert, so noch heißen
dürfte, – fest steht, daß ohne Wissenswür-
diges im Innern es kein Schönes gibt.
Walter Benjamin:
Ursprung des deutschen Trauerspiels

„Das Wissen der Literatur" – das ist eine riskante bis provokante Wendung.
Denn es ist seit jeher zweifelhaft, ob das Medium der Literatur, der schönen Literatur bzw. der sogenannten Belletristik überhaupt wissenstauglich und seriös ist.
Literatur, so das übliche Setting, ist ein Gegenstand, nicht aber ein Medium des
Wissens. Literaturwissenschaft heißt Literaturwissenschaft, weil sie etwas über
Literatur (Gattungen, Epochen, rhetorische Figuren, lyrische Metren, Lebensda-
ten von Dichtern, intertextuelle Konstellationen etc.) weiß, nicht aber, weil sie
unterstellt, daß Literatur ihrerseits etwas weiß, was Anspruch auf fachwissen-
schaftliche Aufmerksamkeit verdient. Wer wissen wolle, wie man eine Schlacht
gewinnt, einen Wagen lenkt oder einen Kranken heilt, sollte sich an Fachleute
und einschlägiges Fachwissen halten und nicht Homer lesen – so lautet schon der
ebenso brüske wie bündige Bescheid, den Platons Dialog *Ion* gläubigen Verehrern
der schönen Literatur gegeben hatte. Dieser Bescheid hat, machen wir uns nichts
vor, bis heute Bestand[1]. Kein Biologe, kein Physiker, kein Chemiker und kein
Elektrotechniker wird Werke von Goethe, Kleist, Fontane oder Musil lesen, weil
er in ihnen kundiges oder gar innovatorisches Fachwissen über seine jeweilige
Disziplin erwartet. Noch Robert Gernhardt hat sich in seinem Gedichtzyklus
über den Dichter Dorlamm über die Schriftsteller-Spezies lustig gemacht, die
keine Hemmungen spürt, noch darüber enthemmt zu reden, worüber sie mangels
Kompetenz lieber schweigen sollte.

Was ist Elektrizität?

Dorlamm, um ein Referat gebeten,
hält es gern um dies hier zu vertreten:

„Wenn das Ohm sie nicht mehr alle hat,
heißt es nicht mehr Ohm, dann heißt es Watt.

Jedoch nur, wenn's gradeliegt, liegt's quer,
heißt es nicht mehr Watt, dann heißt's Ampere.

Heißt Ampere, ja, wenn es liegt, nicht rollt,

---

1 Cf. Heinz Schlaffer: Poesie und Wissen – Die Entstehung des ästhetischen Bewußtseins und der
philologischen Erkenntnis. Ffm 1990

rollt es nämlich, nennen wir es Volt.

Rollt ein Volt nicht mehr und legt sich quer,
heißt es wieder – wie gehabt – Ampere.

Heißt Ampere, wenn's sperrig liegt, liegt's glatt,
wird es – na wozu wohl schon? – zum Watt.

Wird zum Watt, zur Maßeinheit für Strom,
wenn's nicht alle hat. Sonst heißt es Ohm."

Dorlamm endet, um sich zu verneigen,
doch er neigt sich vor betretnem Schweigen.

„Glaubt es nicht", ruft Dorlamm, „oder glaubt es –
mir egal!" Und geht erhobnen Hauptes.[2]

Wer sie hier nicht alle hat, ist selbst Leuten, die wenig Wissen über Elektrizität haben, elektrisierend deutlich. Dichter Dorlamms Rede über Elektrizität ist ebenso beschwingt wie von jeder Fachkenntnis ungetrübt; sie kann allerdings Leser mit schwachem Wissen animieren, durch einen Blick ins Lexikon verblichene Kenntnisse aufzuhellen und sich kundig zu machen, was es mit Ohm, Watt, Ampere und Volt wirklich auf sich hat. Aufschlußreich bis abgründig an den gut gereimten Versen ist auch, daß Dichter Dorlamm einen sehr großzügigen Umgang mit dem Glaubens-Begriff pflegt. Offenbar liegt ihm nicht viel daran, in kantischer Tradition analytisch sauber die Grenzen zwischen Glauben, Wissen und Meinen zu vermessen. Stattdessen macht er, dem egal ist, was die Wissenschaft weiß, was der Glauben anderer glaubt und wo die Grenzen zwischen Glauben und Wissen verlaufen, weitere vermessene, sachlich-etymologisch haltlose und in charakterlicher Hinsicht verwerfliche Äußerungen über die Kraft des Meinens.

Dorlamm meint

Dichter Dorlamm läßt nur äußerst selten
Andre Meinungen als seine gelten.

Meinung, sagt er, kommt nun mal von mein,
Deine Meinung kann nicht meine sein.

Meine Meinung – ja, das läßt sich hören!
Deine Deinung könnte da nur stören.

Und ihr andern schweigt! Du meine Güte!
Eure Eurung steckt euch an die Hüte!

Laßt uns schweigen, Freunde! Senkt das Banner!
Dorlamm irrt. Doch formulieren kann er.[3]

Dieser Schlußvers zielt nun aber auf eine wenn nicht elektrisierende, so doch immerhin aufschlußreiche Wendung der Dinge. Dichter Dorlamm irrt, aber er irrt so richtig gut, denn formulieren kann er. Was er sagt, ist falsch, aber es ist

---

2 Robert Gernhardt: Gesammelte Gedichte 1954-2004. Ffm 2005, p. 121
3 Ibid., p. 122

immerhin gut falsch gesagt. Und weil es gut gesagt ist, weil dieses Arrangement von Lettern schöner, ansprechender, überraschender, witziger und in jedem Wortsinne belletristischer ist als z.B. Wissenschaftsprosa, findet Dorlamms dichte und doch auch nicht ganz dichte Dichtung trotz der ihr eigenen Abgründe an Unwissen, Ignoranz und Arroganz Gehör und Aufmerksamkeit. Um es in der weniger schönen, aber präzisen Sprache der Luhmannschen Systemtheorie zu sagen: der binäre Leitcode der Wissenschaften ist wahr/falsch, der der Künste und der Literatur ist stimmig/nicht-stimmig – was nichts anderes heißt als dies, daß wir z.B. bereit sind, für ein stimmiges Metrum und einen stimmigen Reim wie „glaubt es / Hauptes" eine sachlich hochheikle These in Kauf zu nehmen, etwa die, daß der soziologische Nenner, der hinter Jahrtausenden schlief, ein paar große Männer waren, die tief gelitten haben. Eine schlechte, wenn auch sehr vorlagennahe Prosaparaphrase von Zeilen Gottfried Benns, die ganz anders wirken, wenn sie in ihrer stimmigen lyrischen Gestalt erklingen.

Die Orientierung am ästhetischen Leitcode (man kann lange diskutieren, ob er mit den binären Termen schön/häßlich, stimmig/nicht-stimmig, interessant/langweilig etc. am besten beschrieben wird, und man wird sich wohl bald einigen, daß er stärker historisch variablen Semantiken verpflichtet ist als etwa der juristische Leitcode Recht/Unrecht, der theologische Leitcode immanent/transzendent oder der wissenschaftliche Leitcode wahr/falsch) – die Orientierung am Leitcode des Ästhetischen sorgt für eine bemerkenswerte Funktions-Leistung: sie hält unwahrscheinliche, kontraintuitive, marginale und sachlich z.T. hochgradig zweifelhafte Thesen parat und (im Fall, daß sich diese Thesen in kanonischen Werken finden) dauer-präsent. Als „Wissen" wird man diese Thesen nicht bezeichnen können; sie erfüllen nicht die Minimal-Kriterien, die man billiger Weise an den Begriff „Wissen" stellt, nämlich daß zutreffende, klar formulier- oder gar formalisierbare, intersubjektiv geteilte, wenn auch ständig modifizier- und erweiterbare Kenntnisse über Sachverhalte vorliegen müssen, wenn von Wissen die Rede sein soll. Schöne Literatur ist nicht das Medium, in dem sich ein so verstandenes Wissen findet. Wir erwarten das auch gar nicht. Man muß nicht Käthe Hamburgers und Roman Ingardens Abhandlungen[4] gelesen haben, um zu wissen, daß Literatur nicht aus sachlich belastbaren und kontrollierbaren Urteilssätzen, sondern allenfalls aus Quasi-Urteilssätzen besteht. Keiner, der auch nur einigermaßen bei Trost ist, würde einen Roman beim Buchhändler unter Protest mit der Mängelrüge zurückgeben, die Marquise habe ihr Haus doch gar nicht, wie vom Schriftsteller behauptet, um fünf, sondern nachweislich und gut bezeugt schon um vier Uhr verlassen. Literarische Sätze sind negationsimmun. Es ist einfach sinnlos, zu negieren, daß Effi Briest jung gestorben ist – selbst und gerade, wenn man Wissen davon hat, daß ihr Pendant in der Sphäre, die man gemeinhin das wirkliche Leben nennt, uralt geworden ist.

---

4 Käthe Hamburger: Die Logik der Dichtung. Ffm/Berlin/Wien 1980 und Roman Ingarden: Das literarische Kunstwerk. Tübingen 1972

Die Dichter lügen, wie man seit Hesiod und Platon wissen kann[5]. Ob sie lügen dürfen, ob und unter welchen Bedingungen es sinnvoll ist, die wahrheitsindifferenten und eigentümlich negationsimmunen Sätze der schrecklich schönen Literatur zuzulassen oder nicht, steht ständig zur Diskussion. Die hier vorgelegten Studien möchten als Beiträge zu dieser Diskussion verstanden werden. Sie gehen von einer Leitthese aus, die da lautet: Schöne Literatur hält ein Alternativ-Wissen bereit, das wert ist, sachlich ernst genommen zu werden. Denn der eigentümliche Leitcode der Literatur ermöglicht es, unwahrscheinliche Wirklichkeitsversionen mit einer gewissen und reizvollen Plausibilität zu versehen. Alles ist (ganz) anders, als es dem Alltagsverstand, der Tradition, dem wohlfeilen Glauben und Meinen scheint – diese Botschaft haben Wissenschaft und Literatur gemeinsam. Die Differenz von Literatur und Wissenschaft ist dieser Gemeinsamkeit zum Trotz deutlich; sie wird in den folgenden Studien grundsätzlich (erster Teil), an einem grenzwertigen Paradigma, der Jurisprudenz, deren Wissenschaftsstatus seit jeher umstritten ist (zweiter Teil), und im Hinblick auf beispielstaugliche Einzelprobleme (dritter Teil) umkreist und befragt.

Es ist schon fast ein wenig zu üblich, heutige Gesellschaften als Wissens- und Informationsgesellschaften zu beschreiben und zu verstehen. Inflationäre Begriffsverwendungen wecken zu Recht Bedenken[6]. Wenn Begriffe wie „Wissen" und „Wissenschaft" so überwertig eingesetzt werden wie heute, ist es geboten, ihre Belastbarkeit zu testen. Dann wird schnell einsichtig, wie naiv und unhaltbar die Trennung zwischen sog. harten, empirischen, rechenintensiven und prognostischen Wissenschaften einerseits und weichen Diskussionswissenschaften andererseits ist. Ob und in welchem Ausmaß der Klimawandel hausgemacht ist oder nicht, ob immanent sichere Atomkraftwerke denkbar sind, ob Elektrosmog gesundheitsgefährdend ist, ob die rational-choice-Annahmen vieler Ökonomen zutreffend sind, ob es Antimaterie gibt, ob Hirnphysiologie das Phänomen Bewußtsein erklären kann und viele andere den „hard sciences" zugerechnete Fragen erweisen sich als mindestens so diskussions- und deutungsbedürftig wie die der sog. Geisteswissenschaften. Literatur weiß zumindest dieses: wie heikel es um die Vorstellung verläßlichen Wissens steht. Schon deshalb lohnt es sich, schöne Literatur aufmerksam zu lesen.

Um das an nur einem Beispiel zu illustrieren: die meisten volkswirtschaftlichen Debatten um Probleme der Staatsverschuldung kreisen um Metaphern, etwa die des Schuldenloches. Daraus entsteht ein argumentativer Sog, der weitgehend unsichtbar macht, daß dem Abgrund der Schulden, den die öffentliche Hand hat, ein Berg an Guthaben entgegensteht. Denn die Schulden des einen sind per definitionem und realiter die Guthaben des anderen; das Geld, das der öffentlichen Hand fehlt, ist in der Hand anderer, im weiteren Sinne privater Hände. Nicht

---

5 Cf. Ernst-Robert Curtius: Europäische Literatur und lateinisches Mittelalter. Bern / München 1969 (7.), Kap. 11

6 Ansgar Beckermann: Zur Inkohärenz und Irrelevanz des Wissensbegriffs. Plädoyer für eine neue Agenda in der Erkenntnistheorie. In: Zeitschrift für philosophische Forschung 55 / 2001, pp. 571-593.

nur Leser dieses Satzes, die Bundesschatzbriefe in ihrem Depot haben, können das leicht nachvollziehen. Die simple Einsicht in die Gleichung Schulden = Guthaben wird fachwissenschaftlich kaum bedacht. Wohl aber von der Literatur, Goethes *Faust* voran, der im ersten Akt des zweiten Teils paradigmatisch das ernste Spiel der Literatur spielt, das seinerseits der Spielregel folgt „Ich seh etwas, was du nicht siehst". Schöne Literatur kann uns das Wissen vermitteln, daß dieses Spiel seinen Reiz nie verliert.

Deshalb sind die hier vorliegenden, im „Jahr der Geisteswissenschaften" erscheinenden Studien auch als ein Beitrag zur nicht enden wollenden Debatte über das Thema „Wozu (noch) Geisteswissenschaften?" zu verstehen[7]. Es gibt Wörter, die geradezu hinterhältig ihren Sinn verändern, wenn man ihren Plural bildet. Das Wort „Sinn" gehört dazu, das Wort „Wort" (Worte, Wörter) auch. „Sinne" – das meint anderes als vielfachen Sinn. „Geschichten" sind etwas anderes als „die Geschichte". Zu Worten wie „Vernunft" oder „Verstand" gibt es nicht einmal um den Preis einer handfesten Sinnverschiebung eine Pluralvariante, so wie man umgekehrt keine Singularversion für das Wort „Leute" angeben kann. Um die Geisteswissenschaften, die sich ernsthaft mit solch plural-singulären Problemen beschäftigen, ist es seltsam bestellt. Denn auch das sonderbare Wort „Geist" sträubt sich gegen seinesgleichen. Geist will einzig und allein dastehen. Mit „Geistern" mag der Geist nicht viel zu tun haben.

Dabei ist es eine Grund- bzw. Abgrundeinsicht produktiver Geisteswissenschaften, daß es den einen Geist, der alles kühn durchdringt und durchwebt, nicht gibt. „Geisteswissenschaften" – das ist ein Kompositumbegriff, der sich allzu leicht pluralisieren läßt; von Geisteswissenschaft im Singular spricht niemand ernsthaft. Geisteswissenschaften sind Geisterwissenschaften. Denn die Evidenz ist übergroß, daß es ein für allemal den Geist im Plural gibt (was Köpfen, die des Lateinischen mächtig sind, schon deshalb einleuchtet, weil es in dieser Sprache viele Bezeichnungen für „Geist" gibt, u.a. mens, spiritus, anima). Es gibt den Geist der Goethezeit und den der neuen Sachlichkeit, es gibt den deutschen Geist und den französischen esprit, es gibt den Heiligen Geist und den Teamgeist, es gibt den Geist, der weht, wo er will, und den Geistreichen, es gibt den absoluten Geist und den Buchstaben bzw. den Geist des Gesetzes, es gibt den Geist der Dekonstruktion und den der analytischen Philosophie, die ganz unterschiedlich die Frage stellen, was denn gemeint sei, wenn die Formel „es gibt Geist" erklingt. Es gibt x Geister mehr, die man rufen, anbeten und aufeinander loslassen kann. Es gibt den Geist in der Flasche, und es gibt Geister, die man ruft, die dann auch tatsächlich kommen und die man danach nicht mehr los wird.

Ausgerufen ist nun das Jahr der Geisteswissenschaften. Das ist auch gut so, das tut zumindest systematisch gekränkten Geisteswissenschaftlern gut. In einem Jahr ist's vorbei. Das Jahrhundert der Physik (übrigens auch ein Wort, das kaum in den Plural zu setzen ist), das Jahr der Geisteswissenschaften: Geisteswissenschaft-

---

7 Die folgenden Überlegungen gehen zurück auf einen Beitrag, der am 10. Februar 2007 in der Frankfurter Rundschau erschienen ist.

ler neigen dazu, Symbole und Wendungen allzu genau zu nehmen, sie haben ein entspanntes Verhältnis zu Überinterpretationen. Überinterpretieren wir also: im Streit der Fakultäten steht es derzeit 100:1 zuungunsten der Geisteswissenschaften. Weise Regie und kluge Geister sorgen dafür, daß das Jahr 2008 das Jahr der Mathematik sein wird. An dieser geistreichen Abfolge kann man sich den Unterschied von Geisteswissenschaften und hard sciences leicht deutlich machen. Richtige Wissenschaften arbeiten mit künstlichen Sprachen, Zahlen und Sonderzeichen, Geister/swissenschaften bewegen sich im abgründigen Medium natürlicher Sprachen. Was nichts anderes heißt als dies: rechenintensive Wissenschaften haben es mit Gleichungen zu tun, Geisteswissenschaften mit Gleichnissen und Vergleichen. Jeder auch nur halbwegs kundige Thebaner weiß, wenn er eine Formel wie x=y, $a^2+b^2=c^2$ oder $E=mc^2$ sieht, daß er es erstens mit wirklicher Wissenschaft und zweitens mit einer Gleichung zu tun hat, auf deren beiden Seiten dasselbe steht. Faszinierend ist an den mathematischen Gleichungen, daß diese Identität sich nicht sofort erschließt und daß dennoch weltweit und zu jeder Zeit dasselbe rauskommt, wenn Mathematiker Gleichungen nachrechnen.

Wenn Geisteswissenschaften es heute sehr schwer haben, ihr Existenzrecht und ihren Anspruch auf Alimentierung plausibel zu machen, so hat das neben vielen anderen Gründen auch diesen einfachen Grund: die Gleichnisse (Texte, Bilder, Töne, Dokumente, Nachrichten, Quellen etc.), mit denen sie sich beschäftigen, sind keine Gleichungen. Schlicht gesagt: es kommt nicht dasselbe heraus, wenn Literaturwissenschaftler Goethes *Faust*, Theologen den Kreuzestod Christi, Bildwissenschaftler das Lächeln der Mona Lisa und Philosophen den Sinn des Daseins verstehen wollen. Viele Geisteswissenschaftler haben daraus eine allzu wohlfeile, politisch und kulturell korrekte, liberalfundamentalistische bis defätistische Konsequenz gezogen: man könne dies oder jenes eben so oder so sehen und verstehen. Nun gut, das haben wir auch ohne Geisteswissenschaften schon geahnt, lautet zu Recht die gängige Antwort der auch nur einigermaßen hellen Zeitgenossen. Darauf kann man kommen, auch wenn man nicht die frühen Erwachsenenjahre in geisteswissenschaftlichen Vorlesungen, Seminaren, Kaffeehäusern und Bibliotheken verbracht hat.

Wissenschaftspragmatisch heißt dies: geisteswissenschaftliche Schulen befehden sich entweder systematisch oder eben gar nicht – soll heißen: man pflegt überspezialisiert seinen claim und sieht zu, daß man auf diesem überschaubaren Terrain eine bescheidene Diskurshoheit wahrt. Wehe, wenn da einer dreinredet. Ansonsten gilt die Parole: munteres bis gereiztes Durcheinanderreden. Kein Wunder, daß die Geisteswissenschaften insgesamt zumeist als das wahrgenommen werden, was sie sind: noise. Kurzum: für das negative Image der Geisteswissenschaften sind diese in erheblichem Maße selbst verantwortlich. Der Kern des Problems ist schnell ersichtlich: es gibt keine Einheit der Fächer, und das ist angesichts der vielen Geister auch gut so. Es gibt aber auch kaum mehr den Willen, gemeinsam Probleme zu fokussieren und zu lösen. Und das ist nicht gut so.

Eigenartig und überflüssig ist dieses weitgehend selbstverschuldete Negativ-Image, weil die Geisteswissenschaften zugleich in vielerlei Hinsicht tatsächlich in bemerkenswert produktiver Verfassung sind. Sie präsentieren sich also weit unter Wert, wenn sie nur als noise wahrgenommen werden. Wer heutige Texteditionen mit denen vor fünfzig Jahren vergleicht, wer derzeitige Bildwissenschaften mit der Kunstgeschichte vor hundert Jahren vergleicht, wer eine durchschnittliche literaturwissenschaftliche Dissertation des Jahres 2000 mit einer der besseren des Jahres 1970, 1940, 1910, 1880 vergleicht, muß zu dem Ergebnis kommen, daß die Geisteswissenschaften in glänzender Form sind – nein: wären, wenn sie es denn verstünden, sich zu konzentrieren statt sich rettungslos zu zerstreuen. Um nicht nur zu klagen (das ist die deformation professionelle der ganzen Branche!), sondern auch das zu machen, was man gemeinhin einen konstruktiven Vorschlag nennt: wie wäre es, wenn Geister/swissenschaften sich konzentriert Problemen stellten, zu denen sie Erhellendes zu sagen haben, Problemen, die (wie in der Tradition der Akademie-Fragen) öffentlich ausgeschrieben werden (z.B. vom Wissenschaftsrat oder einer zu gründenden Nationalakademie), die nicht-beliebige und nicht-triviale Lösungen kennen, die sich reich aus der Sicht einzelner Disziplinen wie der Literaturwissenschaft illustrieren lassen, die alle öffentliche Aufmerksamkeit verdienen und die entscheidbar sind? Probleme wie diese: wie lassen sich Religionskonflikte deeskalieren; ist Konsens tatsächlich die regulative Idee von Diskursen oder reden wir nicht vielmehr, weil und insofern es Dissens gibt; korrelieren religiöse Glaubenbereitschaft und moralische Integrität; welche Effekte hat es, wenn Kulturen den Opferstatus attraktiver machen als den Siegerstatus; wie kommt es zum Phänomen der Epochenkrankheiten, also der Krankheiten, die wie Anorexie oder Aufmerksamkeitsdefizitsyndrom oder Alzheimer Aufschluß über ganze Epochenpathologien geben?

Die Geisteswissenschaften sind heute in glänzender und elender Verfassung zugleich. Die Naturwissenschaften und auch die heute gehätschelten life-sciences wie Genetik und Neurophysiologie können zur Lösung der heißen Problemlagen heute (Stichwort 9/11) schier nichts beitragen; Arabisten, Byzantinisten und Religionswissenschaftler durchaus. Es bekommt den Geisteswissenschaften gut, sich daran erinnern zu lassen, daß sie nicht etwa noise zu sein haben, sondern dem vermeintlichen noise distinkte Botschaften entnehmen können. Die folgenden Studien vertrauen darauf, daß sich das im Medium der schönen Literatur angesiedelte Wissen mit argumentativem Gewinn rekonstruieren läßt. Reizvolle Anregungen zu dem sich in den letzten Jahren deutlich herauskristallisierenden Fragekomplex „Literatur und Wissen" verdanke ich u.a.[8] den thematisch einschlägigen Untersuchungen von Hartmut Böhme[9], Gabriele Brandstetter / Gerhard Neu-

---

8 Norbert Elsner / Werner Frick (edd.): ‚Scientia poetica'. Literatur und Naturwissenschaft. Göttingen 2004; Dieter Lamping: Literatur und Wissenschaft. In: KulturPoetik 5.2 / 2005, pp. 9-28; Christine Maillard / Michael Titzmann (edd.): Literatur und Wissen(schaften) 1890-1935, Stuttgart 2002; Gerhard Plumpe / Nils Werber (edd.): Beobachtungen der Literatur. Opladen 1995; Michael Wood: Literature and the taste of knowledge. O.O 2005; Dirk Werle: Modelle einer literaturwissenschaftlichen Problemgeschichte; in: Jahrbuch der Deutschen Schiller-Gesellschaft Band L / 2006, pp. 478-500
9 Hartmut Böhme (ed.): Wissen und Literatur im 19. Jahrhundert. Reinbek 1998

mann[10], Joseph Vogl[11] und allen voran Sigrid Weigel[12]. Der DFG und dem DAAD danke ich für die Förderung des Forschungsprojekts „Literatur und Wissen", aus dem bislang der von Frank Degler und Christian Kohlroß herausgegebene Band *Epochen / Krankheiten – Konstellationen von Literatur und Pathologie* (St. Ingbert 2006) hervorgegangen ist, der die Buchreihe *Das Wissen der Literatur*[13] eröffnet. Hannah Dingeldein bin ich für kritische Lektüre und redaktionelle Mitarbeit am vorliegenden Band sehr dankbar. Die hier versammelten Texte habe ich in Muße überarbeiten können, weil mir die VW- und die Thyssen-Stiftung ein sehr großzügiges Stipendium aus ihrem Programm „Pro Geisteswissenschaften" gewährt haben. Während der Arbeit an diesem Buch hat meine Universität beschlossen, die Philosophische Fakultät aufzulösen und die geisteswissenschaftlichen Studiengänge einzustellen.

Mannheim im Frühjahr 2007

---

10 Gabriele Brandstetter / Gerhard Neumann (edd.): Romantische Wissenspoetik. Würzburg 2004
11 Joseph Vogl: Für eine Poetologie des Wissens, in: Karl Richter/ Jörg Schönert/ Michael Titzmann (edd.): Die Literatur und die Wissenschaften 1770-1930. Stuttgart 1997, pp. 107-197; Joseph Vogl: Kalkül und Leidenschaft. Poetik des ökonomischen Menschen. München 2002; Joseph Vogl (ed.): Poetologien des Wissens um 1800. München 1999
12 Sigrid Weigel: WissensKünste, in: Trajekte 3/2001, pp. 17-19 und dies.: Literatur als Voraussetzung der Kulturgeschichte – Schauplätze von Shakespeare bis Benjamin. München 2004; Bernhard J. Dotzler / Sigrid Weigel: „Fülle der combination" – Literaturforschung und Wissenschaftsgeschichte. München 2002
13 im Röhrig Verlag St. Ingbert, herausgegeben von Jochen Hörisch und Thomas Klinkert

# I. AUT PRODESSE AUT DELECTARE –
## DAS WISSEN DER LITERATUR

## 1. Warum lügen und was wissen die Dichter?
## Plädoyer für eine problem- und themenzentrierte
## Literaturwissenschaft

Zu den Lieblingswitzen von Sigmund Freud, zu denen, die er selbst als „kostbar" qualifizierte, zählt ein Witz, der in jeder Hinsicht unkorrekt ist: „Zwei Juden treffen sich im Eisenbahnwagen einer galizischen Station. ‚Wohin fahrst du?', fragt der eine. ‚Nach Krakau', ist die Antwort. ‚Sieh' her, was du für ein Lügner bist', braust der andere auf. ‚Wenn du sagst, du fahrst nach Krakau, willst du doch, daß ich glauben soll, du fahrst nach Lemberg. Nun weiß ich aber, daß du wirklich fahrst nach Krakau. Also warum lügst du?"' Freud kommentiert diesen Witz nur kurz und bündig: „Diese kostbare Geschichte, die den Eindruck übergroßer Spitzfindigkeit macht, wirkt offenbar durch die Technik des Widersinnes. (...) Ist es Wahrheit, wenn man die Dinge so beschreibt, wie sie sind, und sich nicht darum kümmert, wie der Hörer das Gesagte auffassen wird?"[1] Freuds Kommentar ist bemerkenswert naiv – und spitzfindig zugleich. Unterstellt er doch, es sei möglich, die Dinge so zu beschreiben, wie sie sind. Und weiß er doch zugleich, postkantisch aufgeklärt, wie er ist, daß es damit, wie die Dinge an sich sind, so eine Sache ist, daß nämlich die Dinge uns nur so erscheinen können, wie wir sie auffassen. Wenn unsere Auffassung so komplex und sensibel ist, daß wir noch auffassen, daß die Dinge anders sein können, als wir sie auffassen, so fassen wir die Sachlage eben so auf. Wir sind, wie man seit Platon ahnen und seit Kant wissen kann, dazu verdammt, Konstruktivisten zu sein. Wir können aber kluge Konstruktivisten sein, denen zumindest schwant, daß es tatsächlich so ist, daß wir dazu verdammt sind, Konstruktivisten zu sein. Dann werden wir Dialektiker, die zu wissen glauben und zu glauben wissen, daß die Konstruktion der Realität eins ist mit der Realität der Konstruktion.

Weil Konstruktion wirklich Konstruktion ist, weil Wirklichkeit (Wirklich*keit* und nicht etwa Wirkliches) wirklich konstruiert ist und weil Konstruktionen wirklich wirklich sind, verdienen dichterische Texte nicht nur um ihrer ästhetischen Qualitäten willen Aufmerksamkeit. Dichtung nämlich hat – das wissen schon antike Köpfe wie Hesiod und Platon – ein provokant entspanntes Verhältnis zur Wahrheit, wenn man denn unter Wahrheit die sachliche Angemessenheit von Sätzen versteht (etwa im Sinne der mächtigen Tradition des Satzes, Wahrheit

---

1 Sigmund Freud: Der Witz und seine Beziehung zum Unbewußten; in: ders.: Studienausgabe, Bd. 4, ed. Alexander Mitscherlich. Ffm 1970, p. 109.

sei die ‚adaequatio rei et intellectus‘, der von Tarskis Satz, die Proposition ‚p‘ sei genau dann wahr, wenn p der Fall ist, rundum erneuert wird).[2] Dichtung kündigt gewissermaßen zum frühestmöglichen Zeitpunkt diesen suggestiven Vertrag eines Konsenses zwischen ‚sema‘ und ‚soma‘, zwischen ‚word‘ and ‚world‘, zwischen ‚Sinn‘ und ‚Sein‘. Deshalb kann Platons berüchtigte und überzitierte Kritik an den Dichtern im zehnten Buch der *Politeia* bei aller Entschiedenheit des Urteils und der Verurteilung schon auffallend abgeklärt auftreten. Zitierenswert ist sie nur deshalb, weil sie selbst gleich zweifach von einem „alten Hader" bzw. von einem „alten Streit (...) zwischen der (um ‚aletheia‘ bemühten, J.H.) Philosophie und der Dichtkunst"[3] handelt, die als Mimesis der Mimesis mit frevelhafter Lust an ästhetischen Entfernungen von der Wahrheit der Ideen arbeitet.

Platon hat gute Gründe, von einem „alten" Streit zwischen der Wahrheit und der Dichtung zu sprechen. Die Entstehung der schnell zum Topos reifenden frühantiken Kritik am lügenanfälligen Medium der Dichtung hat Ernst Robert Curtius im berühmten Kapitel 11 von *Europäische Literatur und Lateinisches Mittelalter* zusammengestellt. Dort erinnert er an Heraklits Diktum, „den Homer sollte man von den Wettkämpfen ausschließen und mit Ruten züchtigen", an den Satz des Xenophanes „Alles haben Homer und Hesiod den Göttern angedichtet, was bei Menschen Schimpf und Schande ist: Stehlen, Ehebrechen und sich gegenseitig betrügen" und nicht zuletzt an Hesiods eigene Schilderung seiner Initiation zum Dichter: „Beim Weiden der väterlichen Herden am Helikon hatten die Musen ihn zum Dichter geweiht und ihm verkündet: ‚Wir wissen viele der Wahrheit ähnliche Lügen zu sagen, aber wenn wir wollen, wissen wir auch Wahrheit zu künden.‘"[4]

Man muß kein geschulter Logiker sein, der durch die illuminierende Hölle von Gödels Unvollständigkeitstheorem gegangen ist, um das in Hesiods Schlüsselszene avisierte Problem zu erkennen: Ist die Aussage der Musen über ihre eigenen zwischen Wahrheit und Lüge changierenden Aussagen ein wahrer Satz oder eine Lüge? Strukturell ist hier das inflationär zitierte Paradox vom Kreter, der da sagt, daß alle Kreter lügen, bereits angelegt. Es wird in der Regel (zuerst wohl von Eubulides von Megara im vierten vorchristlichen Jahrhundert) Epimenides zugeschrieben, der am Ende des siebten Jahrhunderts vor Christi Geburt auf Kreta lebte und nicht weniger als 57 Jahre seines langen Lebens schlafend in einer Höhle verbracht haben soll. Es gehört nicht viel psychodiagnostische Kraft dazu, um zwischen dem rekursiven Lügner-Paradox und dem Ausfall des Wachbewußtseins seines Entdeckers tiefe Zusammenhänge zu vermuten. Wer schläft, lügt

---

2 Alfred Tarski: The Semantic Conception of Truth and the Foundations of Semantics; in: Philosophy and Phenomenological Research 4, 1944, p. 344.

3 Platon: Politeia; in: ders.: Sämtliche Werke, Bd. 2, übers. von Friedrich Schleiermacher. Reinbek 1994, X, 607 b bzw. 607 c.

4 Ernst Robert Curtius: Europäische Literatur und lateinisches Mittelalter. München 1972, p. 210 sq. Cf. auch Herbert Anton: *Minna von Barnhelm* und Hochzeiten der Philologie und Philosophie; in: Theorie literarischer Texte. Neue Hefte für Philosophie 4, 1973, pp. 74–102.

nicht – sofern er schlafend akzeptiert, daß Träume Träume sind. Träume aber gibt es bekanntlich wirklich.

Das vieldiskutierte Paradox vom Kreter ist übrigens so leicht stimmig aufzulösen, daß man sich nur wundern kann, warum diese Lösung des Widerspruchs kaum je erörtert wird: der Kreter, der behauptet, daß alle Kreter lügen, ist ein Lügner, seine Mitbürger verhalten sich jedoch nicht anders als die Bewohner anderer Inseln und Festländer auch – sie sagen zumindest ab und an die Wahrheit. Diesem sachlichen Gestus, sich selbst von brillanten Paradoxien nicht einschüchtern zu lassen, ist auch Klaus Modicks Roman *Der kretische Gast* verpflichtet. Historisches Material aus der Zeit der Besetzung Kretas durch die Hitler-Wehrmacht im Zweiten Weltkrieg ausbreitend, fragt er danach, wer der Partisan des Partisanen ist und läßt einen Deutschen seinen kretischen Freund fragen: „‚Stimmt die Geschichte wirklich?‘ (...) ‚Natürlich stimmt sie nicht (...). Du weißt doch wohl, daß alle Kreter lügen.‘“[5] Dichtung weiß auch dann, wenn sie nicht von unpoetisch nüchternen Kritikern darüber belehrt wird, daß sie in einem spezifischen Sinn lügt.

Zum Lügen gehört, darüber sind sich so gut wie alle Analytiker der Lüge einig,[6] die Intentionalität – die böse oder aber auch die als Taktik des Guten entschuldbare Absicht. Wer unwissentlich Falsches sagt (und z.B. auf die Frage nach der Uhrzeit die unzutreffende Antwort gibt, weil seine Uhr falsch geht oder gar stehengeblieben ist), irrt sich, lügt aber nicht. Umgekehrt läßt sich (wie auch der eingangs zitierte Lieblingswitz von Sigmund Freud zeigt) einigermaßen plausibel argumentieren, daß selbst der, der Zutreffendes sagt, lügen kann bzw. erfolglos lügen will – z.B. wenn jemand, um einem Konkurrenten, der auf dem Weg zu einem Vorstellungsgespräch ist, zu schaden, auf dessen Frage nach der Uhrzeit bewußt die falsche Angabe machen will, aber die richtige Antwort gibt, weil er die Umstellung von Sommer- auf Winterzeit verschlafen hat. Aus solch paradoxem Stoff sind die Geschichten der sogenannten schönen Literatur gewebt. Schöne Literatur ist schlicht von der Verpflichtung freigestellt, wie andere Rede- und Schreibgattungen (etwa die der Wissenschaften, des Journalismus oder der Alltagskommunikation) das sachlich Zutreffende zu sagen. Weshalb es auch wenig sinnvoll ist, belletristische Aussagen zu negieren. Sätze wie „Flaubert lügt, denn Madame Bovary hat ihren Selbstmordversuch doch überlebt“, „Fontane lügt, denn Effi Briest ist doch gar nicht vor Gram früh gestorben, sondern fast hundert Jahre alt geworden“ oder „Thomas Mann lügt, denn Hans Castorp war doch gar nicht in Davos, sondern in Lech am Arlberg“ haben allenfalls fade Kalauer-Qualität, weil jeder auch nur elementar über die Funktion poetischer Sätze Aufgeklärte weiß, daß es sich bei Sätzen der Dichtung um „Quasi-Urteilssätze“[7] han-

5 Klaus Modick: Der kretische Gast – Roman. Ffm 2003, p. 167.

6 Cf. u.a. Gabriel Falkenberg: Lügen. Grundzüge einer Theorie sprachlicher Täuschung. Tübingen 1982 und Simone Dietz: Der Wert der Lüge. Paderborn 2002 und dies.: Die Kunst des Lügens. Reinbek 2003.

7 Die umfangreiche Diskussion über die ‚onto-logische‘ Qualität poetischer Sätze geht zumeist zurück auf die klassischen Untersuchungen von Roman Ingarden: Das literarische Kunstwerk

delt. Wir verständigen aus guten Gründen nicht die Polizei, wenn wir lesend soeben erfahren haben, dass Rodin Raskolnikoff seine Wirtin erschlagen oder Faust von Mephisto ein wertvolles Schatzkästlein sehr zweifelhafter Herkunft übernommen hat.

*

Wir tun dies zu Recht nicht. Denn Dichtung arbeitet erst gar nicht mit der Prätention, wahre, sachverhaltsangemessene, zutreffende Sätze aneinanderzureihen. Darum sind die Quasi-Urteilssätze der Dichtung negationsimmun. Der Leitcode von Poesie wie von Kunst überhaupt ist eben nicht der der Wissenschaft (richtig/falsch), der des Rechts (recht/unrecht) oder der der Religion (immanent/transzendent). Ihr Leitcode ist auch nicht (mehr?) schön/häßlich, sondern ein ganz vertrackter, weil wenn auch nicht referenzloser, so doch seltsam referenzferner: stimmig/unstimmig. Was nichts anderes heißt als dies: für intern stimmige ästhetische Reize wie blendende Reime (z.B. aus der Feder von Peter Rühmkorf: „Die schönsten Gedichte der Menschen/– Nun finden Sie mal einen Reim! –/Sind die Gottfried Benn'schen (...)"), rhythmische Sätze, faszinierende Tropen, perplex machende rhetorische Figuren, rätselhafte Leitmotive und abgründige Allusionen sind poetische Texte bereit, übliche Ansprüche auf wahre Aussagen preiszugeben. Den referenzfernen Sätzen der Dichtung bleibt gewissermaßen gar nichts anderes übrig, als ein hohes Maß an Selbstreferenz bzw. an interner Stimmigkeit aufzuweisen, um ihren spezifischen Mangel an Fremdreferenz zu kompensieren: (Rose is) a rose is a rose is a rose (cf. Kap. 2). Selbstreferenzen aber sind, wie nicht nur das Lügner-Paradox aufzeigt, paradoxieanfällig.

Paradox ist es, wenn etwas so gänzlich anders ist, als es zu sein scheint, daß sich Identitäten in interne Widersprüche verwickeln. Paradox ist es, wenn etwa, um nur einige Beispiele zu nennen, ein unsterblich-allmächtiger Gott nicht kann, was Sterbliche vermögen: eben zu sterben; wenn Theokraten im Namen Gottes eine ersichtlich satanische Politik betreiben; wenn Konservative die Welt revolutionieren; wenn revolutionäre Linke wieder Feudalstrukturen einführen; wenn die ästhetische Avantgarde langweiliger wird als klassische Kunst oder wenn Büchners Lenz das entsetzliche Schreien hört, das man gewöhnlich die Stille heißt. Paradox ist es selbstredend auch, daß Dichtung, deren negationsimmune Quasi-Urteilssätze für eine stimmig gesteigerte Selbstreferenz und einen Mangel an verläßlicher Fremdreferenz sorgen, so etwas wie eine referentielle Universalkompetenz für sich beansprucht. Man kann es auch weniger theorielastig sagen: Während andere Diskurse und Systeme sich strikte Themenbeschränkung auferlegen müssen, handelt Dichtung schlichtweg, ja geradezu enthemmt von allem –

(1931). Tübingen 1972 (vor allem 25: Der quasi-urteilsmäßige Charakter der in einem literarischen Werk auftretenden Aussagesätze), auf Käte Hamburger: Logik der Dichtung (1957). Ffm 1980 und Wolfgang Iser: Der implizite Leser – Kommunikationsformen des Romans von Bunyan bis Beckett. München 1972.

von Gott und der Welt, von Liebe und Tod, von Geld und Macht, von Gespenstern toter Väter und kindermordenden Müttern, von Krankheiten und Euphorien, von Glück und Unglück, vom Geschmack einer Madeleine und dem Krach einer Blechtrommel und selbstverständlich auch rekursiv von der Lust und den Abgründen poetischer Reden.

Dichtung ist auf die Beobachtung von Paradoxien (inklusive ihrer eigenen!) geradezu spezialisiert. Das fällt ihr angenehm leicht. Denn sie kann ohne Angst vor üblen Konsequenzen mit der Struktur jeder Äußerung spielen, neben ihrem propositionalen Gehalt auch eine performative Dimension zu haben. Mit anderen Worten: Es geht in schöner Literatur, obwohl oder eben weil sie ein so entspanntes Verhältnis zur Referenz pflegt, um etwas, sie hat also einen „Inhalt"; und sie stellt zugleich die Sprech- und Schreibakte aus und dar, aus denen sie besteht, sie hat also nicht bloß einen Gehalt, sie ist auch dann ein Sprech- bzw. Lese-Geschehen, eine „performance", wenn sie nicht als Textvorlage einer dramatischen Vorstellung dient. Um nur zwei Beispiele (ein „postmodernes" und ein „klassisches") anzuführen und ein wenig ausführlicher zu analysieren: 1978 sorgte Robert Gernhardt für einen Skandal und hunderte von Abo-Kündigungen, als er im Wochenblatt für Deutschlands gebildete Stände, nämlich in der *Zeit*, ein formvollendetes, metrisch perfektes Sonett voll prächtiger Enjambements publizierte, das sich selbst herrlich widersprach, indem es ein hohes Maß an interner Stimmigkeit mit einem vulgären Vokabular kombinierte, das nichts anderes als eben die Sonettform selbst denunziert. Es trägt den bemerkenswert sachlichen Titel *Materialien zu einer Kritik der bekanntesten Gedichtform italienischen Ursprungs* und lautet:

> Sonette find ich so was von beschissen,
> so eng, rigide, irgendwie nicht gut;
> es macht mich ehrlich richtig krank zu wissen,
> daß wer Sonette schreibt. Daß wer den Mut
>
> hat, heute noch so'n dumpfen Scheiß zu bauen;
> allein der Fakt, daß so ein Typ das tut,
> kann mir in echt den ganzen Tag versauen.
> Ich hab da eine Sperre. Und die Wut
>
> Darüber, daß so'n abgefuckter Kacker
> Mich mittels seiner Wichserein blockiert,
> schafft in mir Aggressionen auf den Macker.
>
> Ich tick nicht, was das Arschloch motiviert.
> Ich tick es echt nicht. Und wills echt nicht wissen:
> Ich find Sonette unheimlich beschissen.[8]

Ganz so drastisch spielt das zweite Beispiel nicht mit der genuin poetischen Möglichkeit, anders als andere Diskursformen Paradoxien und Aporien nicht zu tabuisieren oder zu exkommunizieren. Es ist vielmehr als Indiz dafür zu werten,

---

8 Robert Gernhardt: Was gibt's denn da zu lachen? Zürich 1988, p. 401.

daß es um nicht-triviale, anspruchsvolle Problemlagen geht. Nach dem Sieg der Koalitionstruppen über Napoleon erhielt ausgerechnet Goethe, der viele seiner patriotisch aufgeheizten deutschen Zeitgenossen gehörig mit seiner Napoleon-Bewunderung genervt hatte, den Auftrag, für das Berliner Schauspielhaus ein Festspiel zu Ehren der antinapoleonischen Kräfte und Truppen zu schreiben. Goethe akzeptierte und verfaßte 1815 geschwind ein hochgradig seltsames allegorisches Festspiel, das schon im Titel anzeigt, daß es mit siegreichen Kämpfen vergleichsweise wenig, mit Paradoxien jedoch viel zu tun hat – *Des Epimenides Erwachen.* Zu den Paradoxien, die dieses Drama fokussiert, gehört nicht zuletzt diese: daß der Vater des Lügner-Paradoxes Epimenides die Paradoxien der napoleonischen Epoche gar nicht registrieren kann. Denn er verschläft sie buchstäblich. Wofür er sich ironisch entschuldigt: „Doch schäm ich mich der Ruhestunden,/Mit euch zu leiden war Gewinn:/Denn für den Schmerz den ihr empfunden,/Seid ihr auch größer als ich bin." In dieser ersichtlich doppelbödigen Entschuldigung wollten mehrere Zeitgenossen so etwas wie eine Abbitte Goethes für mangelnde vaterländische Begeisterung entdecken. Die Deutschland-Huldigungen, die der Chor nach Epimenides Erwachen darbringt, sind dann allerdings von so erbärmlicher Qualität, daß auch enthusiasmierte zeitgenössische Rezipienten Bedenken an Goethes Konversion kamen:

> Nun sind wir Deutsche wiederum
> Nun sind wir wieder groß.
> So waren wir und sind es auch
> Das edelste Geschlecht,
> Von biederm Sinn und reinem Hauch
> Und in der Taten Recht.[9]

Kein Geringerer als Goethes vertrauter Alters-Freund, Carl Friedrich Zelter, berichtet dem Verfasser denn auch davon, daß die Paradoxie- und Ironie-Signale dieses eigentümlichen Festspiels beim helleren Teil der Rezipienten durchaus ankamen. Am 11. April 1815 berichtete er Goethe von einem in Berlin umgehenden Kalauer über die Aufführung von *Des Epimenides Erwachen*: „Einer hat das Stück I – wie – menen – Sie – dess? genannt, welches vollkommen Berlinerisch herauskömmt."[10] Die Frage ist nachvollziehbar. Denn der Text wimmelt von Passagen, bei deren Lektüre schwer auszumachen ist, was Wahrheit und was Lüge, was authentisch gemeint und was ironisch bis sarkastisch formuliert ist. Das gilt auch für die folgenden Zeilen, in welchen der „Dämon der Unterdrückung" angesichts der die Bühne betretenden, mit Helm, Schild und Speer versehenen Hoffnung die unverbindlich goldenen Worte spricht:

---

9 Johann Wolfgang von Goethe: Des Epimenides Erwachen; in: ders.: Sämtliche Werke, Briefe, Tagebücher und Gespräche in 40 Bdn. u. 2 Abtlg. (Frankfurter Ausgabe), Abt. I/Bd. 6, ed. Dieter Borchmeyer. Ffm 1993, p. 770 sq.

10 Ibid., p. 1341.

Im Gedränge hier auf Erden
Kann nicht Jeder was er will;
Was nicht ist, es kann noch werden,
Hüte dich und bleibe still.

Der Hoffnung gefallen diese goldenen Worte offenbar nicht sonderlich. Denn sie
nimmt Kafkas großes Wort vorweg, wonach es unendlich Hoffnung gibt – nur
nicht für uns bzw. im Fall von Goethes Festspieltext: nur nicht für den Dämon
der Unterdrückung. Hebt sie doch „den Speer gegen ihn auf und steht in dro-
hender Gebärde unbeweglich" (so die Regie-Anweisung). Worauf der Dämon der
Unterdrückung das genus dicendi wechselt und von den unverbindlich goldenen
Worten ins Register tiefsinniger Paradoxien umschwenkt:

Doch welch ein Nebel, welche Dünste
Verbergen plötzlich die Gestalt!
Wo find' ich sie? ich weiß nicht, wo sie wallt;
An ihr verschwend' ich meine Künste.
Verdichtet schwankt der Nebelrauch und wächst
Und webt, er webt undeutliche Gestalten,
Die deutlich, doch undeutlich immer fort
Das Ungeheure mir entfalten.
Gespenster sind's, nicht Wolken, nicht Gespenster,
Die Wirklichen, sie dringen auf mich ein.
Wie kann das aber wirklich sein
Das Webende, das immer sich entschleiert?
Verschleierte Gestalten, Ungestalten,
In ewigem Wechseltrug erneuert!
Wo bin ich? Bin ich mir bewußt? –
Sie sind's! sie sind auch nicht, und aus dem Grauen
Muß ich voran lebendig Kräftge schauen;
Fürwahr, es drängt sich Brust an Brust
Voll Lebensmacht und Kampfeslust.[11]

Das sind schon mehr als „nur" Paradoxe. Der Dämon gewahrt lauter krasse Widersprüche sensu stricto: Figuren, die „deutlich, doch undeutlich" gewebt sind,
Gespenster, die nicht Gespenster und Gestalten, die Ungestalten sind und doch
nicht sind sowie „Wirkliche", die unwirklich sind. Kurzum: er gewahrt einen
„ewigen Wechseltrug", in dem Gespenster versuchen, Gespenstern ihre Gespen-
sterhaftigkeit auszutreiben. Zusammengehalten wird diese Passage, deren dichterische Dichte, deren Verdichtungsgrad und deren poetischer Reiz ersichtlich um
Potenzen höher ist als die der Ruhmesverse auf die Deutschen, die nun wieder
etwas darstellen und sind, durch den extensiven Einsatz der Web- und Schleier-
Metaphorik, die ja so etwas wie die Meta-Metapher der Dichtung selbst ist.[12]
Goethe hat seinen Namen immer wieder etymologisch spielend auf Gott und lie-

---

11 Ibid., p. 775.
12 Cf. dazu Uwe C. Steiner: Verhüllungsgeschichten. Die Dichtung des Schleiers. München 2006.

ber noch pluralisch auf Götter bezogen und dabei nie vergessen, daß er auch in matrilinearer Hinsicht in einer aussagekräftigen Namens-Tradition steht. War seine Mutter doch eine geborene Textor. Goethe – der göttliche Texter, der Autor, der weiß, daß noch bzw. gerade auch Götter Text-Götter sind.[13]

\*

Göttliche Autoren sind Autoritäten, weil sie mit dem Verhältnis von Worten und Realien autoritär umgehen. Sie lassen sich vom realen Stand der Dinge nicht zu bestimmten („richtigen") Aussagen erpressen, weil sie wissen, daß das fragile Verhältnis von „les mots et les choses" seinerseits selbst zum Stand der Dinge zählt. Dichter sagen deshalb die Wahrheit, wenn sie sagen, daß Lüge und Fiktion tatsächlich genuine und mit dem Wahr-Sagen zumindest gleichursprüngliche Möglichkeiten der Sprache sind. Weil das so ist, kann und muß sich die seit jeher paradoxiesensible Dichtung in der frühen Neuzeit verstärkt gegen Textsorten ausdifferenzieren, die zugleich hochanspruchsvoll und doch völlig naiv (nämlich paradoxie-unsensibel) daherkommen: gegen Texte mit echten wissenschaftlichen Wahrheitsansprüchen. Mit ihnen kann schon die spätmittelalterliche Dichtung sarkastisch umgehen, wie etwa Sebastian Brandts 1494 erschienenes *Narrenschiff* oder Chaucers um 1387 entstandene, aber erst um 1478 erstmals erschienene *Canterbury-Tales* zeigen. Chaucer unterwirft sich dem Gebot, nur das Wahre, darunter auch das wahrhaft von anderen Gesagte zu berichten – und erhält so eine wunderbare Lizenz zur Wiedergabe von Grobheiten und Lügen aller Art:

> But first I pray yow, of youre curteisye,
> That ye n'arette it nat my vileinye,
> Thogh that I pleynly speke in this matere,
> To tell yow hir wordes and hir chere,
> Ne thogh I speke hir wordes properly.
> For this ye knowen al so wel as I:
> Whose shal telle a tale after a man,
> He moot reherce as ny as evere he can
> Everich a word, if it be in his charge,
> Al speke he never so rudeliche and large;
> Or elles he moot telle his tale untrewe,
> Or feyne thing, or finde wordes newe.
> He may nat spare, although he were his brother;
> He moot as wel seye o word as another.
> Crist spak himself ful brode in Holy Writ,
> And wel ye woot, no vileinye is it.
> Eek Plato seith, whose can him rede,
> The wordes mote be cosin to the dede.[14]

---

13 Cf. Jochen Hörisch: Religiöse Abrüstung – Goethes Konversions-Theologie; in: ders.: Gott, Geld, Medien – Studien zu den Medien, die die Welt im Innersten zusammenhalten. Ffm 2004, pp. 67– 82.
14 Geoffrey Chaucer: The Canterbury tales, ed. Verdel Amos Kolve/Glending Olson. New York 1989, p. 21.

> Doch bitt' ich Euch zunächst aus Höflichkeit
> Legt es nicht aus als Herzensschlechtigkeit,
> Wenn ich getreu im Laufe der Geschichte
> Auch jedes Wort von Jedermann berichte;
> Sonst ziehe man mit Recht der Lüge mich.
> Denn das wißt sicher Ihr so gut wie ich:
> Wer melden will, was ihm gesagt ein Mann,
> Der wiederhole, so genau er kann,
> Ein jedes Wort, sei's noch so schlecht gewählt
> Und noch so gröblich, was ihm vorerzählt.
> Sonst müßt' er ja die Unwahrheit berichten,
> Den Sinn verfälschend, neue Worte dichten;
> Den eignen Bruder darf er schonen nicht,
> Ein jedes Wort zu sagen, ist ihm Pflicht.
> Sehr kräftig sprach selbst Christus in der Bibel,
> Und doch kein Wort – das wißt Ihr – ist von Uebel.
> Wer Plato las, dem ist der Spruch bekannt:
> Es sei das Wort der Sache nah' verwandt.[15]

*

So hintersinnig kokett verfährt Luís Camoes' 1572 erschienenes Epos von den heldenhaften portugiesischen Entdeckungsfahrten *Die Lusiaden* nicht. Viele Indizien sprechen dagegen, daß in den folgenden Versen ein ironischer Unterton mitschwingt. Umso bemerkenswerter ist es, daß Camoes das Bedürfnis spürt, auf den Wahrheitsgehalt seines Textes ausdrücklich hinzuweisen und ihn offensiv auch von renommierten Phantasiegeschichten wie denen vom rasenden Roland abzugrenzen. Offenbar rechnet der neuzeitliche Autor mit Lesern, die aufgrund der poetisch-stimmigen Qualitäten seines Textes auf ein entspanntes Verhältnis gegenüber der Wahrheitspflicht schließen. Schreibt er doch gleich zu Beginn seines Epos:

> Vernehmt: Ihr werdet nicht mit Phantasie,
> Ersonnen, lügnerisch und ausgedacht,
> Dies Volk gelobt sehn, wie die Poesie
> Der fremden Völker Taten größer macht:
> Die Tat der Euren ist so groß, dass sie
> Erträumte Fabeln hinter sich gebracht,
> Auch Rodamontes und Ruggieros Pein
> Und Rolands, mag sie auch geschehen sein.[16]

Ob die explizite Wahrheitsverpflichtung des poetischen Diskurses von Camoes bis zum Ende plausibel durchzuhalten ist, scheint dem Autor augenscheinlich selbst fragwürdig zu sein. Denn er fühlt sich genötigt, sein Wahrheitsversprechen zu wiederholen und dabei noch zu radikalisieren:

---

15 Geoffrey Chaucer: Canterbury-Erzählungen, übers. von Adolf von Düring. Straßburg 1886.

16 Luís Camoes: Os Lusíades – Die Lusiaden, übers. von Hans Joachim Schaeffer. Berlin 2004 (3.), p. 13. Radomonte und Ruggeriero sind Figuren aus Boiardos 1486 erschienenen Epos *Orlando Innamorato* und aus Ariosts *Orlando Furioso* (1516–32).

> Wären die alten Denker, die oft gingen
> In Länder, um Geheimes zu ergründen,
> Zu Wundern so wie ich auf See getrieben,
> Mit vollen Segeln in verschiedenen Winden,
> Welch große Werke hätten sie geschrieben!
> Der Sterne, Zeichen, Einflüsse zu finden!
> Wie seltsam alles und wie wunderbar!
> Und nichts davon gelogen, alles wahr![17]

Nichts davon gelogen, alles wahr! Das klingt zu schön, um wahr zu sein. Das Seltsame und Wunderbare, also das Unvertraute und Unwahrscheinliche wird im lusitanischen Muster-Epos kunstvoll dargeboten, aber auf hochriskante Weise mit dem Anspruch auf klassische Adaequatio-Wahrheit kombiniert. Wahrscheinlich sind die *Lusiaden* eines der wenigen bedeutenden belletristischen Werke, die sich unironisch auf eine solche weitreichende Identifikation von ästhetischer Stimmigkeit und sachverhaltsangemessenem Wahrheitsverständnis einlassen. Denn eben dies ist auffallend (und entsprechend von gelehrten Autoren wie Ernst Robert Curtius herausgestellt worden): daß die poetische Lizenz zur Lüge (im oben entwickelten Sinne) in der sogenannten abendländisch-christlichen Tradition epochenübergreifend wahrgenommen, wenn auch nicht immer (siehe etwa Hesiod und Platon!) gebilligt wird. Man kann diese These einfach testen: Es gibt über mehr als zweitausend Jahre hinweg kaum Leser bzw. Rezipienten, die davon ausgehen, daß Sophokles, Aischylos, Euripides, Vergil, Dante, Shakespeare, Schiller oder Brecht die historischen Ereignisse um Antigone, die Gründung Roms, das Schicksal der Inferno-Bewohner, die Untaten Richards II., die Taten Wallensteins oder die Preisentwicklung für Rindfleisch an der Börse von Chicago um 1930 „richtig" dargestellt haben. Wohl aber gibt es seit Hesiod und Platon viele Kritiker, die diesen und anderen Autoren ideologische Befangenheit, Unredlichkeit, überbordende Phantasie oder schlicht Unkenntnis vorwerfen. So gut wie allen Rezipienten dieser Werke ist der Unterschied zwischen einer quellengestützten historischen Abhandlung und der dramatischen oder epischen Ausgestaltung eines historischen Ereignisses geläufig. Daß der Historiker schildert bzw. schildern soll, was geschehen ist, der Dichter hingegen, was geschehen (sein) könnte, ist schon die leitende These der aristotelischen Poetik zur Genredifferenz beider Diskurse – des sachlichen (in diesem Fall dem des Historikers) und des poetischen. Es ist einfach ein Allgemeinwissen, daß der poetische Diskurs ein Abfall von den gängigen Kriterien an Wahrheit ist. Umso dringender ist die Klärung der Frage, ob schöne Literatur trotz ihres Verzichtes auf „Wahrheit" über ein valides Wissen verfügt. Auch diese Frage hat eine bemerkenswert lange und intensive Vorgeschichte.

*

---

17 Ibid., V, pp. 22–23.

A letter, a litter: nur ein Buchstabe, nur eine Letter entscheidet darüber, ob ein Wort ‚semantisch Bedeutsames‘ oder aber ‚Abfall‘ meint. Die Zahl der Lettern, aus denen Texte aller Gattungen gewebt sind, ist im griechisch-lateinischen Alphabet überschaubar. Bekanntlich basiert der alteuropäische Lettern-Handel auf plus/minus 25 Buchstaben. Mit diesem überschaubaren Material läßt sich nun aber hochgradig Unterschiedliches anfangen. Die Literaten, die wir Buchstaben- bzw. Phonem-Arrangeure notgedrungen alle sind (so wie wir nach Molières Einsicht in aller Regel Prosaisten sind), können Lettern z.B. so kombinieren, daß diese sich zu journalistischen, alltagskommunikativen, dozierenden, kommentierenden, wissenschaftlichen oder eben auch belletristischen Texten verweben. Belletristik – das Wort ist von bemerkenswerter Präzision. Gibt es doch zu erkennen, daß Texte, die dieser Gattung zugehören, ein Webmuster aufweisen (wollen), das primär schön (und z.B. nicht in erster Linie wahr, gerecht, klatschhaft, sensationell, neu etc.) sein möchte. Nicht in erster Linie: denn es ist nicht nur nicht auszuschließen, sondern vielmehr zu erhoffen, daß gattungsspezifische Textmuster aufschlußreiche Nebeneffekte freisetzen. A letter, a litter (um nochmals das von Joyce und Lacan favorisierte Wortspiel zu verwenden): auch Texte und Buchstabenarrangements sind und produzieren Abfall in jedem Wortsinn.

Mit dieser Einsicht spielt schon die ca. zehn Jahre vor Christi Geburt verfaßte *Ars Poetica* des Horaz. Ihre zentrale und klassische Formel über das, was die Poeten wollen, wenn sie Texte nach belletristischen Mustern weben, hat er, der Klassiker, bemerkenswert verspielt bis manieristisch, also übertrieben schön plaziert. Nämlich auf den Vers 333 seiner dritten Epistel. „Aut prodesse volunt aut delectare poetae" steht dort wünschenswert klar und apodiktisch zu lesen. Die Dichter wollen entweder belehren oder erfreuen. Textaussagen wie die des Verses 333 der *Ars Poetica* des Horaz, deren binär strukturierende entweder-oder-Klarheit kaum überbietbar zu sein scheinen, können durch philologische Fragen verdunkelt werden. Denn wer mit philologischen, also mit Augen, die in den Logos von Worten verliebt sind, den strahlend klaren Text näher betrachtet, bemerkt alsbald, daß die Klarheit des geflügelten horazischen Diktums schwindet. Und das nicht nur, aber eben auch, weil die Leitworte ‚prodesse‘ und ‚delectare‘ zwar nicht semantisch unscharf, wohl aber (wie sollte es anders sein?) vielfältig zu übersetzen sind. ‚Prosum/prodesse, profui, profuturus‘ heißt ‚nützlich sein, voranbringen, belehren, helfen bzw. weiterhelfen‘. Das verwandte Adverb ‚prosus‘ meint ‚geradewegs, geradezu, mit einem Wort, kurz‘.[18] Das nach den unmaßgeblichen altphilologischen Kompetenzen des neuphilologischen Verfassers buchstäblich mitgemeinte ‚für (etwas) sein‘ (pro-sum), ‚sich für etwas einsetzen bzw. für etwas stark machen‘ fand sich in keiner Übersetzung und in keinem Wörterbuch. Mit ‚helfen‘ übersetzt Gerd Herrmann das erste Verb im Vers 333 der *Ars Poetica*, die meisten anderen Übersetzungen ins Deutsche führen ‚belehren‘ oder ‚nützen‘ an. Ähnliche Resultate bringt ein Blick in englische Übersetzungen der dritten horazischen Epistel: ‚to be of service‘ übersetzt Niall Rudd, ‚to benefit, to be helpful to

---

18 Der kleine Stowasser. München 1979, p. 368.

life' übersetzt H. Rushton Fairclough. In der im Französischen wohl am häufig-
sten konsultierten Übersetzung von Francois Villeneuve heißt es ‚être utile'.

Auch das ‚delectare' bereitet vergleichsweise wenig Übersetzungsschwierigkei-
ten und bietet doch eine bemerkenswerte semantische Bandbreite: ‚anziehen, fesseln, vergnügen, unterhalten, erfreuen' – so listen die gängigen Wörterbücher die
deutschen Entsprechungen für das lateinische ‚delectare' auf. Das Wort hat sich
bekanntlich, ohne dabei ins allzu Pretiöse abzugleiten, bis in unsere heutige gehobene Alltagssprache hinein gehalten: wir delektieren uns an den Phänomenen,
die uns durch Schönheit oder Schrecklichkeit anziehen, fesseln, in ihren Bann
schlagen und denen gegenüber wir uns doch ein gewisses Moment der distan-
zierten Freiheit bewahren können. Der Dilettant (dessen Begriff sich direkt von
diesem Verb herleitet) ist der Profi des Delektierens. Er setzt ganz und gar auf die
vergnüglichen bis faszinierenden Aspekte eines Kunstwerkes, das andere unter
dem Aspekt ‚prodesse' betrachten, wenn sie nach seinem Nutzen fragen. Die im
Laufe der Jahrhunderte nach seiner Bildung zunehmend pejorativ werdende Bedeutung des Wortes ‚Dilettant/Dilettantismus' verkennt, daß es ursprünglich als
Privileg galt, Dilettant sein zu dürfen. Genauer: als ein Adels- bzw. Patrizier-
Privileg. Der Handwerker, der Bürger und der Gelehrte waren dem ‚prodesse'
verpflichtet; sie mußten noch dann, wenn sie sich mit Kunstwerken beschäftigten, nützliche Werke verrichten; der Privilegierte hingegen durfte sich an dem
delektieren, was den Rest der Welt Anstrengungen kostete.

Und so ergibt sich eine klassisch-klare Distinktion: aut prodesse aut delectare –
das ist es, was die Poeten wollen, was sie bezwecken, wenn sie ihre Werke in die
Welt setzen. Sie wollen entweder nützen, belehren, voranbringen, für eine Sache
sein oder aber etwas zum Delektieren geben, also ihre Leser erfreuen. Nein: so ergäbe sich eine klassisch-klare Distinktion, wenn nicht beamtete Philologen, die
seriös arbeiten und sich nicht etwa an verführerisch schönen Texten delektieren
sollen, wenn also nicht Philologen, die keine Dilettanten sein dürfen, näher hin-
schauten und komplexe Schwierigkeiten entdeckten, die über gewisse semantische Mehrdeutigkeiten hinausgehen. Denn der dem Vers 333 anvertraute Satz
wäre zwar auch isoliert ein in sich grammatisch und semantisch vollständiger
Satz. Er findet aber ohne Punkt- und Komma-Unterbrechung eine unmittelbar
anschließende Fortsetzung. Vers 334 lautet: „aut simul et iucunda et idonea dicere vitae." In Gerd Herrmanns nicht sonderlich präziser Übersetzung heißt es:
„Helfen wollen die Dichter oder doch uns erfreuen/Oder beides: die Herzen er-
heitern und dienen dem Leben." Das darf man mit Fug und Recht eine Übersetzung schelten, die (wohl im Namen eines mißverstandenen Klassizismus und
Humanismus) systematisch entschärft, was doch so deutlich auf scharfe Antithetik angelegt ist. Aus der klaren Disjunktion ‚aut-aut' (entweder-oder) macht
Herrmann ein schlichtes ‚oder', das man auch inklusiv lesen kann, so daß die
rhetorische Pointe der Verse 333 und 334, nämlich die des dreifachen ‚aut' verschwindet. Aus dem ‚simul' (zugleich) macht er ein unspezifisches ‚beides'. Er
phantasiert ein poetisch zu erheiterndes ‚Herz' herbei, obwohl ‚iucunda' eher tiefere Körperregionen avisieren. Und er übersetzt ‚dicere' (auf dieses schlichte Verb

geht immerhin das hohe deutsche Wort ‚dichten‘ etymologisch zurück) mit ‚dienen‘.

Horaz hingegen hat offenbar nicht ohne Lust am Manierismus das schroffe
‚aut-aut‘ zugleich gesetzt und aufgebrochen. Wodurch? Dadurch, daß er dieses
Wort nicht etwa überwindet, sondern vielmehr (und „ausgerechnet" im Übergang von Vers 333 zu Vers 334) ein drittes Mal einsetzt, bevor er es im vermit-
telnden ‚et-et‘ aufhebt. Aus dem ‚aut-aut / entweder-oder‘ wird ein ‚et-et / so-
wohl-als- auch‘ nur dadurch, daß die erste Disjunktion selbst zu einer Einheit erklärt wird, die sodann eine Gegenführung erfährt. Die rhetorische Konstruktion
ist komplex, aber doch durchschaubar: (aut-aut) – AUT – (et-et). Die Poeten
wollen entweder das eine: nämlich belehren oder erfreuen oder aber das andere:
„et iucunda et idonea dicere vitae". Diese Formel hat es in sich. Denn sie manifestiert gerade in ihrer manieristische Qualitäten streifenden alphanumerischen und
auf die Zahl drei fixierten Verspieltheit ihre zentrale und hochgradig aufschlußreiche Hypothese: eine in sich differente, nämlich entweder belehrende oder er-
freuende Dichtung hält geradezu systematisch eine Alternative zu den Alternativ-
Codierungen einzelner Diskurse (inklusive des poetischen Diskurses selbst!) bereit. Dichtung erbringt eine kaum zu unterschätzende Leistung: Man kann alles
anders beobachten, als es ansonsten beobachtet wird – einschließlich noch und
gerade das Anders-Beobachten. So kann man z.B. dort ein et-et, ein sowohl-als-
auch gewahren, wo andere ein aut-aut wahrnehmen: „et iucunda et idonea dicere
vitae".

Horaz knüpft, wie schon sein gelehrter spätantiker Kommentator Pomponius
Porphyrio im dritten nachchristlichen Jahrhundert erkannte, gerade in seinen
zentralen und hier diskutierten Versen an Neoptolemos von Parion an, der im
dritten Jahrhundert v. Chr. eine Poetik verfaßte. In ihrem Zentrum steht keine
andere These als die, daß die Poesie der ‚hedoné‘ und der ‚opheleia‘ (‚Hilfe, Nutzen‘) zu dienen habe.[19] Über das Spannungsverhältnis zwischen den Sphären ‚didaskalia‘ und ‚psychagogia‘ hatten schon der als Astronom wie Philologe gleichermaßen ausgewiesene Universalgelehrte Eratosthenes (ca. 290– 210) und der
bedeutendste Astronom der Antike, Hipparch von Nikaia (ca. 160–125), nachgedacht. An diese Diskussionslinie knüpft Horazens Formel an: „et iucunda et
idonea dicere vitae". Die Formel spitzt zu, obwohl oder weil sie doppelsinnig ist.

---

19 Zu Affinitäten und Differenzen zwischen Neoptolemos und Horaz cf. die Kommentare von
   Charles O. Brink: Horace on Poetry. Cambridge 1971, p. 352: „H(oraz) is seen therefore to work
   with traditional concepts in this part of the poem as well (...). Moreover he adopts the same
   ‚Peripatetic‘ compromise as Neoptolemos, although naturally this compromise means to him his
   unique blend of seriousness and humor, hardly what it meant to the Hellenistic littérateur.
   Wether Neoptolemos like H. linked *prodesse* with instruction and *delectare* with ‚fiction‘ is not
   known." (Hervorh. J.H.) Neoptolemos spricht von der „psychagogia"-Funktion der Poesie. Auf
   den problemgeschichtlichen Hintergrund der Horazischen Überlegungen macht Otto Immisch:
   Horazens Epistel über die Dichtkunst. Leipzig 1932 aufmerksam: „Die Frage nach dem *telos*
   (griech., J.H.) des Dichters ist in dieser Formulierung viel erörtert worden; das hellenistische
   Hauptdokument ist die Kontroverse über *didaskalia* (griech., J.H.) und *psychagogia* (griech.,
   J.H.), durch die Namen Hipparch und Eratosthenos berühmt (...)."

Denn ‚vitae' kann man sowohl dativisch als auch (lectio difficilior) genitivisch lesen. Die Dichter wollen etwas sagen, das dem Leben reizvoll (‚iucunda') und zugleich förderlich (‚idonea') ist, bzw. sie wollen die scherzhaften und tauglichen Momente des Lebens aus- und ansprechen. ‚Iucunda' – das lateinische Wort meint durchaus auch den derben erotischen Scherz, den Tabubruch, den Jokus, den ‚joke', den später die Angelsachsen so schätzen.

Es gibt demnach, streng nach Horaz, zwei Klassen von Dichtern: Nämlich erstens solche, die entweder belehren, nützen, voranbringen oder aber erfreuen wollen. Von Poeten, die so entschieden auf Funktionsgrenzen, die sie nicht überschreiten wollen, achten, ist eine zweite Klasse von Poeten zu unterscheiden, die beides zugleich (‚simul') anstreben: dichtend dem bzw. vom Leben sowohl Taugliches (‚idonea') als auch aufreizend Amüsantes (‚iucunda') zusprechen bzw. aussagen. Poeten, die dies tun, machen sich aber eines Frevels schuldig, den Horaz zwar nicht direkt aus-, wohl aber schon in den allerersten Versen seiner *Ars Poetica* anspricht: sie schreiben monströs. Denn sie bringen Gattungsgrenzen durcheinander. ‚Genus, genre, Gattung' (um von ‚Gen' zu schweigen) – das Wort hat bekanntlich in den europäischen Sprachen einen bio- bzw. zoologisch-poetologischen Doppelsinn. Wer die Diskurs-Gattungen durcheinander-, weil zusammenbringt (etwa die von belehrenden und ämusanten Texten, von Sachbüchern und Belletristik), bringt die Monstren hervor, die dem Klassizisten Horaz solch ein Graus sind, daß er sie apotropäisch (Psychoanalytiker würden formulieren: kontraphobisch) gleich zu Beginn, also in den allerersten Versen seiner *Ars Poetica* aus dem Reich der Poesie ver- und in das Reich der Lächerlichkeit einweist.

> Humano capiti cervicem pictor equinam
> Iungere si velit et varias inducere plumas
> Undique conlatis membris, ut turpiter atrum
> Desinat in piscem mulier formosa superne,
> spectatum admisse risum teneatis, amici?[20]

> Haupt eines Menschen und Nacken des Pferdes zusammenzufügen:
> Tät' dies ein Maler, schüf' dazu Flügel mit schillernden Farben,
> Glieder von überall her, daß unten ein schwärzlicher Fischleib,
> Häßlich zu sehen, doch oben ein herrliches Weib sich uns zeige:
> Könntet ihr da beim Betrachten das Lachen verbeißen, o Freunde?

Gut gebrüllt, Löwe. Nun ist aber die *Ars Poetica* des Horaz selbst eine poetisch vorgetragene Lehre – so wie fast zwei Jahrtausende später Adornos *Ästhetische Theorie* schon im Titel kund und zu wissen gibt, daß sie nicht nur eine Theorie des Ästhetischen, sondern als solche eben auch eine ästhetische Theorie ist. Horaz schreibt eine poetische Poetik, die sich vom schroffen ‚entweder-oder' ab- und dem ‚zugleich' bzw. dem ‚sowohl-als-auch' von Nützlichem und Erfreulichem zuwendet. Der kanonische Text des Horaz, der mit der barschen Abweisung alles

---

20 Horaz: Ars Poetica; in: ders.: Sämtliche Werke, ed. Hans Färber. München/Zürich 1982, vv. 1–5.

Monströsen anhebt, ist, sofern er systematisch genera dicendi und Text-Gattungen mischt, selbst monströs. Damit steht er in einer von Ambivalenzen nicht freien, dennoch aber deutlichen Opposition zur griechischen Tradition der Poetologien. Sowohl Platon als auch Aristoteles haben wirkungsmächtig darauf bestanden, daß die Diskurse der Poesie und die des Wissens unterschiedlichen Logiken verpflichtet sind.[21] Die Pointe des platonischen *Ion*-Dialogs ist bekannt und sticht stets erneut. Wer wissen will, wie man heilt, einen Wagen lenkt, einen Tisch herstellt oder eine Schlacht gewinnt, sollte einen Arzt, einen Wagenlenker, einen Handwerker oder einen Heerführer befragen und nicht Homer lesen. Denn in den homerischen Epen findet man zwar schöne, nicht aber sachlich kompetente Ausführungen über all diese und viele andere Fragen. Die Poesie redet zwar enthemmt über alles – aber über nichts mit Sachkompetenz. Ähnliche Argumente trägt, wenngleich mit weniger poesieverächtlichem Furor (und weniger poetisch als Platon!), auch Aristoteles vor. Der Dichter ist, wie schon der Beginn seiner Poetik herausstellt, kein Fachmann, geschweige denn ein Fachwissenschafter. Selbst bei wahlverwandten Diskursen wie denen des Dichters und des Historikers ist die modallogische Differenz beider Textgattungen unschwer auszumachen: der Historiker schreibt, was faktisch der Fall gewesen ist, der Dichter hingegen, was möglich sein könnte.

Solch klaren und einleuchtenden Grenzziehungen zum Trotz kommt es immer erneut zu Grenzüberschreitungen und Hybridbildungen zwischen Textgattungen. So geht gerade auch dem berühmten Vers 333 der *Ars Poetica* des Horaz eine sachlich valide These unmittelbar voraus, genauer: eine atemberaubende Ethnologie in nuce, die nichts geringeres unternimmt, als herauszuarbeiten, was Griechen und Römer voneinander trennt. Die These des Horaz ist von strahlender Klarheit, und sie dürfte auch als Replik auf die Griechenschelte, ja auf den manifesten Griechenhaß des älteren Cato zu verstehen sein. Der schreibt in seinen *Libri ad filium* (einer Sammlung von praktisch orientierten Lehrbüchern) über die Griechen bemerkenswert Unfreundliches: „Dicam de istis Graecis suo loco, M. fili, quid Athenis exquisitum habeam et quod bonum sit illorum litteras inspicere, non perdiscere. Vincam nequissimum et indocile genus illorum, et hoc puta vatem dixisse: quandoque ista gens suas litteras dabit, omnia corrumpet, trum etiam magis, si medicos suos hoc mittet. Iurarunt inter se barbaros necare omnes medicina, sed hoc ipsum mercede faciunt, ut fides iis sit et facile dispersant. (Ich werde über diese Griechen noch an passender Stelle reden, mein Sohn Marcus, was ich in Athen herausgefunden habe und daß es gut ist, Einblick in ihre Literatur zu nehmen, nicht aber, sich gründlich mit ihr zu befassen. Ich werde zeigen, daß sie ein nichtsnutziges und unverbesserliches Pack sind, und dies halte bitte für das Wort eines Propheten: Wenn uns dieses Volk seine Literatur bringt, dann verdirbt es alles, und noch mehr, wenn es auch seine Ärzte hierher schickt. Sie haben sich verschworen, mit ihrer Medizin alle Barbaren umzubringen, dies

---

21 Cf. dazu die instruktive Studie von Heinz Schlaffer: Poesie und Wissen – Die Entstehung des ästhetischen Bewußtseins und der philologischen Erkenntnis. Ffm 1990.

aber tun sie gegen Bezahlung, damit man Vertrauen zu ihnen hat und sie ohne Mühe morden können.)"[22]

Horaz geht mit der Differenz griechische/lateinische Mentalität deutlich souveräner, weil selbstkritischer um als Cato. Ja, er dreht, dem ordo-inversus-Motiv folgend, die Argumentation Catos um: die Römer sind eigentlich nur an einem interessiert – an Geld; die Griechen hingegen delektieren sich am Geist. Die Griechen erzählten, die Römer zählen lieber.

> Grais ingenium, Grais dedut ore rotundo
> Musa loqui, praeter laudem nullius avaris.
> Romani pueri longis rationibus assem
> discunt in partis centum diducere. 'dicat
> filius Albini: si de quincunce remota est
> uncia, quid superat? poteras dixisse. ,triens.' ,eu,
> rem poteris servare tuam. redit uncia, quid fit?'
> ,semis.' an, haec animos aerugo et cura peculi
> cum semel imbuerit, speremus carmina fingi
> posse linenda cedro et levi servanda cupresso?[23]

> Griechen verlieh die Muse Genie, geschliffene Rede;
> Griechen kennen, außer der Ruhmsucht, keinerlei Ehrgeiz.
> Römische Knaben dagegen lernen, durch längeres Rechnen
> Asse in hundert Teile zu teilen. ,Sag mir ganz schnell jetzt,
> Sohn des Albinus: nimmst von fünf Zwölften du eine Unze,
> Wieviel bleibt übrig?' – ,Ein Drittel As doch!' – ,Bravo, so hältst du
> Künftig das deine zusammen. – Eine Unze dazu noch?'
> ,Macht gerade ein halbes As.' – Wenn diese Jagd nach dem Gelde
> Erst mal die Sinne erfaßt hat – kann da noch ein Dichtwerk entstehen,
> Das man mit Zedernöl schützt und bewahrt im Zypressenholzkästchen?

Womit wir wieder unmittelbar an der Schwelle zum Vers 333 und bei der Frage (aut-aut) – AUT – (et-et) angelangt wären: zählen oder erzählen, griechisch oder römisch denken, nützen oder erfreuen, reine Gattungen anstreben oder monströse Gattungsvermischungen zulassen. Läßt sich z.B. nicht so vom Zählen erzählen, daß man auf neue und sachlich relevante Einsichten in die monetäre Genealogie des reinen logisch-mathematischen Denkens hoffen darf? Ruft nicht gerade der verspielte, manieristische Zug des Horaz-Textes, der eine binär strukturierende, zählen und erzählen unterscheidende Spekulation über die Genese mathematischen Denkens auf die Schwelle vor dem zentralen Vers 333 verlegt, sachlich relevante Dimensionen eines belletristischen Textes ab, eines poetischen bzw. poetologischen Textes, der genau in dem Maße dem ,prodesse' dient, in dem er etwas auslegt, was zum ,delectare' Anlaß bietet? Die Antwort auf diese und ähnliche Fragen liegt geschützt und philologisch gut vor Zugriffen bewahrt im Zypressenkästchen bzw. in der black box der Invisibilisierung, die eine totemistisch verfah-

---

22 Zit. nach Manfred Fuhrmann: Geschichte der römischen Literatur. Stuttgart 1999, p. 100 sq.
23 Horaz: Ars Poetica, l.c., vv. 323–332.

rende Philologie eben auch leistet. Es ist keine andere als die Frage nach der Reinheit oder Unreinheit der Unterscheidung von schönen, erfreulichen, dem Delektierungsbedürfnis Rechnung tragenden Texten einerseits und nützlichen, weil belehrenden und relevantes Wissen voranbringenden Sachtexten andererseits.

Belletristik und Sachbücher, die schönen Lettern und die sachlichen Bücher: das ist spätestens seit Platons *Ion*-Dialog und bis in die Anordnungsprinzipien von Bibliotheken und Buchhandlungen *die* Frage und die Leitunterscheidung der Philologie. Ihre rituelle Antwort ist überwältigend bescheiden: Philologie ist für die Texte zuständig, die im Hinblick auf Fragen nach relevantem, nämlich Fachdisziplinen voranbringenden Sach- bzw. Sachverhalts-Wissen nicht relevant sind. Wenn sich Philologen alten Newton-Handschriften und Fragen ihrer angemessenen Edition zuwenden, dann nicht, um die physikalische Forschung voranschreiten zu lassen, sondern allenfalls, um einen Beitrag zur deutlich minder relevanten Geschichte der Physik beizusteuern. Kompensiert wird diese Bescheidenheit in aller Regel mit der in den letzten Jahren allerdings von vielen zunehmend als peinlich empfundenen Feier (um Luhmann zu zitieren) „hoher Ideen"[24] und „unbestreitbar schöner Wortkörper"[25] wie Bildung, Humanismus, Geist, Tradition, Kultur und ewige Werte.

*

Wozu das alles gut sein soll, wozu Dichtung in dürftiger Zeit dienlich sein dürfte und sein könnte – das ist die stets neu zu erörternde Grund- und Abgrundfrage. Die Antworten darauf haben ersichtlich rituelle Züge. Es fallen dann zustimmungspflichtige und auf Einheit zielende Leitbegriffe, wie sie auch in der geisteswissenschaftlichen Drittmittelantragsprosa verläßlich auftauchen – also Begriffe wie ,wechselseitiges Verstehen', ,interkulturelle Kompetenz', ,Schlüsselqualifikation', ,Dialog', ,Kommunikation', ,Horizontverschmelzung' und ,Konsens'. Tabuisiert oder geächtet sind in kulturpolitischer Programmprosa hingegen dissensorientierte Begriffe wie ,Einflußnahme', ,Macht', ,Durchsetzungsfähigkeit', ,Dominanz' und ,Ressourcenverteilung'. Das Eigentümliche an diesem Befund ist nun, daß man mit so unterschiedlichen Köpfen wie Horaz oder Luhmann zeigen kann, worin die Funktion von Dichtung und Kultur liegt – nämlich in der systematischen Herstellung von Dissens, in der Produktion von Alternativen (noch zu Alternativen!). „Wozu Dichter in dürftiger Zeit?" Die Frage läßt sich funktional beantworten. Dichter sagen das, was sie sagen, dichter, verdichteter als es in anderen Diskursen üblich ist. Sie sagen es, um nochmals Horaz zu bemühen, indem sie einem sehr exquisiten Code folgen, dem der Übereinstimmung mit sich selbst, der internen Stimmigkeit. In den Worten des Horaz, mit denen er, schon hier im 119. Vers und, wie wir wissen, nicht zum letzten Mal das ,aut-aut' bemühend, Poeten Ratschläge gibt:

---

24 Niklas Luhmann: Das Erziehungssystem der Gesellschaft. Ffm 2002, p. 169.
25 Ibid., p. 187.

> aut famam sequere aut sibi convenientia finge scriptor.[26]

Poeten, Schreiber, Scriptoren reihen Worte aneinander, die sie fingiert haben. Aber sie tun das eben nicht willkürlich, sondern so, daß ihre Worte entweder der fama folgen oder aber „sibi convenientia", mit sich selbst übereinstimmen, also stimmig, gut und schlüssig erfunden sind. In dieser Alternative „der fama folgen" oder aber „mit sich selbst übereinkommen" wird deutlich die Formel des Verses 333 antizipiert – allerdings mit einer signifikanten Differenz. Das Werk des Scriptors folgt der fama nach (v. 119) oder bringt sachlich Einsichten voran (v. 333). Es kommt zu spät oder zu früh, ist aber nie zur rechten Zeit in dem Sinne gegenwärtig, daß es mit dem übereinstimmt, was der Fall ist. Kompensiert werden kann dieser Mangel dadurch, daß poetische Werke etwas bieten, woran man sich delektieren kann: sie haben ihren genuinen Reiz, der daraus entspringt, daß sie ihre eigene Convenienz, daß sie gewissermaßen ein Rendezvous mit sich selbst haben.

Und das ist auch gut so. Denn diese Selbstübereinstimmung der poetischen Werke tritt an die Stelle der Übereinstimmung von nicht-poetischen Aussagen mit Sachverhalten, der sachlich relevante Diskurs-Gattungen ihr Existenzrecht verdanken. Die klassische Wahrheitsformel einer „adaequatio rei et intellectus" (einer Übereinstimmung zwischen dem Sachverhalt und seiner intellektuellen Repräsentanz) hat, lange bevor sie erkenntnis- und wissenschaftstheoretisch erodierte, in der Unrichtigkeits-Wahrheit der poetischen Rede ihre Dekonstruktion gefunden. Eduard Mörike pointiert einen auf die Antike und eben auch auf Horaz zurückführbaren poetologischen Topos, wenn er in der berühmten Schlußzeile seines Gedichts *Auf eine Lampe* formuliert: „Was aber schön ist, selig scheint es in ihm selbst."[27] Die Pointe dieser poetischen Selbstgenügsamkeit besteht darin, daß diese Selbstgenügsamkeit und interne Stimmigkeit der Poesie mit der Semantik vertrauter Realitätsversionen kollidiert. Nur der Umstand, daß poetische Werke der Maxime verdichteten, stimmigen, „schönen" Sprechens verpflichtet sind, macht es akzeptabel, daß Dichtung ansonsten (nämlich „inhaltlich") kaum akzeptabel wäre: allzu absonderlich ist es, was schöne Literatur zu verkünden hat. Z.B. dies: daß das Schöne und das Scheinen nicht nur etymologisch zusammenhängen.

Poetische, belletristische Aussagen beziehen ihren Reiz daraus, daß sie intern ungemein stimmig sind, sachlich-fachlich aber nicht sonderlich plausibel sein müssen. Wir klassifizieren sie zu recht als dunkel und schwer verständlich. Daß schöne Literatur der Verständigung und der Kommunikation dient, ist eine so verbreitete wie unsinnige facon de parler gerade in literaturwissenschaftlichen Kreisen (nicht nur bei der Formulierung von Drittmittelanträgen). Dichtung ist, je dichter, je besser, je komplexer sie ist (um kanonische Beispiele zu nennen:

---

26 Horaz: Ars Poetica, l.c., v. 119 sq.
27 Eduard Mörike: Auf eine Lampe; in: ders.: Sämtliche Werke, ed. Herbert G. Göpfert. München 1976, p. 85.

*Faust II*, Hölderlins späte Hymnik, Mallarmés *Würfelwurf*, *Ulysses*, *Doktor Faustus*, Celans Lyrik), desto schwerer verständlich, desto mehr an Kommunikationsverhinderung interessiert. Daß Dichtung Verständigung und einvernehmliche Dialoge herbeiführt, ist ebenso ein vertrauter und verbreiteter Satz. Allein, auch dieser Satz zielt gewaltig daneben. Die Gereiztheiten, Eskalationen und lustvoll gepflegten Mißverständnisse, die Bücher wie *Satanische Verse*, *Tod eines Kritikers*, *Eine winterliche Reise durch Serbien*, *Anschwellender Bocksgesang* oder *Was bleibt* (um nur Beispiele aus den letzten Jahren anzuführen) ausgelöst haben, sind selbst in Zeiten des raschen Feuilleton-Vergessens im kollektiven Gedächtnis derer, die überhaupt noch lesen, fest verankert.

Ob esoterische Werke oder spät-engagierte Literatur: es gehört zu den verläßlichen Kriterien der Unterscheidung von „hoher" und Trivial-Literatur, daß erstere mit bemerkenswerter Regelmäßigkeit Dissidenz herstellt. Sie eröffnet systematisch abweichende Beobachtungen vertrauter und eingespielter Sachverhalte. Es ist, um die Begrifflichkeit der Systemtheorie zu bemühen, die Funktion von sogenannter schöner Literatur, etablierte und anerkannte (z.B. common-sense- oder wissenschaftliche) Diskurse mit alternativen Realitätsversionen zu konfrontieren. Schöne, also dem Schein und dem Code stimmig/unstimmig vertrauende Literatur stellt semantischen Überfluß her, zumindest ahnend, daß dieser Überfluß, dieser Luxus in Gesellschaften und Kulturen, die systematisch mit Problemen der Komplexitätsreduktion konfrontiert sind, eine Notwendigkeit ist. Denn der schöne Schein illuminiert Sachprobleme so, daß sie sich anders präsentieren als gewohnt. Ein Beispiel nur: Fast alle glauben (mit Habermas, der Hermeneutik und dem gesunden Menschenverstand), daß Konsens das Ideal und die regulative Idee von Kommunikation ist. Schöne Literatur aber hält eine dissidente Einsicht, These, Beobachtung parat; sie häuft (fast wiederum zu einhellig!) Szenen, die zeigen, daß wir nur deshalb kommunizieren, weil wir uns nicht verstehen. Vollendetes Verstehen und hergestellter Konsens bedeuten das Ende von Kommunikation. Konsens ist der Konkurs von Diskursen.

\*

Und die Philologie? Wo sie sich vorschnell dem Geschäft der Interpretation verschreibt, wo sie verstehen will, wo sie an Prozessen des Einrückens in die Tradition, der Horizontverschmelzung und der hermeneutischen Applikation interessiert ist, leistet sie in aller Regel eines: sie treibt bedeutenden Texten ihre dissidenten Momente aus, sie stellt interpretatorisch gewaltsam einen Konsens zwischen dem common sense und der absonderlichen Poesie her. Wo sie hingegen Philologie, also Liebe zum festen Buchstaben und zum immer schon diskurrierenden Logos bleibt, hatte und hat sie eine Aufgabe: gerade auch bei hochgeschätzten bis kanonischen Texten darauf hinzuweisen, wie absonderlich sie und die durch sie vermittelten Beobachtungen sind. Nicht ohne Grund haben in den letzten Jahren Fragen der Editionsphilologie die literaturwissenschaftlichen Gemüter fast noch stärker erregt als Methodenfragen. Der Kampf um die Frankfurter Hölderlin- oder Kafka-Ausgabe illustriert eindringlich, wieviel Sprengkraft ausgerechnet in der trockensten Sparte philologischer Betriebsamkeit steckt. Der Streit um die rechte Wiedergabe von Texten, die nicht ohne Grund Primärtexte heißen, und die gereizte Abwehr von Lektüren, die nicht gleich alles verstehen wollen, sondern erst einmal mit gleichschwebender Aufmerksamkeit befremdliche Texte wahrnehmen, illustrieren die Probleme, die von der Frage umkreist werden: wozu Literaturwissenschaft? Nicht umsonst ist dieser spezifisch deutsche Begriff selbst eine seltsame Hybridbildung, ein Kompositum, das zusammenfügt, was nicht eigentlich zusammengehört: die schönen Letterarrangements der Belletristik und die am Code richtig/falsch orientierten Texte der Wissenschaft.

Literaturwissenschaftler beobachten, wie Dichtung die „Welt" beobachtet. Philologie ist, auch wenn sie sich in der Regel so nicht selbst beschreibt, second-order-observation. Häufig, um präziser zu formulieren: immer dann, wenn sie sich am Selbstverständnis der Hermeneutik orientiert, ist Philologie eifrig darum bemüht, die Distanz, die in ihrem second-order-Status steckt, in Vereinigungsphantasien aufgehen zu lassen. Dann verschmelzt sie Horizonte, dann interpretiert sie immanent, dann fragt sie nach der Einheit von Leben, Werk und Zeit eines Autors, dann ist sie auf Verständigung und Konsens aus. Mit einem Wort: dann verspielt sie ihre bemerkenswerten Möglichkeiten, die eben darin bestehen, Anschlußkommunikation zwischen den dissidenten, alternativen Realitätsversionen der Poesie und jenen Diskursen zu suchen, die nicht dem ästhetischen Code ‚stimmig/unstimmig‘, sondern etwa dem wissenschaftlichen Code ‚richtig/falsch‘ oder dem politisch-öffentlichen Code ‚korrekt/unkorrekt‘ verschrieben sind. Gerade weil Dichtung dem Code ‚stimmig/unstimmig‘ verpflichtet ist, hat sie sachlich etwas zu sagen.

« Aut delectare aut prodesse volunt poetae. » Es geht in Dichtung gerade in dem Maße, in dem sie esoterisch um sich selbst zu kreisen scheint, um etwas. Dichtung hat Themen, sie thematisiert Probleme – z.B.: Krankheiten (warum und wie wird Ottilie in Goethes *Wahlverwandtschaften* Anorektikerin?), Ernährung (*Buddenbrooks, Der Butt*: was hat es mit dem Omnivore-Paradox auf sich?), Religions- und andere Konflikte (*Nathan der Weise*: wie funktionieren politreligiöse Eskalationen bzw. Deeskalationen), Verkehrsprobleme (*Der Mann ohne Eigenschaften*), Geschlechter- und Generationsverhältnis (welche Vorteile hat es, wenn Väter auf ihre Töchter hören – siehe *King Lear*), Erziehung (Hesses Romane, *Törleß*), Staatszusammenbrüche (Joseph Roths Prosa, Thomas Manns *Königliche Hoheit* oder *Unordnung und frühes Leid, Faust II*), Neue Medien (*Der Auftrag* von Dürrenmatt), Gerechtigkeit (*Der zerbrochene Krug, Der Prozeß, Der Richter und sein Henker*) – um von Geld und Liebe zu schweigen. Kurzum: schöne Literatur weiß sehr viel. Sie spielt mit Ausdauer und delektierender Lust das Spiel „Ich seh etwas, was du nicht siehst". So naiv zu meinen, daß sie das ausschließlich Richtige sieht, ist sie kaum. Eine themen- und problemzentrierte Philologie hätte und hat unwiderstehliche Reize: sie ist a priori Komparatistik – und zwar Komparatistik in jedem Wortsinne. Aus ihrem vermeintlichen Mangel, soft science zu sein, kann im Zeitalter des Paradoxes, daß wir genau in der Epoche zu einer Wissensgesellschaft geworden sind, wo ersichtlich ist, daß festes Wissen erodiert (ist Elektrosmog gefährlich, gibt es schwarze Löcher, ist der Klimawandel „natürlich", wann ist ein Mensch tot, stimmt die monetaristische Volkswirtschaftslehre?), ein Vorteil werden: Philologie ist die einzige hard science.[28]

*

Die Literaturwissenschaft hat in den letzten Jahrzehnten mit bemerkens- und buchenswerter Subtilität die internen Modi, Strukturen und Funktionsweisen poetischer Rede analysiert. Die Diskurstheorie, die Intertextualitätstheorie, die Narrativistik, die Dekonstruktion, die Hermeneutik, die Gender-Studies, die Rezeptionsästhetik, die Leser-Phänomenologie, Theorien über implizite und explizite Leser und andere Ansätze mehr haben selbst die Restbestände vorreflexiver Naivität im Hinblick auf den Status literarischer Texte ausgetrieben. Das ist auch gut so. Aber das wäre noch besser, wenn sich daraus nicht ein – mal implizites, mal explizites – Verdikt über eine themen- und problembezogene Literaturwissenschaft ergeben hätte. Eine sich für sachlich relevante Themen interessierende Literaturwissenschaft gilt vielen Fachvertretern immer noch als „inhaltistisch". Deshalb wissen wir Philologen z.B. vieles über rhetorische Figuren wie die Prosopopoie, aber bedenklich wenig über die Sach-Themen und Probleme, die ein belletristischer (z.B. personifizierender oder allegorisierender) Text so avisiert, daß die poetisch dissidente Rede sachlich-fachliche Aufmerksamkeit verdient. Nur ein naheliegendes Beispiel: Wie sich Lettern, Zeichen, Signifikanten, Texte zu dem verhalten bzw. auf das beziehen, wovon sie handeln, ist nicht irgendein, sondern ersichtlich eines der ausschlaggebenden Probleme belletristischer Texte. Denn diese haben eine Lizenz wenn nicht (wie schon Hesiods und Platons Dichter-Kritik polemisiert) zur Lüge, so doch zu einem enthusiastisch gelassenen Verhältnis zu Kategorien wie Richtigkeit, Sachangemessenheit, Realität. Umso faszinierter sind literarische Texte von Zeichen und Zeichenordnungen, die nicht so libertär wie sie selbst sind, von Zeichenordnungen, die versprechen, daß an ihren spezifischen Zeichen „etwas" dran sei, daß sie ein Band zwischen „word and world" stiften, auf das Verlaß ist und das eine Beglaubigung verdient, die anderen Zeichen nicht zukommt. Solche Zeichen sind etwa die eucharistischen Elemente, Münzen und Geldscheine oder auch Eigennamen, denen die Belletristik ein so auffallendes Maß an Aufmerksamkeit zollt. Diese Sonderzeichen sorgen für spezifische Verdichtungen zwischen Sein und Zeichen. Für

---

28 Cf. Thomas Macho/Annette Wunschel (edd.): Science & Fiction – Über Gedankenexperimente in Wissenschaft, Philosophie und Literatur. Ffm 2004. – Theodor W. Adorno schreibt am 12. Mai 1937 an Max Horkheimer über Herbert Marcuses Essay zum affirmativen Charakter der Kultur: „Mir scheint, daß die Kunst eine ganze Schicht – die entscheidende – hat, die er völlig übersieht: nämlich die der *Erkenntnis* (Hervorh. J.H.) im Sinne eben dessen, was von der bürgerlichen Wissenschaft nicht geleistet werden kann." (Theodor W. Adorno/Max Horkheimer: Briefwechsel, Bd. 1: 1927–1937, edd. Christoph Gödde/Henri Lonitz. Ffm 2003, p. 355.)

Verdichtungen und engste Vernietungen zwischen Sein und Sinn sorgen – gleichsam bzw. metaphorisch gesprochen: von der Seins-Seite her gesehen – aber auch Krankheiten. Das dürfte einer der entscheidenden Gründe dafür sein, daß sich schöne Literatur so auffallend häufig und intensiv schrecklichen Krankheiten zuwendet. Von *Krankheit als Metapher* hat Susan Sontag deshalb überzeugend handeln können.[29] Die Schulbuch-Beispiele dafür, wie Sprachbilder Fleisch werden können, sind hinlänglich bekannt: man frißt etwas in sich hinein und bekommt Bauchschmerzen oder ein Magengeschwür; man erhält einen Schlag in die Nieren und damit Nierensteine; eine Laus läuft uns über die Leber und veranlaßt uns zu leberschädlichem Alkoholgenuß; wir verschlucken (wie es in der Autobiographie *Mars* von Fritz Zorn eindringlich geschildert wird)[30] unsere Tränen und bekommen Kehlkopfkrebs. Nicht nur individuelle Geschichten, sondern auch ganze Epochenprobleme können als Suche nach dem Zauberwort begriffen werden, das sich nicht finden läßt und an dessen Stelle sich eine Krankheit einstellt, die das Nicht-Ausgesprochene inkarniert. Man spricht dann nicht ohne Zynismus von Mode-Krankheiten, in denen sich epochale Kommunikationsstörungen verdichten (cf. dazu Kap. 8). In „metaphorischen" und als „epochentypisch" angesehenen „Mode"-Krankheiten (die Entschuldigung für zynische Momente dieser Charakterisierung ist obligatorisch) verdichten sich Zusammenhänge von Sein und Sinn (anders als bei Eigennamen, die ja der semantischen Sphäre zugehören, und anders als bei Abendmahl und Geld) in der somatischen Sphäre. Solche Tropen/Wendungen/Richtungswechsel von der Seite der Zeichen, der Semantik, der Sprache zu der Seite des Bezeichneten, der Somatik, des Seins legen die Frage nahe, ob es über symbolträchtige, sprechende, Botschaften kommunizierende Krankheiten hinaus das Paradox der objektiven Metaphern gibt (cf. das folgende Kapitel).

Belletristik beobachtet solche objektiven Metaphern – konkret: das, was an Krankheiten metaphorisch ist. Schöne Literatur praktiziert patho-logische Kommunikation, weil sie weiß, daß Kommunikation nur als gestörte möglich ist. Und schöne Literatur handelt von Patho-Logien in jedem Wortsinn: von den Logiken, die dem Leiden und den Leidenschaften innewohnen. Weit unter ihren Möglichkeiten bleibt eine Literaturwissenschaft, die zwar fetischistisch von Inter-, Meta- und Transdisziplinarität spricht, aber geradezu phobisch darauf reagiert, wenn man/frau von ihr erwartet, sich auf das einzulassen, wovon schrecklich-schöne Literatur handelt. Literaturwissenschaft verspielt, wenn sie die verspielten Momente schöner Literatur nicht ernst nimmt, die Möglichkeit, die kaum einer dieser fröhlichen Wissenschaft zutraut: hard-core-science zu sein, die mit ihrem Pfund und ihren Funden wuchert – mit schönen Texten, die viel wissen. Z.B. mit diesem Goethe-Gedicht:

---

29 Susan Sontag: Krankheit als Metapher, übers. von Karin Kersten/Caroline Neubauer. Ffm 2003.
30 Fritz Zorn: Mars. München 1977.

*Etymologie*
*(Spricht Mephistopheles)*

Ars, Ares wird der Kriegsgott genannt,
Ars heißt die Kunst und A... ist auch bekannt.
Welch ein Geheimnis liegt in diesen Wundertönen!
Die Sprache bleibt ein reiner Himmelshauch,
Empfunden nur von stillen Erdensöhnen;
Fest liegt der Grund, bequem ist der Gebrauch,
Und wo man wohnt, da muß man sich gewöhnen.
Wer fühlend spricht, beschwätzt nur sich allein;
Wie anders, wenn der Glocke Bimbam bammelt,
drängt alles zur Versammlung sich hinein!
Von Können kommt die Kunst, die Schönheit kommt vom Schein.
So wird erst nach und nach die Sprache festgerammelt,
Und was ein Volk zusammen sich gestammelt,
Muß ewiges Gesetz für Herz und Seele sein.[31]

# Anhang:
## Wieviel und welche Theorie braucht die Literaturwissenschaft?
## Eine Auseinandersetzung mit Oliver Jahraus' Abhandlung
### *Literatur als Medium – Sinnkonstitution und Subjekterfahrung*
### *zwischen Bewußtsein und Kommunikation*

Ob die Literaturwissenschaft tatsächlich begründeten Anspruch darauf erheben kann, eine Wissenschaft zu sein, ist seit ihren Anfängen strittig. Angelsächsische Kollegen schütteln nur aus Höflichkeit nicht allzu deutlich den Kopf, wenn deutsche Literaturwissenschaftler sich ernsthaft als Wissenschaftler, also als „scientists" verstehen. „Science" / Wissenschaft: das gilt ihnen als das andere der Literatur. Aufgabe der „humanities" / der geisteswissenschaftlichen Disziplinen an angelsächsischen, aber auch an frankophonen und anderen Universitäten ist es, mit riskanten Lektüren, Brillanz und Bildung für literaturbasierte Irritationen zu sorgen, nicht aber, blasierte Wissenschaftsansprüche in die Sphäre hineinzutragen, die mit diesen Ansprüchen schlichtweg inkompatibel ist. Inwieweit „humanities" dennoch den prototypisch wissenschaftlichen Ansprüchen genügen – darüber läßt sich endlos streiten.

Unstrittig ist nun aber, daß die sog. Literaturwissenschaft in den letzten Jahren und Jahrzehnten zumindest ein Kriterium für Wissenschaftlichkeit erfüllt: viele literaturwissenschaftliche Veröffentlichungen sind selbst für gebildete, interessierte und kompetente Leser nicht mehr verständlich. Man mag über die Germanistik der 50er und 60er Jahre und ihre Protagonisten Emil Staiger, Benno von

---

31 Johann Wolfgang von Goethe: Gedichte 1800–1832; in: ders.: Sämtliche Werke, Briefe, Tagebücher und Gespräche in 40 Bdn. (Frankfurter Ausgabe), Abt. 1/Bd. 2, ed. Karl Eibl. Ffm 1988, p. 841 sq.

Wiese und Wolfgang Kayser denken, wie man will – ihre Veröffentlichungen waren Studienräten für Deutsch zugänglich, und sie wurden gelesen. Die nicht nur im Hinblick auf ihren Umfang (über 700 engbeschriebene Seiten) monströse Bamberger Habilitationsschrift von Oliver Jahraus[32] gehört nicht in die Rubrik der auch nur halbpopulären Bücher. Sie bringt das Kunststück fertig, so gut wie alles über die literatur- und medienwissenschaftlichen Dispute der letzten Jahrzehnte, hingegen nichts auch nur ansatzweise Konkretes über einen oder mehrere literarische Texte zu sagen. Nicht nur in dieser Hinsicht ist sie Luhmanns Abhandlung über *Die Kunst der Gesellschaft* wahlverwandt, die ja ebenfalls und anders als etwa noch Adornos *Ästhetische Theorie* souverän darauf verzichtet, die eine oder andere Gedichtzeile, die eine oder andere Dramenszene, die eine oder andere Novellenpassage zu interpretieren (um von Gemälden und Kompositionen zu schweigen).

Dennoch oder gerade deshalb tritt die Untersuchung von Oliver Jahraus sehr selbstbewußt an. Etwa, wenn es z.B. heißt: „Drei Pointen zeichnen das hier vorgelegte Projekt aus: (1) Die erste besteht darin, einen Medienbegriff so basal wie konzeptionell sinnvoll möglich zu formulieren, der es erlaubt, auf einer spezifischen Letztbegründungsebene Medien in ihren kommunikativen sowie kognitiven Funktionen ins Verhältnis zu setzen. (2) Die zweite besteht darin, die mediale Ausdifferenzierung der Funktion von Literatur im ausgehenden 20. Jahrhundert als heuristisches Indiz für die mediale Fundierung von Gesellschaft und Kultur generell zu betrachten, historisch zu perspektivieren und konzeptionell zu diskutieren. Als Begründungsebene wird hier ein Medien-, Sinn- und Interpretationsbegriff gewählt, der seinerseits wiederum auf kognitive und kommunikative Voraussetzungen gestützt wird. (3) Die dritte Pointe besteht darin, Interpretation als ein genuin oder doch zumindest ein zentrales literaturwissenschaftliches Konzept zu begreifen und somit die Interpretationskonzepte der Literaturwissenschaft, wie sie als Literaturtheorien eine gewisse Denktradition entwickelt haben, für eine Neufassung dieser Problematik dienstbar zu machen. Somit kann die Literaturwissenschaft wie die Literaturtheorie selbst dazu genutzt werden, Literatur und Medien zu betrachten."[33]

Es sei dahingestellt, wie pointiert diese drei Pointen sind und wie pointiert eine hybride Untersuchung sein kann, die von ihrem Verfasser als zugleich „konservativ und progressiv, bescheiden und anspruchsvoll"[34] charakterisiert wird. Jahraus geht es nicht um eine Fortsetzung des Streits, der konservative Werte und alte Medien wie die Literatur gegen postmoderne Werte und neue Medien setzt und je nach Option die eine oder andere Seite gewinnen läßt. Ihm geht es vielmehr darum, wie schon der Titel aussagt, *Literatur als Medium* zu begreifen. Es ist für Rezensenten immer ein risikobelastetes und zumindest zum halben Schei-

---

32 Oliver Jahraus: Literatur als Medium – Sinnkonstitution und Subjekterfahrung zwischen Bewußtsein und Kommunikation. Weilerswist 2003.
33 Ibid., p. 13 sq.
34 Ibid., p. 14.

tern verurteiltes Unternehmen, weitschweifige Darstellungen, die nichts ungesagt
lassen können, und sich nach allen Seiten z.T. ängstlich absichernde Argumente
auf einen roten Faden hin abzusuchen und diesen dann deutlicher herauszustellen, als der Verfasser selbst es tut. Dennoch sei der Versuch gewagt.

Jahraus setzt theoriekonservativ ein, indem er gegen modische (diskursanalyti-
sche, medienmaterialistische, systemtheoretische oder dekonstruktive) Tendenzen
daran festhält, daß „Bewußtsein als Letztbegründungshorizont" fungiert, weil es
ebenso uneinholbar wie unhintergehbar ist: Man kann kein Buch lesen oder keinen Film sehen und schon gar nicht darüber sprechen und schreiben, ohne Bewußtsein davon zu haben. Mit Argumenten u.a. von Dieter Henrich und Manfred Frank legt Jahraus sodann die aporetisch-paradoxale Struktur von Bewußtsein dar, das immer auch Bewußtsein seiner selbst, also Bewußtsein von Bewußtsein sein muß und sich deshalb notwendigerweise in widersprüchliche Strukturen
verwickelt sieht. Selbstbewußtsein ist, um zuzuspitzen, als Bewußtsein von Bewußtsein die Menge aller Bewußtseinsmengen, die sich selbst als Element enthält.
Anders als die philosophischen Selbstbewußtseinstheoretiker sucht Jahraus nun
aber nicht nach Auswegen aus dieser Paradoxie, indem er etwa präreflexive und
widerspruchsfreie Vertrautheit von Bewußtsein und Subjektivität mit sich selbst
in Anschlag bringt. Vielmehr akzeptiert er, daß Bewußtsein systematisch instabil
und paradoxieanfällig ist.

Ein gelungener Schachzug. Denn so kann Jahraus den Letztbegründungshorizont selbst als stabilitätsbedürftigen begreifen. Er vertritt „die These, daß die Vorstellung vom Bewußtsein, wie sie durch das Reflexionsmodell vorgegeben wird,
gerade deswegen geeignet ist, eine Vorstellung der unvorstellbaren Unhintergeh-
barkeit zu liefern, *weil* (und nicht obwohl) es paradoxal behaftet ist."[35] Zu den
Paradoxien des Bewußtseins zählt auch, daß es ebenso evident wie unzugänglich
ist. Das gilt zumal für das Bewußtsein von anderen. Ego hat keinen auch nur
halbwegs direkten Zugang zum Bewußtsein von alter. Beide können einander
und eben auch sich selbst nicht ins Hirn schauen. Wohl aber können und müssen
sie kommunizieren. Deshalb sind sie auf Medien angewiesen. Womit die Untersuchung vergleichsweise zügig bei ihrer zentralen These angelangt ist – „daß sich
diese dilemmatische Situation schlagartig in einen Ausgangspunkt für eine Fundierung verwandelt, wenn man die Grundlegung des Medienbegriffs genau in der
aporetischen Struktur des Bewußtseins plaziert. Die folgenden Überlegungen passen den Medienbegriff in die paradoxale Struktur des Reflexionsmodells ein und
beziehen damit Bewußtsein und Medien so aufeinander, daß das Bewußtsein für
das Medium als Fundierungsebene in Funktion treten kann und umgekehrt das
Medium dazu beiträgt, die Aporetisierung durch eine produktive Aneignung der
paradoxieerzeugenden Differenz prozessual aufzulösen. Wo Bewußtsein und Medium unmittelbar miteinander konzipiert werden, geht der Medienbegriff dem
Subjektbegriff voraus und kann so auch dessen Aporien auflösen."[36]

---

35 Ibid., p. 134.
36 Ibid., p. 165.

Um wiederum stärker zu pointieren, als die Untersuchung selbst es tut: Medien sind früher als das, was sie vermitteln. Medien sorgen für strukturelle Kopplungen zwischen Bewußtsein und Kommunikation; sie steigern die Aussichten darauf, daß das eigentlich Unwahrscheinliche dennoch geschieht – daß Bewußtsein sich selbst zugänglich wird und sich dem Bewußtsein bzw. den Bewußtseinen von alter mitteilen kann. Daraus ergibt sich ein rein funktionales, jeder substantiellen Definition abholdes Medienverständnis. *„Medium ist ein prinzipiell unbestimmbarer, undefinierbarer Begriff.*" (Hervorh. J.H.)[37] Möglich ist allenfalls eine Negativliste, derzufolge ein Medium „eigenschaftslos, definitionslos, subjektlos, sinnlos, zeitlos, nicht vermittelnd und selbst unvermittelt (ist.) Bei all diesen Faktoren gilt es, das privative Moment des Fehlens einer Eigenschaft als Voraussetzung des Mediums zu begreifen, um das positive Moment als Effekt überhaupt erzeugen zu können. Daß das Medium Eigenschaften – nahezu beliebig – annehmen kann und daher einen solchen Schweif an Definitionen nach sich zieht, ist darauf zurückzuführen, daß es gerade eigenschafts- und definitionslos ist bzw. – ohne ontologischen Zungenschlag – beobachtet werden muß."[38]

Das ist nun wirklich eine Pointe, von der aber dahinsteht, wie stichhaltig sie ist. Die hyperfunktionalistische Theorie von Jahraus verweigert nämlich (das ist der Preis seines bewußtseinstheoretischen Einstiegs) sinnvolle und anspruchsvolle Mediendefinitionen (wie: Medien sind Abwesenheitsüberbrücker, extension of men, kollektive Aufmerksamkeitsfokussierer, Unwahrscheinlichkeitsverstärker, Interaktionskoordinatoren, Sinnspeicher etc.), die er zugleich doch immer wieder implizit in Anspruch nehmen muß. Zugleich wird sein Medienverständnis allzuweit und vage, wenn er ohne terminologische Trennschärfe von Medien spricht und damit ebenso technische Medien, strukturell koppelnde Medien und mit Luhmann Medien als Gegen- bzw. Komplementärbegriff zu Formen versteht. Was folgt, sind vergleichsweise vertraute Überlegungen, die allerdings eigentümlich zwischen Hermeneutik, Phänomenologie, Systemtheorie und Medienanalyse hin und her oszillieren. Mit der phänomenologischen Tradition, der ja auch Luhmanns Systemtheorie verpflichtet ist, versteht Jahraus Sinn als das Medium der Medien, das sich in Formen gießen muß und nur in spezifischen Wahrnehmungen und Interpretationen diaphaniert. Das ist ein vertrautes Theoriedesign: kein Sein ohne Seiendes, kein (transzendentales) Signifikat ohne Signifikanten, kein Sinn ohne Formen. Wir erfahren und interpretieren nie Sinn als solchen und an sich, sondern die spezifischen Formen von Sinn, die sich in dieser oder jener Erfahrung, in diesem oder jenem Werk unterschiedlich ausgestaltet. In den Worten von Jahraus: „Wahrnehmung ist die Wahrnehmung von Formen. Sie beruht immer auf distinkten Differenzierungsmustern – unabhängig davon, was wahrgenommen wird. Das *Was* der Wahrnehmung ist eine Funktion des *Wie.* Und das Wie ist völlig bedingt durch Sinn. *Sinn geht als Medium der Wahr-*

---

37 Ibid., p. 265.
38 Ibid., p. 266.

*nehmung der Wahrnehmung der Formen logisch voraus.* Welt kann nur sinnhaft wahrgenommen werden oder gar nicht." (Hervorh. J.H.)[39]

Je nach Beobachtungs- und Bewertungsperspektive tiefsinnige oder ein wenig zu offensichtliche Worte. Offenbar hat Jahraus das gemerkt. In den letzten zweihundert Seiten kommen deshalb doch Spurenelemente medienhistorischer Konkretionen in die ansonsten abstraktionsselige Untersuchung hinein. Sie gelten der (schönen) Literatur als Medium, das das Medium Sinn in dem Maße formiert, wie es Interpretationen bereitstellt und provoziert. In mehr oder weniger deutlicher Anknüpfung an die Überlegungen u.a. von Wolfgang Iser analysiert Jahraus das Lesen von Literatur als Medium der Subjektivität, die so ihre eigene Paradoxalität prozessieren und kommunizieren kann. Sinn ist schon rein grammatisch gesehen kein Begriff, der sich pluralisieren läßt; Sinne sind etwas anderes als vielfacher Sinn. Mit dem Buchdruck aber wird Sinn pluralisiert. „Die paradoxe Verfaßtheit von Sinn, die darin besteht, daß Sinn zwar als Apriori jeder Sinnbildung vorausgeht, Sinn aber jedoch permanent neu gebildet werden muß, ist unmittelbar mit den medientechnischen Voraussetzungen der Literatur, mit dem Buchdruck korreliert. Der Buchdruck ist die medientechnische Grundlage für den literarischen Text als Medium der Subjektivität."[40]

Das ist nun erneut eine überakzentuierte Pointe. Ist es doch unplausibel, daß etwa Augustinus oder Apuleius, die bekanntlich gut tausend Jahre vor der Erfindung des Buchdrucks schrieben, literarische Texte nicht als Medien der Subjektivität plazierten. Gemeint hat Jahraus offenbar, daß empfindsame Subjekte, die unterschiedliche Sinn-Formen-Konstellationen prüfen und entwerfen können, erst mit dem Massenmedium Buchdruck ihrerseits massenhaft emergieren können und nicht länger exklusiv bleiben. Auch hier wird ein eigentümlicher Grundzug der gelehrten und theorieverliebten Abhandlung deutlich: Pointen, die sich abzeichnen, werden gerade – der häufigen Inanspruchnahme der rhetorischen Floskel „prägnant gesagt" zum Trotz – nicht ausdrücklich genannt. Eine gut vorbereitete Pointe wäre gewesen, daß die im Zeichen des Massenmediums Druck stehende Neuzeit nicht an einem Mangel, sondern an einem Überfluß an Sinn leidet. Doch diese These wird gegen Ende der Untersuchung allenfalls gestreift. Stattdessen fokussiert Jahraus erneut und aufwendig das bekannte Verhältnis von Nicht-Sinn und Sinn, so wie sie sich in der Erfahrung der Interpretation (nicht nur, aber paradigmatisch: literarischer Texte) abzeichnet.

Wenn Sinn nicht als solcher, sondern nur als spezifisch und plural formierter erfahren werden kann, ist er auf die Absenz/Präsenz von Nicht-Sinn angewiesen. „Interpretation ist somit die Form, in der Texte, die Sinn dispositionieren – also paradigmatisch: literarische Texte – Bewußtsein und Kommunikation koppeln, indem sie selbst Kommunikation – positiv oder negativ – kommunizieren. Genau daraus erwächst der hermeneutische Zirkel und die Historizität der Interpretation. Es muß daher nicht verwunderlich anmuten, wenn man in der Diktion eines

---

39 Ibid., p. 319.
40 Ibid., p. 523.

Heidegger oder eines Gadamer formulieren kann: „In der Interpretation wird damit das Sinngeschehen des Textes als Subjekterfahrung manifest."[41] Das ist nun keine ganz unbekannte These. Selten aber ist sie so polyhistorisch gelehrt, theoretisch umfassend und ausschweifend vorgetragen worden wie in *Literatur als Medium.*

Prognosen sind bekanntlich ein heikles Unterfangen, zumal dann, wenn sie – dem bekannten Kalauer zufolge – die Zukunft betreffen. Viele Indizien sprechen dafür, daß mit der vorliegenden Abhandlung von Oliver Jahraus die Konjunktur der literaturwissenschaftlichen Theoriebildung einen späten Höhepunkt, wohl eher: ein Hochplateau erreicht, durch- und überschritten hat. Was sich von dort aus und danach beobachten läßt? Daß es in der Literatur um etwas geht, daß sie Themen, Motive und Probleme verhandelt (Liebe und Tod, Religionskonflikte und Verkehrsunfälle, Ernährungsprobleme und Bankkrisen und und und). Selbst ein Lautgedicht und selbst konkrete Poesie an der Grenze zur Asemantizität hat ein Thema: z.B. sinnlose Laute. Bevorsteht eine Konjunktur der themen- und problemzentrierten Literaturwissenschaft. Ihr liefert Jahraus ein belastbares Theoriefundament, obwohl das nicht die selbstgestellte Aufgabe war. Jahraus hat in literatur- und interpretationstheoretischer Hinsicht viel Gewichtiges zu sagen und dazu eher zuviel als zu wenig geschrieben. Eine zukunftsfähige Literaturwissenschaft aber muß in sachlicher Hinsicht Valides zu sagen haben.

*Ideengeschichte!*

---

41 Ibid., p. 624.

# 2. Ver-Dichtungen
## Metaphern sagen es dichter

Eine Rose ist eine Rose ist eine Rose. Eine Rose blüht, weil sie blüht, sie wisset nicht, warum. Alles ist so, wie es ist. Was geschieht, geschieht. Que sera, sera; whatever will be, will be. Man kann Sätze wie diese verlachen und als leere Tautologien verbuchen, man kann sie (z.B. in mystischer oder zen-buddhistischer Tradition) als letztmögliche Weisheit begreifen, und man kann ihren ästhetischen Reiz goutieren, der viel zu denken veranlaßt, ohne damit auch schon hinter diesem Oberflächen-Reiz Tiefendimensionen des Sinns vermuten zu müssen.

Das Mädchen, das da Rose heißt, ist schön wie eine Rose. Rose is a rose, wie wir spätestens seit Gertrude Stein wissen können. Ob Rosas Schönheit so schnell verblüht wie die einer Rose; ob auch diese Rose Stacheln hat; ob ein Knabe, der auf der Heide ein Röslein stehen sieht und es brechen will, dabei an ein Mädchen denkt und sich in Deflorations-Phantasien ergeht – diese und viele andere Fragen mehr ergeben sich nur dann, wenn man metaphorisches Sprechen zuläßt. Und das sollte man, wie sich langsam selbst in den Kreisen der militanten analytischen Philosophie herumspricht, die dem Irrationalismus und preiswerten Mystizismus so gespenstisch nahe verwandt ist. Denn man kann Metaphern nicht nicht zulassen, wie schon die ebenso einfache wie schlagende Überlegung von Nietzsches Essay *Über Wahrheit und Lüge im außermoralischen Sinn* darlegt. „Ist die Sprache der adäquate Ausdruck aller Realitäten?/Nur durch die Vergeßlichkeit kann der Mensch je dazu kommen zu wähnen, er besitze eine ‚Wahrheit‘ (...). Wenn er sich nicht mit der Wahrheit in der Form der Tautologie, das heißt mit leeren Hülsen begnügen will, so wird er ewig Illusionen für Wahrheiten einhandeln. Was ist ein Wort? Die Abbildung eines Nervenreizes in Lauten. (...) Die verschiedenen Sprachen, nebeneinandergestellt, zeigen, daß es bei den Worten nie auf die Wahrheit, nie auf einen adäquaten Ausdruck ankommt: denn sonst gäbe es nicht so viele Sprachen. (...) Was ist also Wahrheit? Ein bewegliches Heer von Metaphern, Metonymien, Anthropomorphismen, kurz eine Summe von menschlichen Relationen, die, poetisch und rhetorisch gesteigert, übertragen, geschmückt wurden und die nach langem Gebrauch einem Volke fest, kanonisch und verbindlich dünken: die Wahrheiten sind Illusionen, von denen man vergessen hat, daß sie welche sind, Metaphern, die abgenutzt und sinnlich kraftlos geworden sind, Münzen, die ihr Bild verloren haben und als Metall, nicht mehr als Münzen, in Betracht kommen.“[42]

Die Fach-Sprache der Wissenschaft will in aller Regel den metaphorischen Makel der Alltags-Sprachen kompensieren – z.B. durch präzise Definitionen, Operationalisierungen und Einführung von rein funktionalen Spezialzeichen. Sie will so präzise und hart sein wie Münzen. Doch noch und gerade die Sprache der

---

42 Friedrich Nietzsche: Über Wahrheit und Lüge im außermoralischen Sinn; in: ders.: Werke, Bd. 3, ed. Karl Schlechta. München 1966, pp. 312–314.

„harten" Wissenschaften schwelgt so in Metaphern, als wollten diese sich über den angestrengten Versuch lustig machen, sie loszuwerden. Im Nachwort zu seinen *Elixieren der Wissenschaft* erinnert Hans Magnus Enzensberger an den englischen Romantiker Coleridge, der regelmäßig die Chemie-Vorlesungen in der Royal Institution zu besuchen pflegte. Nach dem Grund für seine scheinbar so unpoetischen Interessen befragt, antwortete der Dichter: „Um meinen Vorrat an Metaphern anzureichern." „In der Tat", so schließt Enzensberger an diese Anekdote an, „beruht jede wissenschaftliche Erzählung (...) auf der metaphorischen Rede. Alle Versuche der Logiker, von Leibniz bis zum Wiener Kreis, sie auf formale Kalküle zu reduzieren, sind schließlich gescheitert. Die natürliche Sprache hat sich als ein ebenso unentbehrliches wie flexibles Medium erwiesen. Und gerade in ihrem Gebrauch haben die Mathematiker und Naturwissenschaftler der Moderne eine bewundernswerte Fähigkeit bewiesen, ihre Konzepte, Entdeckungen und Hypothesen zu verbalisieren. Ihre Metaphern-Produktion zeugt von beneidenswertem poetischen Talent./In der Astronomie, der Kosmologie und der Physik gibt es Fackeln, Fleckenherde, Koronae, Sonnenwinde, Tierkreislicht, galaktisches Rauschen, Bremsstrahlung, Urknall, Eichfelder, Schwarze Löcher (...), Dunkelwolken, verbotene Linien, Rote Riesen, Weiße Zwerge, Röntgen-Burster (...) Wurmlöcher (...) Paarvernichtung (...). Die Mathematik kennt Wurzeln, Fasern, Keime (...) Cantor-Staub, Hodge-Diamanten, Stukas, Schmetterlinge und Enten."[43]

Wissenschaft will ergründen, was den Kosmos, die Welt oder spezifische Ausschnitte dieser Welt im Innersten zusammenhält. Auf Zusammenhalt angewiesen ist aber nur das, was getrennt ist. Übersetzungen bzw. Übertragungen zwischen dem Auseinanderfallenden zu leisten, Brücken so zu schlagen, daß getrennte Ufer, Sphären, Welten zusammengehalten und verbunden werden – das ist die Funktion von Metaphern, die damit ihren Wortsinn bewähren.[44] Das griechische Wort ‚metaphora' meint bekanntlich nichts anderes als ‚Übertragung'. Doch gerade diese so schlichte wie angemessene Übersetzung des Wortes Metapher mit Übertragung hat es in sich. Denn die Metapher verbindet auf paradoxe Weise: indem sie uns nämlich von einem Vorstellungsbereich in einen anderen nicht etwa hinüberträgt, sondern herüberschleudert. Anders als die Metonymie ist die Metapher ein sogenannter Sprungtropus. Metonymien wie ‚Goethe lesen' oder ‚ein Glas trinken' sind leicht zu durchschauen. Sie sind Formen verkürzenden, verschiebenden Sprechens. „Eigentlich" müßte es heißen: Goethe hat ein Werk geschrieben, es wurde publiziert, und nun lesen wir ein Druckexemplar dieses Werk. Oder: In einem Glas ist Wein, und wir trinken den Wein aus diesem Glas. Doch wir sind faul und gleiten deshalb schnell auf diesen einander folgenden Syntagmen voran, ohne jedoch eine bestimmte und abgeschlossene Sphäre zu

---

43 Hans Magnus Enzensberger: Die Elixiere der Wissenschaft – Seitenblicke in Poesie und Prosa. Ffm 2002, p. 271 sq.
44 Cf. zum folgenden die mittlerweile klassische Darstellung von Gerhard Kurz: Metapher, Allegorie, Symbol. Göttingen 1982.

verlassen. Der psychoanalytische Begriff der Verschiebung entspricht (wie Lacan u.a. gezeigt haben) deshalb dem rhetorischen der Metonymie. Um das banal zu illustrieren: Die genitale Lust kann sich auf andere Körperregionen oder auch auf erotisch-supplementäre Objekte verschieben.

Metaphern hingegen verdichten Elemente aus zwei Sphären zu einem Sprachbild (weshalb Freuds Begriff der Verdichtung dem der Metapher korrespondiert). Wer von ‚Quelle' spricht und ‚Ursprung' oder ‚Grund' meint, oder wer sich mit den verdichteten Worten verspricht „Da ist etwas zum Vorschwein gekommen", gleitet nicht zügig in einer Folge von stimmig einander nachgeordneten Sätzen voran. Vielmehr springt er von einem Vorstellungsbereich, einem Paradigma, einer Sphäre in eine gänzlich andere: z.B. von der des schmutzigen Schweins in die des reinen Scheins. Und das heißt nichts anderes als dies: Indem sie springt, sprengt die Metapher die Brücke, die Übertragung, die sie ist. Denn sie kappt ja gerade, wie der römische Rhetoriker Quintilian schon im ersten nachchristlichen Jahrhundert erkannte, das Vergleichspartikel ‚wie', das zum Brückenschlag taugte. Metaphora brevior similitudo est. Wer da sagt, die Metapher sei *wie* eine Brücke, bemüht einen Vergleich; wer da sagt, die Metapher *sei* eine Brücke, spricht metaphorisch.

Und so wird schnell ersichtlich, warum die Metapher ein so heißes wie hartnäckiges Problem markiert: sie ist metaphysiklastig. Metapher und Metaphysik sind nicht *wie* zwei Seiten einer Medaille – sie *sind* zwei Seiten einer Medaille, eines Sach-Sinn-Zusammenhangs. Wir werden die Metaphysik nicht los, solange es Metaphern gibt, die zwischen zwei Reichen Brücken bauen wollen und doch nur unzuverlässig hin und her springen. Nicht ohne Grund sind Metaphysik- und Mythen-Kritiker immer auch Metaphern-Kritiker. Der Aristoteles-Schüler Palaiphatos war einer der frühen erzaufgeklärten Köpfe, die die so naheliegende wie schlichte Frage gestellt haben, ob die Griechen ihre Mythen wirklich geglaubt haben. Sein Kampf gegen die unglaublichen, unmöglichen, kindlichen, lächerlichen, nicht überzeugenden Mythen folgt zumeist einer einfachen Methode. Palaiphatos nimmt „mißverstandene metaphorische Ausdrücke" als Grund der Lügengeschichte an. „Wenn es heißt, Niobe sei zu einem Stein geworden, so habe man die Nachricht mißverstanden, eine ‚steinerne Niobe', also eine Statue, stehe beim Grab ihrer Kinder. Amphion und Zethos hätten mit ihrer Musik nicht Steine dazu gebracht, sich selbst zu einer Mauer zusammenzufügen, sondern Menschen, die die Steine trugen, und Io sei nicht selbst zur Kuh geworden, sondern wie eine angestachelte Kuh geflohen."[45] Aufgeklärt sein, heißt: Metaphern mißtrauen. Über Aufklärung aufgeklärt sein, heißt dann: dem Mißtrauen in Metaphern mißtrauen.

Metaphysik fokussiert unsere Aufmerksamkeit auf das, was am anderen Ufer bzw. was im Jenseits der Physis liegt. Metaphern sorgen dafür, daß wir über den Jordan oder über die Wupper gelangen – oder doch zu gelangen glauben. Wer an Metaphern glaubt, muß dran glauben. Wer glaubt, an Metaphern nicht glauben

---

45 Kai Brodersen: Einleitung zu Palaiphatos' Unglaubliche Geschichten. Stuttgart 2002, p. 19.

zu müssen, muß erst recht dran glauben. Denn das Jenseits der Physis, das Meta-physische, gibt es nicht in der Weise, wie es die Physis gibt. „Es gibt" – das ist ei-ne so unscheinbare wie rätselhafte Wendung. Es gibt Regen, Menschen, Nähma-schinen, Ärger, Verwicklungen, Metaphern und unendlich vieles mehr. Aber es ist schwer auszumachen, wer oder was denn da etwas gibt. Es gibt Zeit, Gegen-wart, Krankheit, Lügen, Krisen, Sterben, Tod. Diese Gaben verbuchen wir aus leicht nachvollziehbaren Gründen zumeist als Gaben aus der Pandora-Büchse. Denn sie nehmen uns etwas. ‚Pan-Dora': der Name meint nichts anderes als die ‚Alles-Schenkende'. Wer alles schenkt, schenkt auch das, was man nicht haben will: das Schlechte. Wer alles gibt, verausgabt sich und gibt schließlich auch das Wegnehmen. Hegel hat mit dem Problem, daß das „es gibt" auch ein „es nimmt" sein kann, tiefsinnig gespielt, als er auf die Abgründigkeit von Wendungen auf-merksam machte wie: „Er nahm sich das Leben und also gab er sich den Tod." Man muß nicht gleich solch grauenhafte Ereignisse wie Amokläufe aller Art be-mühen, um zu illustrieren, was es heißt, wenn jemand sich herausnimmt, ande-ren und sich selbst den Rest zu geben. Es gibt das Nehmen, das Weg-Nehmen, den Namen, den Nomos.

Die Metapher gibt, indem sie überträgt, indem sie springt, indem sie sprengt, zu denken. Und sie tut dies, indem sie mehr als nur das ‚wie' nimmt. Metaphern stiften die Verbindungen und Übertragungen, die sie zugleich nehmen. Das macht sie so problematisch und so faszinierend. Mit dem ‚wie' nehmen die Me-taphern dem in der Literaturtheorie so genannten „bildspendenden" Bereich auch den sicheren Status. Metaphern sind eben „nur" Metaphern. Es gibt sie, weil es sichere Worte *nicht* gibt, weil uns ein Mangel an sprachlicher Sicherheit das Ver-trauen in den Zusammenhang von Physis und Metaphysik, von Sein und Sinn, von soma und sema, von „les mots et les choses" nimmt. Im Anschluß an Nietz-sche und den erratischen Reiseschriftsteller Raymond Roussel hat Michel Foucault über das so einfache wie weitreichende Problem nachgedacht, daß es stets mehr Sprache als Sein gibt. Was entspräche auf der „Seins-Seite" Wörtern wie ‚Einhorn', ‚Fee', ‚der derzeitige König von Frankreich', ‚kaum' oder ‚nicht'? Das Problem des systematischen Ungleichgewichts zwischen Sprache und Sein wird dadurch nicht weniger vertrackt, daß auch die Umkehrung des Satzes, es gäbe mehr Sprache als Sein, gilt. Denn es gibt eben auch mehr Sein als Sprache: wir haben keine Wörter für jeden einzelnen Stern, jedes Sandkorn, jeden Stuhl.

Die Faszinationskraft von Dichtung ruht nicht zuletzt darin, daß sie sich über die systematische und systemische Unsicherheit der Sprache nicht die geringsten Illusionen macht. Dichtung ist insofern aufgeklärter als andere Diskurse (ein-schließlich des wissenschaftlichen Diskurses). Dichter lügen, und sie wissen, daß sie lügen – was man schon seit Hesiod und Platon weiß und kritisieren, was man spätestens seit dem platonischen *Ion*-Dialog aber auch (gegen Platon!) als Positivum feiern kann. Dichtung hat die Lizenz zur Lüge (cf. den voranstehenden Essay) – und sie macht von dieser Lizenz offensiven, aufrichtigen und insofern lügenlosen Gebrauch. Deshalb kann man literarische Aussagen auch nicht sinn-voll verneinen. Poetisch-fiktionale Aussagen sind eigentümlich negationsimmun.

Lügende und zugleich lügen-immune Dichtung kann es sich leisten und ist zugleich elementar darauf angewiesen, von den Möglichkeiten metaphorischer Rede offensiven Gebrauch zu machen. Damit macht sie ihrem Begriff alle Ehre: Dichtung verdichtet, Dichter sagen es dichter als andere. Das vielzitierte Hölderlin-Wort „Dichterisch wohnt der Mensch" ist kein Ausdruck von Überschwang, sondern von Nüchternheit.

Nüchtern oder „heilig nüchtern" darf Hölderlins Wendung genannt werden, weil Poesie (welches Wort ja bekanntlich ähnlich nüchternen Ursprungs ist, da es umweglos auf das griech. ‚poiein/machen' zurückgeht) es versteht, aus einem Problem eine Lösung zu machen. Daß es Metaphern gibt, ja daß die Sprache durch und durch metaphorisch ist, erscheint dann nicht als ein Mangel, als eine Weg-Nahme von Sicherheit, sondern als eine Gabe, als ein Geschenk, von dem dahinstehen mag, wie verwandt es dem ‚Gift' ist. Nämlich als die Gabe der Bedeutsamkeit, die sich dem weggekürzten ‚wie', der gesprengten Brücke zwischen den Sphären der Physis und der Metaphysik, des Seins und des Sinns verdankt. Dichtung, die elegant ein Unsicherheits- und Geben-Nehmen-Problem zur Lösung erklärt, kann dann umso aufmerksamer ein Paradox beobachten. Welches? Daß sie aufgeklärter ist als die sogenannt vernünftige Wirklichkeit; daß sie, die sich offensiv zur Metaphorik bekennt und weiß, daß der entscheidende Brückenschlag zwischen Sein und Sinn nicht verläßlich gelingen kann, erkennen muß, daß es handgreiflich (gewissermaßen ontisch) gewordene Metaphern gibt. Nämlich (Fetischismus-verdächtige) Dinge, die Sinn zu sein versprechen.

Um dieses Problem zu erläutern, ist ein allegorischer Umweg angezeigt. Methode ist Umweg. In Joseph Conrads 1899 erschienener berühmter Novelle *Heart of Darkness* findet sich eine Szene, in der geschildert wird, wie der junge Captain Marlow die Entfernung, die ihn von seinem Ziel trennt, imaginär überbrückt. Die Expedition zur Station des von Gerüchten umgebenen Elfenbeinhändlers Kurtz kann aufgrund technischer und anderer Defekte für eine längere Weile nicht weitergehen; Marlow langweilt sich, am Ufer des Kongo sitzend und auf ein Übersetzen ans andere Ufer wartend, bzw. er würde sich langweilen, wäre er nicht unfreiwillig Zeuge eines Gesprächs, das er nur fragmentarisch mitbekommt. So muß er sich auf Worte wie ‚Reichtum', ‚Rätsel', ‚Lieferungen', ‚Widerstand', ‚Gerüchte' einen Reim machen. Sehen kann er diejenigen nicht, deren Rede so dunkel ist wie ihre Gestalt und ihre Umgebung. Eleganter und zugleich deutlicher könnte das Problem nicht geschildert werden, vor dem Dichtung systematisch steht: sie will Wahrnehmung und Kommunikation zusammenbringen. Das klingt einfach. Jedoch: Wahrnehmung und Kommunikation gehören system(at)isch getrennten Sphären zu. Wer einmal versucht hat, die simpelste Wahrnehmung (etwa einer Raufasertapete, eines Teppichbodens oder einer anspruchslosen Hausfassade) in Worte zu kleiden (eine so gängige wie schöne Metapher), weiß von diesem Problem ein Lied zu singen.

Wahrnehmung ist Wahrnehmung, und Kommunikation ist Kommunikation. Beide sind (auch neurophysiologisch) weitgehend gegeneinander abgeschottet. Ihre Beziehung ist unkoordiniert und allenfalls die der wechselseitigen Irritation.

Dennoch oder eben gerade deshalb schlägt (und sprengt!) Metaphorik eine Brük-
ke zwischen Wahrnehmung und Kommunikation. Für dieses Brückenschlagen
gibt es einen altehrwürdigen literaturwissenschaftlichen Begriff: ‚literarische Bildlichkeit' bzw. ‚Tropen'. Für das Wort Tropen bringen Fremdwörterbücher und
Lexika in der Regel Eindeutschungen wie ‚Formen uneigentlicher Rede'. Sie setzen damit stillschweigend voraus, daß es so etwas wie eine „eigentliche" Rede
gibt. Das griechische Wort ‚trópos' meint jedoch ursprünglich ‚Wendung' oder
‚Richtungswechsel'. Und Richtungswechsel bzw. Wendungen werden in Metaphern tatsächlich nicht nur angezeigt, sondern auch praktiziert. Metaphern übersetzen Sprache in Bilder bzw. Kommunikation in Wahrnehmung und praktizie-
ren damit eine Unmöglichkeit. Denn zwischen Bildern (Wahrnehmungen) und
Sprache (Kommunikation) gibt es kein verläßliches Drittes – ein Problem, an
dem sich schon Kant im berühmten Schematismus-Kapitel seiner *Kritik der reinen Vernunft* abarbeitete.

Joseph Conrads Novelle nimmt an der Stelle, an der sie – eindringlicher und
in jedem Wortsinne „tropischer", als jede literaturwissenschaftliche Rede es vermöchte – die abgründigen Probleme von Richtungswechseln, Brückenschlägen
und Metaphern vorgeführt hat, eine verblüffend technische Wende. Die Expedition ins Herz der Finsternis kann, wie die Leser erfahren, nicht weitergehen, weil
es an Nieten fehlt, die in der Lage wären, auseinanderbrechende Geräte (von
Netzen über Hängebrücken bis hin zu Schiffen) zusammenzuhalten. Nach der
subtilen Initiation in Probleme der Metaphorik (im Sinne der unmöglichen
Übersetzung von Wahrnehmung in Kommunikation et vice versa) macht Conrads Novelle nunmehr mit Problemen der Meta-Metaphorik vertraut. Dabei
knüpft sie an die uralte Meta-Metaphorik des Webens und Textens an.[46] Fäden
so ineinanderzuflechten, daß sich ein stimmiges Gewebe ergibt – das ist die genuine Aufgabe von Texten. Erfolgreich bewältigen könnten Texte diese Aufgabe
nur, wenn es ein Jenseits der Metaphern gäbe, wenn sich ein (hand)festes, eben
nicht nur sprachliches Widerlager ausmachen ließe, das metaphorischem Brük-
kenschlagen als fundamentum inconcussum dienen könnte. Ein Jenseits von
Metaphern aber gäbe es nur, wenn Ankerpunkte existierten, in denen Wahrnehmung und Kommunikation, Sein und Sinn fest miteinander vernietet wären.

‚Nieten' zwischen soma und sema, Sein und Sinn, Bildern und Sprache,
Wahrnehmung und Kommunikation zu finden, ist das obsessive Geschäft all derer, die Metaphern nicht das letzte Wort überlassen wollen. Die Geschichte der
Suche nach solchen Verdichtungen und Vernietungen zwischen den getrennte-
sten Sphären kennt (der Kalauer ist schwer zu vermeiden) viele Nieten und ist
doch von hoher Faszinationskraft. Um nur einen Kandidaten für transmetaphori-
sche Versprechungen zu nennen: Eigennamen leben geradezu von dem Versprechen, daß an ihnen mehr „dran" ist als an Worten, die allen gehören und keine
Namen sind. Eigennamen sind so sehr unser eigen, daß wir zu sein glauben, wie

---

46 Cf. dazu die gründliche und ungemein anregende Studie von Uwe C. Steiner: Verhüllungsgeschichten – Die Dichtung des Schleiers. München 2006.

wir heißen. Die Argumente gegen einen solchen Namensglauben liegen auf der Hand: Eigennamen sind gerade nicht Eigennamen, sondern uns von anderen gegeben. Und keine Macht im Himmel und auf Erden kann garantieren, daß sie „wahrer" sind als andere Worte. Auch Joseph Conrad läßt sich die mögliche Pointe nicht entgehen, daß „Kurtz" seinem Namen eben gerade nicht entspricht. Tropen/Wendungen/Richtungswechsel von der Seite der Zeichen, der Semantik, der Sprache zu der des Bezeichneten, der Somatik, des Seins legen die Frage nahe, ob es über symbolträchtige, sprechende, Botschaften kommunizierende Eigennamen hinaus das Paradox der objektiven Metaphern gibt.

Eine bejahende Antwort auf diese Frage liegt allein schon deshalb nahe, weil verblüffend viele unter den verdichtenden und metaphernintensiven Texten der schönen Literatur (darunter auch *Heart of Darkness*) die Aufmerksamkeit auf zwei strukturelle Großmetaphern lenken: auf das Abendmahl und auf das Geld.[47] Beide Massenmedien sind objektive, sachliche Metaphern – nämlich das Paradox von Dingen, die an sich selbst Sinninkarnationen sind und als solche intersubjektiv beglaubigt werden, das Paradox des Zusammenfalls von Wahrnehmung und Kommunikation. Brot und Wein gehören zugleich dem Register der Sachen und der Zeichen, des Himmels und der Erde, des Göttlichen und des Menschlichen an. Geld ist ebenso ein Tauschmedium wie eine Recheneinheit und ein Wertaufbewahrungsmittel, das zudem den (metaphorischen, überbrückenden) Transsubstantiationszauber des eucharistischen Geschehens auf die denkbar profanste Weise fortsetzt: Wer ein Geldzeichen hergibt, erhält dafür einen wirklichen Wert. In God we trust, in money we trust. Wir vertrauen darauf, daß Geld uns Zugang zu dem verschafft, was wir „reale Werte" nennen, ja daß es sich in diese realen Werte verwandeln kann. Geld ist wie zuvor die Hostie das, was fromme Philosophen und Theologen des Mittelalters „ens realissimum", das wirklichste Sein nannten. Das Allerwirklichste dürfen die Elemente des Abendmahls wie des Geldes heißen, weil sich in ihnen Sein und Sinn ineins verdichten und vernieten.

Selbstredend liegen auch in diesem Fall die Gegenargumente für jeden denkenden Kopf auf der Hand: daß der Gottessohn in Brot und Wein leibhaftig gegenwärtig ist, ist hochgradig unplausibel; daß metallene und erst papierene oder elektronische Geldzeichen bedeutsame Werte an sich sind, ist „eigentlich" ebenso wenig nachvollziehbar. Umso verblüffender ist es, daß die hochheiklen Großmetaphern Abendmahl und Geld auf eine so stolze Karriere zurücksehen können. Sind doch das Abendmahl und das Geld dem verschrieben, was analytisch geschulte Philosophen „Kategorienfehler" nennen: sie springen systematisch über Sphärengrenzen hinüber. Kategorienfehler sind bleibende Skandale für die aufgeklärte Vernunft. Die Qualität möglicher Antworten auf die Frage, ob es Kräfte gibt, die dafür sorgen, daß die Welt im Innersten zusammenhält, hängt nicht zuletzt davon ab, ob wir zu akzeptieren und psychodynamisch auszuhalten lernen, daß Menschen Kategorienfehler und Metaphern brauchen und – selbst sind.

---

47 Cf. ausführlicher Jochen Hörisch: Brot und Wein – Die Poesie des Abendmahls. Ffm 2000 (3.) und ders.: Kopf oder Zahl – Die Poesie des Geldes. Ffm 2004 (4.).

In seinem unergründlich klaren[48] Text *Von den Gleichnissen* hat Kafka der Metaphorizität eben nicht nur der Sprache, sondern auch der „Wirklichkeit" ein wunderbares, weil stets sprungbereites Denkmal gesetzt. „Viele beklagen sich, daß die Worte der Weisen immer wieder nur Gleichnisse seien, aber unverwendbar im täglichen Leben, und nur dieses allein haben wir. Wenn der Weise sagt: ‚Gehe hinüber', so meint er nicht, daß man auf die andere Seite hinübergehen sollte, was man immerhin noch leisten könnte, wenn das Ergebnis des Weges wert wäre, sondern er meint irgendein sagenhaftes Drüben, etwas, das wir nicht kennen, das auch von ihm nicht näher zu bezeichnen ist und das uns also hier gar nicht helfen kann. Alle diese Gleichnisse wollen eigentlich nur sagen, daß das Unfaßbare unfaßbar ist, und das haben wir gewußt. Aber das, womit wir uns jeden Tag abmühen, sind andere Dinge. / Darauf sagte einer: ‚Warum wehrt ihr euch? Würdet ihr den Gleichnissen folgen, dann wäret ihr selbst Gleichnisse geworden und damit schon der täglichen Mühe frei.' / Ein anderer sagte: ‚Ich wette, daß auch das ein Gleichnis ist.' / Der erste sagte: ‚Du hast gewonnen.' / Der zweite sagte: ‚Aber leider nur im Gleichnis.' / Der erste sagte: ‚Nein, in Wirklichkeit, im Gleichnis hast du verloren.'"

---

48 Cf. dazu die luzide Interpretation von Martin Seel: Kunst, Wahrheit, Welterschließung; in: Franz Koppe (ed.): Perspektiven der Kunstphilosophie – Texte und Diskussionen. Ffm 1991, p. 71 sqq.

# 3. Die Kunst des Lebens und das Leben der Kunst
## Überlegungen zu Schillers Konzeption einer ästhetischen Erziehung des Menschen

Was der Autor uns mit seinem Text eigentlich sagen wolle – das ist eine ebenso häufig ironisierte wie dennoch schwer zu vermeidende Frage. Schiller ist bekanntlich ein außerordentlich menschenfreundlicher Autor („Seid umschlungen, Millionen! / Diesen Kuß der ganzen Welt!"), und so macht er die Antwort auf diese Frage leicht. Denn Schillers Texte sagen uns, was ihr Verfasser eigentlich mitteilen will. Wir können Schillers Botschaften ohne große Schwierigkeit und interpretatorische Anstrengung verstehen und nachvollziehen: daß das Leben ernst und die Kunst heiter ist; daß unsterblich im Gesang leben will, was im Leben untergehen muß; daß der Mann hinaus ins feindliche Leben ziehen muß, während drinnen die züchtige Hausfrau walten soll; daß die Milch der frommen Denkart wenig bewirkt, wenn es dem bösen Nachbarn nicht gefällt; daß mit der Dummheit selbst Götter vergebens kämpfen; daß der Mohr, der seine Schuldigkeit getan hat, gehen kann; daß dem Menschen nur die bange Wahl zwischen Sinnenlust und Seelenfrieden bleibt; daß die Nachwelt dem Mimen keine Kränze flicht; daß das Leben nicht gewonnen sein wird, wenn wir nicht bereit sind, unser Leben einzusetzen; daß das Leben der Güter höchstes nicht ist; daß die Gedanken leicht beieinander wohnen, wohingegen sich hart im Raum die Sachen stoßen; daß die Axt im Haus den Zimmermann ersetzt; und daß der Sinn auch langer Reden ein kurzer sein kann.

Kein zweiter deutschsprachiger Schriftsteller wurde und wird so emphatisch gefeiert wie Schiller – und so häufig parodiert: Loch in Erde, Bronze rin; König Zecher / wirft Becher; Wer wagt es, Knappersmann oder Ritt, / zu schlunden in diesen Tauch?[49] Um der Lust, einen großen Namen und ein bedeutendes Werk sarkastisch in Frage zu stellen, nicht allzusehr nachzugeben und um Schiller-ergebene Leser nicht allzusehr zu verärgern, ist nun eine Feststellung (über)fällig: Parodien funktionieren nur, wenn die parodierten Texte es wert sind, parodiert zu werden. Parodien haben eine klare Funktion. Sie wollen und sollen von den hohen Ansprüchen entlasten, die von großen Werken ausgehen.

Das spezifische Charakteristikum der Werke Schillers, ihr – um neudeutsch zu formulieren – Alleinstellungsmerkmal, das sie von denen selbst seiner bedeutendsten Zeitgenossen (wie unter vielen anderen mehr Goethe, Hölderlin, E.T.A. Hoffmann, Novalis, Fichte, Hegel, Schelling) unterscheidet, läßt sich leicht benennen. Schiller kombiniert in unverwechselbarer Weise populäre Stoffe, Motive,

---

49 Cf. Dieter Hildebrandt (ed.): Loch in Erde, Bronze rin ... – Schiller-Parodien oder Der Spottpreis der Erhabenheit. München 2004 und die genaue Untersuchung von Wulf Segebrecht: Was Schillers Glocke geschlagen hat – Vom Nachklang und Widerhall des meistparodierten deutschen Gedichts. München 2004.

Themen und mittlere bis höhere Allerweltsweisheiten[50] mit anspruchsvollen bis hochtheoretischen Perspektiven. Er ist ein ebenso freundlicher wie listiger Erzieher, der Unterhaltung und Aufklärung zu einem bis dato unbekannt reizvollen Cocktail mischt. Allein Christoph Martin Wieland ist in dieser und nur in dieser Hinsicht ein Vorgänger Schillers – stilistisch trennen den alexandrinischen Virtuosen Welten vom verläßlichen Jamben-Klassiker (man muß nur Wielands *Kombabus* und eine der besseren Schiller-Balladen parallel lesen, um die stilistisch-moralische Differenz zwischen beiden Werken zu erkennen). In einer Zeit, die vom Fernsehen nicht einmal träumte, schreibt Schiller, den Adolf Muschg überzeugend als „Medienprofi" charakterisiert hat,[51] Tatortkrimis wie *Die Räuber* oder *Fiesco*, Politthriller wie *Maria Stuart* und *Don Carlos*, Sex-and-crime-Drehbücher wie *Kabale und Liebe* und informative Doku-Skripte wie *Wallenstein*. Schiller ist der professionellste, medienvirtuoseste und publikumsfreundlichste unter den Schriftstellern um 1800. Er verzichtet (als Lyriker und Dramatiker, nicht als Theoretiker!) auf jede Überforderung seiner Rezipienten, er hat ein entspanntes Verhältnis zu Publikumswünschen nach spannender Unterhaltung, er macht sich keine Illusionen darüber, daß es das Phänomen des Vergnügens an tragischen Gegenständen gibt – und er ist zugleich der Intellektuelle, der Analytiker, der politisch-funktional denkende Kopf, der seine gängigsten Stoffe mit hochkarätigen Theorie-Mustern durchwirkt.

Rüdiger Safranski hat in seinem Schiller-Buch den deutschen Klassiker aus guten Gründen zum Sartre der Goethe-Zeit erklärt.[52] Tatsächlich schreibt Schiller wie später Sartre nicht nur ungemein suggestiv, sondern eben auch in Augenhöhe mit den anspruchsvollsten Theorien der Zeit. Er bringt das Kunststück fertig, schwer verständliche Theoreme wie das kantische von der transzendentalen Apperzeption oder das fichtesche von der intellektuellen Anschauung und der Tathandlung[53] auf die Bühne zu bringen und also buchstäblich anschaulich zu machen. Schiller ist selbst ein demiprofessioneller Philosoph, dem Fachbegriffe wie ‚empirisch' und ‚transzendental', ‚Aposteriorität' und ‚Apriorität' souverän aus der

---

50 Die Süddeutsche Zeitung vom 9. Mai 2005 (p. 16) hat einige dieser zu geflügelten Worten avancierten Schiller-Weisheiten unter dem gemeinsamen Titel *Auf diese Phrasen können Sie bauen* kommentieren lassen.

51 Adolf Muschg: Schillers schönster Traum – Aus einer Rede über die ästhetische Erziehung des Menschen; in: Hans-Joachim Simm (ed.): Insel-Almanach auf das Jahr 2005 – Friedrich Schiller zum 200. Todestag. Ffm 2005, p. 174. Cf. auch Stefan Füssels aufschlußreiche Rekonstruktion von Schillers professionellem Umgang mit Verlegern: Schiller und seine Verleger. Ffm 2005.

52 Rüdiger Safranski: Schiller oder Die Erfindung der Freiheit. München 2004, p. 12: „Das Abenteuer der Freiheit war Schillers Leidenschaft, und deshalb wurde er zu einem Sartre des späten 18. Jahrhunderts. (...) Wie Sartre erklärt er: es kommt darauf an, etwas aus dem zu machen, wozu man gemacht wurde." Schon in ihrem 1966 erschienenen Buch *Philosophen der Dichtung* (Stuttgart) hat Käthe Hamburger Schiller mit Sartre verglichen, worauf Klaus Lüderssen in seinem luziden Essay *Daß nicht der Nutzen des Staats Euch als Gerechtigkeit erscheine – Schiller und das Recht*. Ffm 2005, p. 215, Fn. 10, hinweist.

53 Cf. Hans-Georg Pott: Die schöne Freiheit – Eine Interpretation zu Schillers Schrift *Über die ästhetische Erziehung des Menschen in einer Reihe von Briefen*. München 1980 (zu Schillers Fichte-Rezeption cf. pp. 25–32).

Feder fließen. Und eben dies dürften ihm seine Parodisten nicht verziehen haben: Klug, wie sie sind, merken sie, daß in Schillers Texten stets ein basso continuo mitschwingt, der in einem seltsamen, aber eben auch reizvollen Kontrast zum unüberhörbar populistischen Ton seiner Werke erklingt. Schiller ist einer der ganz wenigen Schriftsteller, der unter jene Professoren geraten ist, die schriftstellern, ohne deshalb aufzuhören, Intellektuelle zu sein.

Darin besteht nicht nur im Schiller-Jahr 2005 die Lust an der erneuten Schiller-Lektüre: sich nicht mit klassischen Bestätigungen alltagsbanaler Einsichten zu begnügen, sondern sich überraschen zu lassen. Z.B. von dem Rechtsphilosophen Schiller, den Klaus Lüderssen neu entdeckt und vorgestellt hat und der lange vor Böckenförde die Paradoxie bedenkt, daß das Recht auf Voraussetzungen beruht, die es selbst nicht herleiten, geschweige denn garantieren kann. Die Macht des Rechts beruht auf dem Recht der Macht und darf genau darauf nicht beruhen, wenn Recht denn gerecht sein soll.[54] Überraschen lassen kann man sich bei erneuter Schiller-Lektüre aber z.B. auch von unerwarteten Mischungen aus suggestiven Anleihen am gesunden Menschenverstand, denen Schillers Werk zu höherem Ausdruck verhilft (das ist seine größte Schwäche), zu so hohem Ausdruck gar, daß sie umschlagen und jede „Was will der Autor uns sagen?"-Trivialität übersteigen. Häufig kann dann der wache Leser und Theatergänger auch einen Schiller entdecken, der sich selbst, den ernsten Denkerdichter und Dichterdenker, mit Versen und Einsichten überraschte, die auf einen ironischen, gar selbstironischen Kopf schließen lassen. So heißt es in den Schlußzeilen von Schillers Gedicht *Die Weltweisen*:

> Einstweilen, bis den Bau der Welt
> Philosophie zusammenhält,
> Erhält sie das Getriebe
> Durch Hunger und durch Liebe.

Schiller ist der frühe Profi-Schriftsteller, der bis heute reizvolle, ja unwiderstehliche Cocktails aus dramatischen Szenen, eindringlicher Ideen-Lyrik und anspruchsvoller Theorie, aus Hunger, Liebe und Philosophie gemixt hat. Ihr Hauptingredienz ist eine so einfache wie weitreichende Frage: ob und gegebenenfalls wie ein Leben gelingen und glücken kann. Anlässe, dieser Frage nachzugehen, hatte Schiller mehr als genug. Macht er, der Medicus und Pharmazeut, der sich später dem Studium der Philosophie und Geschichte zuwandte, doch früh Erfahrungen mit dem beschädigten Leben, dem eigenen wie dem anderer. Ein Schlüsselerlebnis kommt dabei dem Umgang mit seinem Mitschüler Joseph Friedrich Grammont zu. Er wurde von Schiller auch auf Wunsch der Lehrer an der strengen Karls-Schule regelrecht gepflegt, und er bedurfte der Pflege. Litt er doch an Depression, Kopfschmerzen, Appetitlosigkeit und Verdauungsstörungen, also an jener charakteristischen Störung der Schnittstelle zwischen Körper und Geist, Sinnenlust und Seelenfrieden oder, um sogleich Schiller selbst zu zitieren,

---

54 Cf. Klaus Lüderssen: Schiller und das Recht, l.c., p., Fn. 5.

„Unterleib und Seele", der Schiller zeitlebens nachdachte und die er schriftstellernd zu fassen suchte. Schiller schrieb: Grammonts Zustand ist „eine wahre *Hypochondrie*, derjenige unglückliche Zustand eines Menschen, in welchem er das bedaurenswürdige Opfer der genauen Sympathie zwischen dem Unterleib und der Seele ist, die Krankheit tiefdenkender, tiefempfindender Geister und der meisten Gelehrten. Das genaue Band zwischen Körper und Seele macht es unendlich schwer, die erste Quelle des Übels ausfindig zu machen, ob es zuerst im Körper oder in der Seele zu suchen sei."[55]

Themen für ein Lebenswerk stellen sich häufig früh ein, ja sie drängen sich geradezu auf.[56] Schon vor seiner intensiven Kant-Lektüre hat Schiller sein obsessives Thema und seinen binären Denkstil gefunden. Unablässig ist er auf der Suche nach dem Band, das Körper und Seele, Unterleib und Geist, Pharmazie und Philosophie, Natur-Gesetz und Freiheit, Leben und Kunst freundlich und erfreulich verbindet. Er forscht tatsächlich als Denker wie als Dichter nach Antworten auf die Frage, ob dieses Band, wenn es denn auffindbar ist, als ein justierbarer Transmissionsriemen begriffen und behandelt werden kann, ob medizinische, philosophische oder ästhetische Kunst es vermag, ein beschädigtes Leben oder gar eine pathologische Epoche zu heilen. Davon handelt bereits die Dissertation des zwanzigjährigen Medicus. Sie entstand 1779 und trägt einen ersichtlich ambitionierten Titel: *Philosophie der Physiologie*. In dieser Abhandlung charakterisiert Schiller den Menschen als ein „Doppelwesen (...), das durch die Unsterblichkeit seiner Seele Gott ähnlich, zugleich aber aufgrund seiner körperlichen Existenz dem Tod geweiht ist."[57] Schiller schließt messerscharf, daß „eine durch die menschliche Nervenbahnen wirkende Mittelkraft existiere, die psychische und physische Vorgänge zu koordinieren vermöge."[58] Diese Schnittstelle will Schillers Werk ergründen. Und in den, wie es eineinhalb Jahrzehnte später in den Briefen an den Herzog Friedrich Christian von Augustenburg heißt, aus denen die *Briefe über die ästhetische Erziehung* hervorgegangen sind, „in den wenigen hellen Sonnenblicken meines bisherigen Lebens"[59] lebte er im wenn nicht rauschhaften, so doch eben lichten Gefühl, genau dies sei ihm gelungen.

Kurzum: Schillers Werk ist von Anfang an unablässig auf der Suche nach einer Lebenskunst. Passagen, in denen die beiden Worte ‚Leben' und ‚Kunst' eng zusammenstehen, finden sich entsprechend häufig. „Ernst ist das Leben,/Heiter ist die Kunst." Der Begriff ‚Lebenskunst' aber ist in seinem Gesamtwerk nur einmal anzutreffen – dann aber an prominentester Stelle. Heißt es doch im meistzitierten, im fünfzehnten der *Briefe über die ästhetische Erziehung*: „Denn, um es end-

---

55 Friedrich Schiller: Über die Krankheit des Eleven Grammont; in: ders.: Werke und Briefe in zwölf Bänden, Bd. 8, ed. Rolf-Peter Janz. Ffm 1992, p. 59.
56 Im Hinblick auf Schiller hat das Friedrich Dieckmann überzeugend dargelegt: „Diesen Kuß der ganzen Welt" – Der junge Mann Schiller. Ffm 2005.
57 So die pointierende Paraphrase von Peter-André Alt: Schiller – Leben, Werk, Zeit (2 Bde.), Bd. 1. München 2000, p. 157.
58 Ibid.
59 Friedrich Schiller: Werke und Briefe, Bd. 8, l.c., p. 491.

lich auf einmal herauszusagen, der Mensch spielt nur, wo er in voller Bedeutung des Worts Mensch ist, und *er ist nur da ganz Mensch, wo er spielt.* Dieser Satz, der in diesem Augenblicke vielleicht paradox erscheint, wird eine große und tiefe Bedeutung erhalten, wenn wir erst dahin gekommen sein werden, ihn auf den doppelten Ernst der Pflicht und des Schicksals anzuwenden; er wird, ich verspreche es Ihnen, das ganze Gebäude der ästhetischen Kunst und der noch schwürigern Lebenskunst tragen. Aber dieser Satz ist auch nur in der Wissenschaft unerwartet; längst schon lebte und wirkte er in der Kunst und in dem Gefühle der Griechen, ihrer vornehmsten Meister; nur daß sie in den Olympus versetzten, was auf der Erde sollte ausgeführt werden. Von der Wahrheit desselben geleitet, ließen sie sowohl den Ernst und die Arbeit, welche die Wangen der Sterblichen furchen, als die nichtige Lust, die das leere Angesicht glättet, aus der Stirne der seligen Götter verschwinden, gaben die ewig Zufriedenen von den Fesseln jedes Zweckes, jeder Pflicht, jeder Sorge frei und machten den *Müßiggang* und die *Gleichgültigkeit* zum beneideten Lose des Götterstandes: ein bloß menschlicherer Name für das freieste und erhabenste Sein.“[60]

Man muß kein überinterpretationswilliger Psychoanalytiker sein, um festzustellen, daß ausgerechnet diese Formulierung über Lebenskunst nicht sehr beschwingt, freudvoll und beglückend klingt. Gesellt Schiller doch dem Wort ‚Lebenskunst‘ das Adjektiv ‚schwierig‘ und dies sogar in komparativer Form bei: die Lebenskunst ist „noch schwieriger“ als die „ästhetische Kunst“. Das ist deutlich. Die ästhetische Kunst hat schwere Lasten, auch schwere Beweislasten zu tragen. Bestand und Bestandsrecht hat sie nach Schiller nur, wenn sie erhebliche Leistungen erbringt – nämlich den Menschen, den Kant so lieblos wie angemessen als „krummes Holz“[61] charakterisierte, so zu erziehen, daß dieses Krummholz mit sich und seinesgleichen keinen Unsinn anrichtet und nicht allzusehr unter seinem eh schon nicht sonderlich hohen Niveau lebt. Die „Lebenskunst“ aber *ist* noch schwieriger zu leisten und *hat* ihrerseits noch Schwierigeres zu leisten. Soll sie doch, dank der projektiven Vorarbeiten ästhetischer Kunst, auf Erden verwirkli-

---

60 Friedrich Schiller: Über die ästhetische Erziehung des Menschen in einer Reihe von Briefen; in: ders.: Werke und Briefe, Bd. 8, l.c., p. 614.

61 Das vollständige Zitat lautet: „Aus so krummen Holze, als woraus der Mensch gemacht ist, kann nichts ganz Gerades gezimmert werden.“ (Immanuel Kant: Idee zu einer allgemeinen Geschichte in weltbürgerlicher Absicht; in: ders.: Werke, Bd. 6, ed. Wilhelm Weischedel. Darmstadt 1983, p. 41.) Kant spielt auf die Passage aus der *Nikomachischen Ethik* (Buch 2, Kapitel 9) des Aristoteles an, in der es heißt: „Wer nach der rechten Mitte zielt, muß darum zunächst das lassen, was dazu im schärferen Gegensätze steht; so mahnt auch Kallypso:/Abseits hier von dem Gischt und der Brandung lenke/das Fahrzeug!/Denn das eine der Extreme ist das mehr, das andere das weniger Fehlerhafte. Da nun die rechte Mitte zu treffen äußerst schwierig ist, so heißt es im Sprichwort, man müsse, wenn man die Fahrt zum zweiten Male macht, das kleinere Übel wählen, und das wird am ehesten in der bezeichneten Weise geschehen. Man muß sehen, in welche Richtung uns die eigene Neigung lenkt; denn den einen treibt seine Natur nach der, den anderen nach jener Richtung. Das aber läßt sich aus den Gefühlen der Lust und Unlust entnehmen, die in uns rege werden; und dann müssen wir uns in die entgegengesetzte Richtung wenden. Wenn wir uns von dem was fehlerhaft ist recht weit entfernen, dann werden wir zur rechten Mitte gelangen, gerade wie man es macht, wenn man krummes Holz gerade biegen will.“

chen, was selbst die glücklichen Griechen nur bei den olympischen Göttern für möglich hielten: Das „freieste und erhabenste Sein" in Müßiggang und Gleichgültigkeit. Notabene, es lohnt sich, dies jetzt gleich festzuhalten: „Müßiggang und Gleichgültigkeit" sind keine Begriffe, die in tradierten Morallehren einen hohen Status besitzen. Schon stilistisch wird bzw. macht Schiller deutlich, daß das Programm einer ästhetischen Erziehung in einer schweren Anstrengung gründet und in schwieriger Arbeit sein vorläufiges Ende erreicht. Das ist nicht ohne Hintersinn. Denn seinerseits fundiert und getragen wird dieses Programm von einem bemerkenswert leichten und luftigen Satz, eben dem berühmtesten Satz der ganzen Briefsammlung: „der Mensch spielt nur, wo er in voller Bedeutung des Worts Mensch ist, und er ist nur da ganz Mensch, wo er spielt." Dieser Satz, Schiller nimmt den Mund recht voll, soll und „wird, ich verspreche es Ihnen, das ganze Gebäude der ästhetischen Kunst und der noch schwierigern Lebenskunst tragen."

Das ist ersichtlich ein ehrgeiziges und vollmundiges Programm. Um es plausibel durchführen zu können, muß Schiller angesichts der großen Lasten, die er diesem Satz aufbürdet, erst einmal für eine gewaltige Entlastung sorgen. Interpreten von Schillers Ästhetik[62] haben selten ihr Augenmerk auf diese Entlastungs-Strategie geheftet. Sie besteht in einer verblüffenden, weil geradezu brüsken Abfertigung erhöhter Erwartungen an die Leistung von Kunst, die man gerade vom Kunst-Enthusiasten[63] Schiller nicht erwarten würde und die etwa George Steiner in seiner jüngst im Allerheiligsten zu Marbach gehaltenen Schiller-Festrede schlicht verdrängt, wenn er ausführt: „Die Kunst ist im absoluten Sinn lehrreich. Das Ästhetische ist die ideale Praxis der Pädagogik. Durch die Kunst wird der Mensch zum ethischen Geschöpf."[64] Vor Tische las man's anders – wenn man denn genau las, was in Schillers Briefen zu lesen steht. Kunst ist, wie der Kantianer Schiller entschieden feststellt, im Hinblick sowohl auf sachlich valide Erkenntnisleistungen als auch im Hinblick auf ordentliche Gesinnungsleistungen schlechthin wertlos. Daran läßt der einundzwanzigste Brief keinen Zweifel: Man muß „denjenigen vollkommen Recht geben, welche das Schöne und die Stimmung, in die es unser Gemüt versetzt, in Rücksicht auf *Erkenntnis* und *Gesinnung* völlig indifferent und unfruchtbar erklären. Sie haben vollkommen Recht, denn die Schönheit gibt schlechterdings kein einzelnes Resultat weder für den Verstand noch für den Willen, sie führt keinen einzelnen weder intellektuellen, noch moralischen Zweck aus, sie findet keine einzige Wahrheit, hilft uns keine einzige Pflicht erfüllen, und ist, mit einem Wort, gleich ungeschickt, den Charakter zu

---

62 Cf. etwa die Beiträger zum Sammelband von Jürgen Bolten (ed.): Schillers Briefe über die ästhetische Erziehung. Ffm 1984.

63 Schiller als Enthusiasten der Kunst zu begreifen, ist das Leitmotiv bei Norbert Oellers: Schiller – Elend der Geschichte, Glanz der Kunst. Stuttgart 2005.

64 George Steiner: Um die Muse aufzumuntern – Das Klassische hat seine Glaubwürdigkeit verspielt – Warum es im Jahr 2055 trotzdem eine Schiller-Feier geben sollte; in: Die Zeit (28. April 2005), p. 57.

gründen und den Kopf aufzuklären."[65] Das klingt wie militanter anti-ästhetischer
Platonismus bzw. nach auf- und abgeklärter Zustimmung zum berüchtigten
zehnten Buch der *Politeia*, auf das Schiller denn auch gleich mehrfach anspielt.[66]
Kunst und Künstler haben in der Neuzeit erst einmal auf jede Megalomanie zu
verzichten. Denn sie haben zu dem, was eigentlich zählt, wenig bis nichts beizutragen. Ja, sie stören den fortschrittlichen Gang sachlicher Forschung und moralischer Entwicklung.

Schiller macht also eine hochgradig nüchterne Rechnung auf. Lebenskunst-
tauglich kann Kunst nur sein, weil und wenn sie auf den Anspruch verzichtet,
Medium von sachlich haltbaren oder doch zumindest diskussionswürdigen Er-
kenntnissen und Einsichten zu sein. Die klassische Entsprechungsbalance zwischen dem Schönen, dem Wahren und dem Guten ist in der Neuzeit so gestört
wie das Band zwischen Körper und Geist. In der uns heute geläufigen Sprache
der Systemtheorie nehmen sich die bekannten zeitdiagnostischen Eingangsüber-
legungen von Schillers Briefen („auseinandergerissen wurden jetzt der Staat und
die Kirche, die Gesetze und die Sitten"[67] etc.) wie eine rhetorisch-melancholisch
aufgemöbelte Paraphrase des Theorems von der funktionalen Ausdifferenzierung
moderner Gesellschaften aus. Funktionieren können überkomplexe moderne Gesellschaften nur, weil sie auf zusätzliche Überkomplexität, also auf das Gebot
vermeintlich harmonischer Koppelungen und Entsprechungen zwischen sozialen
Subsystemen verzichten. Denn alles wäre noch schrecklicher, als es sowieso schon
ist, nämlich schlicht totalitär, wenn der Staat auf die Kirche, die Gesetze auf die
Sitten und die Wissenschaft auf die Schönheit et vice versa Rücksicht nähmen
und sich gar einem einheitlichen Prinzip unterstellten. Seine harsche Kultur- und
Epochenkritik grundiert Schiller deshalb mit einer überraschenden und selten zur
Kenntnis genommenen Äußerung, die an Deutlichkeit nichts zu wünschen übrig
läßt: „Ich möchte nicht gern in einem andern Jahrhundert leben, und für ein
andres gearbeitet haben. Man ist eben so gut Zeitbürger, als man Staatsbürger
ist", heißt es gleich im zweiten Brief.[68]

Die *Briefe über die ästhetische Erziehung* lassen sich nicht nur als konventionelle
Klage über die Zerrissenheit der Welt bzw. über den Riß zwischen System und
Lebenswelt, sondern auch als Lob der funktionalen Ausdifferenzierung von Subsystemen lesen: „Ich möchte nicht gern in einem andern Jahrhundert leben" als
in dem der Kritikbedürftigkeit und der Kritik. Nicht umsonst weisen Schillers
Briefe eine tradierte These zurück oder doch zumindest in die gebotenen Schranken, mit der ihr Autor selbst lange kokettierte und die er selbst noch später in

---

65 Friedrich Schiller: Briefe, l.c., p. 636.
66 Cf. etwa den zehnten Brief, in dem es heißt: „Schon im Altertum gab es Männer, welche die
  schöne Kultur für nichts weniger als eine Wohltat hielten, und deswegen sehr geneigt waren, den
  Künsten der Einbildungskraft den Eintritt in ihre Republik zu verwehren." (Friedrich Schiller:
  Briefe, l.c., p. 588.)
67 Ibid., p. 573.
68 Ibid., p. 558.

seinem Gedicht *Die Künstler* lyrisch überschwenglich und zugleich mit einer entscheidenden Einschränkung formulieren wird:

> Nur durch das Morgentor des Schönen
> Drangst du in der Erkenntnis Land.
> An höhern Glanz sich zu gewöhnen,
> Übt sich am Reize der Verstand.
> Was bei dem Saitenklang der Musen
> Mit süßem Beben dich durchdrang,
> Erzog die Kraft in deinem Busen,
> Die sich dereinst zum Weltgeist schwang.[69]

„Nur durch das Morgentor des Schönen/Drangst du in der Erkenntnis Land." Schiller formuliert imperfektisch: ehemals drang der nach sachlich wahren Sätzen strebende Kopf nur durch das Morgentor des Schönen in der Erkenntnis Land und entdeckte eben deshalb – nur sehr wenig. In der Zeit um 1800 aber ist das anders. Hegel, der aufmerksame Schiller-Leser und dankbare, wenn auch selten genaue Schiller-Zitierer, wird diese nüchterne Einsicht auf eine schlagende Formel bringen: „Der Gedanke und die Reflexion hat die schöne Kunst überflügelt."[70] Es folgen in Hegels *Vorlesungen über die Ästhetik* die süffisanten Formulierungen, die sich unschwer auf Schiller bzw. eine bestimmte Art, Schiller zu lesen, beziehen lassen: „Wenn man es liebt, sich in Klagen und Tadel zu gefallen, so kann man diese Erscheinung für ein Verderbnis halten und sie dem Übergewichte der Leidenschaften und eigennützigen Interessen zuschreiben, welche den Ernst der Kunst wie ihre Heiterkeit verscheuchen; oder man kann die Not der Gegenwart, den verwickelten Zustand des bürgerlichen und politischen Lebens anklagen, welche dem in kleinen Interessen befangenen Gemüt sich zu den höheren Zwecken der Kunst nicht zu befreien vergönne, indem die Intelligenz selbst dieser Not und deren Interessen in Wissenschaften dienstbar sei, welche nur für solche Zwecke Nützlichkeit haben, und sich verführen lasse, sich in diese Trokkenheit festzubannen."

Es fällt spätestens nach der Aufklärung und nach 1789 schwer, emphatische Sätze über die Kunst wie den, daß nur der in der Erkenntnis Land gelange, der das Morgentor des Schönen durchschritten habe, sachlich ernstzunehmen und nicht nur als Selbstbestätigungsrhetorik dysfunktional gewordener Künstler zu verbuchen. Dabei ist das dem lyrischen Satz über die Leistung von Kunst zugrunde liegende Theorie-Schema historisch schnell einzuordnen und sachlich ebenso leicht zu aktualisieren: Spätestens mit Baumgarten und Kant steht für die komplex denkenden Zeitgenossen fest, daß es ohne Aisthesis, also ohne Wahrnehmung und ohne Daten sowenig Erkenntnisse geben kann wie ohne analytische Verstandesleistungen. Die Zweistämmetheorie der Erkenntnis kommt aber

---

69  Friedrich Schiller: Sämtliche Gedichte, Werke und Briefe, l.c., Bd. 1, ed. Georg Kurscheidt. Ffm 1992, p. 208.

70  Georg Wilhelm Friedrich Hegel: Vorlesungen über die Ästhetik I; in: ders.: Werke, Bd. 13., edd. Karl Markus Michel/Eva Moldenhauer. Ffm 1970, p. 24.

gut ohne eine ambitionierte Ästhetik aus: Schön, stimmig und ästhetisch müssen die wahrgenommenen Daten nicht sein, um dem Verstand und seinem a priori gegebenen Kategorienapparat als Analysematerial zu taugen.

Man kann Schillers Bescheid mit Fug und Recht als eine kühle und illusionsfreie Abfuhr an erkenntniskritische Überforderungen der Kunst buchen. Doch nicht nur in erkenntniskritischer, auch in moralischer Verbesserungs-Hinsicht ist der Wert der Kunst höchst zweifelhaft. Kaum einer hat das nüchterner und lakonischer festgestellt als gerade Schiller, dem die Wendung vom Theater als moralischer Anstalt nachhallt. Heißt es doch ausgerechnet in dem Text, der diesen Titel trägt, einigermaßen süffisant, „daß Molières Harpagon noch keinen Wucherer besserte, daß der Selbstmörder Beverlei noch wenige seiner Brüder von der abscheulichen Spielsucht zurückzog, daß Karl Moors unglückliche Räubergeschichte die Landstraßen nicht viel sicherer machen wird."[71] Auch in seinen dramatischen Werken bleibt Schiller in dieser Hinsicht bemerkenswert nüchtern. Selbst eine so sensible Figur wie Thekla muss zu der Einsicht gelangen, daß das Schöne gegen das Schicksal, gegen das, was uns wenn nicht von Göttern und Moiren, so doch von neuzeitlich-transsubjektiven Gewalten geschickt wird, wenig bis nichts vermag.

> – Da kommt das Schicksal – Roh und kalt
> Faßt es des Freundes zärtliche Gestalt
> Und wirft ihn unter den Hufschlag seiner Pferde
> – Das ist das Los des Schönen auf der Erde![72]

Die metrische Unbeholfenheit des Pferde-Verses läßt sich interpretatorisch rechtfertigen. Wer Lebenskunst fälschlich so versteht, daß er, durch die von Kunst gewährte und erschlossene Freiheit ermuntert, die Zügel in der Hand hält und bestimmen kann, wo es langgehen soll, kommt wie das Metrum dieses Verses aus dem Tritt, verliert seinen Halt und stürzt zu Boden. Zertreten wird der Reiter von „seinen" Pferden, also eben von den Mächten und Kräften, über die er, der doch der Reitkunst mächtig ist, bestimmen zu können glaubte. Auch die andere große Passage aus dem *Wallenstein*, die den Möglichkeiten des Schönen nachdenkt und nachdichtet, ist von schwer zu überbietender Nüchternheit, ja sie leistet sich das paradoxe Pathos der Nüchternheit. Heißt es doch im rhetorischen Modus der affektiven Bescheidenheit am Ende des berühmten Prologs:

> Und wenn die Muse heut,
> Des Tanzes freie Göttin und Gesangs,
> Ihr altes deutsches Recht, des Reimes Spiel,

---

71 Friedrich Schiller: Die Schaubühne, als eine moralische Anstalt betrachtet; in: ders.: Sämtliche Gedichte, Werke und Briefe, Bd. 8, l.c., p. 194. Cf. dazu den Essay von Friedrich Dieckmann: Schillers Theater (I) – Über einen hinter Klischees verborgenen Autor; in: Theater der Zeit (Mai 2005), p. 26 sq.

72 Friedrich Schiller: Wallenstein; in: ders.: Werke und Briefe in zwölf Bänden, Bd. 4, ed. Frithjof Stock. Ffm 2000, vv. 3177–3180.

> Bescheiden wieder fordert – tadelts nicht!
> Ja danket ihr's, daß sie das düstre Bild
> Der Wahrheit in das heitre Reich der Kunst
> Hinüberspielt, die Täuschung, die sie schafft,
> Aufrichtig selbst zerstört und ihren Schein
> Der Wahrheit nicht betrüglich unterschiebt,
> Ernst ist das Leben, heiter ist die Kunst.[73]

Auch das ist so klar gesagt, daß es nicht eigentlich interpretationsbedürftig ist. Bewundernswert ist die Muse und ihre Kunst nur deshalb, weil und insofern sie die selbstgeschaffene Täuschung und den eigenen Schein „aufrichtig selbst zerstört." Kunst gesteht, daß sie sich verspricht, wenn sie mehr verspricht, als sich zu versprechen.

Nicht erst Mörikes Gedicht *Auf eine Lampe*[74] spielt mit dem Doppelsinn des Wortes Schein, des Scheins, der zu erleuchten und hell zu scheinen eben nur scheint. Es scheint nur so zu sein, daß der heitre Schein der Kunst das düstre Bild der Wahrheit zu illuminieren vermag. Der grammatische Bau der Prolog-Formulierung ist eindeutig. Das Verdienst großer und bedeutender Kunst, wenn sie denn überhaupt eines hat, ist es gerade nicht, die düstre Wahrheit heiter aufzuhellen, sondern umgekehrt, das düstre Bild der Wahrheit in das heitre Reich der Kunst hinüberzuspielen und die durch Kunst geschaffene Täuschung zu enttäuschen – also ihren Schein gerade nicht der Wahrheit unterzuschieben, sondern aufrichtig die Wahrheit über sich selbst zu sagen. Um die eingangs geäußerte Schiller-Schelte nun nicht allzusteil in Schiller-Lob umkippen zu lassen: Die soeben zitierte berühmte Passage belegt auch, wie leichtfertig Schiller mitunter seine besten Einsichten und Wendungen wieder zur Disposition stellt. Aus der viel zu denken veranlassenden Wendung vom düstren Bild der Wahrheit, das große Kunst in ihre eigene Sphäre hinüberspielt, wird nur zwei Zeilen später die um ihren Bildcharakter gebrachte Wahrheit selbst und schließlich die überzitierte, weil hochkonventionell gedachte Formel vom Ernst des Lebens und der Heiterkeit der Kunst. So macht Schiller es seinen Lesern leicht, seine besten, weil komplexesten und kontraintuitiven Einsichten zu überlesen bzw. schnell zu vergessen. Und seine beste und zugleich zumutungsreichste Einsicht im Hinblick auf ästhetische Fragen lautet schlicht: Kunst ist bloßer Schein, der, wenn Kunstwerke gelingen, als eben dieser bloße Schein ansichtig und also durchschaubar wird.

Das kann ja heiter werden, nüchterner geht's kaum: Die Kunst ist, so lautet – entgegen der hartnäckig kursierenden Gerüchte, die seine Exegeten streuten – Schillers dezidierte These, die Kunst ist in erkenntniskritischen wie in moralischen Hinsichten untauglich, wenn nicht kontraproduktiv, kann sie einen doch auf dumme Gedanken wie den bringen, von düstren Wahrheiten abzulenken. Was also bleibt vom Schönen in Zeiten prosaischer Nüchternheit, was kann eine

---

73 Ibid., vv. 129–138.
74 Eduard Mörike: Auf eine Lampe; in: ders.: Sämtliche Werke, ed. Herbert G. Göpfert. München 1976, p. 85.

gute Schaubühne wirken, wozu Dichter in dürftiger Zeit – um die Frage des Ly-
rikers Hölderlin zu bemühen, der Schiller geschrieben hatte: „von Ihnen depen-
dier ich unüberwindlich." Schon in seiner Mannheimer Rede vom 26. Juni 1784
unter dem Titel *Was kann eine gute Schaubühne wirken?* versuchte Schiller eine
Antwort, die das Schlüsselwort ‚Lebenskunst' nur knapp verfehlt. Heißt es dort
doch: „Nicht bloß auf Menschen und Menschencharakter, auch auf Schicksale
macht uns die Schaubühne aufmerksam, und lehrt uns die große Kunst, sie zu
ertragen. Im Gewebe unsers Lebens spielen *Zufall* und *Plan* eine gleich große
Rolle; den letztern lenken *wir,* dem erstern müssen wir uns blind unterwerfen."[75]
Schillers ästhetische Reflexionen kreisen schon in ihren frühen Stadien und erst
recht in den *Briefen* um die „große Kunst, Schicksale zu ertragen" und das „Gewebe des Lebens" als einen Text zu begreifen, an dem andere Mächte als das
selbstbewußte, freie Ich nach Kräften mitschreiben.

Und dies ist nun in der Tat eine aufregende These Schillers, die kein anderer
als Goethe in seinem Roman *Wilhelm Meisters Lehrjahre* aufgegriffen hat, den die
Wendung „Schicksal und Charakter" wie ein roter Faden durchzieht.[76] Das Gewebe aus Schicksal und Menschencharakter wurde, um denn doch das alte Schema zu bemühen, das Thema des Denkers Schiller und das Thema des Dichters
Goethe. Daß Goethe mit diesem Thema ernsthaft scherzend, mitunter auch frivol, kurzum: spielerischer umging als der Spieltheoretiker Schiller, liegt auf der
Hand. Über die „Gewebe"-Struktur von Schicksal und Charakter zu texten, lag
für Goethe buchstäblich nahe. Stand er doch – wie bereits in Kap. 1 erwähnt –
mütterlicher-, also nach Auskunft von *Dichtung und Wahrheit* poetischerseits im
Zeichen des Familiennamens Textor. Texte sind Textilien, Schleier,[77] an denen
wir uns wärmen, mit denen wir uns (ver-) decken. Weben, texten, dichten, spinnen, also göttergleiche Tätigkeiten keck zu usurpieren: das war es, was der, der da
den Vaternamen Goethe trug und sich als Inkarnation vieler Götter verstand,
zeitlebens tat. Sehr ernste Scherze, die nur diesem einen, schon vom Zeitgenossen
Friedrich Schlegel in seiner Wilhelm-Meister-Kritik erkannten Zweck dienen: die
Lebenskunst zu entwickeln, die dem Gewebe von Zufall und Plan, von Schicksal
und Charakter spielerisch standzuhalten vermag, weil es ihr gelingt, dem Gewicht
der Welt buchstäblich zu entsprechen, ihm Paroli zu bieten, dem Wunsch zu sein
und Dasein zu deuten, seinerseits Ausdruck zu geben. So heißt es von Wilhelm
Meisters Freund Serlo:

„Er war klug genug, einzusehen, daß die gekrönten Häupter sein freches Unternehmen nicht wohl vermerken und selbst vor seinem privilegierten Ankläger-
und Schergenamte keinen Respekt haben würden; er machte sich daher, noch ehe

75 Friedrich Schiller: Was kann eine gute Schaubühne wirken? In: ders.: Sämtliche Gedichte, Werke
und Briefe, Bd. 8, l.c., p. 195.

76 Cf. dazu Jochen Hörisch: Gott, Geld und Glück – Zur Logik der Liebe in den Bildungsromanen
von Goethe, Keller und Thomas Mann. Ffm 1983, p. 80 sqq. Walter Benjamins Essay *Schicksal
und Charakter* ist der bis heute wohl ambitionierteste Versuch, sich auf die Konstellation von
Schicksal und Charakter einen Reim zu machen.

77 Cf. Uwe C. Steiner: Verhüllungsgeschichten – Die Dichtung des Schleiers. München 2006.

das tausendjährige Reich anging, in aller Stille davon und ward in einer benachbarten Stadt von einer Gesellschaft, die man damals ‚Kinder der Freude‘ nannte, mit offnen Armen aufgenommen. Es waren verständige, geistreiche, lebhafte Menschen, die wohl einsahen, daß die Summe unsrer Existenz, durch Vernunft dividiert, niemals rein aufgehe, sondern daß immer ein wunderlicher Bruch übrigbleibe. Diesen hinderlichen und, wenn er sich in die ganze Masse verteilt, gefährlichen Bruch suchten sie zu bestimmten Zeiten vorsätzlich loszuwerden. Sie waren einen Tag der Woche recht ausführlich Narren und straften an demselben wechselseitig durch allegorische Vorstellungen, was sie während der übrigen Tage an sich und andern Närrisches bemerkt hatten. War diese Art gleich roher als eine Folge von Ausbildung, in welcher der sittliche Mensch sich täglich zu bemerken, zu warnen und zu strafen pflegt, so war sie doch lustiger und sicherer; denn indem man einen gewissen Schoßnarren nicht verleugnete, so traktierte man ihn auch nur für das, was er war, anstatt daß er auf dem andern Wege durch Hülfe des Selbstbetrugs oft im Hause zur Herrschaft gelangt und die Vernunft zur heimlichen Knechtschaft zwingt, die sich einbildet, ihn lange verjagt zu haben. Die Narrenmaske ging in der Gesellschaft herum, und jedem war erlaubt, sie an seinem Tage mit eigenen oder fremden Attributen charakteristisch auszuzieren. In der Karnevalszeit nahm man sich die größte Freiheit.“

Der Freiheitspathetiker Schiller verweigert solch ernste Scherze. Er entwickelt vielmehr eine Programmatik der „großen Kunst, (die) Schicksale zu ertragen“, die sich in Konstellationen von Zufall und Plan einstellen – z.B. ein Kind dieses Jahrhunderts und nicht eines anderen zu sein. Auch Schiller kennt den Grund- bzw. Abgrundsatz jeder Lebenskunst.[78] So heißt es in seinem Gedicht *Das Glück*:

> Groß zwar nenn ich den Mann, der, sein eigner Bildner und Schöpfer,
> Durch der Tugend Gewalt selber die Parze bezwingt,
> Aber nicht erzwingt er das Glück, und was ihm die Charis
> Neidisch geweigert, erringt nimmer der strebende Mut.

Gerade weil das so ist, gerade weil sich wohl das Recht auf „pursuit of happiness“, nicht aber Glück selbst verbindlich versprechen und erringen läßt, hat das Reich des Schönen denn doch eine Funktion. Nach einem ästhetischen Zustand streben wir nicht etwa, weil das Schöne etwas verspricht, was es halten könnte. Zwar ist Kunst nach Stendhals berühmter Formulierung eine „promesse du bonheur“, aber eben, wie Adorno einwarf, „ein Versprechen des Glücks, das gebrochen wird.“[79] Schiller verspricht ein Schönes, einen ästhetischen Zustand, der nicht mehr verspricht als sich selbst. „In dem ästhetischen Zustande“, so heißt es im einundzwanzigsten Brief an eben der Stelle, die der Verwerfung aller überzogenen

---

78 Cf. dazu Jochen Hörisch: Es gibt (k)ein richtiges Leben im falschen (Suhrkamp Bibliothek der Lebenskunst). Ffm 2004.
79 Theodor W. Adorno: Ästhetische Theorie; in: ders.: Gesammelte Schriften, Bd. 7, ed. Gretel Adorno/Rolf Tiedemann. Ffm 1972, p. 205.

Ansprüche an Kunst unmittelbar vorhergeht, „im ästhetischen Zustand ist der Mensch also Null, insofern man auf ein einzelnes Resultat, nicht auf das ganze Vermögen achtet, und den Mangel jeder besonderen Determination in ihm in Betrachtung zieht."[80] Eine abgründige Formulierung, von der schwer auszumachen ist, ob sie freiwillig oder unfreiwillig frivol und (im Lessingschen Sinne) witzig ist. Das Versprechen des Schönen ist ein Null-Versprechen: Frei von jeder besonderen Determination, frei von der Gewebestruktur einer Zufall-Plan- bzw. Schicksal-Charakter-Konstellation sind wir nur, wenn wir im ästhetischen Zustand spielen – ohne jede weitere Bestimmung, ohne jedes weitere Versprechen, ja ohne die Verpflichtung, kantische Subjekte sein zu müssen.

Deshalb ist ‚Resignation' ein Schlüsselwort Schillers wie Goethes.[81] Wer resigniert, wer etwa, wie Schiller, auf überzogene und unhaltbare Ansprüche an die Leistungsfähigkeit des Schönen verzichtet, gewinnt gerade dadurch die Möglichkeit zur Re-Sign(ifik)ation, also zur Neu-Bezeichnung, zur Revision bzw. semantischen Neu-Besetzung der Zeichen, die die Welt deuten. Genau dies tut Schiller in einem seiner besten Gedichte, das denn auch keinen anderen Titel als diesen trägt:

*Resignation*

Mit gleicher Liebe lieb' ich meine Kinder
    Rief unsichtbar ein Genius.
Zwei Blumen, rief er – hört es, Menschenkinder –
Zwei Blumen blühen für den weisen Finder,
    Sie heißen *Hoffnung und Genuß*.

Wer dieser Blumen Eine brach, begehre
    Die andre Schwester nicht.
Genieße, wer nicht glauben kann. Die Lehre
Ist ewig wie die Welt. Wer glauben kann, entbehre.
    Die Weltgeschichte ist das Weltgericht.

Du hast *gehofft*, dein Lohn ist abgetragen,
    Dein *Glaube* war dein zugewog'nes Glück.
Du konntest deine Weisen fragen,
Was man von der Minute ausgeschlagen,
    Gibt keine Ewigkeit zurück. (Hervorh. J.H.)

Wenn man so resigniert, wenn man, um unpoetisch zu sprechen, so um- und neucodiert, wenn man frei von jeder empirischen Determination im ästhetischen Null-Zustand so re-signifiziert, wird eine Freiheit erahnbar, die der Textor-Goethe wohl glücklicher Ausdruck verliehen hat als Schiller, der eine so bescheidene wie weitreichende Theorie der Lebenskunst eher avisierte als realisierte (wobei man nicht einmal an seine Biographie denken muß): die Freiheit, Dasein zu

---

80 Friedrich Schiller: Briefe, l.c., p. 636.
81 Adolf Muschg hat in seinen Arbeiten zu Goethe eindringlich auf den Doppelsinn des Wortes ‚Re-signation' hingewiesen: Der Schein trügt nicht – Über Goethe. Ffm/Leipzig 2004, pp. 67, 102, 125, 131, 133, 171.

deuten und zu wissen, daß Deutungen (nicht Interpretationen!) unableitbar sind. In einem seiner späten Gedichte hat Goethe diese Kunst der Re-signation virtuos geübt:

*Der Bräutigam*

Um Mitternacht – ich schlief, im Busen wachte
Das liebevolle Herz, als wär es Tag;
Der Tag erschien, mir war, als ob es nachte –
Was ist es mir, soviel er bringen mag.

Sie fehlte ja, mein emsig Tun und Streben,
Für sie allein ertrug ich's durch die Glut
Der heißen Stunde; welch erquicktes Leben
Am kühlen Abend! lohnend war's und gut.

Die Sonne sank, und Hand in Hand verpflichtet
Begrüßten wir den letzten Segensblick,
Und Auge sprach, ins Auge klar gerichtet:
Von Osten, hoffe nur, sie kommt zurück.

Um Mitternacht – der Sterne Glanz geleitet
Im holden Traum zur Schwelle, wo sie ruht.
O sei auch mir dort auszuruhn bereitet,
Wie es auch sei, das Leben, es ist gut.

Nur im ästhetischen Zustand sind die Welt und das Dasein ewig gerechtfertigt.

# 4. „Am farbigen Abglanz haben wir das Leben"

Wieviel Zeit zwischen dem Ende des ersten und dem Beginn des zweiten Teils von Goethes *Faust*-Drama vergangen ist – diese Frage ist schwer zu entscheiden. Kaum zu bestreiten ist hingegen, daß der zu Beginn des zweiten Teils nach dem rabenschwarzen Ende des ersten Teils der Tragödie aus tiefem Heilschlaf erwachende Faust ein ganz anderer als zuvor ist. Dennoch sind die beiden Tragödienteile miteinander eng verbunden. Sie verbindet eine buchstäblich zwielichtige Kontinuität. „Der Morgen dämmert auf"[82], sagt Mephisto in Gretchens Kerker zu Faust, um ihn zur Eile zu drängen. „Dämmerung" herrscht nach Auskunft der ersten Regieanweisung auch zu Beginn des zweiten Dramen-Teiles. Diesmal aber waltet Abenddämmerung: „Nacht ist schon hereingesunken"[83], seuselt der Geister-Chor. Doch es dauert nicht lange, bis ein „ungeheures Getöse (...) das Herannahen der Sonne (verkündet)"[84]. Faust erwacht. Und so erfüllt sich das Programm, das Ariel Faust verschrieben hatte, als er den Geister-Chor anwies:

> Erst senkt sein Haupt aufs kühle Polster nieder,
> Dann badet ihn im Tau aus Lethes Flut,
> Gelenk sind bald die krampferstarrten Glieder,
> Wenn er gestärkt dem Tag entgegen ruht;
> Vollbringt der Elfen schönste Pflicht
> Gebt ihn zurück dem heiligen Licht.[85]

Faust ist dem Kerker-Reich der Schatten entronnen und dem heiligen Licht zurückgeben. In Lethes Vergessens-Flut hat er so erfolgreich gebadet, daß keine schaurigen Erinnerungen an sein letztes bewußtes Erlebnis ihn mehr behelligen bzw. seine Stimmung verschatten. Der Gang in den Kerker zu der dem Tode geweihten Geliebten liegt Faust (und das ist ein moralisch durchaus zwielichtiges Faktum) nicht mehr im Sinn. Gretchen, die nur noch ein Schatten ihrer selbst war, ist zu einer zweiten Eurydike geworden, die im schattig-dunklen Reich des Todes verharren muß. „O wär' ich nie geboren!"[86] ruft Faust denn auch, den Orpheus der Gluckschen Oper zitierend, aus.[87] „O wär' ich nie geboren!" Dieser Wunsch ist bekanntlich kaum zu erfüllen – wohl aber der Wunsch nach einer Wiedergeburt, nach einer Renaissance. Und die wird Faust zuteil. Doch auch erfolgreiche Wiedergeburten haben ihren Preis. Die Differenz, die den Faust des er-

---

82 Johann Wolfgang von Goethe: Faust; in: ders.: Sämtliche Werke, Briefe, Tagebücher und Gespräche in 40 Bdn. (Frankfurter Ausgabe), Bd. 7, ed. Albrecht Schöne. Ffm 1994, v. 4600.
83 Ibid., v. 4642.
84 Ibid., Regieanweisung nach v. 4661.
85 Ibid., vv. 4628–4633.
86 Ibid., v. 4596.
87 Albrecht Schönes Kommentar zu diesem Vers (in seiner Faust-Edition im Rahmen der Frankfurter Goethe-Ausgabe) verweist überzeugend auf intertextuelle Bezüge zum Klageruf des Chors im *Ödipus* des Sophokles, auf die Selbstverfluchung Hiobs (3,3) und auf Jesus' Urteil über Judas (Matthäus 26,24), seltsamer Weise aber nicht auf Glucks Oper.

sten vom wiedergeborenen, dem Licht zurückgegebenen Faust des zweiten Teils trennt, ist von blendender Klarheit. Faust muß das Programm aufgeben, das ihn anfänglich umgetrieben hat. Und er muß es zu Recht aufgeben, denn es ist von herrlicher, aber eben nicht realisierbarer Naivität: Der Gelehrte will anfänglich aus dem Schattenreich des Sekundären heraus und hinein ins unmittelbare, pralle, dralle, primäre Leben. Er verschreibt sich selbst eine Renaissance.

Fausts Drang ad fontes, zum Unmittelbaren, zum Primären wird übermächtig. Unüberhörbar ist Faust ein früher Medien-Kritiker, dessen diagnostische Oppositions-Begriffe an Eindeutigkeit nichts zu wünschen übriglassen. Die Welt der Bücher und Papiere, die Welt des „Wissensqualms" und des Staubs ist „mit Gläsern, Büchsen rings umstellt,/mit Instrumenten vollgepfropft,/Urväter-Hausrat drein gestopft", kurzum: sie ist eine dunkle, schattige, mitternächtliche Welt, ja schlimmer noch: sie ist ein „Kerker", eine platonische Höhle, deren Insassen Schatten mit dem eigentlichen Leben verwechseln. Und so ist sie in all ihrer medialen Verstellung allenfalls „deine" bzw. „eine", also eine buchstäblich konstruierte, nie aber „die" eigentliche Welt, von der Faust so gerne wüßte, was sie im Innersten zusammenhält:

> O sähst du, voller Mondenschein,
> Zum letztenmal auf meine Pein,
> Den ich so manche Mitternacht
> An diesem Pult herangewacht:
> Dann über Büchern und Papier,
> Trübsel'ger Freund, erschienst du mir!
> Ach! könnt' ich doch auf Bergeshöhn
> In deinem lieben Lichte gehn,
> Um Bergeshöhle mit Geistern schweben,
> Auf Wiesen in deinem Dämmer weben,
> Von allem Wissensqualm entladen,
> In deinem Tau gesund mich baden!
>
> Weh! steck' ich in dem Kerker noch?
> Verfluchtes dumpfes Mauerloch,
> Wo selbst das liebe Himmelslicht
> Trüb durch gemalte Scheiben bricht!
> Beschränkt von diesem Bücherhauf,
> Den Würme nagen, Staub bedeckt,
> Den, bis ans hohe Gewölb' hinauf,
> Ein angeraucht Papier umsteckt;
> Mit Gläsern, Büchsen rings umstellt,
> Mit Instrumenten vollgepfropft,
> Urväter-Hausrat drein gestopft
> Das ist deine Welt! das heißt eine Welt![88]

---

88 Johann Wolfgang von Goethe: Faust, l.c., vv. 386–409.

Aus diesem Schattenreich will Faust à tout prix hinaus: „Flieh! auf! hinaus ins weite Land!"[89] Mephisto ist von Fausts Impuls, das medial verstopfte „verfluchte dumpfe Mauerloch" zu verlassen, durchaus angetan. Ja, er macht für dieses Programm seinerseits Proselyten. Und zwar mit einem raffinierten Argument, das Einsichten von Johann Jacob Bachofens 1861 erschienener monumentaler Studie *Das Mutterrecht* präzise vorwegnimmt.

„Meine Mutter wollte mich kaum entfernen;/Möchte gern was Rechts hieraußen lernen." So spricht in der Studierzimmer-Szene der Schüler zu Mephisto, der, wie es in der Regieanweisung beziehungsreich heißt, „in Fausts langes Kleid" gewandet ist. In „lange Kleider" sind Männer, die ihr Leben bedeutenden Institutionen und Ideen geweiht haben, häufig gehüllt. Wer der Mutter Kirche dient und den Tisch des Herrn bereitet (also eine prototypisch mütterliche Aufgabe wahrnimmt), trägt eine Soutane; wer sich in Diensten der Alma mater (was ja nichts anderes heißt als: „nährende Mutter")[90] darum bemüht, die tiefsten Weisheitsgründe zu erforschen, trägt einen Talar; und wer dem Vaterland sein Leben zu opfern bereit ist, wird zur Mutter von der Kompanie und trägt eine mit Ordensschmuck bewehrte Brust. Sonderlich männlich sind alle drei Kleidungsstücke (die Soutane, der Talar und die schmuckglänzende Uniform) gewiß nicht. Homogen männlich aber ist bis weit in unser Jahrhundert hinein die Dienerschar der Institutionen Kirche, Universität und Armee, die sich zu zwei Dritteln so erstaunlich frank und frei als „Mütter" – eben als Mutter Kirche und als Alma mater – zu erkennen geben.

Mephisto macht es ersichtlich Spaß, in das lange Kleid des gelehrten Doktor Faust zu schlüpfen und dem fragenden Schüler eine schlüpfrige Antwort auf sein Wissensbegehren zu geben. Aus seiner homosexuellen Disposition macht Fausts diabolischer Begleiter übrigens kein großes Geheimnis. Mephistos Schlußverse kann man durchaus und ohne Bedenken davor, allzu neumodisch zu sein, als coming-out charakterisieren: „Ich mag sie gerne sehn, die allerliebsten Jungen"[91], so wendet er sich an die Engelschar, um dann fortzufahren: „Dich langer Bursche, dich mag ich am liebsten leiden,/Die Pfaffenmiene will dich gar nicht kleiden,/So sieh mich doch ein wenig lüstern an!/Auch könntet ihr anständig-nackter gehen,/Das lange Faltenhemd ist übersittlich – Sie wenden sich – von hinten anzusehen! –/Die Racker sind doch gar zu appetitlich!"[92]

Auch dem jungen Schüler in Fausts Studierzimmer wendet sich Mephisto gerne zu. Seine Antwort auf dessen Frage, welche Disziplin er denn nun studieren solle, fällt verblüffend eindeutig aus. „Mein teurer Freund, ich rat' Euch drum/Zuerst Collegium Logicum." Was, beim Himmel oder zur Hölle, hat die Entfernung von der Mutter mit Logik zu tun? In der Perspektive von Goethes *Faust*-Drama offenbar sehr viel. Ersichtlich liegt dem Text nicht nur daran, die

---

89 Ibid., v. 418.
90 Cf. dazu Jochen Hörisch: Die ungeliebte Universität – Rettet die Alma mater! München 2006
91 Ibid., v. 11763.
92 Ibid., v. 11794 sqq.

Bezeichnung „langes Kleid" und nicht etwa das doch viel näherliegende Wort „Talar" zu bringen, sondern auch daran, beim Thema der Mutter, von der sich der angehende Student kaum entfernt hat, zu verweilen. Bevor er dem Schüler den konkreten Ratschlag gibt, zuerst Logik zu studieren, sagt Mephisto: „Da seid Ihr eben recht am Ort." Dem kann der angehende studiosus aber nicht zustimmen. Vielmehr paraphrasiert er geradewegs Fausts Worte vom Medien-Kerker und von den lichten Bergeshöhn:

> Aufrichtig, möchte schon wieder fort:
> In diesen Mauern, diesen Hallen
> Will es mir keineswegs gefallen.
> Es ist ein gar beschränkter Raum,
> Man sieht nichts Grünes, keinen Baum,
> Und in den Sälen auf den Bänken,
> Vergeht mir Hören, Sehn und Denken.[93]

Klassische Einwände gegen allzu abstraktes Denken und ein Leben, das nur dem reinen Geist geweiht ist. „Reiner Geist" und „reine Vernunft" sind Modetermini in den Jahren nach der Publikation von Kants *Kritik der reinen Vernunft*. Wie rein Geist und Vernunft sind, steht in Goethes *Faust*-Drama aber eben zur Diskussion. Auf die Einwände des Schülers gegen das Reine und Sterile hat Mephisto natürlich eine passende Gegenrede parat. Und die kreist wiederum, obwohl oder eben weil es um die Initiation in die Wissenschaft geht, um die „unreinen" Motive Mutter, Brust und Lust.

> Das kommt nur auf Gewohnheit an.
> So nimmt ein Kind der Mutter Brust
> Nicht gleich im Anfang willig an,
> Doch bald ernährt es sich mit Lust.
> So wird's Euch an der Weisheit Brüsten
> Mit jedem Tage mehr gelüsten.[94]

Dieser lustbetonte Zugang zu der Weisheit Brüsten leuchtet dem Schüler ein. „An ihrem Hals will ich mit Freuden hangen; / Doch sagt mir nur, wie kann ich hingelangen?" Eben durch einen Cursus der Logik – so die schon zitierte Antwort. Diese Motivzusammenstellung ist befremdlich: Mutter-Logik. Daß er von Mutter entfernt ist – „hieraußen" will der Schüler etwas lernen. Und indem er zuerst „Collegium Logicum" belegt, soll er mit Strukturen des Denkens, Schließens und Argumentierens so vertraut werden wie ein Kind, das „der Mutter Brust" annimmt. Ziel des Entfernungs- und Wiederannäherungsprojekts von bzw. an die Mutter aber ist, daß dem Schüler „an (nicht „nach") der Weisheit Brüsten / Mit jedem Tage mehr gelüsten" wird. Aus dem Initianden, der vor der Kälte und Leblosigkeit der Abstraktion zurückscheut, ist dann der Student geworden, der eben gerade die „graue Theorie" libidinös besetzen kann.

---

93 Ibid., vv. 1881–87.
94 Ibid., vv. 1888–1893.

Ein Mann in reiferen Jahren, der sich aus dem Medien-Kerker und dem Schattenreich der Fächer, die er – ach! – all durchaus und mit heißem Bemühen studiert hat, hinweg und ins pralle Menschenleben hinein sehnt, und ein junger Mann, der danach strebt, „an der Weisheit Brüsten" zu letzten Einsichten zu gelangen: Goethe liegt, das ist ein offenbares Geheimnis, an dieser Konstellation. Männer und Frauen; Logik bzw. Philosophie, Juristerei, Medizin und leider auch Theologie auf der einen, das unmittelbare Leben an den Brüsten von Mutter Natur auf der anderen Seite – welch unangemessene Generalisierung! Und doch (nun muß ich ganz vorsichtig formulieren): ist nicht etwas „dran" an der Vermutung, daß die grundsätzliche Einstellung von Männern und Frauen zum Schattenreich „logischen" Denkens unterschiedlich ist? Schwer zu bestreiten ist, daß Abiturientinnen und Studentinnen im Schnitt bessere Abschlußnoten vorweisen können als ihre männlichen Altersgenossen. Dennoch spricht einiges dafür, daß Männer (je nach Beobachtungs- und Bewertungsperspektive) in der Regel „logischer", „abstrakter", „kälter" oder „perverser" denken als Frauen.

Mit seinem monumentalen Werk *Das Mutterrecht* hat der durchaus nicht kulturrevolutionär gesonnene Basler Professor Johann Jacob Bachofen im Jahre 1861 einen Wälzer vorgelegt, der den Gründen für diese unterschiedliche Disposition nachging. Damit hat er eine aufregende, bis heute eher distanziert rezipierte, zumeist aber zur Seite geschobene und also nicht hinlänglich diskutierte These zur Genese „logischen" Denkens vorgestellt. Sie lautet: Die nicht nur für frühe Gesellschaftsformen so elementare und überlebenswichtige Mutterschaft ist ein sinnlich gewisses Datum. Jede unter Schmerzen gebärende Mutter weiß und erfährt in einer an Intensität schwerlich zu überbietenden Körperlichkeit, daß sie die Mutter dieses Kindes ist. Und wenn sie vor Schmerzen besinnungslos ist, werden Geburtshelfer bestätigen können, daß dieses Kind aus jenem Leib kam. Vaterschaft ist hingegen eine „logisch-abstrakte" Zuschreibung. Zwischen der Zeugung und der Geburt eines Kindes liegen in der Regel neun Monate. Es ist ein Geltungspostulat und eben nicht eine auf sinnlicher Gewißheit beruhende Evidenz, daß dieser Mann der Vater dieses Kindes ist. „Pater semper incertus" – wie das römische Recht klassisch formuliert. Hingegen gilt: „mater certissima est". Die Folgen dieser schlichten Einsicht sind weitreichend. Das Verhältnis von Männern zur Welt, zur Materie, zur mater ist deshalb ein abstraktes. Matriarchalische Ordnungen finden ein Ende, wenn Männer „argumentativ" und „logisch" plausibel machen können, daß sie Väter sind. Männer sind gewissermaßen zur Abstraktion und zum logischen Denken verdammt. Daß abnehmende Kinderzahl, Rationalitätskritik und Feminismus in ein und dieselbe Epoche fallen, ist deshalb „logisch". In Zeiten, da dank der Möglichkeiten von Genanalyse der alte Satz „pater semper incertus" und dank der In-vitro-Fertilisation der alte Satz „mater certissima" nicht mehr gilt, wird es Zeit, Goethes *Faust* neu zu lesen. Und das nicht nur wegen der Homunculus-Szene.

Dem Schüler rät Mephisto nach dem so ironischen wie analytisch aufschlußreichen Umweg über die Empfehlung, Logik zu studieren, in schwer zu überbietender Direktheit, sich dem Inbegriff des Lebens zu- und von der Schatten-Welt des Begriffs abzuwenden. Er soll nicht Logik und Semantik, sondern eine sehr handgreifliche Somatik studieren:

> Besonders lernt die Weiber führen!
> Es ist ihr ewig Weh und Ach
> So tausendfach
> Aus einem Punkte zu kurieren.
> Und wenn Ihr halbweg ehrbar tut,
> Dann habt Ihr sie all unterm Hut.
> Ein Titel muß sie erst vertraulich machen,
> Daß Eure Kunst viel Künste übersteigt,
> Zum Willkomm tappt Ihr dann nach allen Siebensachen,
> Um die ein andrer viele Jahre streicht.
> Versteht das Pülslein wohl zu drücken,
> Und fasset sie mit feurig schlauen Blicken
> Wohl um die schlanke Hüfte frei,
> Zu sehn, wie fest geschnürt sie sei.
> STUDENT.
> Das sieht schon besser aus! Man sieht doch, wo und wie!
> MEPHISTOPHELES. Grau, teurer Freund, ist alle Theorie,
> Und grün des Lebens goldner Baum.[95]

Diese Wendung, auf die Mephisto den Grundimpuls von *Faust I* bringt, den Grundimpuls, den der alternde Gelehrte, der frische Studiosus und Mephisto gemeinsam haben, ist schnell zum geflügelten Wort geworden. Die sententiöse Formel „Grau, teurer Freund, ist alle Theorie / Und grün des Lebens goldner Baum." ist von hoher Suggestivität. Sie setzt das bunte, blühende Leben dem grauen und greulichen Schattenreich der Theorie entgegen: Platonische Theorie-Höhle und Medien-Kerker vs. buntes, unmittelbares, eigentliches Leben. Die Formel aber ist ein wenig zu suggestiv, um ganz aufzugehen. Und so ist ihr eine kleine Paradoxie immanent, die auf das absehbare Scheitern des Faustschen Fluchtprogramms verweist. Des Lebens goldner Baum ist grün. Nicht nur Logikern, die ihren Witz z.B. an den berühmten Farbsätzen geschult haben („Was rot ist, ist nicht grün" und „Was farbig ist, ist ausgedehnt."), muß auffallen, daß da etwas nicht stimmt. Auf der Gegenseite des Schattens, der die Sphäre des Sekundären grundiert, geht es allzubunt zu.

Und auch Faust treibt es, nachdem er sein Schattenreich verlassen hat, allzubunt. Den ersichtlich von einer tiefen midlife-crisis geschüttelten Gelehrten zieht es fort aus der staubig-grauen Klause des Sekundären dahin, wo das Leben in seiner vielfarbigen Unmittelbarkeit pulsiert: zu saufenden Studenten, zu einem hübschen jungen Mädchen und zur Orgie auf den Brocken. Das erfüllte Begehren aber, aus einem Leben im Schatten von Büchern und Medien-Geräten auszubrechen, um sich ganz der Lebens-Unmittelbarkeit an die Brust zu werfen, hat fürchterliche, tödliche Konsequenzen. Es rafft Angehörige von gleich drei Generationen dahin: Gretchens Mutter, Gretchens Bruder, Gretchens Kind und

---

95 Ibid., vv. 2023–2039.

schließlich Gretchen selbst. So grün ist des Lebens goldener Baum offenbar nicht. Die Geschichte vom Flüchtling aus dem Schattenreich des Medialen und Sekundären, der in das Reich flieht, in dem des Lebens goldne Bäume grünen, endet rabenschwarz. Doch sie endet, um weiterzugehen. *Faust II* beginnt mit einer Apotheose des Lichts.

> Schon verloschen sind die Stunden,
> Hingeschwunden Schmerz und Glück;
> Fühl es vor! Du wirst gesunden;
> Traue neuem Tagesblick.
> Täler grünen, Hügel schwellen,
> Buschen sich zu Schattenruh;
> Und in schwanken Silberwellen
> Wogt die Saat der Ernte zu.
>
> Wunsch um Wunsche zu erlangen,
> Schaue nach dem Glanze dort!
> Leise bist du nur umfangen,
> Schlaf ist Schale, wirf sie fort!
> Säume nicht, dich zu erdreisten,
> Wenn die Menge zaudernd schweift;
> Alles kann der Edle leisten,
> Der versteht und rasch ergreift.
> *Ungeheures Getöse verkündet das Herannahen der Sonne.*[96]

Was der Edle zu verstehen, zu begreifen und zu ergreifen hat, läßt die Eingangsszene von *Faust II* nicht ungesagt. Er muß lernen, dem faustischen Unmittelbarkeitsfuror zu entsagen und sich auf Sekundäres einzulassen. Dann kann es gelingen, den Schatten umzucodieren. Aus dem sekundären Schatten, der die Differenz zum wahren Leben (und in der schärfsten Variante das ungelebte Leben, ja das Schattenreich des Todes) allegorisiert, wird der Schatten, der Schutz vor allzuviel Licht, Strahlung und Blendung gewährt: der locus-amoenis-Schatten, welchen die Zeilen „Täler grünen, Hügel schwellen,/Buschen sich zu Schattenruh" deutlich evoziert.

Wer die sekundäre „Schattenruh" verläßt, um dem Licht so nahe wie möglich zu kommen, riskiert mit der Sekundarität die Sekurität. Und verliert damit das Primäre, das er doch suchte. Schatten sind fraglos ein Effekt von Licht und somit die paradoxe, weil körperlose Inkarnation des Sekundären. Diese Gleichung läßt sich nicht umkehren. Als sekundärer Effekt von Schatten kann Licht nicht sinnvoll verstanden werden. Wohl aber läßt sich der Schatten als Apotropäikum gegen ein Licht verstehen, das (auch in religiöser Perspektive: fiat lux) als Primäre fungiert und eben deshalb die Kraft hat, Primäres zu versengen. Goethe hat dieses Motiv fast allegorisch überdeutlich ausgestaltet; nicht ohne Grund ist *Faust II* anders als *Faust I* geradezu outriert allegorisch verfaßt: Die Allegorie galt zur Goethezeit und gerade auch für Goethe selbst als eine im Vergleich zum Symbol

---

96 Ibid., vv. 4650–4665.

in jeder Weise sekundäre Verfassung von schöner Literatur. Wenn es aber so etwas wie allegorischen Klartext gibt, so findet er sich ausgerechnet im mittleren Akt von *Faust II*. Wie das Kind von Faust und Gretchen in *Faust I*, so wird auch der Sohn von Faust und Helena in *Faust II* sterben. Euphorion aber stürzt ins Reich der Schatten, weil er sich zu sehr der Sonne genähert hat.

> Er wirft sich in die Lüfte, die Gewande tragen ihn einen Augenblick, sein Haupt strahlt, ein Lichtschweif zieht nach.
> CHOR.          Ikarus! Ikarus!
>                       Jammer genug.
> Ein schöner Jüngling stürzt zu der Eltern Füßen, man glaubt in dem Toten eine bekannte Gestalt zu erblicken; doch das Körperliche verschwindet sogleich, die Aureole steigt wie ein Komet zum Himmel auf, Kleid, Mantel und Lyra bleiben liegen.
> HELENA UND FAUST.
>                       Der Freude folgt sogleich
>                       Grimmige Pein.
> EUPHORIONS STIMME Stimme aus der Tiefe.
>                       Laß mich im düstern Reich,
>                       Mutter, mich nicht allein.[97]

Der nachziehende Lichtschweif bzw. die zum Himmel aufsteigende Aureole und der ins düstere Reich stürzende Körper markieren deutlich hell-dunkel-Grenzen. Doch das Licht und die Aureole verschwinden „wie ein Komet", und auch das Körperliche stürzt sogleich ins Düstere. Dazwischen aber bleibt Raum für allegorische Requisiten: für Kleid, Mantel und Lyra. Diese Konstellation zu deuten fällt fast schon zu leicht – Goethe liegt offenbar an dieser Eindeutigkeit. Kleid und Mantel sind, einfach schon deshalb, weil sie gewebt sind, uralte Allegorien für Texte. Und daß es sich um Texte der sogenannten schönen Literatur handelt, bezeugt die Lyra. Nicht nur für Hölderlin gilt: Was bleibet aber stiften die Dichter. Goethe war wohl auch in dieser poetologischen Hinsicht eher von heiliger Nüchternheit ergriffen als Hölderlin. Texte erscheinen schwarz auf weiß: Schatten auf lichtem Grund. Texte sind der Abgrund von Gründen. In den Texten der schönen Literatur gehen Gründe zugrunde, finden Gründe ihren Abgrund.

Auch für diese Einsicht in die Schattenseite der Literatur hat Goethe eine Formel gefunden, die alsbald zur stehenden, damit aber noch nicht schon zur leicht zu verstehenden Wendung geworden ist: „Am farbigen Abglanz haben wir das Leben."[98] So programmatisch-sentenziös endet bekanntlich die erste Szene des ersten Aktes von *Faust II*. Sie wäre ein fast unverschleiertes Pamphlet gegen die Hochschätzung des Lichts, wenn sie nicht ausdrücklich für Schleier plädierte – und dafür, nicht der Sonne entgegenzugehen, sondern ihr den Rücken zuzuwenden, also dem eigenen Schatten nicht auszuweichen.

---

97 Ibid., vv. 9900–9906.
98 Ibid., v. 4727.

So ist es also, wenn ein sehnend Hoffen
Dem höchsten Wunsch sich traulich zugerungen,
Erfüllungspforten findet flügeloffen;
Nun aber bricht aus jenen ewigen Gründen
Ein Flammenübermaß, wir stehn betroffen;
Des Lebens Fackel wollten wir entzünden,
Ein Feuermeer umschlingt uns, welch ein Feuer!
Ist's Lieb'? ist's Haß? die glühend uns umwinden,
Mit Schmerz und Freuden wechselnd ungeheuer,
So daß wir wieder nach der Erde blicken,
Zu bergen uns in jugendlichstem Schleier.

So bleibe denn die Sonne mir im Rücken!
Der Wassersturz, das Felsenriff durchbrausend,
Ihn schau' ich an mit wachsendem Entzücken.
Von Sturz zu Sturzen wälzt er jetzt in tausend,
Dann abertausend Strömen sich ergießend,
Hoch in die Lüfte Schaum an Schäume sausend.
Allein wie herrlich, diesem Sturm ersprießend,
Wölbt sich des bunten Bogens Wechseldauer,
Bald rein gezeichnet, bald in Luft zerfließend,
Umher verbreitend duftig kühle Schauer.
Der spiegelt ab das menschliche Bestreben.
Ihm sinne nach, und du begreifst genauer:
Am farbigen Abglanz haben wir das Leben.[99]

Kluge Philologie hat die empirischen Bezüge dieser berühmten Wendungen er-
hellt. So heißt es in Albrecht Schönes Kommentar: „Die empirische Grundlage
dieses großen Natur-Sinnbildes verdeutlichen Goethes Beobachtungen am
Rheinfall bei Schaffhausen, die hier bis in den Wortgebrauch hinein nachzuwir-
ken scheinen. Tagebuch 18.9.1797 (‚Bei heftig innern Empfindungen'): ‚Felsen,
in der Mitte stehende, von dem höhern Wasser ausgeschliffne, gegen die das
Wasser herabschießt. Ihr Widerstand; einer oben, und der andere unten, werden
völlig überströmt. Schnelle Wellen. Locken Gischt im Sturz, Gischt unten im
Kessel (...) Gewalt des Sturzes. Unerschöpfbarkeit als wie ein Unnachlassen der
Kraft. Zerstörung, Bleiben, Dauern, Bewegung, unmittelbare Ruhe nach dem
Fall. (...) Das Sonnenlicht teilte nun die Massen ab, bezeichnete alles Vor- und
Zurückstehende, verkörperte die ungeheure Bewegung. Das Streben der Ströme
gegen einander schien gewaltsam zu werden, weil man ihre Richtung und Abtei-
lungen deutlicher sah. Star spritzende Massen aus der Tiefe zeichneten sich be-
leuchtet nun vor dem feinen Dunst aus, ein halber Regenbogen erschien im Dun-
ste. (...) Der Regenbogen erschien in seiner größten Schönheit; er stand mit seinem ruhigen Fuß in dem ungeheuern Gischt und Schaum, der, indem er ihn gewaltsam zu zerstören droht, ihn jeden Augenblick neu hervorbringen muß.'"[100]

---

99  Ibid., vv. 4704–4727.
100  Johann Wolfgang von Goethe: Faust, l.c., Kommentarband, p. 410 sq.

Am farbigen Abglanz haben wir das Leben. Daß diese Zeilen über biographische Bezüge hinaus programmatisch sind und sein wollen, ist unüberhörbar. Sie sind eine einzige Werberede dafür, das Sekundäre nicht zu fliehen, sondern es vielmehr (in schöner Paradoxie und Dialektik) als das Eigentliche zu begreifen. Im zweiten Teil des Dramas wird Faust, der „des Lebens Fackel entzünden wollte“, das „Flammenübermaß“ meiden, um nicht von einem „Feuermeer“ umschlungen zu werden. Dieses Motiv war Goethe wertvoll genug, lyrisch variiert zu werden:

> Worte sind der Seele Bild –
> Nicht ein Bild! sie sind ein Schatten!
> Sagen herbe, deuten mild,
> Was wir haben, was wir hatten. –
> Was wir hatten, wo ist's hin?
> Und was ist's denn, was wir haben? –
> Nun, wir sprechen! Rasch im Fliehn
> Haschen wir des Lebens Gaben.

# II. Das Recht der Literatur

## 5. Das Gesetz der Literatur

> Wenn man alle Gesetze studieren sollte, so
> hätte man gar keine Zeit, sie zu übertreten.
> Goethe: Maximen und Reflexionen

In Klaus Modicks im Jahr 2000 erschienenen Roman *Vierundzwanzig Türen* gibt
es eine Szene, in der alte Freunde in den besten bis reiferen Jahren bei gutem Essen und noch besserem Wein zusammensitzen und abgeklärt auf ihre Berufswege
zurückblicken. Der eine ist Schriftsteller, der andere Jurist, und beide sprechen
über eine sehr präzise benennbare Schnittstelle zwischen Kunst und Jurisprudenz
– über einen nie recht aufgeklärten Fall von Kunstraub. „Von dem Fall habe er
noch nie gehört, sagte Nikolaus Bäckesieb, als ich ihm berichtete, was mir Dietrich Reiter in Sachen Vringsen zugetragen hatte: Skandal um eine Kunstausstel-
lung in den frühen 50er Jahren, Verwicklung in einen Kunstraub und so weiter.
Obwohl mir gerade das ‚und so weiter‘ fehlte. / Da könne man übrigens wieder
mal sehen, so Bäckesieb, wohin es mit der Kunst führe. Ihm jedenfalls sei das alles viel zu vage, zu unkonkret, weswegen er ja auch Jura studiert habe. Es sei auch
viel schwieriger, juristisch eindeutige Texte zu verfassen, als literarisch alle möglichen Deutungen und Auslegungen zu provozieren. Ein sauber durchdachtes und
hieb- und stichfestes Urteil sei wertvoller als jede Story, von Gesetzestexten zu
schweigen. Er halte beispielsweise das BGB für den besten Gegenwartsroman,
weit besser als das Grundgesetz, das viel zu literarisch sei, weshalb es ja auch dau-
ernd diese albernen Verfassungsklagen provoziere. Kunst, Literatur, Musik – alles
gut und schön, aber im wirklichen Leben doch leider nur als Verzierung zu betrachten. Womit er nichts gegen meine Bücher gesagt haben wolle. Aber es spre-
che ja schon für sich, daß während unserer gemeinsamen Schulzeit die Sachlage
sich einwandfrei so dargestellt habe, daß ich in Mathematik von ihm abgeschrie-
ben hätte, während er in Deutsch, im Aufsatz jedenfalls, durchaus meine Hilfe
hätte in Anspruch nehmen wollen, wegen meiner ausufernden Phantasie davon
jedoch lieber Abstand (genommen habe, ...)"[1]

Ersichtlich nimmt Modick einen Topos in Anspruch: Texte sind vieldeutig,
und dies einfach deshalb, weil Sprache nicht eindeutig sein kann (cf. Kap. 2).
Sprache kann nicht eindeutig sein, weil es immer mehr Sprache als Sein gibt (was
wären z.B. Seins-Entsprechungen für Worte wie ‚nicht‘, ‚kaum‘, ‚vielleicht‘?).

---

[1] Klaus Modick: Vierundzwanzig Türen. Ffm 2000, p. 177 sq.

Man kann diesen Satz bzw. dieses Gesetz natürlich auch umkehren: Es gibt immer auch mehr Sein als Sprache (nicht jedes Sandkorn hat einen, hat seinen Namen). Auf diese nicht sonderlich originelle Einsicht kann man doppelt reagieren. Man schafft entweder künstlich (Fach-) Sprachen und Zeichensysteme, die für ein höheres Maß an Explizitheit sorgen und die gefährliche Vieldeutigkeit der Sprache kontrollieren. Oder aber man treibt Identifikation mit dem Aggressor und erklärt das Problem zur Lösung. Danach ist es gut, daß Sprache und Texte nie und nimmer eindeutig sein können, weil es sonst weder kommunikative Freiheit noch Literatur noch Interpretationsspielräume gäbe. Gut bzw. stark wäre dann auch die offenbare Schwäche in der Argumentation des mit dem Schriftsteller befreundeten Juristen. Behauptet er doch, das bekanntlich 100 Jahre alte BGB sei der „beste Gegenwartsroman". So paradox wie der Umgang mit dem Begriff ‚Gegenwart' ist die Begründung für dieses Urteil: bessere Literatur sei das BGB, weil es nicht so literarisch sei wie das gerade 50 Jahre alte Grundgesetz.

Angesichts solcher Paradoxien, in die sich Kritiker literarischer Vieldeutigkeiten verwickeln, bekommt die zweite Option, die der positiven Besetzung von Vieldeutigkeiten, eine Chance, obwohl sie erst einmal kontra-intuitiv ist. Widerspricht sie doch unseren Sicherheitsbedürfnissen. Deshalb hat die Bekämpfung von Texten, die offensiv das Recht auf Vieldeutigkeit in Anspruch nehmen, eine altehrwürdige Tradition. Der locus classicus ist bekannt: Im zehnten Buch der *Politeia* plädiert Platon für die Vertreibung der Dichter aus dem idealen Staat. Nicht erst seit Freud aber kann man wissen, daß das Aus- und Abgetriebene, das Verdrängte und Verworfene die fatale Neigung hat, wiederzukehren. So ist schon früh beobachtet worden, daß Platons kunstfeindliche Texte hochgradig ästhetische und fast schon die dramatischen Qualitäten haben, gegen die Platon besonders dezidiert polemisierte. Zu großer Form aber läuft die Beobachtung solcher Paradoxien erst in der Neuzeit auf, die sich in all ihren unaustreibbaren Widersprüchen selbst zum Thema wird. Für unsere Perspektive heißt das: Spätestens mit der schwarzen Romantik und den Jenaer Frühromantikern wird deutlich, daß man das Schlechte gutheißen kann. Die Vieldeutigkeit von Texten wird dann nicht als Schwäche, sondern als Stärke verbucht. Nicht ohne Hintersinn tut dies Friedrich Schlegel in einem Gespräch, das deutlich an die Tradition platonischer Dialoge anknüpft – im *Gespräch über die Poesie*. „Denn das ist der Anfang aller Poesie, den Gang und die Gesetze der vernünftig denkenden Vernunft aufzuheben und uns wieder in die schöne Verwirrung der Phantasie, in das ursprüngliche Chaos der menschlichen Natur zu versetzen, für das ich kein schöneres Symbol bis jetzt kenne, als das bunte Gewimmel der alten Götter."[2]

Polytheismus statt Monotheismus, Vieldeutigkeit statt Eindeutigkeit, mehrere Texte statt einen verbindlichen Gesetzestext, Vielstimmigkeit statt Diktat – die Opposition ist ihrerseits zu schön und zu klar, um ganz aufzugehen. Die dialektische Figur ist suggestiv: Das Gesetz der Literatur besteht darin, kein Gesetz anzu-

---

2 Friedrich Schlegel: Gespräch über die Poesie; in: ders.: Kritische Friedrich-Schlegel-Ausgabe, Abt. I/Bd. 2., edd. Ernst Behler et al. München/Paderborn/Wien 1967, p. 319.

erkennen. Aber eben dies ist ein Gesetz, nämlich das Gesetz, nach dem die Poesie antritt. Eine Paradoxie, die der platonischen von der kunstreichen Verdammung der Kunst struktural entspricht, stellt sich also auch auf der antiplatonischen Seite ein, die vieldeutige Texte nicht als Bedrohung, sondern als Befreiung verbucht. Es war wiederum Friedrich Schlegel, der dieser Paradoxie den wohl markantesten Ausdruck verlieh, als er im 65. Athenäum-Fragment formulierte: „Die Poesie ist eine republikanische Rede; eine Rede, die ihr eignes Gesetz und ihr eigner Zweck ist, wo alle Teile freie Bürger sind, und mitstimmen dürfen."[3]

\*

Gesetze aufheben zu wollen, ist bekanntlich ein riskantes Unternehmen. Gesetze absolut sichern und letztbegründen zu wollen, ist (und dies ist bzw. war vor der Dekonstruktion nicht ganz so bekannt) ein nicht minder riskantes Unternehmen. Die romantische Tradition hat diese Aporie am damals wohl anspruchsvollsten Paradigma entwickelt: an Kants umsichtigem Versuch, die Gesetze der reinen Vernunft überhaupt zu analysieren. Kant steht (anders als etwa Fichte) kaum im Verdacht, totalitär denken zu wollen. Umso bedrängender ist die Aporie, auf die die *Kritik der reinen Vernunft* weniger hinweist, sondern die sie vielmehr selbst aufweist: Das Projekt einer Kritik der reinen Vernunft ist (wie schon die grammatische Ambivalenz von genitivus subjectivus und genitivus objectivus anzeigt) ein juristischer Skandal. Sitzt die reine Vernunft doch über sich selbst zu Gericht. Und so kommt sie zu dem Urteil, daß sie recht hat und daß es für Revisionsverfahren keine höhere Instanz als sie selbst gibt. In seinem Lustspiel *Der zerbrochene Krug* hat sich schon Kants Zeitgenosse Kleist über diese Zirkelstruktur lustig gemacht.[4] Dorfrichter Adam sitzt über sich selbst und seine Verfehlungen zu Gericht. „Die werden mich doch nicht bei mir verklagen?"[5] fragt er ahnungsvoll, als Frau Marthe mit dem zerbrochenen Krug anrückt. Aber genau dies geschieht: der Richter wird zum Angeklagten, sein nächtlicher Albtraum geht in Erfüllung:

> Mir träumt' es hätt ein Kläger mich ergriffen,
> Und schleppte vor den Richtstuhl mich; und ich,
> Ich säße gleichwohl auf dem Richtstuhl dort,
> Und schällt' und hunzt' und schlingelte mich herunter,
> Und deduziert den Hals ins Eisen mir.[6]

Anders als Kants Vernunftkritik kennt Kleists Lustspiel wenn auch keine höhere, so doch eine andere Instanz als die der reinen Vernunft. Um sie aber ist es nicht

---

3 Friedrich Schlegel: Kritische Fragmente, l.c., p. 155.
4 Cf. dazu ausführlicher Jochen Hörisch: „Die Not der Welt" – Poetische Ausnahmezustände in Kleists semantischen Komödien; in: ders.: Die andere Goethezeit – Poetische Mobilmachung des Subjekts um 1800. München 1992, pp. 93–116.
5 Heinrich von Kleist: Der zerbrochene Krug; in: ders.: Sämtliche Werke und Briefe, ed. Helmut Sembdner. München 1952 sqq., v. 500.
6 Ibid., vv. 269–273.

minder skandalös bestellt als um die Selbstjustiz der reinen Vernunft. Denn diese andere Instanz ist durch und durch unseriös, albern, verspielt und abgründig. Statt nämlich Vieldeutigkeiten zu beseitigen, feiert sie diese Vieldeutigkeit in geradezu exzessiver Weise. Kleists Lustspiel ist ein Drama der unreinen Vernunft. Unrein ist sie, weil sie nicht gesetzesfundierte Gründe ermittelt, sondern sich in den gesetzlosen Abgründen der Sprache verliert und diese sodann noch zu ihrem eigentlich-uneigentlichen Gesetz erklärt. Der Text verwebt und verwirrt systematisch die Dimensionen von Soma und Sema. Dorfrichter Adam hat, bevor er zu Gericht sitzt, zu Gericht gesessen – nämlich gut gegessen (so gut, daß er Verdauungsprobleme bekommt). Und er trifft dann auf eine Klägerin und gewitzte Dorfbewohnerin, die so, als hätte sie Derrida[7] gelesen, den Begriff des Gesetzes entschieden dekonstruiert:

> Frau Marthe: Ihr krugzertrümmerndes Gesindel, ihr!
> Ihr sollt mir büßen, ihr!
> Veit:                Sei sie nur ruhig,
> Frau Marth! Es wird sich alles hier entscheiden.
> Frau Marthe: O ja. Entscheiden. Seht doch. Den Klugschwätzer.
> Den Krug, den zerbrochenen, entscheiden.
> Wer wird mir den geschiednen Krug entscheiden?
> Hier wird entschieden werden, daß geschieden
> Der Krug mir bleiben soll. Für so'n Schiedsurteil
> Geb ich noch die geschiednen Scherben nicht.
> Veit: Wenn Sie sich Recht erstreiten kann. Sie hörts,
> Ersetz ich ihn.
> Frau Marthe: Er mir den Krug ersetzen.
> Wenn ich mir Recht erstreiten kann, ersetzen,
> Setz Er den Krug mal hin, versuch Er's mal,
> Setz Er'n mal hin auf das Gesims! Ersetzen!
> Den Krug, der kein Gebein zum Stehen hat,
> Zum Liegen oder Sitzen hat, ersetzen![8]

Das ist der blanke Sophismus, der Horror entgrenzter Assoziationen, die Preisgabe jeden vernunftkontrollierten Sprachgebrauchs. Ein juristischer Horror sind die Ausführungen der juristischen Laiin aber eben nur, weil sie in all ihrem Wahnsinn ein starkes Wahrheitsmoment haben. Nicht zu Unrecht bekommt Frau Marthe vor Gericht Recht. Das Gesetz hat wie der zerbrochene Krug keinen festen und naturgegebenen Stand; es ist ein bloß gesetztes und also hochfragiles Gebilde, das sich nie dauerhaft setzen bzw. niederlassen kann; und also dient es bestenfalls als Er-setzung, als Ersatzfigur für etwas, das es nicht gibt: Gerechtigkeit.

---

7 Cf. Jacques Derrida: Gesetzeskraft – Der „mystische Grund der Autorität". Ffm 1991 und Thomas Schestag: nemein (Carl Schmitt, Franz Kafka); in: ders.: Parerga – Zur literarischen Hermeneutik. München 1991, pp. 51–115.
8 Kleist: Der zerbrochene Krug, l.c., vv. 413–429.

Da hilft es auch nichts, wenn Personen wie Orte das Recht in ihrem Namen tragen: Ruprecht und Leberecht müssen sich nach Utrecht begeben, wenn sie höheres Recht bzw. Unrecht bekommen wollen.

\*

Der juristische Wahnsinn von Frau Marthe ist deshalb so bedrängend, weil er der Grund- und Bodenlosigkeit des Gesetzes so nahe verwandt ist. „Law and Literature" sind, wie man spätestens seit Jacob Grimms bedeutender Abhandlung *Von der Poesie im Recht* aus dem Jahr 1816 wissen kann,[9] Zwillingsbrüder, die sich nur allzugut verstehen und deshalb häufig aneinander geraten.[10] So dekonstruktiv wie Juristen könnten Schriftsteller kaum sein, wenn sie nicht häufig genug Juristen wären. Ein Beleg für diese These aus der jüngsten Mammutpublikation des Schriftsteller-Juristen Alexander Kluge soll genügen. Welches poetische Hirn könnte sich paradoxere und tiefsinnigere Plots ausdenken als diese „Übungsfälle für den Justiznachwuchs: (...) 52. A. sieht einen Schatz in einem Bach. B. pfeift seinem Hund, den Schatz zu holen. C. nimmt dem apportierenden Hund den Schatz aus dem Maul. Wem gehört der Schatz? (...) 194. Eine Ehefrau veräußert in Abwesenheit ihres Mannes dessen Hund, den sie nicht leiden kann, um 100 Mk. Ihrem Mann sagt sie, der Hund sei entlaufen. Plötzlich erscheint der Hund wieder, und nun verkauft und übergibt ihn der Mann selbst einem anderen um 80 Mk. Da sich aber alsbald der erste Käufer meldet, erfährt der Mann den wahren Sachverhalt und genehmigt nun den vorteilhafteren ersten Kauf. Kann nun der erste Käufer dem zweiten den Hund abfordern? Wenn der Mann den zurückgekehrten Hund einem Förster, der ihm ein Darlehen gab, verpfändet hätte, würde nach Genehmigung der durch die Frau geschehenen Veräußerung das Pfandrecht Bestand behalten? Auch dann, wenn der Förster zur Zeit der Verpfändung von dem unbefugten Verkauf durch die Frau wußte? (...) 310. Zu X. findet der Juristentag statt. Amtsrichter A. daselbst schreibt seinem Freund, dem Assessor B., daß er ihm ein Zimmer zur Verfügung stelle. B. nimmt erfreut an. Ist

---

9 Zuerst erschienen in der Zeitschrift für geschichtliche Rechtswissenschaft 2, 1816, pp. 25–99. Hans Fehr: Das Recht in der Dichtung. Bern 1931 und ders.: Die Dichtung im Recht. Bern 1936 knüpft an die zentrale Überlegung von Jacob Grimm nur verhalten an – daß die Poesie Recht habe, wenn sie darauf verweist, ein wie fragiles Recht das Recht habe.

10 Zu diesem Verhältnis liegt eine Fülle von Literatur vor. Erwähnt seien nur einige der Arbeiten, denen die hier vorgetragenen Überlegungen Anregungen (auch im Versuch einer Absetzung) verdanken. Allen voran Klaus Lüderssen: Produktive Spiegelungen – Recht und Kriminalität in der Literatur. Ffm 1991; Rolf Meier: Dialog zwischen Jurisprudenz und Literatur: Richterliche Unabhängigkeit und Rechtsabbildung in E.T.A. Hoffmanns *Das Fräulein von Scuderi*. Baden-Baden 1994; Heinz Müller-Dietz: Grenzüberschreitungen – Beiträge zur Beziehung zwischen Literatur und Recht. Baden-Baden 1990; Arthur Kaufmann: Recht und Gnade in der Literatur. München/Hannover/Berlin 1991; Hans Erich Nossack: Das Verhältnis der Literatur zu Recht und Gerechtigkeit (Abhandlungen der Akademie der Wissenschaften und der Literatur in Mainz 1968/2). Mainz 1968; Rudolf Weber-Fas: Goethe als Jurist und Staatsmann. „Ffm 1974.

der Vertrag bindend? Wenn A.s Dienstmädchen beim Reinigen von B.s Kleidern ein Loch in dessen Hosen reißt, ist A. schadenersatzpflichtig?"[11]

Alexander Kluge ist Element einer beeindruckenden Ahnenreihe von Schriftstellern, die eigentlich Juristen sind. Von den Juristen unter den Dichtern gilt: They are simply the best. So unterschiedlich schreibende Schriftsteller wie Goethe und E.T.A. Hoffmann, Heine und Storm, Kafka und Handke, Bernhard Schlink und Alexander Kluge haben eben diese Gemeinsamkeit: sie sind bzw. waren Juristen. Und zwar Juristen, die wissen, daß das, was sie im Studium gelernt haben, zumindest zweierlei mit Literatur zu tun hat. Erstens, um Kluges eigenen Kommentar zur Reihe der genannten „Übungsfälle für den Justiznachwuchs" zu zitieren, gilt der bündige Satz: „Justiz ist (...) Realitätsentzug"[12] – wie Literatur. Weil Justiz Realitätsentzug ist, kann sie die äußerst realitätshaltigen und überkonkreten Fälle, mit denen sie prozedieren muß, im Lichte dessen thematisieren, was es nicht per se gibt: Gesetze. Denn juristische Gesetze müssen (anders als Naturgesetze, die es schlicht gibt – vielleicht, weil sie eine göttliche Macht ein/gesetzt hat) allererst gesetzt werden. Und zweitens haben die sogenannte schöne Literatur und die Jurisprudenz ein intimes Verhältnis zur Lüge als authentischer Möglichkeit der Sprache. Die Lüge ist das eingeschlossene Ausgeschlossene sowohl des Gesetzes als auch der Literatur. Die Literatur lügt – aber das zu sagen ist eine Lüge. Das Gesetz verbietet das Lügen nicht – aber es darf die Lüge nicht lizensieren und selbst nicht lügenhaft sein. Aus gutem Grund sind Lügen als solche in keinem funktionierenden Rechtssystem strafbewehrt. Erst unter verschärften institutionellen, also gesetzten Bedingungen (etwa vor Gericht oder unter Eid) werden Lügen juristisch relevant. Literatur ihrerseits ist, wie man seit Platons und Hesiods Zeiten konstant wissen kann, das Diskurssystem, das das Recht auf Lüge systematisch in Anspruch nimmt (cf. Kap. 1).

Intime Verhältnisse (wie das, das die Literatur und das Gesetz verbindet) zeichnen sich häufig durch ein hohes Maß an wechselseitiger Irritierbarkeit aus. Sind die Verwandtschaftsverhältnisse allzu intim, gilt in buchenswerter transkultureller Konstanz gar das Berührungs- resp. Inzestverbot. Das gilt auch für das Verhältnis von Literatur (bzw. Kunst allgemein) und Gesetz. Die Jurisprudenz sieht im Namen des Gesetzes die Literatur an und ist – gerade, wenn sie spätzeitlich aufgeklärt ist – entsetzt. Denn sie sieht in eine abgründige Leere, die schon im Hinblick auf Ansprüche an Tatbestandserfassung so schwer zu fassen ist wie alles Leere. Das Bundesverfassungsgericht hat in bemerkenswerter Souveränität eingestanden, daß es eine allgemeingültige Definition von Kunst und Literatur nicht gibt (BVG 67, 213 und BVG 30, 173). Kommentatoren haben versucht, dieser Mißlichkeit mit Wendungen wie der folgenden abzuhelfen: „Als einziges, einigermaßen unbestimmbares Kritcrium (für Kunst) bleibt, daß der ‚Stoff', was immer das sein mag, in ‚Form gebracht' wird, wie eigenwillig und frei sie gewählt sei; und daß diese immer gelungene, schöpferische Gestaltung auf eine ‚Verdich-

---

11 Alexander Kluge: Chronik der Gefühle, Bd. 2: Lebensläufe. Ffm 2000, p. 818 sq.
12 Ibid., p. 395.

tung' des Ausdrucks angelegt ist."[13] Oder wie der Kommentar von Hermann von Mangoldt, Friedrich Klein und Christian Starck zum Grundgesetzt formuliert: „Kunst i.S. des Art. 5 Abs. 3 (GG) ist vielmehr 1. *ein schöpferischer Akt,* der sich 2. durch eine wie immer auch geartete *erkennbare geistige Struktur* in kunsttypischer oder ähnlicher neuer Formgebung auszeichnet." (Hervorh. J.H.)

*

„Justiz ist Realitätsentzug." Damit erfüllt sie den wohl abgründigsten Hintersinn des Begriffs ‚Gesetz': nomos ist Nahme, Wegnahme, Entzug durch Benennung. Carl Schmitt hat das Wort ‚Gesetz' wohl nicht zuletzt wegen dieses seines Hintersinns zum „Unglückswort" erklärt. Am 23. August 1955 schreibt er an Ernst Jünger: „Die grosse Tradition des französischen Wortes loi (das die lateinische von lex weiterführt) lässt sich mit dem deutschen Unglückswort ‚Gesetz' nicht einfangen; vgl. den aus langen praktischen Erfahrungen stammenden Notschrei auf S. 39 (Mitte) des Nomos der Erde! (...) Die ‚Semantik' (283 f.) ist zur Zeit in den USA die grosse Mode. Die Katastrophe des Wortes ‚Democracy' ist eine Ursache dieser Mode. Es kommt aber bei der demoskopischen Methode der Amerikaner nichts heraus. Die Dinge Nehmen (Nahme) und ihnen einen Namen geben, ist eins; das ist der Nomos (gr., J.H.) und das Onoma (gr., J.H.). Auch deshalb ist der Kampf um Wortbedeutungen unmittelbar ein politischer Kampf, und man kann Worte stehlen wie heilige Katzen."[14] Das ist Klartext und will Klartext sein. Im „Kampf um Wortbedeutungen" treffen sich Literatur und Gesetzeswissenschaft. Sie überführen beide Sein in Sinn, Somatisches in Semantisches. Aber sie tun dies in unterschiedlicher Weise. Nicht umsonst beginnt diese Briefpassage mit der Klage darüber, daß es zum Wort ‚Gesetz' überhaupt einen Plural gibt.

Die Passage aus seiner Abhandlung mit dem Titel *Der Nomos der Erde,* auf die Schmitt in seinem Brief verweist, lautet: „Die Klärung des Wortes ‚Gesetz' ist im Deutschen besonders schwierig. Die heutige deutsche Sprache ist weitgehend Theologen-Sprache (als Sprache der Lutherschen Bibelübersetzung), und zugleich Handwerker- und Techniker-Sprache (was schon Leibniz festgestellt hat). Sie ist, im Gegensatz zum Französischen, keine Juristen- und keine Moralisten-Sprache. Sie kennt eine gesteigerte und gehobene, sogar erhabene Bedeutung des Wortes *Gesetz.* Dichter und Philosophen lieben das Wort, das durch Luthers Bibelübersetzung einen sakralen Klang und numinose Kraft erhalten hat. Aus dieser Quelle nähren sich sogar noch Goethes *Urworte orphisch:* ‚Nach dem Gesetz, nach dem du angetreten'. Trotzdem ist das deutsche Wort ‚Gesetz', zum Unterschied von dem griechischen Wort ‚Nomos', kein Urwort. Es ist ein nicht einmal sehr altes

---

13 Willi Geiger: Zur Diskussion um die Freiheit der Kunst; in: Karl Dietrich Bracher (ed.): Die moderne Demokratie und ihr Recht, Bd. 2: Staats- und Verfassungsrecht – Festschrift für Gerhard Leibholz zum 65. Geburtstag. Tübingen 1966, p. 187.
14 Ernst Jünger/Carl Schmitt: Briefe 1930–1983, ed. Helmuth Kiesel. Stuttgart 1999, p. 283 sq.

Wort der deutschen Schriftsprache. Es ist in die theologischen Gegensätze von (jüdischem) Gesetz und (christlichem) Evangelium tief verwickelt und hat schließlich das Unglück gehabt, daß es gerade bei den Juristen, die es heilig halten sollten, seine Möglichkeiten substanzhaften Sinns verlor. In der heutigen Weltlage bringt es nur noch die Künstlichkeit des bloß positivistisch *Gesetzten* und *Gesollten* zum Ausdruck, d.h. den bloßen Willen zur Durchsetzung oder – in der soziologischen Ausdrucksweise Max Webers – den Willen zur Realisierung einer Erzwingungschance." (Hervorh. J.H.)[15]

Damit ist Carl Schmitts Katze aus dem Sack. „Man kann Worte stehlen wie heilige Katzen", wenn man die Idee aufgibt, es gebe „Möglichkeiten substanzhaften Sinns". Die Inkarnation substanzhaften Sinns ist für den Autor der *Politischen Theologie* selbstredend die Eucharistie, in der das Wort Fleisch, das Sema Soma, der Sinn Substanz wird. Nur eine Rechtsprechung, die im Namen des inkarnierten Gesetzes und der substantiellen Ordnung ergeht, kann dem Horror der vielen und schon deshalb vieldeutigen bloß positivistisch gesetzten Gesetze wehren. Das „Unglückswort" Gesetz ist jüdisch, künstlich, positivistisch und schon deshalb kein deutsches Urwort. Heilig halten müßten Juristen das christliche Evangelium, also die frohe Botschaft vom Wort, das Fleisch geworden ist und so Möglichkeiten substanzhaften Sinns erschließt. Eben dies aber tun sie nicht. Und so ist das Gesetz eine läufige Katze geworden, also jenes Nicht-Haustier, das sich nicht domestizieren, wohl aber stehlen läßt.

„Im Namen Gottes", „im Namen des Volkes", im Namen der Gerechtigkeit ergehen die bindenden Sprechakte, die juristische Urteilsverkündigungen sind. Sie sorgen (Kafkas Text *In der Strafkolonie* hat das in wünschenswerter Deutlichkeit herausgestellt) in der Tat dafür, daß Körper und Zeichen oder „les mots et les choses" zusammenfinden: Dieser Mensch muß so und so lange hinter Gitter, diese Sachen gehören vertragsrechtlich an den oder jenen Ort. Faszinierend ist die gesamte Sphäre der Rechtsprechung nur deshalb, weil sie durch und durch theologisch ist. Wie Geistliche im Namen des Vaters, des Sohnes und des Heiligen Geistes sprechen und tun, was sie sprechen und also tun, so sprechen und handeln auch Juristen nicht im eigenen Namen. Vielmehr sind sie im Namen des Gesetzes eingesetzt, um mit mächtigen Sprech- und Urteilsakten für den rechten Nomos der Übereinstimmung von Sätzen, Satzungen, Gesetzen einerseits und Sachverhalten andererseits zu sorgen. Die Rechtsprechung folgt dem Schema der Genesis: jemand spricht, und etwas wird so, wie es zuvor gesprochen bzw. geurteilt wurde.

Anders als die Rechtsprechung spricht Literatur nicht im Namen eines Anderen, sondern ausschließlich im eigenen Namen. Und sie spricht ohne jede Bindungskraft im Realen. Ihr mediales Ideal kann deshalb auch nicht die eucharistische Verschränkung von Soma und Sema, von Sein und Sinn, von physei und thesis sein. Schöne Literatur geht erst einmal medial (also unabhängig von den Präferenzen ihrer Verfasser und „Setzer") davon aus, daß Worte Worte und Sach-

---

15 Carl Schmitt: Der Nomos der Erde. Berlin 1955, p. 39.

verhalte Sachverhalte sind und daß alle (religiösen, juristischen, politischen, wissenschaftlichen etc.) Versuche, zwischen diesen beiden Sphären verläßliche Relationen zu stiften, nicht etwa ein Problem lösen, sondern vielmehr ein Riesenproblem schaffen. Zum Leitcode der Gesetzessphäre – der Differenz ‚recht/unrecht‘ – verhält sich Literatur deshalb in geradezu skandalöser Weise indifferent bis subversiv. Denn mit offenbarer Lust an Paradoxierungen erzählt sie von Fällen wie denen des Ödipus, der Antigone, des Parzival, des Faust, des Julien Sorel, des Oliver Twist oder des camus'schen Fremden (um nur sie zu evozieren), die es nahelegen, den re-entry der Unterscheidung von ‚recht/unrecht‘ zu versuchen und also zu fragen: ist die Unterscheidung ‚recht/unrecht‘ recht oder unrecht?

Stellen kann Literatur die Gretchenfrage, wie man es mit Religion und ihrer Leitdifferenz ‚immanent/transzendent‘ bzw. dem Recht und seiner Leitdifferenz halte, nur deshalb, weil sie gegen alle symbolischen Ordnungen, die auf Einheiten und Übereinstimmungen von Soma und Sema drängen, einen diabolischen Pakt mit einer sehr eigentümlichen Leitdifferenz eingegangen ist. Welcher? Die Systemtheorie Luhmanns hat den Blick für Probleme geschärft, die gerne übersehen werden. So auch für das Problem, daß es ohne Probleme keine Systeme gäbe. Ohne Knappheit keine Wirtschaft, ohne Kontingenzerfahrung keine Religion, ohne Konflikte kein Recht, ohne Entscheidungszwang unter Zeitdruck keine Politik, ohne die Schwierigkeit, das Richtige vom Falschen zu unterscheiden, keine Wissenschaft, ohne x keine Kunst resp. Literatur. Das Problem x, ohne das es Literatur nicht gäbe, läßt sich vergleichsweise leicht bestimmen. Es ist kein anderes Problem als das der irreduziblen Doppel- und Vieldeutigkeiten. Auf dieses Problem reagiert die Literatur mit der Orientierung an einer eigentümlichen Leitdifferenz: der der internen ‚Stimmigkeit/Unstimmigkeit‘.

Nur diesem Gesetz ist die schöne Literatur verschrieben. Für einen unerhörten Reim gibt sie alle Ansprüche an sachliche Angemessenheit oder an Gerechtigkeit auf. Eben weil das so ist, gelingt es der Literatur, geradezu systematisch alternative Realitätsversionen zu präsentieren. Alles durch den Fokus der Leitunterscheidung ‚stimmig/unstimmig‘ zu beobachten, heißt: alles so beobachten, als wäre es anders oder als könne es sich auch ganz anders verhalten, als es scheint. Diesem Gesetz der Literatur muß die Literatur des Gesetzes widersprechen. Dieser Chiasmus begründet die enge Familienbande zwischen dem strengen Gesetz und der schönen Literatur.

# 6. (Wie) passen Justiz und Massenmedien zusammen?

## Ans Licht bringen: Wahlverwandtschaften von Justiz und Medien[16]

Das Victory-Zeichen eines angeklagten Spitzenmanagers, der auf den Beginn der Gerichtsverhandlung wartet; die ernsten Züge eines hohen Polizeibeamten, dem vorgeworfen wird, einem verstockten Tatverdächtigen Folter angedroht zu haben; ein kleinwüchsiger Möchtegern-Kalif, der an ein anderes Land ausgeliefert wird; das „Caroline"-Urteil, ein Wort, mit dem auch Nicht-Juristen sofort etwas anfangen können und wozu sie eine entschiedene Meinung haben: vier von mehreren Szenen aus dem deutschen Justizleben des Jahres 2004, die zumindest in das mittelfristige Gedächtnis der meisten Deutschen eingewandert sind. Alle vier Fälle fanden höchste Aufmerksamkeit bei den Massenmedien; und alle vier Fälle haben die schon lange anhaltenden Diskussionen über das Verhältnis von Justiz und Medien[17] erneut angeheizt. Mehrere Indizien, darunter eine soeben erschienene ungemein gründliche Untersuchung von Christian-Alexander Neuling unter dem provokanten Titel *Inquisition durch Information – Medienöffentliche Strafrechtspflege in nichtöffentlichen Ermittlungsverfahren*[18] und der vom Arbeitskreis deutscher, österreichischer und schweizerischer Strafrechtslehrer publizierte *Alternativ-Entwurf Strafjustiz und Medien (AE-StuM)*[19], sprechen dafür, daß dieses Thema die Jurisprudenz weiterhin anhaltend beschäftigen wird.

Justitia ist blind. Nein, sie ist nicht blind, doch sie verdeckt aus freien Stücken ihre Augen. Denn sie will und darf, gerade weil sie einen unbestechlich scharfen, sachlichen Blick auf das werfen muß, was nicht mit rechten Dingen zugegangen ist, bestimmte Dinge, Züge und Aspekte nicht wahrnehmen. Daß die Querulantin eine schöne Querulantin ist und daß der Räuber edlere Gesichtszüge hat als sein reiches Opfer – eben solche sinnenfälligen und also für audiovisuelle (AV-) Medien hochtaugliche Daten muß Justitia ausblenden. Dabei wird die Allegorie der Justitia in aller Regel selbst als durchaus attraktive Jungfrau dargestellt. Ihre Attraktivität aber bezieht Justitia aus ihren noli-me-tangere-Qualitäten. Ihr Paradox ist schnell benannt: Sie muß (nicht nur, aber insbesondere dann, wenn sie Strafjustiz ist) über alles Menschliche, Allzumenschliche genau dann zu Gericht sitzen, wenn dieses Allzumenschliche zu einer gewissen bis großen emotionalisierenden, häufig gar pathologischen Form aufläuft. Sie selbst aber darf nicht allzu-

---

16 Klaus Lüderssen danke ich herzlich für wertvolle Anregungen zum Thema, die über bibliographische Hinweise weit hinausgehen.

17 Cf. u.a. Joachim Wagner: Strafprozeßführung über Medien. Baden-Baden 1987. Wagner geht etwa auf die (auch ökonomische Bezahlung von Staranwälten!) Instrumentalisierung von Medien durch den Anwalt Bossi oder auf die mediale Beeinflussung der Öffentlichkeit durch den CDU-Generalsekretär Heiner Geißler bei der ersten Parteispendenaffaire um Helmut Kohl (Lancierung der strafentlastenden „Blackout"-These) ein.

18 Berlin 2005. Herrn Neuling danke ich für die Überlassung einer Kopie der Druckfahnen dieses Buches.

19 Vorgelegt von Britta Bannenberg et al. München 2004.

menschlich sein. Vielmehr muß sie gänzlich emotionslos bleiben. Gerade deshalb darf man Justitia keine unseriösen Angebote machen. Und gerade deshalb wird sie stets erneut als hartherzig, unsensibel, formalistisch, unverständlich und umstandskrämerisch kritisiert.

Von wem? Von Menschen und Medien. Menschen sind Voyeure, die Medien lieben, weil und wenn sie ihrem Voyeurismus dienen. An der Justiz schätzen Menschen und Medien vor allem dies: daß sie Verborgenes ans Licht bringt. Medien sind deshalb so unwiderstehlich, weil sie selbst dann, wenn sie keine visuellen Medien sind (man denke etwa an die Romanliteratur oder an die vorphotographische Presse), ganz im Dienste des menschlichen Voyeurismus oder, um es ein wenig konzilianter auszudrücken, im Dienste der Neugierde stehen. Das gilt verstärkt für die elektronischen Medien. Rundfunk/Radio und Fernsehen/Television sind trefflich präzise Bezeichnungen. Diesen Medien haben wir es zu danken, wenn wir rundum noch das zu Gehör bekommen, was in jedem Wortsinne unerhört ist, wenn wir selbst das Fremde, Unentdeckte und Ferne sehen können, was sich ansonsten unserem Sehsinn entziehen würde. Marshall McLuhans klassische Definition von „Medien" zielt genau auf diese ihre Leistung: Medien sind „extension of men".[20] Mit ihrer Hilfe können die beschränkten kognitiven und mentalen Möglichkeiten der Spezies Mensch eine ungeheure Ausdehnung erfahren: Schrift hilft unserer Erinnerungsschwäche ab; das Telephon ermöglicht es uns, über Tausende von Kilometern hinweg unsere Stimme erschallen zu lassen; der Computer rechnet und speichert mehr, als unser Hirn es je vermöchte etc.

Die elementare Gemeinsamkeit von Justiz und Medien läßt sich schon aufgrund dieser einfachen Bestimmungen ebenso präzise angeben wie ihre für wechselseitige Gereiztheiten sorgende Differenz. Beide, Justiz und Medien, bringen Unrecht(es) ans Licht, führen vor Augen, was einige gerne verdeckt und versteckt hielten, und fokussieren die Aufmerksamkeit auf Unerhörtes: das ist ihre elementare Gemeinsamkeit. Justiz (insbesondere die Strafjustiz) wie Medien beschäftigen sich mit Pathologien der Gesellschaft, und beide können dies nur tun, wenn sie diese Pathologien Individuen und ihren spezifischen Geschichten zurechnen. „Die Gesellschaft" kann man wohl kritisieren und dabei stets erneut mit Medien-Interesse rechnen, man kann aber „die Gesellschaft" nicht im juristischen Sinne verurteilen. „Juristische Personen" sind ein interessantes Konstrukt, vor Gericht aber stehen stets reale Personen. Und an diesen realen Personen fasziniert mehr noch als ihre Leistung ihre Fehlbarkeit. Schon eines der ersten großen Justizdramen, die *Antigone* des Sophokles, hat das auf eine schlagende Formel gebracht: „Ungeheuer ist viel. Doch nichts ungeheurer als der Mensch."

Auf das, was an Menschen nicht geheuer ist, sind Strafjustiz und Medien gleichermaßen fokussiert. Deshalb gilt für Juristen wie für Journalisten der Spruch „good news are bad news". In der spezifisch juristischen und übrigens traditions-

---

20 Marshall McLuhan: Die magischen Kanäle – Understanding media. Ffm 1970, p. 17 sqq.

reicheren Variante lautet der (einem Anwalt in den Mund gelegte) Spruch bekanntlich: „Mir geht's schlecht, ich kann nicht klagen." Dies also ist die enge Verwandtschaft von Justiz und Medien: Pathologien ausfindig zu machen und zu konterkarieren. Die dritte und die vierte Gewalt, Jurisdiktion und Medien, beziehen ihre Existenzlegitimation gleichermaßen aus dem Impuls, Unrechtes ans Licht zu bringen, Pathologien zu heilen und für Rechtsfrieden bzw. für die Abschaffung von skandalträchtigen Umständen zu sorgen. Die vergleichsweise harmlose Paradoxie, daß beide Systeme nur dann existieren und tätig werden können, wenn es die Pathologien gibt, die sie bekämpfen, wird selten bedacht. Angesichts der verläßlichen Konstanz von Problemen und Pathologien ist das auch kaum weiter problematisch. Denn es gilt der systemtheoretische Merkvers (cf. Kap. 5): ohne Probleme keine Systeme. Ohne Knappheit keine Ökonomie, ohne Vieldeutigkeit keine Kunst, ohne Entscheidungszwang unter Zeitdruck keine Politik, ohne absolute Kontingenz keine Religion und ohne Konflikte kein Recht.

## Der Leitcode der Jurisprudenz und der Massenmedien

Trotz der weitreichenden Gemeinsamkeit zwischen Strafjustiz und Medien ist ihr wechselseitiges Verhältnis kein entspanntes, sondern vielmehr ein hochgradig angespanntes. Das belegen, mit der bemerkenswerten Ausnahme des Beitrages von Winfried Hassemer, die in der Beilage *Medien und Strafjustiz* zur Zeitschrift *Strafverteidiger* 3/2005 versammelten Texte (hier erschien auch der vorliegende Text zuerst). „Aus Sicht der Verteidigung" ist, so formuliert Wolf Schiller, „die freie Presse (...) in gewissem Umfange (...) ein notwendiges Übel". „Die Freiheit, ihr Zerrbild zu zeichnen", möchte der Autor der Presse deshalb auch „nicht konzedieren". Der Oberstaatsanwalt a. D. Job Tillmann beklagt „die Neigung der Presse zu skandalisieren", die Staatsanwälte veranlassen kann, „um des lieben Friedens willen ein Verfahren einzuleiten und es mit der Prüfung des Anfangverdachts nicht so genau zu nehmen". Brigitte Koppenhöfer mahnt Medienvertreter zu akzeptieren, „dass Prozesse *in* der Öffentlichkeit, aber nicht *für* die Öffentlichkeit stattfinden" (Hervorh. J.H.). Die auch über Juristenkreise hinaus bekannte Gerichtsreporterin Gisela Friedrichsen klagt: „Nicht immer ist der Medienertrag über Strafverfahren ein Spiegel des öffentlichen Interesses. Manchmal sind es auch Dokumente von Unsicherheit und Unerfahrenheit der Berichterstatter, die ihre Emotionen stattdessen nach dem Zeitgeist und vor allem nach der Vorberichterstattung im eigenen Blatt ausrichten. Unschuldsvermutung? Was soll das bei einem Kinderschänder?"[21] Und Wolfgang Wohlers diskutiert (das ist wohl nicht nur für einen juristischen Laien wie den Verfasser dieser Zeilen irritierend)

---

21 Sehr aufschlußreich ist die Dokumentation der Prozeßberichte von Gisela Friedrichsen und Gerhard Mauz im Fall Böttcher/Weimar: Gisela Friedrichsen/Gerhard Mauz: Er oder sie? Der Strafprozeß Böttcher/Weimar – Prozeßberichte 1987 bis 1999. Baden-Baden 2001.

angesichts der Plausibilität solcher juristischen Kritik an der Medienübermacht gar eine „ultima ratio: Einstellung des Verfahrens wegen medialer Vorverurteilung".[22] Christian-Alexander Neulings Abhandlung verweist historisch auf die mediale Instrumentalisierung der Gerichtsöffentlichkeit in der Zeit der NS-Diktatur und klagt im Hinblick auf die heutigen Verhältnisse: „Oftmals prägt mediale Rücksichtslosigkeit die alltägliche Kriminalberichterstattung. (...) Die strafprozessualen Grenzen maßvoller Selbstbeschränkung drohen überschritten zu werden, indem eine vorurteilsvolle Öffentlichkeitsarbeit durchgeführt wird, die – über die schlichte Information der breiten Öffentlichkeit hinaus – mithelfen soll, schnell und medienwirksam „den Schuldigen" präsentieren zu können. Auf diese Weise kann ein Ermittlungsverfahren zu einer einseitig-öffentlichen „Inquisition" ausarten und zu einer medienöffentlichen Schuldvermutung oder sogar Schuldfeststellung zu Lasten des Beschuldigten führen, die zukünftig zu einem endgültigen, persönlichen Makel zu werden droht."[23]

Kein Zweifel: Justiz und Medien pflegen trotz oder eben wegen der eingangs ausgewiesenen Wahlverwandtschaft hochgradig gereizte Beziehungen zueinander. Claus Roxin wählt gar die Formulierung, daß die Medien im Strafprozeß eine „gefährliche Rolle" spielen.[24] So erstaunlich ist das nicht. Denn die Gemeinsamkeit beider Systeme ist nur die Basis ihrer Differenz. Und die ist eine Differenz des jeweiligen Leitcodes. Jurisprudenz hat den Leitcode ,recht/unrecht'. Die Stabilität dieses Leitcodes über alle juristischen Schulbildungs- und Epochengrenzen hinweg ist bemerkenswert. Man kann lange diskutieren, ob jemand Recht hat oder bekommt, ob Gesetze theologisch, konsensuell, natur- oder vertragsrechtlich oder gar nicht (letzt-)begründbar, sondern eben „nur" gesetzt sind, ob Recht absolut oder historisch herzuleiten sei, ob Recht die bloße Maske von Herrschaft oder vielmehr eine Möglichkeit ist, Herrschaft in die Schranken zu weisen etc.: Die Leitunterscheidung in all diesen und weiteren Diskussionen bleibt doch in bemerkenswerter Konstanz die des Rechts und Unrechts.

Der Leitcode von Medien ist ersichtlich nicht die Binarität von ,recht/unrecht'. Nicht nur britische Posträuber und phantastisch tüftelnde Erpresser wie „Dagobert" genießen trotz oder wegen der auch für Laien sofort ersichtlichen Unrechtmäßigkeit ihres Tuns die Aufmerksamkeit und überdies häufig genug die Sympathie der Medien wie ihrer Rezipienten. Auch die lange Galerie prominenter literarischer Rechtsbrecher (heißen sie Antigone oder Rodin Raskolnikoff,

---

22 Claus Roxin kommt schon 1996 bei der Diskussion ähnlicher Vorschläge zu dem Schluß, „daß globale Lösungen – Verfahrenseinstellung bei nachhaltiger Verletzung der Unschuldsvermutung durch die Medien oder eine generelle Pönalisierung vorgreifender und möglicherweise verfahrensbeeinflussender Berichterstattung – abzulehnen sind." (Claus Roxin: Strafprozeß und Medien; in: Einheit und Vielfalt der Rechtsordnung – Festschrift zum 30jährigen Bestehen der Münchener Juristischen Gesellschaft. München 1996, p. 110). Cf. auch Claus Roxin: Strafrechtliche und strafprozessuale Probleme der Vorverurteilung; in: NStZ 4, 1991, p. 153 sqq.
23 Christian-Alexander Neuling: Inquisition, l.c., p. 332 und 342.
24 Claus Roxin: Strafprozeß und Medien, l.c., p. 97.

Franz oder Karl Moor, Parzival oder Kommissar Bärlach)[25] spricht dafür, daß
Medien gegen den ersten Anschein ein auffallend geringes Interesse am Recht haben, nicht aber am Unrecht. Aus der Sicht der Justiz ist selbstredend ‚Recht‘ der
positive und ‚Unrecht‘ der negative Wert; aus der Sicht der Medien ist das umgekehrt – auch wenn das kaum direkt, sondern eben nur über einen alternativen
Leitcode kommuniziert werden kann. Der Grund für diese Wert-Umkehr ist
einfach: Recht ist langweilig, alles, was mit rechten Dingen zugeht, ebenfalls.
Massenmedien aber brauchen und bringen Aufregendes. Deshalb haben sie ein
Interesse am Unrecht, nicht aber am Recht, an der Eskalation, nicht an der De-
Eskalation, am Skandal, nicht am Normalfall, am Konflikt, nicht am Frieden, an
der Katastrophe, nicht an der Idylle.

Der Leitcode der Medien ist nicht so einheitlich-konstant wie der der Justiz.
Auch das ist nicht verwunderlich. Denn juristische Texte sind bei aller Vielge-
staltigkeit des Rechts (etwa in kultureller oder nationaler Hinsicht, aber auch im
Hinblick auf die Differenzen von Völkerrecht, Öffentlichem Recht, Privatrecht,
Strafrecht etc.) in ihrer Diktion und ihrem Denkstil doch bemerkens- bis bewundernswert homogen. ‚Medien‘ ist hingegen ein Sammelbegriff für unter-
schiedlichste Techniken (von Schrift und Druck über die Phono-, Photo- und
Kinematographie bis hin zu Radio, TV und Internet), die geradezu pervers indifferent gegenüber ihren Inhalten sind.[26] Man kann die Bergpredigt, Hitlers
*Mein Kampf,* den Quelle-Katalog und das BGB drucken; Filme können Doku-
mentar- oder Spielfilme sein; das Internet kann „alles" dokumentieren und wei-
terreichen. Inhaltlich geht es in Massenmedien schlicht um alles: um sex and cri-
me, um Politik und Naturkatastrophen, um Ökonomie und Sport, um Kultur
und Dekadenz, um Recht und Unrecht.

Irritierend ist nun aber, daß ebenso wie der Satz von der Indifferenz der Me-
dientechnik gegenüber den Medieninhalten der an ihm sich reibende epochale
Satz McLuhans gilt, der da lautet: „The medium is the message."[27] Man kann die
Gültigkeit dieses Satzes unschwer mit validen Beispielen aus der juristischen
Sphäre illustrieren. Daß ein Spitzenmanager vor Prozeßbeginn das V-Zeichen
macht und dazu triumphal lacht, wirkt im visuellen Medium Fernsehen weitaus
krasser als etwa in einem (photolosen!) Pressebericht. Daß die Krawatte eines
Spitzenpolitikers schief sitzt oder daß der Staatsanwalt bei der Pressekonferenz ins
Schwitzen kommt, ist eine implizite, aber durchaus wichtige TV-, nicht aber eine
Zeitungs-Nachricht. Das Medium ist die Botschaft. Marshall McLuhans epochaler Satz gilt auch für die Justiz selbst: Es gibt Akten[28] und den Buchdruck, also
kann man Richtern zumuten, einen Blick auf einheitliche und leicht zitierfähige

---

25 Zum Thema Justiz und Literatur bzw. Law and Literature cf. die Studien von Klaus Lüderssen:
   Produktive Spiegelungen – Recht und Kriminalität in der Literatur. Ffm 2002 (2.).
26 Cf. zur Definition und Geschichte von Medien Jochen Hörisch: Der Sinn und die Sinne – Eine
   Geschichte der Medien. Ffm 2001; als Taschenbuch unter dem Titel *Eine Geschichte der Medien*
   (Ffm 2004) erschienen.
27 Cf. Marshall McLuhan: Das Medium ist die Botschaft. Dresden 2001.
28 Cf. die instruktive Untersuchung von Cornelie Viesman: Akten. Ffm 2000.

Paragraphen zu werfen. Homogenes Recht hat massive medientechnische und medieninfrastrukturelle Voraussetzungen. Ohne Buchdruck und allgemeine Alphabetisierung kein BGB. Schärfer formuliert: Der Buchdruck ist die medientechnische Bedingung der Möglichkeit des BGB.

Gesetze wie das BGB oder das Strafgesetzbuch regeln bekanntlich, was rechtlich zulässig ist und was nicht. Das betrifft vieles – aber eben nicht alles (z.B. wie viel Lärm man seinen Nachbarn zumuten, nicht aber, wie man seine Wohnung möblieren darf). Hingegen thematisieren Medien anders als die Justiz fast alles. „Alles" ist aber nur unter einer Voraussetzung massenmedientauglich: Es muß neu, auffallend, abweichend sein und deshalb Aufmerksamkeit verdienen. Der Leitcode der Medien läßt sich deshalb mit den verwandten Begriffspaaren ‚Information/Nichtinformation', ‚neu/alt' und ‚unterhaltend/langweilig' angeben. Eine TV-Nachrichten-Sendung, die mit der Meldung aufmacht: „Da heute glücklicherweise nichts sonderlich Meldenswertes passiert ist, fällt diese Sendung aus. Auch beim Wetter ändert sich auf absehbare Zeit nichts" ist schwerlich denkbar. Hohen bis höchsten Aufmerksamkeitswert hätte sie gleichwohl – einfach deshalb, weil dies: daß eine *Tagesschau-* oder *Heute*-Sendung mangels Neuigkeiten ausgefallen ist, eine außerordentliche Überraschung und also selbst eine Meldung wert wäre.

Das Erstaunen kluger Kinder darüber, daß weltweit immer genausoviel passiert, wie in eine Zeitung oder in TV-Nachrichten paßt, ist eher wert, unter dem Register „Klugheit" als unter dem Register „Kindlichkeit" gebucht zu werden. Denn es weist schon Kinder als Konstruktivisten aus, die verstanden haben, daß die Konstruktion der Realität mit der Realität der Konstruktion zusammenfällt. Massenmedien beschäftigen sich zwar auffallend gerne mit sich selbst (auch das teilen sie mit der Jurisprudenz), sie sind aber wie andere Beobachtungslogiken auch mit einem schwarzen Beobachtungsfleck geschlagen. So können sie nicht beobachten, daß sie nur deshalb alles beobachten können, weil sie Entscheidendes nicht beobachten – z.B. das „Normale", Alltägliche, Unspektakuläre. Bad news are good news. Das heißt auch: Gute Nachrichten sind aus der Perspektive der Massenmedien schlechte Nachrichten. Und normale Nachrichten bzw. Nachrichten über Normales sind gar keine Nachrichten.

## Justiz interessiert sich für Normen, Medien lassen sich vom A-Normalen faszinieren

Nichts verabscheuen Massenmedien so sehr wie das Normale, Alltägliche, Unspektakuläre. Auch heute flossen in der Region xyz Strom und Wasser ohne Störungen – das wäre einfach keine Massenmedien-taugliche Nachricht (es sei denn unmittelbar nach einer Katastrophe, die die gesamte Infrastruktur lahmgelegt hätte). Nun kann man schnell sehen, worin die Differenz gründet, die Gereiztheiten zwischen Justiz und Massenmedien systematisch freisetzen muß. Die Justiz bringt Pathologien und Rechtsverstöße ans Licht, weil sie der Durchsetzung des Rechtsfriedens dienen will. Die Massenmedien bringen hingegen Pathologien ans

Licht, weil diese einen hohen Aufmerksamkeitswert[29] genießen und weiterhin haben sollen. Nichts ist Massenmedien willkommener als ein sich ausweitender Skandal, nichts schätzen sie mehr als die Verläßlichkeit, daß nichts verläßlich ist – weshalb sie Bundesligaspiele und Börsenkurse geradezu fetischisieren. Die Justiz dringt auf Einhaltung von Normen, die Massenmedien sind hingegen an Normen nur interessiert, insofern sie spektakulär durchbrochen werden. Normen und das Normale sind aber nicht nur etymologisch, sondern auch sachlich und genealogisch verwandt. Wenn man (mit den Medien!) auf Personalisierung dringt, könnte man auch aphoristisch formulieren: Richter und Staatsanwälte sind Beamte und also seriös, Medienleute sind nicht beamtet und schon deshalb unseriös. Letzteren geht es nicht ums große Ganze, sondern um Einschaltquoten, Auflagenhöhen und die Verkaufbarkeit von Nachrichten.

Normfokussierte Diskurse und Verfahren müssen formalisiert sein. Diskurse und mediale Verfahren, die vom im buchstäblichen Sinne Ab-normen leben, müssen hingegen in thematischer wie stilistischer Hinsicht ein ausgeprägtes Interesse an weitreichenden informellen Freiheitsräumen haben. In seinem eminenten Justiz-Drama *Der zerbrochene Krug* hat Heinrich von Kleist dieser Differenz schon durch die Namensgebung zum Ausdruck verholfen. Der Schreiber am Dorfgericht, der nicht zuletzt aus Karrieregründen ein Interesse daran hat, Licht in die Angelegenheit zu bringen, die seinen Vorgesetzten, den Dorfrichter Adam, zu Fall bringen kann, trägt keinen anderen Namen als eben diesen aufklärerischen: Licht. Ihm zur Seite und eben deshalb doch auch in Differenz zu ihm steht der Visitator Gerichtsrat Walter. Sein Name ist nicht weniger sprechend: Er steht für das transsubjektiv waltende Regelwerk der Justiz, das Adam souverän ignoriert. Witzige und theater- bzw. medientaugliche Einlassungen wie die des Dorfrichters (etwa diese: „Mein Seel!/Wenn ich, da das Gesetz im Stich mich läßt,/Philosophie zu Hilfe nehmen soll,/So war's – der Leberecht – ", ausgerechnet der Lebe-Recht, der unterwegs zur höheren Justizinstanz in Ut-Recht ist, deshalb als Täter nicht in Frage kommt und mit dem anderen verdächtigen Rup-Recht die Silbe ‚Recht' teilt) findet er gar nicht komisch.

Um zu wiederholen: Das Interesse, etwas ans Licht zu bringen, haben Justiz und Medien gemeinsam; es ist ihr Kerngeschäft. Sodann aber läßt die Justiz hochformalisierte (z.B. Verfahrens-) Regeln walten, die Medien aber verfahren informell und differenzieren sich dabei hochgradig aus (etwa in Yellow-Press und Magazine voll seriös recherchierter Hintergrundberichterstattung). Sie haben keinen waltenden Code, der dem der Jurisprudenz vergleichbar wäre. Mit Foucault könnte man auch formulieren: der juristische Code (‚Recht/Unrecht') formalisiert und verknappt die an die kriminologische Aufklärung eines Falles anknüpfenden Diskurse; er muß ergebnisorientiert organisiert und an der (Wieder-) Herstellung des Rechtsfriedens interessiert sein. Der massenmediale Diskurs aber hat ein genuines Interesse daran, all das sagen zu dürfen und wuchern zu lassen, was der Justiz zu artikulieren versagt ist: die Mörderin war überwältigend schön, der

---

29 Cf. Georg Franck: Ökonomie der Aufmerksamkeit – Ein Entwurf. München 1998.

Täter durfte zwar nicht tun, was er tat, aber Volkes Stimme hat Verständnis für ihn. Vor allem aber: Wie langweilig wäre es, wenn es in diesem Fall keine Weiterungen, ja wenn es gar keine weiteren Konflikte, Pathologien und A-Normalitäten gäbe.

Die Justiz kennt letztinstanzliche Urteile, den Massenmedien ist schon die Idee einer zweiten und dritten Instanz fremd. Prozesse können lange, zu lange dauern, aber sie sind endlich oder werden wegen überschrittener Verjährungsfristen eingestellt. Medien kennen hingegen keine oder aber unendlich viele hierarchische Instanzen – aber eben keine Letztinstanz und auch keinen finalen Abschluß. Ein Satz nach dem Muster „Roma locuta, causa finita" ist ihnen grundsätzlich fremd. Selbstredend kann jeder Mediennutzer nach seinem gusto hierarchisieren, etwa nach dem Muster: die *Zeit* ist seriöser als die *Bild*-Zeitung – aber eben auch nach dem Muster: „wie gut, daß die privaten Sender endlich dem Rotfunk Konkurrenz machen". Doch solche privaten Ranking-lists sind erstens eben privat und nicht intersubjektiv verbindlich, und zweitens sind sie eher geeignet, einen Streit unendlich fortzusetzen als zu beenden.

Diese Differenz kann man auch so akzentuieren: Justiz ist konsens-orientiert und muß konsens-orientiert sein (bis hin zum offenbaren Paradox, dass sie Konsensunwillige zwingen kann, sich einem Konsens zu unterwerfen). Deshalb sprechen Juristen gerne von der Orientierung an der Akzeptanz als einer wichtigen Voraussetzung der Geltung des Rechts. Und aus diesem Grund haben sie bei aller wohlmotivierten Skepsis gegenüber Nichtjuristen, die ihnen munter dreinreden, doch auch einen gewissen Respekt gegenüber der Parallelwertung justitiabler Konflikte in der Laiensphäre. Massenmedien sind hingegen dissens-orientiert: sie suchen systematisch die streitwerte Differenz. Niklas Luhmann hat die Leistung der Massenmedien mit der bei ihm obligatorischen Spitze gegen die Theoreme von Habermas denn auch so bestimmt, daß sie wohl eine Fokussierung der kollektiven Aufmerksamkeit und des Mittelfristgedächtnisses auf gemeinsame Themen (Boris Becker, Flutkatastrophe, Irak-Krieg, Mannesmann-Prozeß etc.) gewährleisten, aber damit keine „Konsenszumutung" verbinden. Man darf, auch wenn man dann vielen Zeitgenossen exotisch vorkommt, Tennis langweilig finden; man „muß" hingegen wissen, wer Boris Becker ist.

In den Worten von Niklas Luhmann: „Weil die Massenmedien eine Hintergrundrealität erzeugt haben, von der man ausgehen kann, kann man davon abheben und sich mit persönlichen Meinungen, Zukunftseinschätzungen, Vorlieben usw. profilieren./Die gesellschaftliche *Funktion* (Hervorh. J.H.) der Massenmedien findet man deshalb nicht in der Gesamtheit der jeweils aktualisierten Informationen (also nicht auf der positiv bewerteten Seite ihres Codes), sondern in dem dadurch erzeugten Gedächtnis. Für das Gesellschaftssystem besteht das Gedächtnis darin, daß man bei jeder Kommunikation bestimmte Realitätsannahmen als bekannt voraussetzen kann, ohne sie eigens in die Kommunikation einzuführen und begründen zu müssen. Dies Gedächtnis wirkt an allen Operationen des Gesellschaftssystems, also an allen Kommunikationen mit, dient der laufenden Konsistenzkontrolle im Seitenblick auf die bekannte Welt und schaltet allzu gewagte Informationen als unwahrscheinlich aus. Die jeweils behandelten Realitätsausschnitte (Themen) werden so durch eine zweite, nicht konsenspflichtige Realität verlagert. Jeder kann sich als Beobachter der Beobachtung durch andere aussetzen, ohne daß das Gefühl aufkäme, man lebe in verschiedenen, inkommensurablen Welten.“[30] Massenmedien kombinieren also systematisch einen Aufmerksamkeits- und Gedächtnis-Konsens mit der Entlastung von wertenden, verbindlichen Konsens-Verpflichtungen. Wer Zeitung liest, Radionachrichten hört und fernsieht, weiß und akzeptiert zumeist, daß es auch Leute gibt, die anders denken, fühlen, leben, optieren und wählen als man selbst. Und Leute, die mehr Aufmerksamkeit genießen oder unter mehr Aufmerksamkeit leiden als man selbst. Das Recht ist hingegen und muß sein: ein Recht für alle. Vor dem Gesetz sind alle gleich, vor den Medien nicht.

## Justiz und Medien: Inkommensurable Welten?

Justiz und Medien sind zwei verwandte und eben deshalb konfligierende Weisen der Wirklichkeitskonstruktion. Beide legen übrigens nachdrücklich Wert darauf, daß sie Wirklichkeit so konstruieren, daß sie sie re-konstruieren. Philosophisch aufgeklärte (aus anderer Beobachtungs- und Bewertungsperspektive: modisch-postmoderne) Journalisten würden wohl anders akzentuieren: daß sie das Phantasma der einen und objektiven „Wirklichkeit" de-konstruieren. Die unterschiedlichen Weisen juristischer und medialer (Re-/De-) Konstruktion der Wirklichkeit (juristisch gesprochen: des Sachverhalts und der Subsumption des Sachverhalts unter einen Tatbestand) müssen, wie dargelegt, miteinander im Konflikt liegen. Die Frage läßt sich nun unschwer zuspitzen: Ist dieser Konflikt zwischen Justiz und Medien so scharf, daß er seinerseits einer grundsätzlichen juristischen Reglementierung bedarf? Ist die im Grundgesetz prominent verankerte und garantierte Pressefreiheit (Artikel 5 GG), die ihre Schranken nur in den allgemein geltenden Gesetzen findet, einzuschränken, wenn sie die Unabhängigkeit der Justiz unterminiert – z.B. dadurch, daß Medien für öffentliche Vorverurteilungen sorgen, daß Medien Staatsanwaltschaften unter einen Ermittlungsdruck setzen, der durch keinen hinreichenden Anfangsverdacht gerechtfertigt ist, daß investigative Journalisten eigenständig und spektakulär ermitteln oder daß Anwälte vor oder während aufsehenerregender Strafverfahren Interviews ihrer Mandanten organisieren, die ihr Geld nur dann wert sind, wenn der Mandant Schreckliches zu berichten hat etc.[31]

Bei der Analyse der Versuche, Antworten auf diese Fragen bzw. Lösungen für das Problem des Justiz-Medien-Konflikts zu finden, lassen sich alsbald zwei

---

30 Niklas Luhmann: Die Realität der Massenmedien. Opladen 1996 (2.), p. 120 sq.
31 Cf. dazu u.a. Rainer Hamm: Hauptverhandlungen in Strafsachen vor Fernsehkameras – auch bei uns? In: NJW 12, 1995, p. 760 sqq. und Bernd-Dieter Meier: Zulässigkeit und Grenzen der Auskunftserteilung gegenüber den Medien – Zur Bedeutung der Presserechtlinien der Justiz; in: Knut Amelung et al. (edd.): Strafrecht, Biorecht, Rechtsphilosophie – Festschrift für Hans-Ludwig Schreiber zum 70. Geburtstag. Heidelberg 2004.

idealtypische Argumentationslinien herauskristallisieren. Die erste kann man als puristische charakterisieren. Danach verunreinigt ein überwertiges Medieninteresse an Strafverfahren die Unabhängigkeit der dritten Gewalt in bedrohlicher Weise. Im Extremfall, so die schon eingangs zitierte Position von Wolfgang Wohlers, kann die vierte Gewalt die dritte Gewalt so massiv beeinflussen, daß es angebracht erscheine, eine neue Rechtsbestimmung zu verabschieden, derzufolge es unter gewissen Umständen zulässig wäre, Strafverfahren wegen medialer Vorverurteilung einzustellen. Diese Position kann sich (sie tut dies m.W. jedoch bislang nicht) auf interessante Parallel- und Analog-Argumente mit hohem Diskussionspotential berufen. Gerade in einer voll entfalteten Medien- und Informations-Gesellschaft muß oder müßte auffallen, daß sich zentrale Macht-, Gewalt- und Herrschaftssphären erfolgreich von der ansonsten herrschenden Pflicht, sich medial beobachten zu lassen, dispensieren können und dabei auch noch auf weitreichende Akzeptanz stoßen.

Neben geradezu topischen Beispielen wie dem Konklave bei der Papstwahl oder eingeschränkten wie den Geheimdiensten, die ja den investigativen Journalismus sowie die Medien (James-Bond-Filme!) anziehen und zudem in westlichen Demokratien parlamentarischer Kontrolle unterliegen (ob hinreichender Kontrolle – das sei in diesem Kontext dahingestellt), ist an den Europäischen Zentralbankrat zu denken. Obwohl oder gerade weil er gewichtigste volkswirtschaftliche Steuerfunktionen übernimmt, sind seine Beratungen über Eckzinssätze, Währungsreserven und Geldpolitik streng geheim, vor direkten politischen Interventionen gesetzlich gefeit und gegen mediale Beobachtung strikt abgesichert: keine öffentlich zugänglichen Protokolle, keine Interviews über den Diskussionsverlauf, keine Medienpräsenz vor, während und nach den EZB-Sitzungen. Alles, was zählt, sind die rein ergebnisorientierten Verlautbarungen und Pressemitteilungen: der Diskontsatz wurde um 0.25 Basispunkte gehoben/gesenkt. Man muß nur die jüngeren medienöffentlich ausgetragenen Diskussionen zwischen den sogenannten „fünf (Wirtschafts-) Weisen" in Erinnerung rufen und mit den EZB-Richtlinien vergleichen, um deutlich zu machen, was in vergleichbarer (in diesem Fall: ökonomisch-monetärer) Sphäre Medienpräsenz, Mediendistanz, Medienabstinenz bis mehr oder weniger direktes Medienverbot bedeuten.

Denkbar wäre es immerhin, das Verhältnis zwischen Justiz und Medien nach diesem puristischen Distanz- und Abstinenz-Modell einzurichten. Im Klartext hieße das: Medien dürften, wenn denn entsprechende Mediengesetze eine parlamentarische Mehrheit fänden, bei näher zu bestimmenden Fällen erst nach abgeschlossenem (möglicherweise: letztinstanzlichem) Prozess berichten.[32] Eine sehr traditionell verstandene Öffentlichkeit des Verfahrens im Sinne der Zulassung von Publikum (natürlichen Personen) bei den Verhandlungen wäre davon unbe-

---

32 „Angemessene Reformüberlegungen", die das „in höchstem Maße besorgniserregende (...) unfaire ‚Kräfteverhältnis'" zwischen Justiz und Medien rechtstechnisch ins Lot bringen soll, trägt Christian-Alexander Neuling vor: Inquisition, l.c., p. 344 sqq. Ebenso der *Alternativ-Entwurf Strafjustiz und Medien* (cf. l. c., p. 17 sqq., Fn. 4).

rührt. So exotisch, wie es auf den ersten Anschein hin wirken mag, wären solche Regelungen, Bestimmungen und Gesetze nicht. Immerhin ist der Ausschluß der Öffentlichkeit bei Gerichtsprozessen unter bestimmten Voraussetzungen schon jetzt möglich. Der Beitrag von Barbara Huber stellt überdies deutlich heraus, daß das angelsächsische, insbesondere US-amerikanische Geschworenenrecht gleich eine ganze Reihe von prozessualen Vorkehrungen gegen eine „verbrechens‚geile‘ Medienlandschaft" kennt. Barbara Huber zufolge ist es herrschende Meinung, daß „Geschworene grundsätzlich anfälliger für mediale Einflüsse sind als Berufsrichter." Stimmt das wirklich? Es soll deutsche Berufsrichter gegeben haben, die bei Prozeßeröffnung gefragt haben: „Ist Herr Mauz anwesend?" Unabhängig davon, ob die Einschätzung stimmt, daß Berufsrichter ein besseres Immunsystem gegen Mediensuggestionen haben als Geschworene, ist es aber buchenswert, daß das amerikanische Rechtssystem Formen der expliziten Medienquarantäne für Prozeßbeteiligte kennt (etwa den *Content of Court Act*).

Ob eine solche Medienquarantäne unter heutigen Bedingungen tatsächlich garantiert werden kann – zumal bei langandauernden Verfahren wie dem legendären O.J. Simpson-Trial – ist fraglich. Radio- und Fernsehgeräte dürfen heute bekanntlich nicht mehr gepfändet werden; sie zählen zum unverzichtbaren täglichen Bedarf. Ist es dann, um pathetisch zu formulieren, menschenrechtlich zumutbar und, um pragmatisch zu formulieren, lebensweltlich machbar, Geschworenen bzw. Richtern wochen-, unter Umständen gar monatelang die Lektüre von Zeitungen und Zeitschriften sowie die Nutzung von Radio, TV und Internet zu untersagen? Aus diesen und anderen Gründen profiliert sich solchen puristischen Argumentationslinien gegenüber eine wenn nicht medienfreundliche, so doch medienrealistische Position. Der Vizepräsident des Bundesverfassungsgerichts Winfried Hassemer begründet sie mit wünschenswerter Klarheit und Deutlichkeit, wenn er illusionslos und abgeklärt feststellt: „Die Medien enttäuschen die Hoffnungen der Strafjustiz weitgehend. Dagegen ist kein Kraut gewachsen." Der von Hassemer für diese Enttäuschung genannte Hauptgrund liest sich wie eine pointierte Zusammenfassung des hier zuvor Ausgeführten bzw. umgekehrt. Das hier Ausgeführte klingt wie die Entfaltung von Hassemers Aphorismus: „Die Medien konstituieren die Wirklichkeit im Modus nicht anders als die Strafjustiz das tut: auf ihre Weise." Dennoch können und wollen sich Justiz und Medien nicht wechselseitig ignorieren. Puristische Versuche einer strikten Trennung zwischen der medialen und der juristischen Sphäre sind aus dieser Sicht obsolet, weil wirklichkeitsfremd. So kann Hassemer denn auch zu dem Schluß kommen: „Aus alledem folgt, dass die Strafjustiz ihr Verhältnis zu den Medien verbessern muß, anstatt es zu beklagen." Und er kann die „Empfehlung" anschließen, „von sich aus auf die Medien zuzugehen – in den eigenen Schuhen."[33] Fernsehen-Gerichtssendungen können nur besser werden, wenn wirklich kompetente Juristen an ih-

---

33 Von einer „anachronistisch anmutenden Frontstellung zwischen Strafjustiz und Medien" spricht auch Helmut Kerscher: Strafjustiz contra Medien – ein Anachronismus; in: NJW 20, 1997, p. 1350.

nen mitwirken. Die Serie *Liebling Kreuzberg* konnte zum Publikumsliebling werden, weil sich ein begabter Schriftsteller wie Jurek Becker nicht zu schade war, fürs Fernsehen zu arbeiten, weil ein Starschauspieler wie Manfred Krug die Rolle des in Rechts- wie Lebensdingen gleichermaßen souveränen Rechtsanwalts übernahm und weil ein Jurist beratend mitwirkte, der ein entspanntes Verhältnis zu Medien unterhielt und den außerhalb von Fachkreisen niemand kennt.

## Medienanalytische Beobachtungen des Konflikts zwischen Justiz und Medien

Es gibt in der Debatte über das Spannungsverhältnis zwischen Justiz und Medien immerhin einen sachlichen Konsens. In der Formulierung des Arbeitskreises *Alternativ-Entwurf Strafjustiz und Medien* findet er in der Feststellung seinen Ausdruck, „dass zur Lösung des Spannungsverhältnisses zwischen Justiz- bzw. Persönlichkeitsschutzinteressen auf der einen und Medieninteressen auf der anderen Seite verbindliche gesetzliche Maßstäbe weitgehend fehlen."[34] Ob dieser Umstand begrüßens- oder veränderenswert ist, steht zur Diskussion. Aus medienanalytischer Perspektive fällt auf, daß Winfried Hassemers Argumentation zugunsten einer Entspannungspolitik zwischen Justiz und Medien (jedenfalls im Rahmen dieses Bandes) noch minoritär ist. Dabei vollzieht sie für die Jurisprudenz nur das nach, was andere Systeme bereits vollzogen haben: nämlich die schlichte Anerkennung des Umstands, daß sich Medien als solche nicht erfolgreich bekämpfen, sondern nur unterschiedlich nutzen lassen. Natürlich konnte Platon die Erfindung der Schrift als ein Pandora-Geschenk verurteilen, das faulen Köpfen entgegenkommt, die nichts mehr auswendig lernen wollen, und das dem lebendigen Gespräch zugunsten des toten Buchstabens den Garaus macht. Als Urgeste aller Medienkritik durchgesetzt hat sich Platons Schrift-Kritik – dank der Schrift. Es dauerte allerdings gut zweitausend Jahre, bis die Philosophie (etwa mit Hamann und Derrida) unter anhaltenden und heftigen Abwehrkämpfen lernte, die Schrift und den toten Buchstaben zu rehabilitieren. Selbstredend konnten katholische Mönchskulturen nach Gutenbergs Erfindung und vor allem nach der Reformation den Buchdruck verteufeln, bei der altbewährten Praxis von handschriftlichen Kopien bleiben und dem Briefverkehr statt dem Massen-Druck den Vorzug unter den Kommunikationstechniken geben. Dafür hatten sie allerdings einen so hohen Preis zu zahlen, daß sie sich alsbald selbst auf das bekämpfte Teufelszeug einlassen mußten. Der index librorum prohibitorum mußte zum auflagenstarken Buch werden, das in keinem Priesterhaushalt fehlen durfte. Aufgeklärten neueren Theologen fällt denn auch zunehmend auf, daß alle großen Ereignisse der Religionsgeschichte Medienereignisse sind. Um nur einige wenige Beispiele zu nennen: von der Genesis, die davon berichtet, wie aus bits Atome werden, über den Turmbau zu Babel, den mit dem Dekalog einsetzenden Verschriftlichungsschub, der hartnäckigen Buchmetaphorik – Buch der Schöpfung, des Lebens, der Natur,

---

34 Britta Bannenberg et al.: Alternativ-Entwurf Strafjustiz und Medien, l.c., p. 16.

der Offenbarung etc. – bis zur Logologie des Johannes-Evangeliums, der Institutionalisierung des Abendmahls und dem Pfingstereignis liest sich die Bibel wie eine Medientheorie avant la lettre.[35]

Um einen Tigersprung in die Gegenwart zu machen und ein weiteres soziales System zu erwähnen, das ähnlich wie die Theologie aus naheliegenden Gründen als medienkritisch bis medienfeindlich gilt bzw. galt: Weite Teile der Erziehungswissenschaft haben angesichts der schlichten Faktizität massenverbreiteter Medientechnik und ihrer Intensivnutzung gerade durch Kinder und Jugendliche ihre medienfeindliche, insbesondere ihre TV- und Computer-kritische Einstellung revidiert[36] und gelernt, für eine bewußte Medien-Alphabetisierung im Rahmen des Schulunterrichts zu optieren. Mit Power-Point- und Beamer-Präsentationen können Lehrer Kindern nahezubringen versuchen, wie aus problematischem produktiver Mediengebrauch werden kann. Mit dieser Revision traditioneller pädagogischer Kritik an schädlichen Medienwirkungen (man denke etwa an die pädagogische Kritik um 1800 an zuviel Theaterbesuch oder zuviel weiblicher Romanleselust) geht die beginnende medienanalytisch induzierte Selbstreflexion einher. Die Frage danach, wie abhängig die jeweils angesagte Pädagogik vom Stand der Medientechnik ist, avanciert aus gutem Grund zu einem Modethema der gegenwärtigen Erziehungswissenschaft. Ohne Buchdruck gäbe es keine allgemeine Schulpflicht, ohne Kreide, Tafel und Schwamm keine offenen Korrekturverläufe, ohne Duden keine verbindliche Orthographie, ohne Uhren keinen Stundenplan.

Die Formel von der normativen Kraft des Faktischen ist Juristen geläufig. Dennoch haben sie gerade aufgrund ihrer normativen Grund-Orientierung häufig Schwierigkeiten, diese Formel produktiv zu applizieren. Das gilt insbesondere dann, wenn der faktische Stand der Medientechnik seine normative Kraft in der Jurisprudenz und in der Jurisdiktion selbst entfaltet. Medienanalytikern, die die Justiz beobachten, fällt schnell auf, daß die Justiz ähnlich zögernd wie die Theologie oder die Pädagogik und wohl noch ein wenig später als diese Disziplinen ihre eigenen medientechnischen Rahmenbedingungen reflektiert.[37] Vielleicht deshalb, weil diese medientechnischen Bedingungen der Möglichkeit von Jurisprudenz ein wenig zu offensichtlich sind. Schon und vielleicht gerade für den Laien (oder den literarischen Außenseiterjuristen – Kafka!) ist besonders klar ersichtlich, welche eminente Rolle Akten, Notizen, Protokolle, liturgiegleiche Formeln, Riten, autoritative Bücher, Gesetzes- bzw. Urteils-Kommentare, theatralische Ar-

---

35 Cf. u.a. Matthias Wallich: @-Theologie – Medientheologie und Theologie des Rests. St. Ingbert 2004 und Jochen Hörisch: Gott, Geld, Medien. Ffm 2004.

36 Cf. jüngst Sigrid Nolda: Zerstreute Bildung – Mediale Vermittlungen von Bildungswissen. Bielefeld 2004.

37 Eine aufschlußreiche Ausnahme liefert Klaus Marxen: Strafrecht im Medienzeitalter; in: JZ 6, 2000, der lakonisch konstatiert: „Das Strafrecht dieses medienbestimmten Zeitalters ist ein medienbestimmtes Strafrecht. Es verändert – medienbedingt – seine Struktur. (...) Die Strafrechtswissenschaft hat Mühe zu folgen. Denn sie ist eine durch und durch textbezogene Wissenschaft. Texte sind ihr Material, und in Texten drückt sie sich aus. Sie wird nicht nur ihr Beobachtungsfeld erweitern, sondern auch methodisch ganz neue Wege gehen müssen." (p. 299)

rangements und Kleiderordnungen in juristischen Verfahren haben. Insgesamt fällt natürlich auf, wie sehr die Justiz alte Medien (Schrift, persönliche Befragung, Protokoll) privilegiert und wie distanziert sie gegenüber neuen Medien ist – so spricht sie noch dann von Pressefreiheit, wenn ersichtlich von Radio und Fernsehen die Rede ist.

Daß das Recht auf den sich ändernden Stand der Dinge inhaltlich reagieren muß, ist unstrittig. Wie – das ist systematisch strittig. Ein spektakuläres Beispiel dafür ist die jüngste Diskussion um die Zulässigkeit von verdeckten genetischen Vaterschaftstests. Das BGH hat in seinem in den Massenmedien heiß diskutierten Urteil vom Januar 2005 (Aktenzeichen: XII ZR 60/03 u. 227/03) heimliche Vaterschaftstest als Beweismittel vor Gericht für unzulässig erklärt, und Bundesjustizministerin Brigitte Zypries will solche Tests u.a. unter Berufung auf das Recht zur informationellen Selbstbestimmung gesetzlich untersagen lassen. Seit einigen Jahren gibt es bekanntlich preiswerte und unkomplizierte Möglichkeiten eines solchen Testverfahrens, für die z.B. in Berliner U-Bahnen öffentlich geworben wird. Die pure Existenz eines solchen Testverfahrens macht aber altehrwürdige Rechtstraditionen obsolet. Der „pater semper incertus"-Spruch der römischen Rechtstradition verliert seine Geltung, wenn mit Hilfe der Genanalyse die Vaterschaft mit fast hundertprozentiger Gültigkeit festgestellt werden kann. Somit ist nunmehr auch eine plausible Alternative zum Paragraphen 1592 des BGB denkbar, der dreifaltig definiert: „Vater eines Kindes ist der Mann, 1. der zum Zeitpunkt der Geburt mit der Mutter des Kindes verheiratet ist, 2. der die Vaterschaft anerkannt hat oder 3. dessen Vaterschaft (...) gerichtlich festgestellt ist." Im Zeitalter der Genanalyse und nur in dem Zeitalter, das diese Technologie zur Verfügung hält, kann die schlichte Alternativ-Definition lauten: Vater eines Kindes ist, wer das Kind gezeugt hat.

Neue Technologie hat, wenn auch mit obligatorischer Verzögerung, selbst in zentralen Rechtsbereichen neue Gesetze zur Folge. Ob neue Medientechnologie auch neue Formen der Jurisdiktion zur Folge hat? Die empirische Antwort dürfte kaum anders als „ja" lauten. Die normative Antwort auf die Frage ist, wie die Beiträge dieses Bandes zeigen, streitig. Aus medienanalytischer Sicht wahrscheinlich ist es, daß sich die Rechtssprechung dem Stand der Medientechnologie in vielfacher Weise anpassen wird. Z.B. dadurch, daß schon in der Juristenausbildung stärker und systematisch auf die medialen Kontexte großer Strafrechtsverfahren eingegangen wird. Oder dadurch, daß kompetentere Juristen als bisher an den beliebten TV-Justiz-Shows mitarbeiten. Warum nicht auch dadurch, daß Bagatellverfahren wie Einsprüche gegen Bußgelder für geringfügige Geschwindigkeitsüberschreitungen einer standardisierten Internetgerichtsbarkeit anvertraut werden? Große prophetische Kraft gehört jedoch nicht zu der Prognose, daß das Verhältnis zwischen Justiz und Medien selbst dann angespannt bleiben wird, wenn sich die Justiz stärker auf den Stand der Mediendinge einlassen wird. Und das ist auch gut so.

# 7. Zu Gericht sitzen
## Wilhelm Raabes abgründige Prosa

Ein stattlicher Mann sitzt zu Tisch und gibt sich voll Wonne seiner Lieblingsbeschäftigung hin: er ißt und trinkt. Es geht ihm ersichtlich gut, sehr gut. Er hat eine mit allen Küchenkünsten vertraute und auch sonst treusorgende Frau, die auf den Kosenamen Mieze hört und deren Mädchenname Quakatz lautet, und er lebt auf einem prächtigen, gegen äußere Unbilden durch einen Wall geschützten Hof, auf dem sich Tiere tummeln, die er gerne verzehrt. „O welch ein Frühstückstisch vor dem Binsenhüttchen, das heißt dem behaglichsten, auch auf Winterschnee und Regensturm behaglich zugerichteten deutschen Bauernhause – vor dem Hause, am deutschen Sommermorgen, zwischen hochstämmigen Rosen, unter Holunderbüschen, im Baumschatten, mit der Sonne drüber und der Frau, der Katze, dem Hunde (...), den Hühnern, den Gänsen, Enten, Spatzen und so weiter und so weiter rundum! Und solch ein grauer, der Jahreszeit angemessener, jedem Recken und Dehnen gewachsener Schlaf- oder vielmehr Hausrock! Und solch eine offene Weste und solch eine würdige, lange Pastorenpfeife mit dem dazugehörigen angenehmen Pastorenknaster in blauen Ringen in der stillen Luft!"[38]

In all seinem Behagen beobachtet wird der Genießer von einem aus fernsten afrikanischen Weiten heimkehrenden ehemaligen Klassenkameraden. Er sieht und wiedererkennt den alten Vertrauten, der schon in seinen Kinder- und Jugendtagen zu einer gewissen Fülle neigte, mit Leichtigkeit. Und er darf ihn auch jetzt bei seinem sprechenden Spitznamen nennen: Stopfkuchen. Schon als Junge hat sich Heinrich Schaumann, wie sein eigentlicher Name lautet, nur zu gerne mit Kuchen vollgestopft. Doch auch mit dem Tauf- und Familiennamen ist es richtig bestellt. Stopfkuchen ist nicht nur ein Mann des Mundes, sondern auch der Augen: Schaumann schaut, ohne sich viel in ihr zu bewegen, gerne und mit gleichschwebender Aufmerksamkeit in die Welt hinein, und er hat nichts dagegen, sich selbst beschauen zu lassen, ja, er will ausdrücklich zum Objekt von Betrachtungen werden. Auch sein Vorname ist wohlmotiviert. Wer wie er Heinrich heißt, steht schon durch diesen Namen in einer langen Traditions-Reihe literarischer Gestalten, die von Hartmanns Armen Heinrich, den spätmittelalterlich-romantischen Sänger Heinrich von Ofterdingen und Heinrich Tannhäuser über Shakespeares Könige und Heinrich den Löwen (auf den der Braunschweiger Autor gerne anspielt) bis hin zu Goethes Faust, Tiecks Heinrich Brand, der des Lebens Überfluß erfährt, Kellers Grünen Heinrich und zu Stifters Heinrich Drendorf reicht, der den Nachsommer des Lebens genießt. Gemeinsam ist all diesen Heinrichen, daß sie ihrem Namen gerecht zu werden versuchen und also danach streben, reich an Herrschaft und zumal Herren über ihren eigenen Lebenslauf zu werden. Das Webmuster ihres Lebens soll einem selbst geschriebenen Roman

---

38 Wilhelm Raabe: Stopfkuchen; in: ders.: Ausgabe der Werke in vier Bänden, Bd. 3, ed. Karl Hoppe. München o.J., p. 627.

und keinem Skript folgen, das andere ihnen vorgeschrieben haben.[39] Dennoch machen sie allesamt die Erfahrung, wieviel Co-Autoren das eigene Curriculum vitae hat.

Heinrich Schaumann alias Stopfkuchen ist es vortrefflich gelungen, die Zahl der Co-Autoren am eigenen Lebensbuch (um mit Stopfkuchen zu reden: am „Logbuch des Lebens"[40]) überschaubar zu halten. Deshalb ist „Behagen" das Wort, das seinen Zustand am trefflichsten charakterisiert. Und deshalb wird dieses Wort, das auch der alte Goethe so hoch schätzte, zu einem Leitwort von Wilhelm Raabes 1891 erschienemem Roman. Es wird Heinrich Schaumanns Lebensweg stets erneut mitgegeben. Das ist umso bemerkenswerter, als die frühen Lebensumstände von Heinrich und seiner „Mieze" keineswegs behaglich waren. Galt doch Miezes Vater als schwieriger Charakter, der sogar im nie öffentlich ganz ausgeräumten Verdacht stand, den arroganten Emporkömmling Kienbaum erschlagen zu haben. „Nach dem Lebensunbehagen des Vaters Quakatz" hat sein Schwiegersohn Stopfkuchen eine umso beeindruckendere „Behaglichkeit des Daseins"[41] erreicht. In seiner Nähe verspürt auch der Heimkehrer aus fernsten Welten „vielleicht doch noch ein rechtes, echtes, wahrhaftiges, wirkliches Heimatsbehagen"[42]. Und so sitzen die beiden wiedervereinten Freunde „in die Behaglichkeit der Stunde versunken"[43], der „behaglichste aller Lehnstuhlmenschen"[44], das „fast unheimlich behagliche, feiste Geschöpf"[45] und der schlanke, braungebrannte, unruhige Freund. Er hat das feste Land und die Heimat verlassen, ist zur See gefahren und hat lange als Siedler in Südafrika gelebt. Nun aber ist er von afrikanischen Spielen und den Schauplätzen, an denen sich abenteuerliche Herzen bewähren, zurückgekehrt und trifft diesen Zecher, Esser und Erzähler, der zu wissen glaubt, „was das Behaglichere ist"[46]. Sie „bleiben in der Idylle"[47], gehen zum zweiten Frühstück über und harren des Mittagstisches mit „frischem Schinken in Burgunder" und „guter Hühnersuppe"[48].

Keine Frage: Stopfkuchen ist, um in psychoanalytischen Kategorien zu sprechen, ein durch und durch oraler Typus. Denn er ißt und trinkt nicht nur hingebungsvoll, er raucht, küßt, atmet und spricht auch gerne – letzteres sogar so sehr, daß er ab und an einen diesseits aller Tragik angesiedelten Restkonflikt erfährt.

---

39 Ulrich Kinzel: Ethische Projekte – Literatur und Selbstgestaltung im Kontext des Regierungsdenkens – Humboldt, Goethe, Stifter, Raabe. Ffm 2000 macht den etwas angestrengten, aber durchaus erhellenden Versuch, Raabes Protagonisten Stopfkuchen als einen Charakter zu beschreiben, der an Selbstmodellierungsmodellen im antizipierten Geiste von Michel Foucaults „gouvernementalité" arbeitet.
40 Wilhelm Raabe: Stopfkuchen, l.c., p. 719.
41 Ibid., p. 635.
42 Ibid., p. 631.
43 Ibid., p. 633.
44 Ibid., p. 649.
45 Ibid., p. 653.
46 Ibid., p. 635.
47 Ibid., p. 669.
48 Ibid., p. 635.

Man kann auch und gerade, wenn man ein oraler Typus ist, nicht alles zugleich tun, was dem Mund zu tun möglich ist – essen, trinken, küssen, atmen und reden. Das muß auch Stopfkuchen akzeptieren. Nachdem er seine Frau abgründig mit den Worten „O du süße, umgekehrte indische Witwe in spe!‟ angeredet hat, „war er eine geraume Zeit wieder einmal ganz bei der Sache, nämlich nur bei Tische, ganz und gar, einzig und allein, nur, nur bei Tische! Wir speisten vorzüglich, und eine Viertelstunde lang sagte er einmal kein Wort.‟[49] An eben diesem Problem: daß der Mund so viele unterschiedliche Aufgaben zugleich hat, die er aber nicht zugleich erfüllen kann, geht in Goethes *Wahlverwandtschaften*-Roman Ottilie zugrunde.[50] Sie, die in jedem Wortsinne Ent-sagende, ist, worauf nicht nur ihre unwiderstehlich schönen Augen, sondern auch ihr Name verweist (ist die heilige Odilie doch die Schutzheilige der Augenkranken), Ottilie ist der Antitypus zu Heinrich Schaumann schlechthin. Er redet ununterbrochen, sie hält sich strikt an ihr Schweigegelübde; er bespricht unablässig sein Leben, sie erfährt sich durchweg als Besprochene, als Hörende, als Horchende, als Gehorchende, die ihr Ohr nicht verschließen kann (um mit Goethes schönen Worten zu formulieren: als „Überparlierte und Überexponierte‟)[51]; er bekommt seine Mieze und ist ein behaglich bis glücklich lebender Ehemann, sie ist die fleischlose Inkarnation der unglücklich Liebenden; er ist adipös,[52] sie ist anorektisch; Schaumann genießt, Ottilie entsagt.

Auf Goethes bestes Buch spielt Raabes bester[53] und offensiv intertextuell angelegter Roman *Stopfkuchen* subtil an – so subtil, daß den vielen Interpreten diese Anspielung kaum je aufgefallen ist. „Entschuldige den Störenfried, lieber Alter. Eduard nanntest du, freilich vor langen Jahren, einen Freund, wenn er auch kein junger Baron war, sondern nur aus dem Posthause da unten stammte, Schaumann.‟[54] So lauten die ersten Worte, mit denen sich der Heimkehrer den Bewohnern der Quakatzenburg-Behaglichkeit vorstellt. „Lieber Eduard‟, so wendet sich siebzig Seiten später Heinrich an den Jugendfreund, deutlich den berühmten

---

49 Ibid., p. 653.

50 Cf. dazu die Untersuchung von Angela M.C. Wendt: Eßgeschichten und Es(s)kapaden im Werk Goethes – Ein literarisches Menu der (Fr)Esser und Nichtesser. Würzburg 2006, p. 246 sqq. Und Jochen Hörisch: „Die Himmelfahrt der bösen Lust‟ – Ottiliens Anorexie, Ottiliens Entsagung; in: ders.: Die andere Goethezeit, l.c., pp. 149–160.

51 Das Ohr hat, anders als der Mund, keinen Schließmuskel: wir müssen hören. Raabe hat dieses Motiv wiederholt gestaltet. Zu den „Geräuschwelten‟ in Raabes Romanen cf. die Untersuchung von Gabriele Henkel: Geräuschwelten im deutschen Zeitroman – Epische Darstellung und poetologische Bedeutung von der Romantik bis zum Naturalismus. Wiesbaden 1996, p. 195 sqq.

52 Auf die psychosomatischen Dimensionen von Stopfkuchens Eß- bis Freßlust geht die Studie von Rosemarie Henzler: Krankheit und Medizin im erzählten Text – Eine Untersuchung zu Wilhelm Raabes Spätwerk. Würzburg 1990 seltsamerweise nicht ein. Wohl aber Maurice Haslés erhellende Studie: Der Verdauungspastor – Magen-Sprache und peristaltische Schreibweise in Raabes Stopfkuchen; in: Jahrbuch der Raabe-Gesellschaft 1996, pp. 92–113.

53 Wie Goethe die *Wahlverwandtschaften* als sein „bestes Buch‟ charakterisierte, so hat auch Raabe im Gespräch mit Max Adler den *Stopfkuchen* als sein „bestes Werk‟ bezeichnet. Cf. dazu Hans Ahrbeck: Wilhelm Raabes *Stopfkuchen*. Borna-Leipzig 1926, p. 9.

54 Wilhelm Raabe: Stopfkuchen, l.c., p. 628.

Eingangssatz aus Goethes Roman paraphrasierend (der bekanntlich lautet: „Eduard, so nennen wir einen reichen Baron im besten Mannesalter"), „lieber Eduard, den ich doch wohl auch einen Baron, und noch dazu einen südafrikanischen nennen darf."[55] Das Zitat aus den *Wahlverwandtschaften* ist überdeutlich, gerade weil es kontrastiv mit einer spezifisch exotischen Wendung versehen wird. Zumindest eine Implikation dieser Anspielung aber ist nicht überdeutlich, sondern subtil: Heinrich Schaumann wird als Benennender eingeführt, er ist als Erzähler so enthemmt auktorial und abgründig souverän wie Goethes Erzähler. Raabes Eduard war, wie sollte es anders sein, zur Zeit der Schulfreundschaft mit Heinrich Schaumann jung, ist nun aber bei seiner Rückkehr aus Südafrika jenseits des „besten Mannesalters"; doch auch er wird gleich eingangs als ein reicher Mann vorgestellt. Wie der Name Heinrich, so verweist auch der Name Eduard auf ein großes Vermögen. Eduard – darin steckt der Wortstamm ‚od' (wie in ‚Kleinod'), der auf Besitz verweist und mit dem Raabes 1889 erschienener Roman *Das Odfeld* komplex spielt. Und als einen Menschen, der reich an Besitz wie an Bildung ist, stellt Raabes Roman gleich in seinen ersten Sätzen Eduard vor. „Es liegt mir daran, gleich in den ersten Zeilen dieser Niederschrift zu beweisen oder darzutun, daß ich noch zu den Gebildeten mich zählen darf. Nämlich ich habe es in Südafrika zu einem Vermögen gebracht, und das bringen Leute ohne tote Sprachen, Literatur, Kunstgeschichte und Philosophie eigentlich am leichtesten und besten zustande. Und so ist es im Grunde auch das Richtige und Dienstlichste zur Ausbreitung der Kultur; denn man kann doch nicht von jedem deutschen Professor verlangen, daß er auch nach Afrika gehe und sein Wissen an den Mann, das heißt an den Buschmann bringe oder es im Busche sitzen lasse, bloß – um ein Vermögen zu machen."[56]

Nach Raabes eigener Auskunft ist *Stopfkuchen* „eines der unverschämtesten Bücher, die jemals geschrieben worden sind."[57] Die zitierte Eingangspassage des Romans liefert sogleich den ersten Beleg für die Angemessenheit dieser Charakteristik. Sie spricht Klartext, wenn sie darlegt, daß zur Ausbreitung der europäischen Kultur in südafrikanischen Weiten der Kulturverzicht am dienlichsten sei und daß man deutschen Professoren nicht zumuten könne, die Welt des Buches zugunsten der des Busches zu verlassen. Die hübsche Unverschämtheit dieser Formulierungen wird durch die anschließende Wendung nicht geringer: „bloß – um ein Vermögen zu machen", solle der deutsche Professor sein Wissen nicht an den Buschmann bringen oder im Busche sitzen lassen. Busch und Buch sind nur durch einen Buchstaben voneinander getrennt. Und ‚Vermögen' ist, auch ohne daß man mit den Buchstaben dieses Wortes ein frivoles Spiel treibt, ein doppeldeutiges Wort. Mit seinem wissenschaftlichen, kulturellen und analytischen Vermögen kann der Gelehrte, so scheint es, kein Vermögen machen. Oder eben doch. Stopfkuchen erfüllt ja bemerkenswert viele Anforderungen an das Profil ei-

---

55 Ibid., p. 695.
56 Ibid., p. 585.
57 Wilhelm Raabe, Brief an Edmund Sträter vom 13. Juni 1891.

nes Gelehrten: er hat studiert (u.a. und durchaus mit heißem Bemühen auch
Theologie), er scheut körperliche Arbeit, er kultiviert nicht ohne Narzißmus seine
Sonderlingszüge, er treibt historische Forschungen zum Siebenjährigen Krieg, er
gräbt vorzeitliche Knochen aus und errichtet ein „geologisches" bzw. „osteologi-
sches Museum"[58], er zitiert lateinische Sprüche, und er ist ein Literaturkenner von
barock-polyhistorischen Dimensionen. Der Bücherwurm hat sich durch Unmen-
gen an Literatur gefressen; unablässig zitiert oder assoziiert er (weit hinausgehend
über die leitmotivische Noah-Formel „Gehe hinaus aus deinem Kasten") nicht
nur Bibelstellen[59] (besonders gewichtig ist dabei die Geschichte von Jacob, der
sieben Jahre lang um Rahel diente)[60], sondern auch Autoren wie Homer, Shakespeare, Schiller, Goethe („wer nie sein Brot mit Tränen aß", zitiert Stopfkuchen)[61], August von Platen, Madame de Stael, Friedrich der Große, Maria There-
sia, Marie Antoinette, Peter der Große, Lord Byron, Napoleon;[62] er spielt witzig
auf Pivatals Kriminalfälle[63] und Fontanes Kriminalerzählung *Unterm Birnbaum*[64]
an; er bemüht Freiligrath, die Gebrüder Grimm, die Märchen von Musäus und
Andersen, und er kennt die Abenteuerliteratur wie Defoes *Robinson*[65] und Feni-
more Coopers *Lederstrumpf*[66].

Dieser Gelehrte, von dem es wenig charmant heißt, er sei „dick-deutsch-
gemütlich"[67], hat nun aber ein entspanntes Verhältnis zum Vermögen entwickelt.
Hat er es doch vermocht, die Tochter eines reichen Grundbesitzers zu eheli-
chen, den verwahrlosten Hof zu restaurieren und sich zum Herrscher eines kaum
mehr bedrohten Reiches zu machen, das fraglos von dieser Welt ist. Insofern ist
er eine deutsche Kontrafaktur zu Ivan Goncarovs populärer Roman-Figur Oblo-
mov, die 1859 die Literatur bereicherte: Anders als sein schläfriger, genußsüchti-
ger und oraler russischer Bruder im Geiste und im Leibhaftigen ist Stopfkuchen
eben kein Adeliger, dem das Wohlleben an der Wiege mitgegeben wurde. Er hat
sich zumindest einmal, nämlich nachdem er als verkrachter Student ins Heimat-
dorf zurückkehrte, vom Vater hinausgeworfen wurde und sich mit der verfemten
Mieze zusammentat, aufgerafft, Ordnung geschafft, einen Entschluß gefaßt und
ihn auch realisiert. Besitz und Bildung sind für Heinrich Schaumann keine Op-
positionsbegriffe. Jetzt, da er so wohlhabend wie wohlbeleibt ist, kann sich
Schaumann ganz der Lust am kontemplativen Leben widmen. Auch in dieser
Hinsicht wird Schaumann seinem Namen gerecht: ist Schau-Mann nicht die

---

58 Wilhelm Raabe: Stopfkuchen, l.c., p. 650.
59 Cf. dazu die von einer vollständigen Inventarisierung weitentfernte Untersuchung von Irmhild
   Bärend: Das Bibelzitat als Strukturelement im Werk Wilhelm Raabes. Berlin 1969.
60 Wilhelm Raabe: Stopfkuchen, l.c., p. 713.
61 Ibid., p. 641.
62 Cf. die Zusammenstellung bei Günter Witschel: Raabe-Integrationen: *Die Innerste, Das Odfeld,
   Stopfkuchen.* Bonn 1969, p. 33 sq.
63 Wilhelm Raabe: Stopfkuchen, l.c., p. 727.
64 Ibid., p. 662.
65 Ibid., p. 689.
66 Ibid., p. 693.
67 Ibid., p. 714.

Übersetzung des griechischen Wortes ‚Theoretikos'? Theorie zielt auf und meint die Schau, die Kontemplation. Daß der gebildete Theoretiker Heinrich Schaumann darüber hinaus auch im neudeutschen Sinne seinen Namen bewährt, steht auf keinem anderen, sondern auf demselben Roman-Blatt: er, der durchaus auch dandyhafte Züge trägt,[68] zieht eine unglaubliche, eine abgründige Schau ab.

So viel ärmer als der reich aus Afrika heimkehrende alte Schulfreund ist Heinrich Schaumann also nicht. Weil er nicht zuletzt mit Hilfe Stopfkuchens solche kontra-intuitiven Zusammenhänge in das Ineinanderspiel von Vermögen und Vermögen, von Busch und Buch, von Theorie und Schau einsieht, erhebt der vermögende Erzähler gleich im ersten Satz des Romans Anspruch darauf, „noch zu den Gebildeten zu zählen" – was er u.a. durch zahl- und geistreiche Anspielungen auf Shakespeares *Tempest* überzeugend einlöst (auch im direkten Zitat p. 673).[69] Reich aber ist Eduard nicht nur an irdischen Gütern, reich beschenkt wird er im Laufe der „See- und Mordgeschichte" (wie der Untertitel von *Stopfkuchen* lautet) auch an intellektuellen und narrativen Erfahrungen, an paradoxen Erfahrungen. Muß er doch im Laufe der Wiederbegegnung mit dem Jugendfreund einsehen, daß er, der Weitgereiste, weniger erfahren hat als der, der behaglich zu Hause geblieben ist; daß der sanfte, Briefe zustellende, seine ewigen Runden drehende und, angeregt durch Buchkonsum, vom weiten Buch der Welt träumende Briefträger Störzer ungeahnt aggressiv sein kann; und daß der bodenständige, auf befestigtem Schanzen-Grund verbleibende Genießer abgründige Dimensionen erschließt. Denn Heinrich Schaumann hat auf seinem ortsfernen, von einem Wall umgebenen Hof Rote Schanze seine Zeit gut genutzt: er hat unablässig zu Gericht gesessen, aber weise darauf verzichtet, zu richten.

\*

Das Wort ‚Gericht' ist, wie die Worte ‚Schloß', ‚Bank' oder ‚Teekesselchen', ein Teekesselchen – also ein abgründig doppeldeutiges Wort. Meint es doch das Gericht, das über uns ergeht, und das Gericht, das wir angerichtet haben oder das für uns angerichtet ist. Mit der Doppeldeutigkeit dieses Wortes hat an bedeutender Stelle Luther tiefsinnig und witzig zugleich gespielt, als er ein theologisches Zentralstück des Neuen Testaments übersetzte. Im ersten Brief an die Korinther zitiert Paulus die Worte, mit denen Christus das Sakrament des Abendmahls einsetzte (cf. Matthäus 26, Markus 14, Lukas 22). Und dann kommentiert er (1. Korinther 11,27–29, Luthers Übersetzung von 1545): „Denn so offt jr von diesem Brot esset/vnd von diesem Kelch trincket/solt jr des Herrn tod verkündigen/ bis das er kompt. Welcher nu vnwirdig von diesem Brot isset/oder von dem Kelch des Herrn trincket/der ist schüldig an dem Leib des Herrn. Der Mensch prüfe aber sich selbs/vnd also esse er von diesem Brot/vnd trincke von diesem

---

68 Cf. Gerhart von Graevenitz: Der Dicke im schlafenden Krieg – Zu einer Figur der europäischen Moderne bei Wilhelm Raabe; in: Jahrbuch der Raabe-Gesellschaft 1990, pp. 1–21.
69 Cf. die erhellenden Hinweise bei Ulrich Kinzel: Ethische Projekte, l.c., p. 505 sq.

Kelch. Denn welcher vnwirdig isset vnd trincket/der isset vnd trincket im selber das Gerichte/da mit das er nicht vnterscheidet den leib des Herrn." Der primäre Sinn dieser dichten Passage ist deutlich. Wer die Abendmahl-Elemente Brot und Wein verzehrt, soll sie würdig essen und von profanen Sättigungs-Speisen unterscheiden. Wer am christlichen Zentralsakrament teilnehmen will, soll nicht zum Treffen der Gemeinde kommen, um seinen irdischen Hunger und Durst zu stillen. „Hungert aber jemand/der esse da heimen. Auf das ihr nicht zum Gerichte zusamen kompt." (v. 34) Wer Brot und Wein verzehrend am Leib Christi teilhaben will, muß die richtige Einstellung haben, muß richtig ausgerichtet sein, muß also sein Sinnen nicht so sehr auf diese Welt, sondern auf jene andere Welt hin gerichtet haben, die nach dem Jüngsten Gericht an- und einbricht. Womit nach der kulinarischen und der juristischen eine dritte Dimension des Wortes ‚Gericht' angesprochen ist. ‚Gerichtet' sein kann eben auch ‚auf ein Ziel hin gerichtet sein' meinen.

Das juristische oder theologische Gericht hat mit Satzungen, mit Gesetzen, mit dem nomos, mit dem Namen, in dem es ergeht, mit autoritativen Sätzen (was auch heißen kann: mit Sätzen eines Autors, der Autorität hat) zu tun. Das Gericht gibt, es schenkt: Gerechtigkeit, Sicherheit und Richtungssinn. Und es nimmt, damit seinem Begriff, seinem Namen, seinem Nomen, seinem nomos gerecht werdend. Denn das griechische Wort ‚nomos/nemein' meint ja primär (und nicht etwa in sophistischen Ableitungen) das Weg-Nehmen.[70] Dieses Wegnehmen ist gerade in juristischen Kontexten gar nicht handgreiflich genug zu bestimmen. Gerichte nehmen, indem sie Strafen verhängen, denjenigen Elementares, die gegen das Normen gebende, setzende Gesetz verstoßen haben: sie nehmen Freiheit, Vermögen, Lebenszeit und mitunter gar das Leben selbst. Das Gericht gibt und nimmt also gleichermaßen. Das teilt es mit seinem begrifflichen Double. Denn auch, wer zu Gericht sitzt, um eine Mahlzeit zu verzehren, ist in das abgründige Doppelspiel von Geben und Nehmen immer schon verstrickt. Er tilgt das, was da angerichtet ist. Der Kontrast zwischen Bildern, die festlich gedeckte Tafeln zeigen, die der Esser und Zecher harren, und Bildern, die festhalten, was die Esser angerichtet haben, ist von geradezu obligatorischer Melancholie. Was übrig bleibt, ist der Inbegriff von Entropie: Flecken, Durcheinander, Schmutz und unverdauliche Knochen, die penetrant daran erinnern, über wieviel Lebewesen wir tödlich gerichtet haben, wenn wir das mittägliche Gericht oder das Abendmahl genießen. Daß wir alltäglich, wie es in *Stopfkuchen* so schön wie eindringlich heißt, am „Lebenstisch" zu Gericht sitzen und nicht immer eine Serviette umgebunden bekommen „bei jedem Lebensgericht, so (uns) auf den Tisch gesetzt wird"[71], ändert nichts am Richtungssinn unseres Lebens. Stopfkuchen mag

---

70 Cf. dazu Carl Schmitt: Der Nomos der Erde im Völkerrecht des Jus Publicum Europaeum. Berlin 1950 und ders.: Der neue Nomos der Erde; in: Gemeinschaft und Politik, Jg. 3/Heft 1. Bad Godesberg 1955. Sowie die Abhandlungen von Thomas Schestag: nemein (Carl Schmitt, Franz Kafka) bzw. nomos/onoma (Platon, Friedrich Schleiermacher, Walter Benjamin); in: ders.: Parerga – Zur literarischen Hermeneutik. München 1991.
71 Wilhelm Raabe: Stopfkuchen, l.c., p. 711.

noch so viel füllig-weiches, ihn sanft vor der harten Welt polsterndes Fleisch ansetzen – auch von ihm werden einst nur Knochen übrigbleiben.

Stopfkuchen sammelt leidenschaftlich gerne Knochen – also das Unverdauliche schlechthin, das, was selbst der Tod kaum zu zermahlen vermag. Zu den Lieblingsexponaten seines osteologisch-paläontologischen Privatmuseums zählen neben den Knochen eines Mammuts, die schon sein Schwiegervater aufgefunden hatte, die eines Riesenfaultiers. Stopfkuchen hat wie zu den Knochen seines Museums ein bemerkenswert gelassenes Verhältnis zum Tod. Und er weiß, wovon er spricht, wenn er Eduard und seiner Frau bei üppigen Mahlzeiten davon erzählt, was es mit dem Tod von Kienbaum eigentlich auf sich hatte. Das Erzählmuster ist dabei in der Tat „unverschämt". Stopfkuchen spannt seine Hörer und Leser unerträglich auf die Folter. Als „feister Folterknecht"[72] wird er denn auch vom Erzähler selbst gegen Ende seines an Digressionen überreichen Berichtes charakterisiert. Stopfkuchen hat den Schauplatz seines Erzählens gewechselt. Er, der (wie Tine berichtet) „seit unserer Verheiratung keine sechs Mal den Fuß über unser Besitztum und seine Knochensucherei in der nächsten Nähe hinausgesetzt"[73] hat, ist mit Frau und Freund in einem Gasthaus, das den schönen Namen „Goldener Arm" trägt, eingekehrt, wohl wissend, daß seine finale Offenbarung über den Mordfall Kienbaum so nicht im privaten Kreise verbleiben wird.[74] „Die Kellnerin setzte dem feisten Folterknecht ein frisches Glas hin, und zwar mit unsicherer Hand. Aus weitgeöffneten Augen starrte sie ihn (Schaumann!, J.H.) an; aber auch sie war nicht mehr fähig, ihm dreinzureden."[75] Folterern und zumal narrativen Folterern kann man nicht dreinreden. Und als Folterer wird Sankt Heinrich auch weiterhin bezeichnet: „Der Folterer klopfte mit dem Hammer an die Daumenschrauben – nein, er klappte mit dem Deckel seines Kruges."[76]

Ein feister, unablässig zu Gericht sitzender Folterknecht des Erzählens aber kann Stopfkuchen nur sein, weil er darauf verzichtet hat, zu Lebzeiten des Mörders zu richten. Karl Höse[77] und an ihn anschließend Heinrich Detering haben darauf hingewiesen, wie intensiv Stopfkuchen ein weltliches Gericht hält, daß zugleich immer gründlicher Züge eines quasi-göttlichen, apotheotischen Weltgerichts annimmt. „Stopfkuchen hält also Gericht – in doppelter Hinsicht: Er schafft Recht, wo Unrecht herrschte, und er richtet die unrecht Handelnden, indem er sie beschämt. Durch dreifache Verspiegelung mit theologischen Motivkomplexen wird dieser zunächst ganz weltliche (...) Vorgang nun religiös ‚aufge-

---

72 Ibid., p. 747.
73 Ibid., p. 720.
74 Spätestens seit Hermann Meyers klassischer Studie *Raum und Zeit in Raabes Erzählkunst* (in: DVjS 27, 1953) ist immer wieder (u.a. von Hubert Ohl in kritischer Auseinandersetzung mit Meyer: Bild und Wirklichkeit – Studien zur Romankunst Raabes und Fontanes. Heidelberg 1968) darauf hingewiesen worden, wie kunstvoll Raabe in *Stopfkuchen* mit Strategien der „Verzeitlichung des Raums" und der inversen „Verräumlichung der Zeit" arbeitet.
75 Wilhelm Raabe: Stopfkuchen, l.c., p. 747.
76 Ibid., p. 751.
77 Karl Höse: Juristische Bemerkungen zu Raabes *Stopfkuchen*; in: Jahrbuch der Raabe-Gesellschaft 1962, pp. 136–146.

laden'. *Erstens* nämlich ist dieser ‚Staatsanwalt', wie immer wieder betont wird, in Wahrheit ein gescheiterter *Theologe*. (...) ‚Herrgott, darum allein könnte man schon mit Wonne Theologie studieren, um einmal so recht von der Kanzlei aus unter sie fahren zu dürfen, die edle Menschheit nämlich.' (...) Der ‚Prediger oder Staatsanwalt' ist nun – *zweiter* Motivkomplex – zugleich der aus dem Kasten herausgehende *Noah*, identifiziert sich also selbst mit dem, der in göttlichem Auftrag mit der Errichtung einer neuen Welt nach der vermeintlichen Sintflut beginnt. (...) Das so begründete Handeln Stopfkuchens tritt damit in eine sonderbare Analogie zum Handeln Noahs: der familiäre Rechtsstreit rückt in eine universale Perspektive, das individuelle Handeln gewinnt Züge eines – wie auch immer säkularisierten oder travestierten – heilsgeschichtlichen Vorgangs. Nachdrücklich unterstrichen wird das im *dritten* Motivkomplex: Das von Stopfkuchen abgehaltene Gericht wird analogisiert mit dem letzten *Gericht Gottes*. Dabei werden zwei unterschiedliche theologische Vorstellungen aufgerufen: die vom individuellen Gericht, das Gott als der Totenrichter nach dem Tode über den Einzelnen hält, und die vom ‚jüngsten' Menschheits-Gericht." (Herv. J.H.)[78]

Seltsam ist an Deterings genauer Analyse des doppelten, nämlich weltlichen und göttlichen Sinns von Stopfkuchens Lust am Gericht-Halten, daß ihr die dritte, doch fast ein wenig zu offensichtliche, zugleich aber abgründige, nämlich kulinarisch-sadistische Dimension des Wortes ‚Gericht halten' bzw. ‚zu Gericht sitzen' entgeht. Damit dürfte es auch zusammenhängen, daß seine Abhandlung (wie die gesamte Literatur zu *Stopfkuchen*) Heinrich Schaumanns unglaubliche Schau, die man angesichts seiner Amerika-Philie durchaus auch als „show" ansprechen darf, überraschend positiv bewertet und die abgründigen Züge des „fast unheimlich behaglichen, feisten Geschöpfes"[79] weitgehend ausblendet. Dabei ist es kaum zu übersehen, daß der weltliche Richter bzw. der Welten-Richter Stopfkuchen mindestens so abgründig ambivalente Züge aufweist wie seine Brüder im literarischen Geiste, die der Lust am zermalmenden Gericht ebenfalls verfallen sind: Kleists Dorfrichter Adam, Dürrenmatts Kommissar Bärlach und Schlinks Privatdetektiv Selb. Sie alle sitzen auffallend gerne zu Gericht.

Im Gasthaus „Goldener Arm" kann opulent erzählt werden, weil der lange Arm des Gesetzes zu Lebzeiten des Totschlägers nicht aktiv werden konnte. Voraussetzung von Heinrichs opulentem Erzählen ist der Tod dessen, über den er eigentlich erzählt, indem er ihn bis kurz vor Ende kaum je erwähnt. Die pointierte Aufklärung des verjährten Kriminalfalls ließe sich in einen Satz kleiden: Kein anderer als der liebenswerte, biedere und ein wenig einfältige Briefträger Störzer hat den arroganten, buchstäblich hoch zu Roß sitzenden reichen Viehhändler Kienbaum im Affekt mit einem Steinwurf getötet. Die Unverschämtheit von Stopfkuchens in jedem Wortsinne retardiertem und retardierendem Erzählduktus liegt auf der Hand: Zumindest seiner Frau, die es selbst für möglich gehalten hatte,

---

78 Heinrich Detering: Theodizee und Erzählverfahren – Narrative Experimente mit religiösen Modellen im Werk Wilhelm Raabes. Göttingen 1990, p. 203 sq.
79 Wilhelm Raabe: Stopfkuchen, l.c., p. 653.

daß der allgemeine Verdacht gegen ihren verbitterten, unleidlichen und auffahrenden Vater nicht ganz unbegründet ist, hätte Stopfkuchen mitteilen können, daß er schon vor Jahren diesen Zusammenhang aufgedeckt hatte. Stattdessen wird Stopfkuchen schlicht unverschämt, wenn er seine beiden erregten Zuhörer fragt: „Nicht wahr, für den Schwiegersohn von Kienbaums Mörder erzähle ich hübsch gemütlich?"[80] oder „Soll ich fortfahren, wie ich angefangen habe, oder wünscht ihr einen kurzen Aufschluß in drei Worten?"[81] Nach einer weiteren sich anschließenden philosophischen Digression wird Eduard der feiste narrative Folterknecht unerträglich: „,Mensch, Mensch, Mensch, mach mich nicht ganz verrückt!' rief ich, mit beiden Händen nach beiden Ohren fassend, und Stopfkuchen sprach lachend:/,Siehst du, Eduard, so zahlt der überlegene Mensch nach Jahren ruhigen Wartens geduldig ertragene Verspottung und Zurücksetzung heim.'"[82] Das ist psychodiagnostischer Klartext. Und auch seine ihm treu ergebene Tine macht aus ihrem Hörer-Herzen keine Mördergrube, wenn sie so bündig wie uncharmant befindet: „er erzählt greulich"[83]. Heinrich, mir graut vor dir.

*

Offensichtlich aber will Stopfkuchen greulich und abgründiges Grauen erregend erzählen. „Du wünschest lieber hier im Freien mit dem Graun zu Nacht zu speisen und dich zu sättigen mit Entsetzen, Eduard?"[84], so fragt er, ein geflügeltes Wort aus der zweiten Szene des fünften Aktes von *Macbeth* paraphrasierend, den Schulkameraden, als dieser darauf drängt, noch und schlußendlich in der Roten Schanze die Lösung des mörderischen Rätsels zu erfahren, Heinrich aber darauf besteht, erst im „Goldenen Arm" den Abgrund seines Erzählens zu offenbaren. Mit Romano Guardinis vielbemühter Deutung, nach der Stopfkuchen bemüht ist, „den Kopf herauszubekommen aus dem Staub, aus dem dunklen, verworrenen, schmutzigen Dasein, Raum zu erhalten für die Seele, Lösung des Auges und Herzens für das Schöne und Große, mit einem Wort, Mensch zu werden"[85], ist die Einsicht in diesen Abgrund kaum kompatibel zu machen. Dieser Abgrund hat mindestens drei Dimensionen. Die erste und handfesteste ist seltsamerweise von den vielen Interpreten des *Stopfkuchen* kaum je bedacht worden. Heinrich Schaumanns Bericht belastet einen Toten. Die Toten aber schweigen.[86] Der verläßliche Briefträger Störzer kann nicht mehr bezeugen, daß Stopfkuchens Zeugnis

---

80 Ibid., p. 660.
81 Ibid., p. 668.
82 Ibid., p. 669.
83 Ibid., p. 712.
84 Ibid., p. 721.
85 Romano Guardini: Über Wilhelm Raabes *Stopfkuchen*; in: Hermann Helmers (ed.): Raabe in neuer Sicht. Stuttgart/Berlin/Köln/Mainz 1968, p. 41.
86 Arthur Schnitzlers Novelle *Die Toten schweigen* weist überraschend viele intertextuelle Bezüge zu *Stopfkuchen* auf.

zutrifft. Wer zeugt für den Zeugen? Wer bezeugt, daß Stopfkuchens anfängliche Aussage, er kenne den Mörder, nicht darin gründet, daß er, Stopfkuchen, selbst ausgefressen hat, was er dem Briefträger in die Schuhe schiebt?

Störzer, dessen Schuldbekenntnis nur über Stopfkuchens Erzählung bekannt ist, steht im leeren Zentrum von Stopfkuchens Bericht. „Dieser Tote aber wird zum Angelpunkt des zentralen Erzähl- und Beglaubigungsthemas. Unabhängig davon, ob Schaumanns Geschichte nun wahr ist oder nicht, garantiert sie sich aus dem toten Körper des anderen und verweist damit eben auf die Abwesenheit der sie autorisierenden Instanz. Zu diesem Paradox tritt der Umstand, daß die Geschichte von Störzers Geständnis die Vorstellung einer eindeutigen, durch den Charakter bestimmten Lebensausrichtung konterkariert, indem sie einen biographischen Gegensatz von Rolle und Geheimnis ins Spiel bringt."[87] Sagt doch Stopfkuchen, offen lassend, was daran Rollenspiel und was Entdeckung eines grauenhaften Geheimnisses ist, zu Beginn seiner ausschweifenden narratio kurz und bündig und zum Entsetzen seiner Frau: „Ich habe Kienbaum völlig totgeschlagen', sagte Stopfkuchen. ,Weiter brauchte es ja nichts. Der Schlingel – will sagen, der arme Teufel hatte freilich ein zähes Leben; aber – ich – ich habe ihn untergekriegt. Wenn ein Mensch Kienbaum totgeschlagen hat, so bin ich der Mensch und Mörder.'/,Du? Heinrich, mir –'"[88], fällt Mieze ihrem Mann entsetzt ins Wort.

Stopfkuchen benennt seine Lebensmaxime „Friß es aus und friß dich durch!"[89] ein wenig zu häufig. Heinrich hat nicht nur sein Leben lang zuviel gefressen, er hat auch seine Frau zum Fressen lieb, er liebt es, andere in die Pfanne zu hauen, und er hat womöglich selbst etwas Kapitales ausgefressen. Sein als souveräner Sarkasmus und Zynismus durchgehendes Geständnis hat durchaus das Zeug zum „gefundenen Fressen"[90] – zumal dann, wenn es zusammen mit seinen anderen Äußerungen wie „Sitze erst mal selber zu Gerichte über den verjährten Sünder"[91], „zu scharf soll keiner mit dem andern ins Gericht gehen"[92] oder „ich habe einfach das Schicksal in mich hineinzufressen"[93] gelesen wird. Stopfkuchens unheimlich-greulicher Satz, er habe Kienbaum „völlig totgeschlagen" folgt der Logik eines Lieblingswitzes von Sigmund Freud (cf. Kap. 1): „Warum lügst du? Du sagst, du fährst nach Krakau, damit ich glaube, du fährst nach Lemberg, dabei fährst du

87 Oliver Fischer: Ins Leben geschrieben – Zäsuren und Revisionen – Poetik privater Geschichte bei Adalbert Stifter und Wilhelm Raabe. Würzburg 1999, p. 231. Fischer knüpft mit diesen Überlegungen an die Ausführungen von Johannes Graf und Gunnar Kwisinski an (Heinrich Schaumann, ein Lügenbaron? Zur Erzählstruktur in Raabes *Stopfkuchen*; in: Raabe-Jahrbuch 1992, pp. 194–213), die auf logische Brüche und Inkonsistenzen in Schaumanns Darstellung hinweisen.
88 Wilhelm Raabe: Stopfkuchen, l.c., p. 654.
89 Ibid., p. 686.
90 Ibid., p. 705.
91 Ibid., p. 750.
92 Ibid., p. 745.
93 Ibid., p. 611.

nach Krakau."[94] Womit die zweite Dimension der Abgründigkeit von Stopfku-chen sicht- bzw. hörbar wird. Sprache ist gleichermaßen ein Medium von Wahr-heit und Lüge. Zu den Eigenarten der Sprache von Erzählungen gehört es, daß sie das Recht zur Lüge offensiv in Anspruch nehmen. Weil sie sich gegenüber dem Wahr-Falsch-Leitcode bezeugbarer Diskurse (etwa wissenschaftlicher Aus-führungen oder alltäglicher Kommunikation) indifferent verhalten, sind poeti-sche Sätze negationsimmun. Es ist einfach sinnlos, poetische Sätze abzustreiten und etwa zu sagen: Adrian Leverkühn ist doch gar nicht Hetäre Esmeralda be-gegnet.

Daß Dichter lügen, ist seit Hesiod und Platon ein Topos der Poetologie (cf. Kap. 1). An diesen Topos knüpft Stopfkuchen gleich nach seinem sarkastischen Geständnis an. Seine Frau reagiert darauf denkbar knapp, aber so, daß wir ihre eliptische Rede unschwer ergänzen können: „Du (hast Kienbaum erschlagen, J.H.)? Heinrich, mir – (graut vor dir, J.H.)". Heinrichs Antwort auf diese stok-kenden Einwürfe ist das Angebot, Tine möge als bezeugende Dritte dabei sein, wenn er den „eigentlichen" Hergang berichtet. „Willst du dabei sein, wenn ich's ihm ins genauere auseinandersetze, Tinchen?' wendete sich Heinrich an seine Frau, und sie meinte lächelnd: ‚(...) daß du mir nicht allzusehr ins Phantastische und Breite fällst.'" Seine unverschämte Antwort: „Ich ins Breite und Phantasti-sche, Eduard?!'" Heinrichs Erzählung wird so breit und phantastisch sein, wie der dürre und biedere Täter, den er überführt haben will, es gerade nicht ist. Wohl aber Stopfkuchen selbst. Weil in sich hineinfressen und erzählen Praktiken sind, die man kaum miteinander zur gleichen Zeit ausüben kann, räumt Tine das Gericht mit den Worten ab. „Ich räume derweilen hier auf und komme nach-her –'/‚Mit meinem Strickzeug', schloß Heinrich Schaumann den herzigen Rat und Vorschlag ab."[95] Eine unheimliche und eine unheimlich souveräne Passage, eine Stychomythie, wie sie im dramatischen Buche steht: Heinrich setzt im Na-men seiner Frau deren Satz fort („mit meinem Strickzeug"). Doch ersichtlich wird aus dem Strickzeug Tines Heinrichs Erzählstoff – sein Strickzeug, sein Webmuster, sein Textil, an dem er, der Schlafrockliebhaber, sich wärmt: sein Text. Weil er sich zum Souverän des Erzählens macht, ist er der Herr über Leben und Tod. Raabes narrative Konstruktion wird dadurch nicht weniger souverän, daß der gesamte Text ja das Seemannsgarn ist, das Eduard auf schwankendstem Boden webt, nämlich an Bord eines Schiffes, das in stürmische Gewässer gerät, wie sie aus Shakespeares Märchendrama bekannt sind. Der Name des Schiffes ist Leonhard Hagebucher. Und genau so heißt die Hauptfigur in Raabes Roman *Abu Telfan*. Um es so lakonisch und parataktisch zu sagen, wie es in dem jeden pro-

---

94 Sigmund Freud: Der Witz und seine Beziehung zum Unbewußten; in: ders.: Studienausgabe, Bd. 4, ed. Alexander Mitscherlich. Ffm 1970, p. 109.
95 Wilhelm Raabe: Stopfkuchen, l.c., p. 654.

grammatischen Realismus sprengenden intertextuellen Buche steht, das da *Stopf-kuchen* heißt: „Nur wurde (...) nicht gestrickt./Es wurde gesponnen."[96]

Abgründig ist Raabes „See- und Mordgeschichte" drittens, weil er ein trans-metaphysisches Fundament sein eigen nennt – nämlich dies: kein Fundament zu kennen. In schöner Ausdrücklichkeit zitiert der gelehrte Stopfkuchen „den alten ganz richtigen Satz vom zureichenden Grunde, wie ihn der alte Wolff hat: ‚Nihil est sine ratione, cur potius sit quam non sit', und wie es der Frankfurter Buddha übersetzt: ‚Nichts ist ohne Grund, warum es sey.'"[97] Zwischen Wolffs und Schopenhauers Verständnis des Satzes vom zureichenden Grunde, die hier in einem narrativen Satz vereint sind, liegen aber Abgründe. Schon dadurch, daß Schopenhauer als „Frankfurter Buddha" charakterisiert wird, gewinnt der alte Satz vom zureichenden Grund nämlich eine abgründige Dimension, in die kein Denken und Sprechen wirklich hineinreicht. Raabe liest und erschließt ihn wie vor ihm Schelling und nach ihm Heidegger. Der Satz „Nichts ist ohne Grund" hat einen Untergrund. Er kann und muß heißen: „das Nichts ist ohne Grund". Der Grund des Grundes ist ein Abgrund. Wer in den letzten Grund zurücksteigen will, wird zugrundegehen. Abgründiges Erzählen erschließt Dimensionen, in denen nicht etwa alles Wesen wurzelt, sondern alle Wurzeln verwesen. Stopfku-chen, der von sich sagt: „Ich war (...) wirklich gut im Zuge, spaßhaft in das Nichts zu sehen"[98] hat Körperdimensionen, die geeignet scheinen, den leeren Platz des mangelnden transzendentalen Signifikats und des nichtigen Grundes auszufüllen, d.h. den Abgrund aufzufüllen bzw. auszustopfen.

Ob und wie physei und thesei ineinandergreifen, ob und wie Sein und Sinn einander korrelieren, ob und wie das profane und das geistliche Gericht Seiten einer Medaille sind – das sind Fragen, die Stopfkuchen hinter sich gelassen hat. So wie er an der Aufgabe scheiterte, die der künftige Schwiegervater ihm stellte: Der alte Quakatz gibt Heinrich, dem „Sankt Heinrich von der Hecke"[99] das Kor-pusjuris zu lesen und zu übersetzen auf. „Hier, Lateiner! Mache du das mir mal auf deine Art deutsch klar – ein Wort nach dem andern. Es ist das Korpusjuris, das Korpusjuris, das Korpusjuris, und ich will es mal von einem auf deutsch ver-nehmen, der noch nichts von dem Korpusjuris, von dem Korpusjuris weiß!"[100] Heinrich scheitert Jahrzehnte vor Kafkas traurig-lustigen Heroen an der Aufgabe, den Körper (corpus) und das Gesetz (juris) in ein Entsprechungsverhältnis zu bringen. Dennoch oder eben deshalb ist sein Leben auf eine abgründige Weise geglückt. Die Geschichte, die er erzählt und die von ihm erzählt wird, ist eine Geschichte davon, wie sich das Entsprechende und das Nicht-Entsprechende ent-sprechen. Anders als Ottilie aber ent-sagt/ent-spricht Stopfkuchen nicht. Er ist von geradezu adipöser Beredsamkeit, die sich einer abgründigen Leere verdankt.

---

96 Ibid., p. 626.
97 Ibid., p. 766.
98 Ibid., p. 707.
99 Ibid., p. 662.
100 Ibid., p. 664.

Das Wort ist auch in Stopfkuchen Fleisch geworden. Stopfkuchen erzählt die spezifisch moderne Geschichte, die weiß, daß es keine letzten, sondern allenfalls vorletzte Worte, daß es keine letzten Gründe, sondern allenfalls Abgründe gibt – und daß es sich gerade deshalb gut leben und reden läßt.

## 8. Epochen-Krankheiten
## Das pathognostische Wissen der Literatur

„Jedermann war neurasthenisch. Und man war entzückt, wenn man die Ehre hatte, es zu sein", schrieb 1932 der damals wohl bekannteste französische Psychologe Pierre Janet im Rückblick auf die Jahre um die aus damaliger Sicht letzte Jahrhundertwende.[1] Neurasthenisch (von griech. ‚astheneia': ‚Erschöpfung') sein, das hieß, so nervös, sensibel, neurologisch erschöpft und atemlos zu sein, wie es den hektischen Zeitläufen bzw. den damals als hektisch empfundenen Zeitläufen entsprach. Freud zählte die Neurasthenie zu den Aktualneurosen, also zu den Neurosen, die keine frühkindliche Vorgeschichte haben, sondern gegenwärtigen Konflikten und Belastungen entstammen und entsprechen. Wer neurasthenisch war, lebte demnach problembewußt bzw. in jedem Sinne aktualneurotisch auf der Höhe seiner Epoche und konnte darauf in der Tat stolz sein. Verfügte er doch über spezifisch moderne Reflexionsqualitäten – nämlich sich selbst inklusive der eigenen Pathologie nicht nur interessant zu finden, sondern auch als Inkorporation einer epochenspezifischen Problemlage begreifen zu können. Der Pariser, Wiener oder Berliner Neurastheniker um 1900[2] konnte demnach ein Pathos entwickeln, das seiner individuellen ebenso wie einer transindividuellen Epochen-Pathologie entsprach. Er lebte auf der Höhe seiner Zeitepoche, weil er deren tiefe Probleme durchschaut und durchlitten zu haben glauben durfte.

Ein Neurastheniker hatte deshalb nach Janets feinsinniger Bemerkung nicht nur eine Krankheit, er hatte auch „die Ehre", krank zu sein. Demnach litt er nicht nur an einer Epochenkrankheit, sondern genoß auch eine Modekrankheit. Die differentia specifica zwischen Epochen- und Modekrankheit läßt sich leicht angeben: Eine Modekrankheit verspricht anders als eine Epochenkrankheit auch einen erheblichen Krankheitsgewinn (z.B. einen Aufmerksamkeits- und Prestigegewinn: eine Bulimie-Kranke hat immerhin dies mit Lady Di gemeinsam, alle Probleme in sich hineinzufressen und sich dann auszukotzen); mit einer Modekrankheit wird man/frau nicht nur geschlagen, in gewisser Weise steht sie auch zur Wahl, wie etwa der Topos von der Hysterie als Theater- und Rollenkrankheit

---

1 Pierre Janet: La force et la faiblesse psychologiques. Paris 1932, p. 12.
2 Cf. Marianne Schuller: „Weibliche Neurose" und „kranke Kultur" – Zur Literarisierung einer Krankheit um die Jahrhundertwende; in: dies.: Im Unterschied. Lesen, Korrespondieren, Adressieren. Ffm 1990, pp. 13–45 sowie Dietrich von Engelhardt: Neurose und Psychose in der Medizin um 1900; in: Thomas Sprecher (ed.): Literatur und Krankheit im Fin-de-Siècle (1890–1914). Ffm 2002, pp. 213–231.

anzeigt; eine Modekrankheit kann man gegen eine andere austauschen, Epochenkrankheiten wechseln (ein an Hemingway orientierter Alkoholkranker kann daran arbeiten, zum an Humphry Bogard orientierten Nikotinsüchtigen zu werden,
ein Aids-Kranker verfügt im Hinblick auf sein Leiden über keine vergleichbaren
Tauschmöglichkeiten).

Eine Recherche im Internet (mit der obligatorischen Hilfe des Google-
Suchprogramms) zu den beiden Begriffen Mode- und Epochenkrankheit ergab
ein absehbares und ein überraschendes Ergebnis. Der Suchbegriff „Modekrankheit" führte in 0,18 Sekunden, wie erwartet, zu zahlreichen, genauer: zu 672
Eintragungen (Stand vom 1. Februar 2005), zu „Epochenkrankheit" fanden sich
hingegen seltsamerweise nur drei Links. Auch Recherchen diesseits des Internets
in klassischen Lexika der Gutenberg-Galaxis brachten keine Resultate. Unser
Kolloquium zu „Epochen/Krankheiten" ist also ein hochheikles Unterfangen –
gilt es doch einem Begriff und einem Sachverhalt, den es nicht bzw. kaum (denn
was sind schon drei Erwähnungen im Google-Suchprogramm?) gibt. Fragen wir
also, wenn wir nach der Logik von Epochenkrankheiten forschen, nach einer
„maladie imaginaire", nach etwas, das es gar nicht, ja nicht einmal als halbwegs
etablierten Begriff gibt?

Trost spendet angesichts solch melancholischer Fragen neben dem Hamlet-
Wort, es gäbe mehr Dinge zwischen Himmel und Erde, als in den Büchern stehe,
das reiche Füllhorn an Internet-Auskünften über Modekrankheiten. Hier fanden
und finden sich Verweise auf Diskussionsforen und Publikationen zu so unterschiedlichen Pathologien wie Nahrungsmittel-Allergie, Magersucht[3], Borderline-
Syndrome, Internetsucht, Mobbing (!), Potenzstörungen, Schleudertrauma,
chronische Müdigkeit und auffallend häufig ADS (Aufmerksamkeits-Defizit-
Syndrom), die bei aller Unterschiedlichkeit doch gemeinsam unter dem Pro-
blemtitel „Modekrankheit" thematisiert werden. Dazu gibt es auch mehrere Diskussionsforen, z.B. http://modekrankheit.exsudo.de, die von einem Artikel des
Internet-Lexikons Wikipedia ausgehen, in dem es heißt: „Als Modekrankheiten
werden abwertend-kritisch bestimmte Symptome oder Symptomgruppen bezeichnet, die bestimmten Krankheiten zugeordnet werden, die nach Meinung
von Kritikern jedoch in Wahrheit nicht (*erfundene Krankheiten*) oder nicht im
behaupteten Umfang existieren. Die Modekrankheiten bilden sich entweder auf
der Grundlage bestimmter Zeitströmungen heraus (z.B. ökologische Bewegung)
oder werden von bestimmten Interessengruppen (z.B. Pharmaindustrie) in der
Öffentlichkeit lanciert. Des weiteren kann es sich um eine Modekrankheit handeln, wenn eine grundsätzlich existierende Krankheit plötzlich lawinenartig verbreitet scheint. Beispiele vermeintlicher oder tatsächlicher Modekrankheiten:
Aufmerksamkeitsdefizit-/Hyperaktivitätssyndrom, Burnout-Syndrom, Depression, hoher Cholesterinspiegel, Internetsucht, Neurasthenie (Nervenschwäche),

---

3 Cf. dazu das Buch von Yves Weber: Modekrankheit Magersucht – Der Weg zurück ins Leben.
  Berlin 2004.

Osteoporose, Pilzinfektionen (insbes. durch Candida albicans), Schleudertrauma, Sick-Building-Syndrom, SMS-Sucht."

„Modekrankheit oder schon immer da?" fragt rhetorisch unbeholfen, aber direkt ein weiteres Internet-Diskussions-Forum.[4] Genau diese Frage schwingt seltsamer- oder eben sinnigerweise in den nur drei Internet-Belegen *nicht* mit, die dem Wort „Epochenkrankheit" gelten. Denn eine Epochen-Krankheit, so die Minimal-Definition, bezieht sich eben auf die Pathologie einer spezifischen Epoche, kann also nicht „schon immer da" sein. Eine Kurz-Rezension der *Berliner Morgenpost* zu Denis Johnsons Roman *Fiskadoro*[5], der vom erinnerungslostraumatisierten Überleben einer kleinen Menschengruppe nach einem Atomkrieg handelt, spricht vom „Verlust der Erinnerung als Epochenkrankheit" – also als zu erwartende Krankheit einer Post-Atomkriegs-Epoche. Vom Totalitarismus als Epochenkrankheit handelt ein in der *Welt* erschienener Essay über das Werk des Historikers Karl-Dietrich Bracher. Bei aller Unbeholfenheit aufschlußreich ist auch der dritte und damit letzte Beleg. Er entstammt dem „Philosophie-Forum" des Internet, das „Fragen des Lebens" exponiert und in dem eine gewisse „Sharaye" am 16. Oktober 2004 ein Gedicht mit dem Titel *Der Spiegel* publiziert hat, das sich schnell prosaisch referieren läßt: Eine junge Frau schaut in den Spiegel und sieht eine Hure, eine Gebieterin, eine Bettlerin und eine alte Frau, woraufhin sie sich unter heftigem Einsatz von jeweils drei Pünktchen fragt: „Wo (...)/Wo bin ich?/Hinter all den Masken (...)/Wo bin ich (...)?"

Die Leser-Reaktion eines gewissen „Nathan", nomen est omen, weiß eine Antwort: „Das Problem, das du hier augenscheinlich ansprichst, betrifft aber nicht nur Frauen. Eher scheint es mir eine Epochenkrankheit der Moderne (...) zu sein." Dem widerspricht die Autorin: „Interessanter Ansatz, da ich es noch nicht auf die Gesellschaft bezogen betrachtet habe. Warum sind das aber epochenspezifische Attribute? Menschliche Schwäche, die Sucht nach Anerkennung etc. hören sich an wie Wünsche, die durch jede Zeit durch Bestand haben könnten." Es fällt leicht, sich über die Qualität des „Philosophie-Forum"-Gedichts und über das Niveau der kleinen Internet-Diskussion lustig zu machen. Zumindest letztere trifft doch ein gewichtiges Problem: ob es Algorithmen zwischen spezifischen Krankheitsbildern und Epochen-Pathologien gibt oder nicht? Dieses Problem hat ersichtlich nicht erst das Internetzeitalter entdeckt, in dem es die angeführten ersten zaghaften Indizien dafür gibt, daß das Wort Epochen-Krankheiten eine gewisse Karriere vor sich hat. Das zweite handfestere Indiz dafür ist unser Symposion hier und jetzt fünf Jahre nach dem Beginn eines turbulent gestarteten neuen Jahrtausends in Buenos Aires: nach 9/11, Irak-Krieg, Börsen-Crash, juristisch wie medial organisierten Erinnerungsprozessen, Ökologie-Krisen und Ökonomie-Achterbahnfahrten aller Art, die kein zweites Land in den letzten

---

4 http://dccv.de/dcforum/dcforum622/DCForumID26/139.html
5 Deutsch von Ute Spengler. Reinbek 2003, Rezension von TL in der *Berliner Morgenpost* vom 13. August 2003.

Jahren so gründlich und so abgründig durchgemacht haben dürfte wie Argentinien.

Epochen-Krankheit oder „schon immer da"? Wer um das Jahr 2000 irritiert in den Spiegel schaut und dies im Internet lyrisch kommuniziert, muß sich Ent-Individualisierung, also die Ferndiagnose gefallen lassen, die mitgeteilte Pathologie sei keine persönliche, sondern eine epochale Krise. Wer um 1900 neurasthenisch war, konnte sich und sein Leiden ebenfalls als Epochen-Spiegel verstehen, darüber hinaus aber vermochte er sich ebenso als ein Nachfahre Hamlets zu begreifen. Denn auch der dänische Prinz weiß ja, daß er nicht nur nach eigenem Gusto Theater spielt und spielen läßt, sondern daß sein Leiden mehr ist als nur *sein* Leiden. Ist doch die damalige Jetzt-Zeit selbst aus den Fugen – um in diesen Kontexten und im Einstein-Jahr davon abzusehen, daß die berühmte Shakespeare-Zeile noch tiefsinniger, nämlich so verstanden werden kann, daß die Zeit zusammen mit ihrem Geschwister Raum selbst epochenunabhängig aus den Fugen ist. Wenn man formulieren würde: sie ist von Ewigkeit zu Ewigkeit aus den Fugen, so wäre noch diese Formulierung angesichts Epoche machender Big-Bang-Theorien der Raum-Zeit-Entstehung zu harmlos. Hamlet hat also fraglos eine Epochenformel geprägt, die zu Recht alsbald zum geflügelten Wort avancierte, als er ausrief:

> The time is out of joint. O cursèd spite
> That ever I was born to set it right! (Hamlet I/5)

Der von des Gedankens Blässe angekränkelte Hamlet ist nicht ohne Grund Melancholiker – also eine Figur, die genau die Krankheit kultiviert, die um 1600 modisch ist. A la mode ist der Melancholiker nicht zuletzt deshalb, weil er weiß, daß er sich mit dem Versuch, die aus den Fugen geratene Welt-Epoche wieder einzurenken, rettungslos überfordern würde. Die pathetisch vorgetragene epochendiagnostische Einsicht, daß etwas faul ist nicht nur im Staate Dänemark und daß die Zeit aus den Fugen ist, verlangt deshalb geradezu nach einer pathologischen Individual-Entsprechung. Und die findet sie in der Melancholie, die für starke Reserven gegenüber einem Aktionismus sorgt, der das Epochenproblem nicht etwa lösen, sondern verschärfen würde.

Zwanzig Jahre nach Shakespeares epochalem Drama legt Robert Burton seine monumentale Abhandlung *The Anatomy of Melancholy* (1621) vor, die alsbald und bis heute anhaltend immer neue Auflagen erlebt hat. Der wissenschaftliche Longseller[6] kann als scharfe Antithese zu Shakespeares *Hamlet* verstanden werden, den er nicht erwähnt, obwohl es zumindest eine Passage gibt, in der Burton Shakespeare auch stilistisch ganz nahe zu sein scheint. Schreibt er doch: „Ich komme (...) zu dem Ergebnis, daß die ganze Welt melancholisch, verrückt und

---

6 Jüngst wurde er in der Neuübersetzung von Ulrich Horstmann in der von Hans Magnus Enzensberger herausgegebenen *Anderen Bibliothek* auf deutsch wieder verlegt: Die Anatomie der Schwermut. Ffm 2003.

aus dem Häuschen ist, und zwar in allen Teilen."[7] Trotz oder gerade wegen dieser Affinität ist die Differenz deutlich: Wo Shakespeares Drama pointiert auf intime Zusammenhänge zwischen einer Epochen- und einer Individualpathologie hinweist, versteht Burtons medizinische Abhandlung die Melancholie als epochenübergreifendes Dauerproblem. Kein Wunder: Denn Burton, der noch halbwegs der mittelalterlichen Tradition der Humoralpathologie verpflichtet ist, erblickt in wahrhaft anhaltenden Problemen die Ätiologie der Melancholie. Melancholisch werden kann man, um nur einige der von Burton aufgelisteten Gründe zu nennen, aufgrund schlechter Luft, falscher Ernährung, erblicher Anlagen, der Sternkonstellation, durch zuviel oder zuwenig körperliche Ertüchtigung, durch zuviel oder zuwenig Leidenschaften, durch Scham und Schande, Neid, Bosheit und Haß, Verdruß, Sorgen und Not, Habsucht, Spielleidenschaft und Ehrgeiz, Eigenliebe und Selbstverachtung, übertriebenen Wissensdurst und Armut. Man kann es auch kürzer als auf den achthundert Seiten der Abhandlung Burtons sagen: man kann nicht nicht melancholisch werden. Und das unabhängig von der Zeit, in der man lebt. Du hast keine Chance, aber nutze sie. Die Parallelen zur zitierten Internet-Diskussion über epochenspezifische bzw. epochenübergreifende Krankheitssymptome sind offensichtlich.

Zwei Texte, ein literarischer und ein wissenschaftlicher, zum selben Thema, in derselben Sprache, zur selben Epoche. Obwohl Burton geradezu besessen poetische Werke (zumal die antiken Klassiker Ovid, Vergil und Horaz) zitiert, könnte die Differenz nicht krasser sein. Shakespeares Drama diagnostiziert engste Zusammenhänge zwischen einer Epochen-Krise und ihrer genuinen Krankheit; hingegen sieht Burtons Abhandlung, obwohl es sich bei der Melancholie um eine nach heutiger façon de parler psychische und also zeitsensible Krankheit handelt, nur epochentranszendente, strukturelle, anthropologisch, ja kosmisch konstante Gründe für das melancholische Syndrom. Ein Einzelbefund langt nicht als Material zur Fundierung einer weitgreifenden These. Doch die Befunde lassen sich häufen, die darauf hinweisen und zu einer *ersten Hypothese* hinführen: daß der literarische Diskurs und insbesondere der der Neuzeit (siehe *Hamlet!*) anders als der Diskurs der medizinischen, psychiatrischen etc. Wissenschaften ein auffallendes Interesse daran hat, Korrespondenzen zwischen Epochen-Krisen bzw. epochalen Pathologien einerseits und individuellen Krankheiten andererseits zu fokussieren. Womit eine *zweite Hypothese* gewissermaßen einhergehen muß, die da halbtautologisch lautet: Epochenkrankheiten kann es nur geben, wenn Zeitgenossen ihre Zeit als eine spezifische, sich vom Vorhergehenden reizvoll oder bedrohlich unterscheidende Epoche wahrnehmen, qualifizieren, beobachten und benennen. Und dies ist, wie Hans Blumenberg eindringlich gezeigt hat, erstmals in großem Maßstab mit und in der Neuzeit der Fall, deren produktiv-pathologische Eigenart und Legitimität zur Diskussion ansteht.[8] Unabhängig davon, ob man die Neuzeit mit Gutenbergs Erfindung des Buchdrucks, mit Columbus' Entdeckun-

---

7 Ibid., p. 151.
8 Hans Blumenberg: Die Legitimität der Neuzeit. Ffm 1966.

gen, mit Luthers Reformation oder mit der kopernikanischen Wende des Welt-
bildes beginnen läßt: Um 1600 und in den Jahrzehnten nach 1600 ist die Erfahrung eines Epochenbruchs, nämlich der Erosion und Überwindung des tradierten
ordo-Denkens ihrerseits historisch geworden und literarisch ausgestaltet – in pathologischen Figuren wie Hamlet, Don Quichotte oder Calderons Träumer, die
ihre Krankheit, ihr Leiden, ihre Passion in jedem Sinne als Epochenkrankheit
verstehen und verständlich machen können.

*

Die sogenannte schöne Literatur ist häufig genug eine schrecklich-schöne, nämlich eine von Pathologien und Ungeheuerlichkeiten aller Art handelnde Literatur.
Nicht umsonst hat sich die Dichtung seit ihren Anfängen den Vorwurf gefallen
lassen müssen, selbst in toto krank, ja pervers zu sein. Denn literarische Werke
lügen nicht nur, sie entschuldigen sich nicht einmal für ihr labiles Verhältnis zur
Wahrheit bzw. Richtigkeit von Aussagen. Vielmehr nehmen sie selbstbewußt das
Recht in Anspruch, unrechte, unzutreffende Sätze aneinanderzureihen – so lautet
seit Hesiod und Platon die Standard-Kritik an der allzu kecken schönen Literatur.[9] Dichtung nimmt und gibt sich selbst die Lizenz zur Lüge. Ob Antigone tatsächlich entgegen der Polis-Ordnung darauf bestand, ihren Bruder zu beerdigen,
ob Parzival wirklich die entscheidende Frage vergaß, als er den kranken Amfortas
erstmals zu Gesicht bekam und ob die Marquise in der Tat erst um fünf und
nicht vielmehr schon um vier Uhr ihr Haus verließ – all dies sind Fragen, die
man zwar prinzipiell, aber eben nicht sinnvoll an poetische Werke stellen kann,
weil diese Werke gar nicht erst den Anspruch erheben, das sachlich Zutreffende
zu artikulieren. Insofern ist (so lautet die *dritte Hypothese*) der literarische Diskurs
epochenübergreifend, also grundsätzlich bzw. abgründig ein gestörter, erkrankter
und patho-logischer Diskurs. Er ist nämlich von einer Logik des Leidens an der
Möglichkeit gestörter Semantiken und Somatika geprägt, die ihn zur Thematisierung von Epochen-Krankheiten disponiert.[10]
    Um einen Ausdruck des Philosophen und Psychoanalytikers Rudolf Heinz
aufzugreifen: Die schöne Literatur bzw. die Literatur, die nach Rilkes großem
Wort weiß, daß das Schöne nichts ist als des Schrecklichen Anfang, ist „pathognostisch" disponiert. „Pathognostik" – das Kunstwort bringt eine These auf den
Begriff, die die mäandernden Schriften von Rudolf Heinz[11] stets erneut, stets
sperrig und stets widerständig-anregend umkreisen. Sie lautet: Patho- und Gno-

---

9 Cf. Ernst Robert Curtius: Europäische Literatur und lateinisches Mittelalter. Bern/München
   1969 (7.), Kap. 11 und 12, Herbert Anton: Lügende Dichter und die Kunst des Rhapsoden; in:
   Neue Hefte für Philosophie 4, 1973 sowie Heinz Schlaffer: Poesie und Wissen – Die Entstehung
   des ästhetischen Bewußtseins und der philologischen Erkenntnis. Ffm 1990.
10 Überlegungen zu diesem Zusammenhang finden sich auch bei Thomas Doktor/Carla Spies:
   Gottfried Benn – Rainald Goetz: Medium Literatur zwischen Pathologie und Poetologie. Opladen 1997.
11 Genannt seien nur die bald zehn Bände umfassenden *Pathognostischen Studien*, die seit 1986 erscheinen.

seologie sind eng verwandt. Krankheiten geben etwas zu erkennen, Krankheiten haben Einsichten, ja: Krankheiten *sind* Einsichten. Die Logik der Krankheit (Pathologie) und die Logik der Einsichten (Gnoseologie) korrespondieren miteinander. Um das so drastisch und unterkomplex zu illustrieren, wie die Schriften von Rudolf Heinz es zu tun systematisch verweigern: eine Brückenphobie hat nicht nur, sie ist Wissen – Wissen über den Betrug, den Menschen einem kreatürlichen Raum-Zeit-Verhältnis antun, wenn sie eine Brücke bauen, die zusammenbannt und –spannt, was nicht zusammengehört, sondern durch einen Fluß oder eine Schlucht getrennt ist. Und ein Karzinom kann in dem Maße, in dem diese Einsicht intellektuell verweigert wird, pathognostisch das semantisch Verweigerte somatisieren: daß das Ich nicht Herr ist im eigenen Haus.

Eine gewisse Romantisierung von Krankheiten wohnt diesem Konzept unüberschbar inne. Der Kranke ist demnach nicht nur ein Leidender, sondern auch wenn nicht ein Wissender und Weiser, so doch ein privilegierter Ort und Hort des Wissens. Daß dieses Motiv eine uralte Vorgeschichte hat, liegt auf der Hand, vor Augen und vor Ohren. Dem Blinden, heiße er Homer oder Teiresias, hat schon die Antike die Kraft zugestanden, zu sehen, was wir Sehenden nicht zu sehen vermögen; dem Epileptiker ist bis hin zu Dostojewskis Idioten und über ihn hinaus eine Aura zu eigen, die ihn zu Televisionen disponiert; und dem tödlich an Kehlkopfkrebs Erkrankten in Fritz Zorns autobiographischer Erzählung *Mars* fällt eine in jedem Wortsinne gnostische, pathognostische Einsicht in den verworfenen Stand falschen Lebens unter besten Bedingungen zu, die dem Gesunden verwehrt ist. „Mein Jammer ist auch ein Teil des universellen Jammers. Mein Leben besteht nicht nur aus dem Aufheulen eines von der Zürcher Bourgeoisie zu Tode erzogenen Individuums; es ist auch ein Teil des Aufheulens des ganzen Universums, in dem die Sonne nicht mehr aufgegangen ist. Als Kind hat mir immer eine bestimmte Stelle des Neuen Testaments besonderen Eindruck gemacht, die nämlich, wo es heißt, daß nach dem Tod Christi der Vorhang im Tempel entzwei gerissen sei. Diesen Eindruck habe ich heute während der größten Heimsuchungen durch mein Elend auch: ich empfinde dann, dass in meinem Leben *ununterbrochen* (Hervorh. J. H.) der Vorhang im Tempel entzwei reißt, dass ununterbrochen alle Vorhänge in allen Tempeln entzwei reißen. Diese Empfindung ist eine der möglichen Vorstellungen, die ich meine, wenn ich die Worte niederschreibe: ‚Der Jammer findet statt.'"[12]

Auffallend ist an dieser und nicht nur an dieser Passage aus der pathognostischen Prosa, die den Namen des Kriegsgottes Mars zum Titel hat, daß sie hochgradig Spezifisches, nämlich die Lebensformen der Schweizer Bourgeoisie an der Goldküste des Zürichsees, mit kosmisch-theologischen Dimensionen verschränkt,

---

12 Fritz Zorn: Mars. München 1979, p. 211 sq. Krankheiten werden oft als „das Fremde in mir" erfahren. Natürlich bietet sich auch die Umkehrung dieser Formel an: Wer erkrankt, erfährt sich selbst als Fremder. Cf. auch dazu die Studie von Thomas Anz: Initiationsreisen durch die Fremde in Krankheitsgeschichten neuerer deutscher Literatur; in: Eigero Iwasaki (ed.): Begegnungen mit dem „Fremden". Grenzen – Traditionen – Vergleiche. Akten des VIII. Internationalen Germanisten-Kongresses Tokyo 1990. München 1991, Bd. 11, pp. 121–128.

die von Ewigkeit zu Ewigkeit reichen. Das wird im folgenden Zitat noch deutlicher: „Ich komme somit zu einem Thema, das mir innerhalb dieses Essays bedeutsam vorkommt, zum Thema des Hasses auf Gott und der Notwendigkeit, daß Gott sterben muß. Ich habe mich in visionärer Sicht schon in einen Kampf mit Gott verwickelt gesehen, in dem wir einander beide mit derselben Waffe bekämpfen, und zwar beide mit Krebs. Gott schlägt mich mit einer bösartigen und tödlichen Krankheit, aber andererseits ist er selbst auch wieder der Organismus, in dem ich die Krebszelle verkörpere. Dadurch daß ich so schwer erkrankt bin, beweise ich, wie schlecht Gottes Welt ist, und dadurch stelle ich die schwächste Stelle im Organismus ‚Gott' dar. (...) Ich bin das Karzinom Gottes.“[13]

Eine Vision, in der sich eine an den Spruch des Anaximander gemahnende Diagnose von transepochalem, wenn nicht ewigem Anspruch wie „der Kosmos, die Schöpfung, das Sein und noch der göttliche Grund des Seins schlechthin ist krank und gestört" mit einer raumzeitlich hochspezifischen Diagnose wie „das großbürgerliche Leben an der Goldküste des Zürichsees in der zweiten Hälfte des zwanzigsten Jahrhunderts ist grundfalsch und verlogen" kreuzt. Der Ort, an dem eine solch gnostische Einsicht artikuliert wird (also der topos noetos), ist die Kehlkopfkrebserkrankung eines jungen Mannes, der sich den Namen des römischen Kriegsgottes gib. Wie angemessen solche Stilisierungen sind, ob ein Kranker Schuld oder doch Mitschuld an seiner Erkrankung trägt, ob Krankheit als Metapher[14] für unbewältigte Probleme oder gar als Gottesstrafe zu verstehen ist: das sind immer erneut diskutierte Fragen mit Topoi-Qualität.

Viel seltener als die Frage nach den Mit-Schuld-Anteilen an Krankheiten wird hingegen die Frage nach den Krankheiten erörtert, in denen eine Epoche sich selbst die pathognostische Diagnose stellt. Um sie angemessen zu beantworten, ist vorab eine Klarstellung vonnöten. Es geht, wenn wir im Rahmen eines breiter angelegten Forschungsprojekts über die spezifischen Erkenntnismöglichkeiten literarischen und medialen Wissens nach der Logik, der Patho-Logik von Epochen-Krankheiten fragen, nicht um die häufigste Krankheit einer Epoche und eines Kulturraumes, also nicht um eine ranking-list im Sinne etwa der Mitteilung, daß Herzkreislauf- und nicht mehr Krebs- oder Tbc-Erkrankungen hier und jetzt die Liste der krankheits- (nicht: unfall-!) bedingten Todesursachen anführen.[15]

---

13 Fritz Zorn: Mars, l.c., p. 218 sq.
14 Cf. Susan Sontags kanonischen Essay *Krankheit als Metapher.* München/Wien 1978.
15 Für das Jahr 2002 liegen (laut SZ Nr. 41/2005, p. 9 vom 19. Februar 2005, Quelle: statistisches Bundesamt) für Deutschland folgende nüchterne Zahlen zu den Todesursachen (in 1000 Personen) und den vorangegangenen Behandlungskosten (in Millionen Euro) vor:

| | | |
|---|---|---|
| Kreislaufsystem | 393,8 | 35,4 |
| Krebs | 215,4 | 14,7 |
| Atmungssystem | 53,6 | 12,3 |
| Verdauungssystem | 41,8 | 31,1 |
| Ernährung, Stoffwechsel | 26,4 | 12,9 |
| Nervensystem | 17,7 | 10,4 |
| Psychische Störungen | 7,9 | 22,4 |
| Muskel- Skelettsystem, Bindegewebe | 1,9 | 25,2 |

Wie problematisch solche Listen sind, ist auch für den Laien schnell ersichtlich. Z.B. tauchen in der Liste weder Verkehrstote (im Jahr 2004 waren es „nur" 5800, in den 70er Jahren und nach der Wiedervereinigung lag die Zahl noch über 20000 bzw. 12000 jährlich) noch Drogentote auf. An Nikotinmißbrauch Gestorbene werden zumeist unter Krebstote, an Alkoholmißbrauch Gestorbene zumeist unter Kreislaufkrankheiten verbucht.

Doch bei der Frage nach Epochenkrankheiten geht es nur am Rande um solche Fragen. Es geht auch nicht darum, die großen und fraglos außerordentlich literaturtauglichen Epidemien (voran Pest, Lepra, Typhus und Cholera, aber etwa auch die spanische Grippe oder Alkoholismus) aufzulisten. Es geht vielmehr um Versuche zur Klärung der Frage, warum welche Krankheit unabhängig von der Krankheitshäufigkeit öffentlich als Epochenkrankheit wahrgenommen und massenmedial wie literarisch thematisiert wird. Ein Beispiel nur: Die Zahl der an BSE und an Creutzfeld-Jakob erkrankten und gestorbenen Menschen ist glücklicherweise verschwindend gering. Die Intensität der Aufmerksamkeit, die diesen Hirnerkrankungen gewidmet wird, steht nun aber in keiner plausiblen Korrelation zu den niedrigen empirischen Fallzahlen – sie ist nämlich bemerkenswert hoch. Offensichtlich werden diese Erkrankungen (und z.B. nicht mehr die zigtausendfach höhere Zahl an Krebs-Kranken und -Toten!) als epochentypisch wahrgenommen und diskutiert.

Auch hier liegen Beispiele sachlich wie zeitlich nahe: Z.Z. wartet wenn nicht die ganze, so doch die massenmedial wie literarisch erschlossene Welt auf eine neue Epidemie oder gar Pandemie – auf ein weltweites Ebola-Fieber, auf transozeanische Sars-Wellen, auf eine aggressive Vogelgrippe oder auf einen bioterroristischen Anthrax-Anschlag in westlichen Metropolen.[16] Das letztgenannte Beispiel ist in unserem Zusammenhang besonders aufschlußreich. Ist die Anthrax-Furcht mitsamt all den politisch-infrastrukturellen Maßnahmen, die sie ausgelöst hat, doch literarisch induziert: durch den 1997 erschienenen Science-Fiction-Thriller *The Cobra Event* von Richard Preston, den US-Präsident Bill Clinton zu seiner Ferienlektüre erkor. Was massive Auswirkungen hatte. Nicht nur gab es in den USA reichlich Forschungsgelder für Bioterror-Abwehr-Maßnahmen, sondern es ergab sich nach 9/11 auch eine Erwartungshaltung, die fest mit nachfolgenden Bio-Anschlägen rechnete.

Wer Pathologien literarisch fokussiert, hat offenbar Aussicht darauf, zumindest implizite Thesen über den Zusammenhang zwischen einer Epochen- und einer Individual-Pathologie präsentiert zu bekommen. Zeitgenossen verstehen sich offenbar gerade dann als Genossen ihrer Zeit und werden auch als solche wahrgenommen, wenn sie erkrankt sind. In der Tat ist es aufschlußreich zu sehen, welche Krankheiten von der Literatur in welchen symptomatisierenden Zusammenhang mit einem spezifischen Epochenproblem gebracht wurden und werden. Um in der Absicht zu schematisieren, daß grobe Schemata einen Anlaß zu den gebo-

---

16 Cf. zum letzten Beispiel die Studie von Philipp Sarasin: „Anthrax" – Bioterror als Phantasma. Ffm 2004.

tenen Anschluß-Subtilisierungen bieten können, und um eine *vierte* (zugegebener Maßen recht großspurig geratene) *Hypothese* zu lancieren – Epochenpathologien und Krankheiten können so (aber natürlich auch anders!) überschaubar gemacht werden: Vor 1600 existieren, da es kein spezifisches Epochenbewußtsein gibt, auch keine literarisch als solche stilisierten symptomatischen Epochenkrankheiten. Lepra-Erkrankungen, wie sie etwa der Arme Heinrich in Hartmann von Aues mittelalterlicher Erzählung erleidet, werden als irdisch-dauernde Plage und Strafe begriffen. Sie lassen sich vergleichsweise leicht im Rahmen einer christlichen Semantik verstehen und codifizieren. Denn von Aussätzigen und ihrer Heilung berichten eindringlich schon die Evangelien. Und so kann Hartmann von Aue mit der Wahlverwandtschaft der Worte ‚Heil‘ und ‚Heilung‘ spielen: im Aussatz wird deutlich, daß die Welt so heilungs- wie heilsbedürftig ist. Zu der Panik, die anderthalb Jahrhunderte später die schwarze Pest in Europa mit sich brachte, dürfte hingegen unter vielen anderen Gründen auch der Umstand beigetragen haben, daß zur Thematisierung dieser Epidemie keine tradierte Semantik bereit stand.[17] Zwar hatten u.a. schon die *Ilias* gleich in ihrem ersten Buch, Sophokles im *Ödipus* und der antike Historiker Thukydides eindringlich über die Pest berichtet. Aber diese Texte waren anders als die Evangelien in den Vor-Renaissance- und Vorneuzeit-Köpfen zur Zeit der großen Pest um 1348 noch nicht recht präsent.

Die Deutungsschemata, die sich angesichts von Pest- und anderen Epidemien bis hin zu Boccaccios um 1350 entstandenen, aber erst 1470 dank Buchdruck erschienenen *Decamerone* erhalten, sind denn auch auffallend epochenunsensibel. Stets werden nach dem Sintflut- oder Sodom-und-Gomorrha-Schema Seuchen als Gottesstrafe für kollektive menschliche Verfehlungen verstanden. Sonderlich originell und medizinisch hilfreich ist dieses Schema nicht – aber es stand eben kein alternatives zur Verfügung. Der unüberhörbar neue Ton, der mit Boccaccio in die Krankheits-Literatur hineingerät, verdankt seinen Reiz denn auch nicht dem Bruch mit diesem epochentranszendenten Deutungs-Schema, sondern seiner frivolen Qualitäten, die angesichts übelster Umstände mitschwingen: Wenn man sich auf die Pathologien der Lüge, des Betrugs, der Untreue und der Ausschweifung einläßt, kann man auch und gerade das knappe Leben genießen. Denn nur das, was nicht unbegrenzt zur Verfügung steht, ist wertvoll. Das ist sicherlich ein aus damaliger Perspektive hochgradig heikler, wenn nicht satanischer, aber eben kein spezifisch neuzeitlicher Gedanke. Und so bewährt sich die These, daß es zu massiven und suggestiven Korrelationen zwischen Epochen und Pathologien erst mit Beginn der Neuzeit, aphoristisch gesprochen: erst mit *Hamlet* und *Don Quichotte* kommt.

---

17 Zu Krankheiten und Krankheitserfahrungen im Mittelalter cf. die einschlägigen Arbeiten von Bernhard Dietrich Haage – u.a.: Beobachtungen zur Thematisierung der Medizin in mittelhochdeutscher Dichtung; in: Josef Fürnkäs (ed.): Zwischenzeiten – Zwischenwelten. Ffm 2001, pp. 159–172.

Danach aber ergeben sich literarisch ventilierbare Korrelationen zwischen (europäischen und später „westlichen"!) Epochen und Krankheiten, die fast ein wenig zu suggestiv sind. So ist die Melancholie *die* Epochenkrankheit des europäischen 17. Jahrhunderts. Selbstverständlich hat sie eine weitreichende Vorgeschichte, wird sie doch mit erstaunlicher Konstanz von Hippokrates über Galen bis hin zu mittelalterlichen Humoralpathologen und Paracelsus beschrieben. Umso bemerkenswerter ist es, daß sie mit dem Beginn der Neuzeit als epochenspezifische Krankheit stilisiert wird. Nach dem epochenpathologischen Anlaß, melancholisch zu sein, muß man nicht lange suchen: Nach dem Zerfall des mittelalterlichen ordo-Schemas, den konfessionellen Bürgerkriegen und den postkopernikanischen Welt-Exzentrierungen sind Welt und Zeit aus den Fugen geraten. Im späten 17. und frühen 18. Jahrhundert machen dann (die Entdeckung des Blutkreislaufs durch William Harvey im Jahr 1628 macht's möglich) Kreislaufkrankheiten und ihnen zuzuordnende Phänomene wie Ohnmachten[18] und Behandlungen wie Aderlaß eine steile Karriere. Wer weiblich ist, auf sich hält und literarisch valide Qualitäten haben möchte, muß häufiger in Ohnmacht fallen; wer männlich ist, allzugroßen Wallungen unterliegt und literarisch interessant sein möchte, muß häufiger zur Ader gelassen werden – und das überleben. Gebrochene Herzen werden literarisch en masse nobilitiert.[19] Nach den epochenpathologischen Gründen für die Konjunktur auch dieser Literatur-tauglichen Krankheiten muß man nicht lange suchen: Wer dank eines Kreislaufkollapses buchstäblich ohnmächtig oder dank eines Aderlasses mehr als nur metaphorisch ohnmächtig ist, kann plausibel für sich in Anspruch nehmen, für bestimmte Entwicklungen nicht verantwortlich zu sein. Schwächeanfälle entlasten einzelne Umfallende, Liegende, Unterliegende, die damit den Wortsinn des Begriffs ‚Subjekt' (‚sub-jectum', griech.: ‚hypokeimenon') erfüllen, angesichts einer überwältigenden Komplexitätssteigerung in ihren psychosozialen Kontexten von der Zumutung, sich diese Kontexte zurechnen lassen, ja, sie überhaupt wahrnehmen zu müssen. Wer keine Angst vor spekulativen Gedanken hat, wird sogar eine tiefenstrukturelle Homologie zwischen individuellen Kreislaufproblemen und Umstellungen der korporativen Kreisläufe wahrnehmen. Die europäischen Staats-, Kirchen- und (um tautologisch zu formulieren) Korporations-Körperschaften (wie Universitäten, Verbände oder Firmen) beschreiben sich nicht länger als Wesen, die durch die eucharistische Zirkulation von Brot und Wein, sondern durch die Zirkulation von Geld-, Wissens-, Informations- und Medienströmen zusammengehalten bzw. auseinandergetrieben werden. Und mit buchenswerter Regelmäßigkeit werden diese Zirkulationen mit dem Blutkreislauf verglichen. Die Zentralbank muß die Banken

---

18 Cf. Christine Weder: Ein medizinisch-literarisches Symptom – Zum Schwindel bei E.T.A. Hoffmann und im Kontext des medizinischen Diskurses der Zeit; in: E.T.A. Hoffmann-Jahrbuch 10, 2002, pp. 76–95 sowie Christina von Brauns: Versuch über den Schwindel – Religion, Schrift, Bild, Geschlecht. Zürich/München 2001.

19 *Das Herz – Organ und Metapher* lautet der Titel des von Wilhelm Geerlings und Andreas Mügge herausgegebenen Sammelbandes (München 2005), der den historisch varianten Bildern vom Herzen nachfragt (u.a. in der Theologie, in der Druckgraphik, in der Literatur, in der Medizin).

und diese die Wirtschaftssubjekte mit Geld versorgen, das Geld darf sowenig durch Falschgeld vergiftet sein wie das Blut; es darf zu keinen Wissens- und Informationsstaus kommen; information overload schadet wie Bluthochdruck etc.[20]

Um 1800 nimmt dann, wie Susan Sontag u.a. eindringlich dargelegt haben, die Tuberkulose den Rang einer, wenn nicht *der* literarischen Epochenkrankheit ein. Wer literarisch interessant sein will, muß den Doppelsinn von Pathos und Pathologie, Passion und Passion, Leiden und Leiden/schaft erfüllen, sensibel-romantisch sein und also alles an sich heranlassen, was das Leben bietet. Die Botschaft der Tuberkulose ist massiv: Ohnmachten und Aderlasse schützen nicht vor dem porösen und durchlässigen Zeitgeist. Er nimmt dem und der Lungenkranken buchstäblich die Luft zum Atmen. Die Zeit ist aus den Fugen, nämlich fast universell kontaminiert. Sie löst Individuen auf, die sich im Zeitstrudel und d.h. konkret: in den sich formenden Metropolen und Großstädten befinden. Allenfalls die Flucht in randständige Naturrestbestände, auf alpine Höhen oder in antik anmutende mediterrane Strandgefilde, vermag ein wenig Schutz und Aufschub vor dem frühen Tbc-Tod zu versprechen. So nimmt es nicht Wunder, daß die somatische Epochenkrankheit Tbc eine psychisch-semantische, gleichsam geschwisterliche Entsprechung findet: den Wahnsinn, der die Protagonisten nicht nur der schauerromantischen Literatur ergreift. Er löst die starke Identität selbstbewußter Subjekte auf, die spüren müssen, daß sie anders sind, als sie zu sein glauben, weil andere in ihrem Selbst präsent sind; Tbc löst die Lungen atmender Individuen auf, die die Luft mit anderen teilen müssen. Man muß auch kein Romantiker sein, um den Wahnsinn literaturfähig zu machen. „Wer über gewisse Dingen den Verstand nicht verlieret, der hat keinen zu verlieren", heißt es aufgeklärt pointiert in Lessings bürgerlichem Trauerspiel *Emilia Galotti*.

Treiben wir das frivole Spiel, Epochenkrankheiten schematisch zu reihen, im Telegrammstil und ohne Anspruch auf Vollständigkeit, wohl aber mit dem Anspruch auf Plausibilisierung der Rede von Epochenkrankheiten weiter. Das ist schon deshalb geboten, weil sich die revolutionären Zeiten- und Epochenwenden seit dem Ende des 18. Jahrhunderts häufen und beschleunigen. Cholera und Typhus sind die Krankheiten einer beginnenden Massengesellschaft, die sich als verunreinigte, schmutzige, hygienebedürftige zu verstehen lernt. Neurasthenie und Hysterie sind Ausdrucksformen der sich nervös überstrapazierenden Beschleunigungs-Moderne um 1900. Krebs ist die Krankheit der Epoche unbegrenzten, exponentiellen Wachstums (der industriellen Produktion, des Konsums, der Innovationen, der Bevölkerung, der Metropolen etc.).[21] Allergien und Hautkrankheiten sind (wie später Autoimmunkrankheiten) Pathologien, die auf ein Übermaß an Selbstreinigungs-Imperativen reagieren. Eßstörungen wie Anorexie, Adipositas und Bulimie sind Pathologien des Konsum-Zeitalters. Aids ist die Epochen-

---

20 Cf. dazu Jochen Hörisch: Kopf oder Zahl – Die Poesie des Geldes. Ffm 1996, Kap. 8: Das mediale Blut der Volkswirtschaft – Klaus Heinrich oder Dracula, pp. 337–348.

21 Cf. u.a. Rudolf Käser: Metaphern der Krankheit: Krebs; in: Gerhard Neumann/Sigrid Weigel (edd.): Lesbarkeit der Kultur. Ffm 2000, pp. 323–342.

Krankheit der sexuellen Revolution bzw. der legal gewordenen, institutionalisier-
ten sexuellen Revolution. ADS (Aufmerksamkeits-Defizit-Syndrom) fällt in die
Epoche, in der angesichts explosionsartig sich vermehrender Medienangebote
deutlich wird, daß Aufmerksamkeit eine knappe und kaum zu steigernde Ressource ist.[22] Und Alzheimer gewinnt eine epochenspezifische Aufmerksamkeit,
wenn demographische Entwicklungen als dramatisch wahrgenommen werden
und Diskussionen um angemessene öffentliche Gedächtniskulturen wie die um
das Holocaust-Mahnmal in Berlin Hochkonjunktur haben.

Kurzum: Dies- und jenseits von Susan Sontags brillanter Polemik gegen eine
problematische, weil unstatthaft der Suggestionskraft von Metaphern glaubende
Projektion von Bedeutungs- und Schuld-Kategorien auf Krankheiten läßt sich
feststellen, daß Literatur und verstärkt auch die Massenmedien mit unterschiedli-
chen Bewußtseinsgraden an dem Projekt arbeiten, intime Korrelationen zwischen
Epochen und ihren Pathologien einerseits und Krankheitsbildern andererseits
herauszufinden und herauszustellen. Auffallend ist bei der Rekonstruktion dieser
Korrelationen, daß sich im Zeitalter der Postmoderne die Vorherrschaft nur einer
Epochenkrankheit auflöst. An die Stelle etwa der ein bis zwei dominierenden
Epochenkrankheiten Tbc oder Krebs, die in Stendhals *Armance* (1827), Dickens
*Nicholas Nickleby*, Victor Hugos *Les Miserables*, Turgeniews *Am Vorabend* (1860)
oder Thomas Manns *Zauberberg* (1926) bzw. in Tolstois *Der Tod des Iwan Iljitsch*, Thomas Manns *Die Betrogene*, Thomas Wolfes *Von Zeit und Strom*, Sol-
schenitzyns *Krebsstation* oder Erich Segals *Love-Story* thematisiert werden (um
stellvertretend nur diese Titel anzuführen), treten in den letzten drei Jahrzehnten
sich konstellativ überlagernde Epochenkrankheiten, die auch und gerade auf dem
literarischen und medialen Feld um die knappe Ressource Aufmerksamkeit kon-
kurrieren (wie Depression,[23] ADS, Alzheimer, Borderline-Syndrom, Eßstörungen
aller Art, Aids, religiöse Psychosen, neu-alte Epidemien etc.). Das ist so verwunderlich nicht. Läßt sich doch die Postmoderne als die Epoche nach den Epochen
begreifen – nämlich als die Epoche, in der zwar nicht die Geschichte ihr Ende er-

---

22 Cf. Georg Franck: Ökonomie der Aufmerksamkeit – Ein Entwurf. München 1998 und Jochen
Hörisch: Ende der Vorstellung – Die Poesie der Medien. Ffm 1999, pp. 248–254.

23 Cf. die aufschlußreiche Studie von Serge Ehrenberg: Das erschöpfte Selbst – Depression und Gesellschaft in der Gegenwart. Ffm/New York 2004. Ehrenberg diskutiert zwar Leitthesen und arbeitet dabei ersichtlich, wenn auch ohne Nennung dieses Begriffs, mit dem Konstrukt Epochenkrankheit: „Erste Hypothese: Die Depression zeigt uns die aktuelle Erfahrung der Person, denn
sie ist die Krankheit einer Gesellschaft, deren Verhaltensnorm nicht mehr auf Schuld und Disziplin gründet, sondern auf Verantwortung und Initiative. Gestern verlangten die sozialen Regeln
Konformismen im Denken, wenn nicht Automatismen im Verhalten; heute fordern sie Initiative
und mentale Fähigkeiten. Die Depression ist eher eine Krankheit der Unzulänglichkeit als ein
schuldhaftes Fehlverhalten, sie gehört mehr ins Reich der Dysfunktion als in das des Gesetzes:
Der Depressive ist ein Mensch mit einem Defekt." (p. 9) „Zweite Hypothese: Der Erfolg der
Depression beruht auf dem *verlorenen Bezug auf den Konflikt* (Hervorh. J.H.), auf dem der Be-
griff des Subjekts basiert, wie ihn uns das Ende des 19. Jahrhunderts hinterlassen hat. Die Identifikation der Begriffe Konflikt und Subjekt geschah mit Freuds Erfindung der ‚Abwehr-
Neuropsychose'. Im vorliegenden Buch möchte ich zeigen, dass die psychiatrische Geschichte der
Depression durch die Schwierigkeit bestimmt ist, ihren Gegenstand zu bestimmen." (p. 11)

reicht hat, wohl aber die Geschichten, aus denen die Geschichte besteht, zitier-
und wiederholbar geworden sind. Daß mit und nach 1989 und 9/11, daß also
heutzutage Dramatisches geschieht, ist schwerlich zu bezweifeln. Wohl aber, daß
das, was geschieht, etwas genuin neues ist. Religiöse Bürgerkriege, plötzliche Im-
plosion von Großimperien, Nationen-Bildung und Nationen-Zerfall, Entstaatli-
chung, clash of civilisations, Räuberkapitalismus, Theokratien – all dies und vieles mehr hat es schon einmal bzw. vielfach gegeben.[24] Und so wird es zum paradoxen Epochenmerkmal der Postmoderne, daß semantisch wie somatisch so gut
wie alle tradierten Krankheiten und Krankheitsformen zugleich wieder da sind:
die religiöse Psychose und die große Epidemie, die „Lustseuchen" (Syphilis, Aids)
und die degenerativen Symptome, die Brunnenvergiftungs- bzw. Anthrax-
Phantasien, die Demenz und die Hyperaktivität, die Völlerei und die Hyper-
Askese, die Pest und die Cholera, die Tuberkulose und das gebrochene Herz, das
Stimmenhören und der Tinnitus. Vieles Totgeglaubte gibt sich heute ein mor-
bid-vitales Stelldichein.

*

Die Zeit ist aus den Fugen. Da diese Diagnose (bei zurückhaltender Datierung
auf Shakespeares *Hamlet*) gut vierhundert Jahre alt und doch ewig jung und aktuell ist, hat sie auch beruhigende Momente: Es kann Jahrhunderte nach gewaltigen Krisen noch lebenswertes, ja besseres Leben (z.B. ohne Tbc, Zahnschmerzen
und Cholera-Tote) geben als in und vor Zeiten, die aus den Fugen sind. Botho
Strauß (und er ist nicht der einzige) hat Hamlets Diagnose in seinem Drama *Das
Gleichgewicht* aus dem Jahr 1993 postmodern wiederholt und weiterentwickelt:
Die Zeit und mit ihr wir Zeitgenossen sind aus dem Gleichgewicht und damit
Passionen in jedem Wortsinne verschrieben. Botho Strauß hat jedoch bei aller
unübersehbaren Zeitkritik auch ein seltsam tröstliches, dialektisches Motiv ausge-
staltet. So wie Hamlet sich an second-order-observation versucht, indem er im
Theater Theater spielen läßt und die Reaktionen königlicher, also vermeintlich
letzter Beobachter beobachtet, so dekliniert *Das Gleichgewicht* seinen Titelbegriff
mitsamt seinen Varianten durch. Das Gleichgewicht gerät ins Ungleichgewicht.
Das ist ein konventionelles Motiv. Doch danach gerät das Ungleichgewicht ins
Ungleichgewicht, die Krisis erfährt ihre Krisis. Man kann das zynisch oder enthusiastisch gelassen verstehen: Krisen sind auch nicht mehr das, was sie früher einmal waren bzw.: postmoderne Zeiten werden insofern gegen Krisen immun und
resistent, als sie mit Krisen als Normalfall und Chancen-Ressource umzugehen
lernen.

Aus gutem Grund ist das inflationäre gegenwartsdiagnostische Wort ‚Krise' ein
Wort mit deutlich medizinischem Hintergrund: ‚Krisis' ist ein Epochen- und ein

---

24 Cf. dazu den Artikel *Posthistoire* in Jochen Hörisch: Theorie-Apotheke – Eine Handreichung zu
   den humanwissenschaftlichen Theorien der letzten fünfzig Jahre, einschließlich ihrer Risiken und
   Nebenwirkungen. Ffm 2004.

Medizinbegriff zugleich.[25] Der medizinische wie der epochenlogische Gebrauch des Krisis-Begriffs macht auf die Zeitphase aufmerksam, in der sich entscheidet, ob ein Patient seinem Wortsinn alle Ehre macht: ‚Patient‘, geduldig zu sein und mit Gründen auf Heilung zu hoffen und zu warten. ‚Krisis‘ – der Begriff meint die Zeit, in der sich entscheidet, ob die Pathologie ein Heilprozeß zum Leben oder aber eine Krankheit zum Tode ist. Diese Frage hat auch ein gegenwartsdiagnostisch ambitionierter und passionierter Geist in der postrevolutionären Zeit nach 1789 und nach den napoleonischen Kriegen gestellt: Joseph Görres. Es lohnt sich, abschließend seine metaphernreiche Theorie des Zeitgeist-„Contagiums“, die für Epochenkrankheiten sorgt, mit den gut einhundert Jahre später in Musils *Mann ohne Eigenschaften* vorgetragenen Thesen über eine „geheimnisvolle Zeitkrankheit“ zu vergleichen.

Der Kern von Görres Zeitgeist-Spekulation liegt klar vor Augen und ist doch geheimnisvoll: Der Zeitgeist erfaßt die Zeitgenossen wie ein „Contagium“ und sorgt für entsprechende Pathologien. In den Worten des Traktats *Teutschland und die Revolution*, das Joseph Görres 1819, also am Ende der Revolutions- bzw. der postrevolutionär-napoleonischen Epoche vorlegte: „So geschieht es, daß in solchen Uebergangszeiten Geistesblitze zuckend durch die ganze Gesellschaft fahren, und in einem Nu alle Köpfe wie ein Cantagium entzünden; man weiß nicht wie der zündende Gedanke sich verbreitet, geschieht es durch Athemzug, durch ein gemeinsames alles verbindendes Medium, ist's Sprache oder Bild oder sonst eine geheime Sympathie? Kurz alle Menschen sind plötzlich eines Sinnes worden, und je mehr man der Fortpflanzung zu wehren sich bemüht, um so schneller verbreitet sich die Flamme. (...) Darum ist es aller Thorheiten unverzeihlichste, dies große Schöpfungswerk zu stören, und mit den Ideen sich Kampfes zu unterwagen; noch keiner hat gesiegt, der verwegen solchen Streit gesucht. Läßt man sie ruhig ihrer Arbeit pflegen und begünstigt ihr Tun durch ein geschicktes Entgegenkommen; dann führen sie von innen heraus ruhig durch allmählige Metamorphose die Umgestaltung und Verjüngung aus; abstreifend nur was unnütz geworden und erstorben, und siedeln sich dann friedlich im neuen Baue an.“[26]

Wer die Schriften von Görres nur nach dem Schema „junger Jacobiner/alter Reaktionär“ liest, verkennt ersichtlich die evolutionär-reformatorische Pointe seines Schlüssel-Essays. Es gibt den Zeitgeist mitsamt seiner kontagiösen Pathologie – allein: „man weiß nicht wie der zündende Gedanke sich verbreitet“. Der Pathologie des Zeitgeistes wehren zu wollen, heißt, diese Pathologie zu verstärken. Epochenkrankheiten lassen sich nur dann glücklich überstehen, so die von Görres lange vor Maturana und Varela formulierte These, wenn man sie als Trainingsleistung in Auto-Immunprogrammen versteht. Die dieser These zugrundeliegende „Anschauung des Staates als eines lebendigen Organismus“[27] ist nicht sonderlich

---

25 Cf. die klassische Studie von Reinhard Koselleck: Kritik und Krise – Ein Beitrag zur Pathogenese der bürgerlichen Welt. Freiburg/München 1969.

26 Joseph Görres: Teutschland und die Revolution; in: ders.: Gesammelte Schriften, Bd. 13, ed. Wilhelm Schelberg. Köln 1926 sqq., p. 99.

27 Ibid., p. 120.

originell, wohl aber von schwer einzudämmender Suggestivität. Deshalb hat sie
bekanntlich eine lange Vorgeschichte. Nicht nur individuelle Körper, sondern
auch die transindividuellen Körperschaften, die das Titelkupfer von Hobbes *Le-
viathan* suggestiv anschaulich macht, können von epochenspezifischen Seuchen
ergriffen werden. Ja, unheimlicher noch, die Zeitepoche, in der diese Körperschaften so eingelassen sind, wie ein individueller Körper von möglicherweise ver-
seuchter Luft umgeben ist, kann kontaminiert sein.

Görres spricht vom „Wahnsinn dieser Zeit"[28], in dem ein „Fieberanfall" nach
dem anderen den „Geist" in „Delirien" fallen läßt. So dominiert bald ein „ma-
gnetischer Somnambulismus" das politisch-soziale Geschehen mit dem Effekt,
daß „das ganze höhere geistige Leben ins untere animalische" herabsteige.[29]
„Wahnsinn" und „Somnambulismus" ergreift die revolutionären bzw. in jedem
Wortsinne pathologischen Massen, die „pathetische Kräfte" entfalten, was dazu
führt, daß die „Thierischen ihr Recht behaupten" und „das Regiment führen in
einer Zeit, die wesentlich dem Walten physischer Mächte anheimgefallen" ist.[30]
Physisch dürfen die Mächte genannt werden, die kein von einem transindividuellen Geist zusammengehaltener Körper, die keine Körperschaft mehr unter
Kontrolle zu halten vermag.

Die von Görres vorgeschlagene Kur gegen den entfesselten Zeitgeist ist nicht
sonderlich originell: „Kennst du noch nicht das finstere Reich des Abgrundes, das
die Natur beschließt, glücklich du, wenn es immer beschlossen dir geblieben! Alle
seine dunkeln Mächte hat der Geist besiegt, und sie in jene Tiefe eingeschlossen;
aber durch des Menschen Herz gehen tiefe Brunnen nieder in ihre Finsterniß;
um den Eingang drängen sich, Freiheit suchend alle Leidenschaften, aber ihn
hält Religion und Sitte fest geschlossen und versiegelt, und so lange die Pforten
im Beschlusse bleiben, spielt oben das heitere Leben. Aber hat die Siegel eigne
Schuld oder das Unglück der Zeit erbrochen, und die Thore zum Unterreiche
aufgerissen, dann steigen alle Schrecken aus der Tiefe auf; wie Unwetter zieht es
aus dem Abgrund; es faßt den Menschen mit dämonischer Gewalt, und der einzelne Wille vermag nichts mehr gegen die furchtbare Macht, die sich gegen ihn
entkettet hat."[31]

Eine Diagnose, der Clemens Brentano und nicht nur er zustimmt. Brentano
tut dies, indem er ausdrücklich die Begriffe Krankheit und Epoche aufeinander
bezieht: „Diese Epochen bildeten ihre Krankheitsstoffe aus als die Andacht nicht
mehr im einzelnen Menschen vor dem Verstand sicher war und daher allgemeine
Religionen hervorkamen, dann als gar keine Andacht mehr da war und eine
Menge Religionszeremonien ihre Stelle vertraten, das war komisch, und da die
Religion als Mittel zu schlechteren Zwecken gebraucht ward, das war schändlich,
denn sie ist die Krone alles Lebens und die einzige Ruhe in uns, die jede einzelne

---

28 Ibid., p. 100.
29 Ibid., p. 114.
30 Ibid., p. 100.
31 Ibid., p. 92.

Bildung krönt, und indem sie über alles Ungebildete bloß Zufällige erhebt, dieselbe dem ganzen Dasein, Gott und uns zugesellt."[32]

Die epochentypische Botschaft von Görres und Bettine von Arnim ist deutlich: Man muß, wenn man Epochenkrankheiten verhindern will, den Deckel zuhalten, das Brodelnde am Überkochen hindern und also dafür sorgen, daß „Religion und Sitte (die Leidenschaften) fest geschlossen und versiegelt" halten. Die Botschaft ist zugleich aber auch von seltsamer Undeutlichkeit – sie verschleift sich eigentümlich in einer Überfülle an Metaphern, Symbolen, Metonymien und Allegorien. Schon Görres' Zeitgenosse Jean Paul hat in seiner *Vorschule der Ästhetik* so scharfsinnig wie maliziös angemerkt, Görres sei „ein Millionär an Bildern", der „freilich, wenn er jedes Bild zum Hecktaler eines neuen hinwirft, zuweilen auf die Kehrseite seiner Bildmünze ein mit der Vorseite unverträgliches Bild drücke."[33] Mit anderen Worten: Görres' Diagnose einer Epochenkrankheit ist selbst erkrankt; Vor- und Kehrseite der Geltung heischenden Münzen, die seine kulturkonservative Kritik in Umlauf bringt, stehen keineswegs in einem verträglichen, sondern in einem unverträglichen, ja in einem pathologischen Verhältnis zueinander.

Ein symptomatischer Befund: Die spätromantischen Köpfe, die ahnen, daß eine Theorie der Epochenkrankheit ebenso an- wie aussteht, lassen ihre anregenden Texte metaphorisch auflaufen. Sie können keine konzise Theorie der Epochenkrankheiten entwerfen, die in der Lage wäre, plausibel zu analysieren, warum der Zeitgeist, zumal in seinen pathologischen Zügen, diese und keine andere Gestalt annimmt. Um noch einmal die Formel von Görres zu zitieren: „man weiß nicht wie der zündende Gedanke sich verbreitet." Dabei ist das tertium comparationis zwischen den Begriffen Epoche und Krankheit unschwer zu benennen: Wie kommt es zu Ansteckungen und Epidemien, warum denken und fühlen auf einmal wenn nicht alle, so doch so viele, daß ein tradiertes Dispositiv kippt, in etwa ähnlich? Eine Antwort auf diese Frage hat gut hundert Jahre nach Görres und Arnim auch Robert Musil gesucht. Im ersten Band des *Mann ohne Eigenschaften* findet sich ein Kapitel (es ist das sechzehnte), das die Überschrift trägt „Eine geheimnisvolle Zeitkrankheit". In ihm heißt es über das unbestimmte Epochenkrisengefühl in den Jahren vor dem Ersten Weltkrieg: „Was ist also abhanden gekommen?/ Etwas Unwägbares. Ein Vorzeichen. Eine Illusion. Wie wenn ein Magnet die Eisenspäne losläßt und sie wieder durcheinandergeraten. Wie wenn Fäden aus einem Knäuel herausfallen. Wie wenn ein Zug sich gelockert hat. (...) Es fehlt nicht an Begabung noch an gutem Willen, ja nicht einmal an Charakteren. Es fehlt bloß ebenso gut an allem wie an nichts; es ist, als ob sich das Blut oder die Luft verändert hätte, eine geheimnisvolle Krankheit hat den kleinen Ansatz zu Genialem der früheren Zeit verzehrt, aber alles funkelt von Neuheit, und zum

---

32 Clemens Brentano an Bettine von Arnim; in: dies.: Clemens Brentanos Frühlingskranz, Werke und Briefe in drei Bdn., Bd. 1, ed. Walter Schmitz. Ffm 1986, p. 145.
33 Jean Paul: Vorschule der Ästhetik; in: ders.: Werke, Bd. 5, ed. Norbert Miller. München 1973, p. 297.

Schluß weiß man nicht mehr, ob wirklich die Welt schlechter geworden sei oder man bloß älter. Dann ist endgültig eine neue Zeit gekommen./So hatte sich also die Zeit geändert, wie ein Tag, der strahlend blau beginnt und sich sacht verschleiert, und hatte nicht die Freundlichkeit besessen, auf Ulrich zu warten. Er vergalt es seiner Zeit damit, daß er die Ursache der geheimnisvollen Veränderungen, die ihre Krankheit bildeten, indem sie das Genie aufzehrten, für ganz gewöhnliche Dummheit hielt."[34]

Die Konsequenz, die der Mann ohne Eigenschaften aus seiner Einsicht zieht, daß die Epochenkrankheiten in ihrem heißen Kern insofern ein Geheimnis sind, als niemand den Algorithmus, den Transmissionsriemen zwischen soma und sema anzugeben vermag, der die Epochenpathologie in ein Zeit-Leiden übersetzt, ist überraschend: „Man kann seiner eigenen Zeit nicht böse sein, ohne selbst Schaden zu nehmen', fühlte Ulrich." Es gibt keine bessere, weil keine andere Zeit als die Gegenwart. Gerade weil das so ist, muß man, wenn man nicht selbst Schaden nehmen will, seine jeweilige Jetzt-Zeit wenn nicht lieben, so doch als die Rose im Kreuz der Gegenwart akzeptieren. Und aus starkem Eigeninteresse daran mitwirken, daß ihre Pathologien und Passionen interessante, Einsichten verleihende Krisen bleiben und nicht letal enden, auf daß sich weitere Gegenwarten ergeben, die man genießend erleben kann.

---

34 Robert Musil: Der Mann ohne Eigenschaften; in: ders.: Gesammelte Werke, ed. Adolf Frisé. Reinbek 1978, p. 58.

# 9. Sinnende Zeit
## Herder, Hofmannsthal, Gernhardt:
## Drei Stadien poetischer Zeiterfahrung[35]

In Robert Gernhardts Lyrikband mit dem reizvollen Titel *Lichte Gedichte* finden sich auch diese Zeilen:

> Das alles, das Malen,
> Das Schreiben, das Singen,
> scheint hell nur vor
> der Folie des Dunkels,
> aus dem wir jüngst kamen,
> in das wir jäh gehen:
> ‚Sie könn' hier nicht ewig nach Sinn suchen, Sie!'

Der kluge Spaßmacher unter den Gegenwartslyrikern hat Recht. Eines der vielen und nicht das geringste unter den Problemen, die das Nachdenken über Zeit aufgibt, ist, daß es Zeit braucht. Wer über die Abgründe der Endlichkeit grübelt, hat dafür nicht unendlich viel Zeit (für diesen Vortrag sind von der weisen Kongreßleitung 35 bis 40 Minuten als Limit vorgegeben). Gernhardts Zeilen wissen, daß Zeit ein knappes Gut ist. Und deshalb sind sie knapp an Zahl und Länge und konsumentenfreundlich dazu. Sie knüpfen, Gottfried Benns Maxime „Rechne mit Deinen Beständen!" eingedenk, elegant an Vorfindliches, Tradiertes und Erprobtes an und finden doch einen eigenen Ton – den Gernhardt-Sound mit seinen witzigen Über- und Untergängen. Ohne Angst vor Stilbrüchen kombiniert Gernhardt alte Wendungen des Zeitdichtens und -denkens wie die alliterationsseligen Worte „jüngst" und „jäh" mit technischen Begriffen wie „Folie" und umgangssprachlichen Formeln wie der Schlußzeile: „Sie könn' hier nicht ewig nach Sinn suchen, Sie!"

Das weiß der Dichter. Und deshalb verfährt er zeitsparend. Sein Gedicht ist kurz und klar, nimmt also auch höflich Rücksicht auf die knappe Zeit der Leser und Interpreten. Die Deutung zentraler Wendungen fällt so leicht, wie sich „dunkel" deutlich von „hell" absetzt. Man muß kein hyperdialektisch denkender Hegelianer sein, um dem Gedanken folgen zu können, daß hell und dunkel Gegensatzbegriffe sind, die einander notwendig ergänzen. Das Gedicht bedarf also seinerseits keines großen Deutungsaufwandes. Selbst die steilste, möglicherweise Zeit, weil Wissensaktivierung erfordernde Stelle des Gedichts läßt sich interpretatorisch schnell erklimmen. Das Wort „scheint" in der dritten Zeile ist ersichtlich doppeldeutig. „Alles scheint hell" kann als „alles leuchtet hell" und eben auch ein wenig anspruchsvoller als „alles scheint nur hell zu sein" gelesen werden. Doch auch diese Doppelung von ‚lucet' und ‚videtur' hatten wir schon einmal.

---

35 Das folgende geht auf einen Vortrag zurück, den ich beim Kongreß *Die Zeit im Wandel der Zeit* gehalten habe, der vom 24.–27. Februar 2000 im Hessischen Landesmuseum Kassel stattgefunden hat. Die Vortragsdiktion wurde auch für diese schriftliche Fassung beibehalten.

Richtig – da gab es doch die Kontroverse zwischen Heidegger und Staiger, wie denn die berühmte Schlußzeile des Mörike-Gedichts *Auf eine Lampe* zu deuten sei: „Was aber schön ist, selig scheint es in ihm selbst."[36]

Die Gedichtzeilen, die so leserfreundlich sind, selbst aufzuhören, Gedichtzeilen zu sein und in Alltags-Prosa überzugehen („Sie könn' hier" – in diesen harmlosen Zeilen – „nicht ewig nach Sinn suchen, Sie!"), geben sich angesichts knapper Zeit nicht sonderlich viel Mühe, unerhört Neues zu sagen. Vielmehr greifen sie einigermaßen beherzt, souverän und professionell ins Repertoire. Und dort herrscht keine Knappheit. Vielmehr gilt: Alles ist schon gesagt. Wenn auch nicht von allen. Das Repertoire ist sogar so prall gefüllt, daß die Vermutung aufkommen muß, zwischen der Fülle der (in diesem Fall kulturellen, genauer: poetischen) Güter und der Knappheit an Zeit müsse es ein Komplementärverhältnis geben, das dem so schlichten von „hell" und „dunkel" an Eindringlichkeit nicht nachsteht. Und so reiht sich Gernhardts bescheiden unscheinbares Gedicht willig ein in die Reden vom Ende, die von ihren Gegnern immer erneut als modisches Gerede unterschätzt werden.

Keiner unter denen, die vom Ende der Kunst oder der Geschichte oder der großen Erzählungen oder der Ideologien oder der Avantgarde oder der Philosophie oder des Buches oder der Kritik etc. auch nur einigermaßen zurechnungsfähig reden, meint ja, es gebe heute oder alsbald keine Kunst, keine Bücher oder keine historisch erwähnenswerten Ereignisse mehr. Eine solche Rede würde sich auch nur allzuschnell durch ihre offensichtliche Unsinnigkeit selbst strafen. Fokussiert wird in den Theoremen vom Ende und vom Enden vielmehr, daß sich ein Repertoire im guten oder im schlechten Sinne erschöpft hat. Ende der Lyrik hieße dann: Das, was sich sinnvoller und auch weniger sinnvoller Weise mit der unterschiedlichen Kombination von Buchstaben in Zeilenform anstellen läßt, ist inzwischen angestellt worden. Was nicht ausschließt, daß man dennoch weiterhin über Frühling und Liebe, Tod und soziale Ungerechtigkeit Zeilen im Stil von Pindar oder Mallarmé, von Wilhelm Busch oder Paul Celan, von Rilke oder Brecht schreibt. Stets aber kann ein Philologe die Bühne betreten und den die Dichter regelmäßig nervenden Satz aussprechen: dies oder jenes erinnert an xy. Ungelöstes bleibt da kaum.

Was bleibt, ist die Möglichkeit, von solchen weitausgreifenden philologisch-archivarischen Überblicksperspektiven auf ein existentialistisches Maß umzuschalten und mit Heinrich Heine festzustellen, daß alte Geschichten für den, dem sie just passieren, ewig neu sein können. Im Kontext der hier vorgetragenen Überlegungen heißt das: Wer überzitierte Zeilen ein erstes Mal liest, muß dann nicht müde abwinken, sondern kann von Zeilen wie „Über allen Gipfeln/Ist Ruh" noch elektrisiert werden. Strukturell ähnliches wie auf dem lyrischen Feld gilt auch auf anderen durch Überfülle erschöpften Feldern. Am krassesten wohl auf dem Feld des Historischen. Der Satz vom Ende der Geschichte wäre einfach

---

36 Eduard Mörike: Auf eine Lampe; in: ders.: Sämtliche Werke, ed. Herbert G. Göpfert. München 1976, p. 85.

nur dämlich, wenn er Aug in Aug mit Ereignissen wie den welthistorischen von 1989 behaupten wollte, es gäbe keine historischen Großereignisse mehr. Bedenkenswert wird er, wenn man ihn so versteht, daß sich die Möglichkeiten des historischen Repertoires selbst im Hinblick auf Großereignisse erschöpft haben. Soll heißen: Die historischen Ereignisse der letzten zehn Jahre sind dramatisch – aber sie bieten kaum Neues. Der Kollaps von Großreichen wie der Sowjetunion, konfessionelle Bürgerkriege wie in Nordirland, ethnisch-kulturelle Kriege wie in Ex-Jugoslawien, Theokratien wie im Iran, Räuberkapitalismus, Übergang zu parlamentarischen Demokratien oder Rückgriff auf Clan-Strukturen – all das und viele andere Entwicklungen mehr bieten nichts eigentlich Neues. So wie auch die Möglichkeiten, Politik- und Wirtschaftssysteme einzurichten, viele, aber eben doch nicht unabzählbar, sondern überschaubar viele Optionen bieten. Und diese sind durchdekliniert – selbst im Hinblick auf mögliche Kombinatoriken.

Die eine bedeutende Ausnahme ist selbst schon eine Bestätigung der Regel von den erschöpften und auch in ihren Kombinatoriken (wie Liberalismus plus Monarchie plus soziale Marktwirtschaft) ausgeschöpften Möglichkeiten: Grundsätzlich Neues bieten, wie gehabt und bekannt, die technologischen Innovationen. Das Internet ist tatsächlich etwas Neues. Und zumal etwas Neues im Hinblick eben nicht auf die Deutung, sondern auf die Schaltung von Zeit, Zeitlichkeit und Zeiterfahrung. Uralte Koordinaten wie ‚hier' und ‚jetzt' sind im Zeichen des Internets ersichtlich neu zu bestimmen. Wo eine Videokonferenz stattfindet, ist schwerlich anzugeben. Sie ist eigentümlich ortlos. Oder eben in umgekehrter Perspektive und Wertung: Sie kennt viele Orte und Atopien, sie hat sich vom alten Diktat, der Ort eines Ereignisses müsse sich präzise angeben lassen, emanzipiert. Ähnlich zerfließend (es ist schwer, jetzt nicht an Dalis berühmtes Uhrenbild zu denken) ist der Zeitmodus des Internets. Was der Informationsstand des noch relativ frischen Internets am 11.11.1999, High Noon Greenwich-Zeit war, wird mangels Speicherung unablässig fließender Datenströme kein noch so fleißiger Archivarbeiter des Jahres 2050 je aufarbeiten können.

Ob das Internet neue frohe Botschaften zu transportieren hat oder eben nicht, steht zusammen mit anderen Modethemen im Zentrum der gegenwärtig heißlaufenden kulturkritischen Debatte. Aber die bietet wiederum wenig Neues. Um ein weiteres Gernhardt-Gedicht zu zitieren, das unter dem tradierten Titel *Rondo* gescheit über das Ende der Reden vom Ende nachdenkt:

> So, voll Müdigkeit und Trauer,
> endet jegliche Geschichte.
> Alles macht die Zeit zunichte.
> Hinterher ist niemand schlauer,
>
> da das kein Geschöpf auf Dauer
> aushält, dieses stete Enden,
> diese Leere in den Händen,
> so voll Müdigkeit und Trauer.[37]

---

37 Robert Gernhardt: Weiche Ziele – Gedichte. Zürich 1994, p. 179.

Geschöpfe sind erschöpft – auch deshalb, weil ihre Möglichkeiten sich erschöpft haben. Gernhardts Verse vom steten Enden spielen auf vieles an. Sie genießen, was man ja auch verfluchen könnte: die Nötigung, intertextuell zu schreiben. Man kann im Übergang vom zweiten zum dritten Jahrtausend nicht nicht intertextuell schreiben. Zur Diskussion steht allenfalls die vergleichsweise unwichtige Frage, ob ein Autor halbwegs weiß, auf welche Werke er da schreibend anspielt oder ob sich diese Anspielungen in peinlich vorbewußter Weise ergeben. Alle Indizien sprechen dafür, daß Gernhardts Rede vom steten Enden die ja selbst schon Topos-Qualitäten aufweisende Einsicht zitiert, daß im Strudel des Verschwindens nur eine Größe konstant bleibt: die Furie des Verschwindens.

Selbstredend spielen Gernhardts klassisch-schönen *Rondo*-Verse auch auf eines der berühmtesten Zeit-Gedichte deutscher Sprache an – auf Hofmannsthals *Terzinen über Vergänglichkeit*. Sie betrauern, was Hölderlin den „reißenden Fluß der Zeit" nannte.

> Noch spür ich ihren Atem auf den Wangen:
> Wie kann das sein, daß diese nahen Tage
> Fort sind, für immer fort, und ganz vergangen?
>
> Dies ist ein Ding, das keiner voll aussinnt,
> Und viel zu grauenvoll, als daß man klage:
> Daß alles gleitet und vorüberrinnt.
>
> Und daß mein eignes Ich, durch nichts gehemmt,
> Herüberglitt aus einem kleinen Kind
> Mir wie ein Hund unheimlich stumm und fremd.
>
> Dann: daß ich auch vor hundert Jahren war
> Und meine Ahnen, die im Totenhemd,
> Mit mir verwandt sind wie mein eignes Haar,
>
> So eins mit mir als wie mein eignes Haar.[38]

Ein eigentümliches Gedicht. Von seinen vielen Merkwürdigkeiten seien nur einige wenige hervorgehoben. Die Schlußzeile des Gedichts, das sich so sehr im Bann der Furie des Verschwindens weiß, kennt eine Konstanz, eine buchstäbliche Wiederholung. Wiederholt sie doch zur Hälfte die vorletzte Zeile: „wie mein eignes Haar". Und sie ist auch sonst nicht von temporaler Verarmungsphobie umgetrieben, sondern reich und überreich – z.B. an der Diphtong-Assonanz ‚ei‘ („eins, mein, eignes"), am hellen Vokal ‚i‘ („mit, mir, wie") und auch an der stilistisch ja eher heiklen Doppelung der Vergleichspartikel „als wie". Natürlich ist der Vergleich, die Ahnen in ihrem Totenhemd seien „so eins mit mir als wie mein eignes Haar", abgründig. „Mein eignes Haar" ist eben das, was nicht untrennbar zu mir gehört und mit mir eins ist. Es kann ausfallen, abgeschnitten werden und auch post mortem weiterwachsen.

---

38 Hugo von Hofmannsthal: Terzinen über Vergänglichkeit; in: ders.: Gesammelte Werke – Gedichte, Dramen I: 1891–1898, ed. Bernd Schoeller. Ffm 1977, p. 21.

„Noch spür ich ihren Atem auf den Wangen./Wie kann das sein, daß diese nahen Tage,/Fort sind, für immer fort, und ganz vergangen?" Die berühmten Eingangszeilen der *Terzinen über Vergänglichkeit*, die der blutjunge neoromantische Hugo von Hofmannsthal schrieb, zitiert Karl-Heinz Bohrers großartige Studie mit dem lakonischen Titel *Der Abschied – Theorie der Trauer* (cf. unten Kap. 16) nur en passant – man ist versucht zu sagen: etwas lieblos. Sie sind ihm ein wenig zu schön und weich, um wirklich als gültiger Ausdruck der nihilistischen Härte moderner Zeiterfahrung zu gelten. Und das, obwohl in den folgenden Versen ja sogleich vom „Grauen" die Rede ist: „Dies ist ein Ding, das keiner voll aussinnt, / Und viel zu grauenvoll, als daß man klage:/Daß alles gleitet und vorrüberrinnt."

Wie kann man auf Grauen reagieren, sofern man angesichts des Grauens überhaupt noch reaktionsfähig ist? Walter Benjamin hat in seinem Essay über *Goethes Wahlverwandtschaften* eine Formel gefunden, die weniger eine Antwort auf diese Frage gibt, als daß sie eine gängige Antwort auf diese Frage charakterisiert. „Nur um der Hoffnungslosen willen ist uns die Hoffnung gegeben." Dieser Schlußsatz von Benjamins Essay über *Goethes Wahlverwandtschaften* korrespondiert streng mit dem zynischen Schlußsatz des Romans selbst. Dort heißt es in einer schockierenden Doppeldeutigkeit, die die Goethebeflissenen immer gerne überlesen haben, von Eduard und Ottilie, die immer schon einen Abschied ohne Willkommen hinter sich haben: „Welch ein freundlicher Augenblick wird es sein, wenn sie dereinst zusammen wieder erwachen." Wenn, falls – werden sie aber nicht. Gerade die Einsicht in radikale Endlichkeit und die „Reflexionsfigur des je schon Gewesenen" (Bohrer) legen es nahe, mit den frühen Romantikern, mit dem poly-enthusiastischen Goethe und mit Nietzsche Phantasmagorien des erfüllten Augenblicks zuzulassen – im Interesse der Vermeidung von Vergangenheitsverklärung oder Zukunftsfixierung. Denn gerade dann, wenn gilt, daß der Augenblick nur als immer schon zerfallender stattfinden kann, gilt die witzige Weisheit: Es gibt keine bessere Zeit als die Gegenwart. Und es gibt keine andere Zeit als die Gegenwart.

Womit wir wieder bei den mehr oder weniger tiefsinnigen Kalauern sind, die Robert Gernhardt in der Gegenwart lyrikfähig gemacht hat. Hofmannsthals Zeit-Verse sind denen von Gernhardt so verwandt und unheimlich nah wie die Ahnen im Totenhemd dem Ich der *Terzinen über Vergänglichkeit*. Was Gernhardt macht, läßt sich schnell und auch unter dem Zeitdruck, der postmodernes Kongreßwesen charakterisiert, analysieren. Er schneidet Hofmannsthal traurigen Zeilen die Haare und Zöpfe ab. Und dichtet sie postmodern um, die Alzheimer-Krankheit als Epochenkrankheit begreifend (cf. das voranstehende Kap. 8). Aus den *Terzinen über Vergänglichkeit* von Hugo von Hofmannsthal werden so Robert Gernhardts *Terzinen über die Vergeßlichkeit (nach Kuno von Hofmannsthal)*:

> Noch spür ich ihren Dingens auf den Wangen,
> Wie kann das sein, daß diese nahen Tage
> Dings sind, für immer fort und ganz vergangen?

> Dies ist ein Ding, das keiner voll aussinnt
> Und viel zu kommnichtdrauf, als daß man klage,
> Daß alles gleitet und vornüberrinnt.
>
> Und daß mein eignes ... Na! durch nichts gehemmt
> Herüberglitt aus einem Kind? Ja, Kind,
> Mir wie ein Hut unheimlich krumm und fremd.
>
> Dann: daß ich auch vor Jahren hundert war
> Und meine Ahnen, die im roten Hemd
> Mit mir verdingst sind wie mein eignes Haar.
>
> So dings mit mir als wie mein eignes Dings.[39]

Das ist gemein, ernste Verehrer großer Gedichtzeilen werden aufheulen oder zumindest indigniert aufseufzen. Denn Gernhardt übersetzt enthemmt tiefsinnige Verse in profane Vergeßlichkeits-Psychologie, er bringt Anaximander auf Alzheimer-Niveau. Die rhetorische Figur seiner Umdichtung ist die der systematischen Unterbietung. Aus „vorüberrinnen" wird „vornüberrinnen", aus Metaphysik wird verdinglichte Verkalkungskunde, aus Philosophie wird Neurophysiologie. Der Witz dieser Banalisierungen aber ist nicht zu überhören: Probleme mit dem immer schon verschwundenen Jetzt und dem reißenden Fluß der Zeit wird der pathologisch Vergeßliche nicht haben. Denn er kann sich ja an die Zustände, die jetzt nicht mehr die seinen sind, nicht erinnern. Damit wird er zur erhellenden Karikatur einer postmodernen, zeit- und geschichtsvergessenen Epochenfigur.

Zu den Zumutungen, die von Gernhardts Umdichtung ausgehen, zählt auch diese: Daß er die Seins- und Zeit-Vergeßlichkeit nicht nur denunziert, sondern ihr auch positive Züge abgewinnen kann. Das gilt schon in einer schlicht-dialektischen Hinsicht: Gernhardts Zeilen zitieren und evozieren noch und gerade dort, wo sie nicht zitieren, ständig ihre Vorlage. So lassen sie systematisch präsent werden, was sie vergessen zu haben vorgeben. Und sie nähern sich der kritischen Grenze, an der sie vergessen, daß und was sie vergessen (machen) wollen. Indem sie ein bedeutendes Gedicht, das die Abgründe von Zeitlichkeit zum Thema hat, um-schreiben, beobachten sie, wie zuvor Zeitlichkeit und Endlichkeit beobachtet wurden. Aus einem Gedicht über Zeitlichkeit macht Robert Gernhardt ein Zeit-Gedicht. Es hat eine profane Botschaft: Auch Großthemen haben ihren Zeitindex. Gespräche über Alzheimer sind heute eher angesagt als solche über Heidegger; uneigentliches Sprechen über das Sprechen der anderen ist in postmodernen Zeiten weniger kritikbedürftig als der Anspruch, das „eigentlich" Wichtige zu artikulieren. Haben wir doch in Zeiten, die das Präfix ‚post' so stark favorisieren, auf breiter Front gelernt, auf second-order-observation umzustellen. In unseren Kontexten heißt das: Wir können akzeptieren, daß die Zeit im Wandel der Zeiten selbst einen Zeitindex trägt, daß Geschichte eine Geschichte hat und daß Temporalisierungen temporalisiert werden können.

---

39 Robert Gernhardt: Gesammelte Gedichte. Ffm 2005, p. 113.

Die Geschichte, die in diesem Zusammenhang zu erzählen ist, ist die der doppelten Negationen. Sie haben einen psychodynamischen Vorteil: sie machen uns reich. Wenn das Ende endet, das Aufhören aufhört, und das Knappe knapp wird, können und müssen wir feststellen: wir sind reich. Reich an Gütern sowieso, reich an Kulturereignissen wie diesem Kongreß und dieser Ausstellung hier, reich an Gegenwart. Reich an Gegenwart sind wir, weil wir reich sind an Erinnerung und an Zukunftslust. Zwischen Memorialhochkonjunktur und Börsenfuture-Euphorie machen wir die Erfahrung, daß das Vergehen vergeht. Und daß wir uns der Fülle des Seins erfreuen können. Man kann das natürlich – angesichts der zugelassenen Fülle und der kulturellen Freigabe an Deutungen – auch ganz oder halbwegs anders sehen und etwa beklagen, daß wir des Guten zu viel haben. Die Krisen, die uns vollmedial aufgerüstete späte Mitteleuropäer und Nordamerikaner heute in ihren Bann schlagen, sind ersichtlich Überproduktionskrisen. Es gibt zuviel Architekten und Mediziner, zuviele Geisteswissenschaftler sowieso, zuviel Produktionskapazitäten für Autos, Kühlschränke und Halbleiter, unübersichtlich viele Angebote für Lebensformen, Biographieentwürfe und Lifestiles, zuviele Bücher, zuviel Ausstellungen, mit einem Wort: zuviel Tannhäuser-im-Venusberg-Symptomatik.

Der faszinierendste oder aber unheimlichste Aspekt ist in Kontexten einer Diskussion über Mangel und Fülle wohl der Umstand, daß sich in den Jahren des Übergangs vom zweiten zum dritten Jahrtausend das Verhältnis von Lebenden und Toten dramatisch verschoben hat. „Ad plures ire" – mit dieser so euphemistischen, so weisen und so genauen Wendung bezeichneten die klassischen Römer den Prozeß des Sterbens. Wer starb, begab sich über Jahrzehntausende Menschheitsgeschichte hinweg auf den Weg zu den Vielen, die schon gestorben sind. Die Lebenden waren im Vergleich zur Übermenge der bereits Gestorbenen stets eine kleine, von ihrer Exklusivität faszinierte Minderheit. Das hat sich in den letzten Jahren geändert. Bevölkerungswissenschaftler argumentieren plausibel, daß bis heute insgesamt weniger Menschen gestorben sind als derzeit leben. Wer tot ist, gehört seit Neuestem einer Minderheit an.

Knappheit wird knapp, wenn das Vergehen vergeht. Und so scheint (lucet, videtur?) in Zeiten, die sachlich (Stichwort Genom-Projekt) daran arbeiten, den Tod zu töten, eine Zeithermeneutik erneut Chancen zu haben, wie sie sich u.a. in der frühen Goethezeit unter – wie sollte es anders sein? – anderen medientechnologischen Bedingungen schon einmal manifestiert hat. Herder hat zu Hochzeiten der Gutenberg-Galaxis dieser Zeithermeneutik neben Goethe (und Goethes Zeitdenken prägend) wohl am beredtesten Ausdruck verliehen. Es ist keine andere Hermeneutik als die, welche die helle Fülle des Seins auf der dunklen Folie des Vergehens eben nicht betrauert, verwirft, melancholisch oder depressiv bedenkt, sondern preist. Einiges spricht dafür, daß Robert Gernhardt, der mit Goethe mehr als nur die Italien-Vorliebe teilt, seine postmoderne Zeitlyrik Aug in Aug mit Herders und Goethes pantheistischer Seinsfülle-Euphorie verfaßt. Tatsächlich kann Gernhardt an Motive Herders anknüpfen, die ebenfalls die Seinsfülle und nicht die zeitliche Erosion des Seins bedenken.

### Das Gesetz der Natur

Alle tragen wir in uns den Keim zu unserm Verblühen
   Blühn und Verblühen ist nur eine Entwicklung der Zeit.
In dem Schoße der großen Mutter empfangen wir Kräfte,
   Auszuwirken uns selbst und zu verleben damit.
Und du murrest, o Klügling, daß du nicht ewig hier sein kannst?
   Wärest du ewig hier, wirst du's in andern nicht sein.
Also gehorche der Kette der Wesen, die sich ziehet und abstößt,
   Was zur Blüte dich trieb, gab dir Vollendung und Frucht![40]

### Der Strom des Lebens

Fließe, des Lebens Strom! Du gehst in Wellen vorüber,
   Wo mit wechselnder Höh eine die andre begräbt.
Mühe folget der Mühe; doch, kenn ich süßere Freuden
   Als besiegte Gefahr oder vollendete Müh?
Leben ist Lebens Lohn, Gefühl sein ewiger Kampfpreis.
   Fließe, wogiger Strom! Nirgend ein stehender Sumpf.[41]

### Der sinnende Geist

Hinter der Bühne suchst du den Mann, der die Welten regieret?
   Was sie regieret, o Mensch, ist ihr inwendiger Geist.
Goßes und Kleines, Kleines und Groß', und Ruh und Bewegung,
   Träg' und Schnelles – o wie martern die Worte den Geist!
Im unendlichen All ist alles Ruh und Bewegung,
   Maß und Zahl und Gewicht schwinden im ewigen Raum.[42]

„Wie ein Hund unheimlich stumm und fremd" begegne ein durch und durch verzeitlichtes Ich sich selbst und seinen Anderen, hieß es in Hofmannsthals *Terzinen über Vergänglichkeit*. Herder macht aus dem Unheimlichen der Zeitlichkeit den Reiz der vielen Zustände, Erfahrungen, Erlebnisse und Identitäten. Ohne Zeit keine Fülle, ohne Vergehen gäbe es nicht jene Vergehen, die das Dasein erst reizvoll machen. Eros und Thanatos liefern sich seit jeher ein Eifersuchtsduett. Welche Macht stärker sei, wer über Menschen mehr vermöge – schwer zu entscheiden. „Ich behalte das letzte Wort", sagt Thanatos. Denn, um mit Walter Benjamin tiefsinnig zu formulieren: „Produktion der Leiche ist, vom Tode her betrachtet, das Leben."[43] Ein starkes Argument, auf das Eros eine starke Replik weiß. Ohne mich, so kontert Eros, gäbe es nichts, was du töten könntest. Ich bin deine Voraussetzung, der Tod muß leben, um töten zu können; und gerade

---

40 Johann Gottfried Herder: Werke in fünf Bänden, ed. Wilhelm Dobbek. Berlin/Weimar 1969, p. 50.
41 Ibid., p. 49.
42 Ibid., p. 48.
43 Walter Benjamin: Ursprung des deutschen Trauerspiels; in: ders.: Gesammelte Schriften, Bd. I/1, edd. Rolf Tiedemann/Hermann Schweppenhäuser. Ffm 1974, p. 392.

dann, wenn er allgegenwärtig und allmächtig ist, muß er alles und dann eben noch sich selbst töten.

Wer so und ähnlich redet, vergeht sich an den Regeln ordentlicher Diskurse. Lyrische Reden über Zeit und Vergänglichkeit sind fast schon institutionalisierte Formen des Vergehens. Doch sie versuchen auch, dieses Vergehen ein wenig wettzumachen. Sie sind nämlich, wie schon ein schneller Blick auf andere literarische Formen wie den Roman oder das Drama zeigt, vergleichsweise kurz und knapp. Dennoch gilt der Satz: Vergehen müssen geahndet werden. Der alte und sehr überlebenstaugliche Spruch des Anaximander hat Aussicht darauf, in solchen Kontexten das letzte Wort zu behalten: „Woher die Dinge ihre Entstehung haben, dahin müssen sie auch zu Grunde gehen, nach der Notwendigkeit; denn sie müssen Buße zahlen und für ihre Ungerechtigkeit gerichtet werden, gemäß der Ordnung der Zeit."[44]

---

44 Nietzsches Übersetzung, zit. nach Martin Heidegger: Der Spruch des Anaximander; in: ders.: Holzwege. Ffm 1963 (4.), p. 296.

# 10. Gedächtnis und Vergessen

Wenn Reisende aus Frankreich den Eurotunnel durchquert haben und britischen Boden betreten, werden sie unangenehm daran erinnert, daß auch die nun so eng verbundenen Länder West-Europas einander nicht immer friedlich gesonnen waren. Die Bahn-Station, an der sie den französischen Hochgeschwindigkeitszug verlassen und englischen Boden betreten, trägt nämlich keinen anderen Namen als Waterloo. Ein Bürger der Grande nation wird diese Begrüßung als nicht sonderlich höflich empfinden. Erinnert sie ihn doch (je nach mentaler Einstellung: schmachvoll bis irritierend, kaum aber heiter) an die große Niederlage, die die antifranzösischen Koalitionstruppen unter Wellington im Juni 1815 der napoleonischen Armee bereiteten. Ein französischer Politiker hat kürzlich darauf bestanden, den altehrwürdigen Namen des Platzes in London, an dem die eine Endstation des französisch-englischen Zuges nun einmal aus mehr oder weniger technischen Gründen liegt, zu ändern. Andernfalls könne ja Frankreich die andere Endstation in Paris für die aus London Anreisenden mit einem Namen versehen, der an britische Niederlagen und französische Triumphe erinnere.

Ein harmloses, weil eher amüsantes Beispiel, um in eine Problemstellung einzuführen, die in den Arbeiten von Alexander von Bormann häufig erörtert wird. Unabhängig davon, ob sie Texte Eichendorffs oder Erich Frieds, die politische Wirkung von Literatur oder Subtilitäten der Diskussion um die Postmoderne zum Vorwurf haben, gehen sie seit von Bormanns epochaler Dissertation einer Frage nach, die eine ehrwürdige Vergangenheit hat, die aber erst in den letzten Jahren das Stadium öffentlicher Virulenz erreicht hat, der Frage nämlich, wie produktiv oder kontraproduktiv poetische Gedächtnisleistungen und öffentliche Erinnerungsübungen wie Gedenktage, Denkmäler, Festreden, Schwarz-, Braun- und Rotbücher oder eben auch Benennungen von Straßen und Plätzen nach historischen Personen, Ereignissen und Orten sind. Die Fragestellung ist unübersehbar aktuell. Denn es gibt in jüngster Zeit auffallend häufig Streit um Sinn und Unsinn öffentlicher Erinnerungen. Und das paradoxerweise in einer Epoche, der viele kluge Köpfe die Diagnose vom Ende der Geschichte stellen (cf. das voranstehende Kap. 9). Eine Diagnose, die völlig falsch und deutlich unter Wert verstanden würde, ja die gewiß schlicht falsch wäre, wenn sie behaupten wollte, daß es keine historisch nennenswerten Ereignisse mehr gäbe. Die Pointe der These vom posthistorischen Zeitalter ist ja vielmehr, daß alle jüngeren historischen Großereignisse (und davon haben wir in den letzten 20 Jahren genug erlebt: wie etwa die islamische Revolution, den Kollaps der Sowjetunion, die Bürgerkriege in Irland oder Ex-Jugoslawien oder 9/11) keine grundsätzlich neuen Perspektiven, Konzepte und Möglichkeiten mehr eröffnen, sondern vielmehr auf vertrautes (und häufig genug eben auch: unselig vertrautes) Repertoire zurückgreifen. Theokratien, verwilderter Wirtschaftsliberalismus, Revolutionen, Putsche und konfessionelle oder ethnische Bürgerkriege sind ja nichts eigentlich Neues. Einiges spricht in der Tat dafür, daß die grundsätzlichen Möglichkeiten, Politik, Wirtschaft und Gesellschaft zu machen oder machen zu lassen, historisch durchdekliniert und in diesem Sinne erschöpft sind – so wie vieles dafür spricht, daß die grundsätzlichen Möglichkeiten, Literatur oder bildende Kunst zu produzieren, erschöpft sind. Was ersichtlich nicht heißt, daß es keine neuen Kunstwerke mehr gibt. Aber ein historisch gebildeter Kunsthistoriker wird Aug in Aug gerade auch mit einem geglückten neuen Kunstwerk feststellen können, daß hier ein Form-, dort ein Motiv- und ganz allgemein ein Stilzitat vorliegt. Mit Heinrich Heine, der dieses Denkmotiv der erschöpften Möglichkeiten früh und noch dazu auch in heißeren, nämlich Liebeskontexten entwickelt hat, kann man dies lakonisch zugeben und zugleich formulieren: „Es ist eine alte Geschichte, doch ist sie ewig neu./Und wem sie just passieret, dem bricht das Herz dabei." Soll heißen: Der vielbeschworenen Betroffenheitsperspektive muß es ziemlich egal sein, ob ähnliche Erfahrungen in anderen Kontexten schon einmal stattfanden oder nicht. Aus analytischer Distanz aber sieht das selbstredend anders aus. In dieser Perspektive kann man deutlich ein Paradox gewahren: Gerade in Zeiten, die ersichtlich Mühe haben, in den Geschichtsprozessen, in die sie verstrickt sind, wirklich neue Horizonte zu sichten, geschweige denn zu erreichen, haben historische Erinnerungsübungen Hochkonjunktur.

Um den bekanntlich sehr produktiven Horizontbegriff noch weiter zu verwenden und seine Bildkraft auszubeuten: Wer einen Horizont erreichen will, macht automatisch die Erfahrung, daß dies nicht geht. Denn an der zuvor gesichteten Linie öffnet sich, sobald sie erreicht ist, ein neuer Horizont. Wer die ganze Welt umkreist hat, hat alle Horizonte gesichtet, sie aber nie als Horizonte erreicht. Wer erinnernd den Kreis historischer Möglichkeiten durchschritten hat, macht eine ähnliche Erfahrung. Man sieht dann nämlich nur noch das, was zuvor schon gesehen zu haben man sich erinnern kann. Einen unerreichbaren Horizont. Einen Horizont, hinter dem aber nichts gänzlich Neues mehr liegt, sondern eben nur ein neuer und bei der zweiten oder dritten Weltumkreisung eben schon nicht mehr so neuer Horizont. Auch hier ist das Paradox unvermeidbar: Daß man nichts genuin Neues und grundsätzlich anderes mehr gewahrt, ist selbstverständlich eine grundstürzend neue Erfahrung, die der Diskussion um die Postmoderne eine große Gereiztheit mitgibt, weil sie mit alten Denk- und Wahrnehmungsmustern radikal bricht. Wirklich? Historiker werden keine großen Schwierigkeiten haben, Quellen heranzuziehen, die die polytheistisch-hedonistische Befindlichkeit eines auf- und abgeklärten spätrömischen Bürgers in Erinnerung bringen, der das Gefühl hat, nach all den Erfahrungen mit Republik, kriegerischer Expansion, Kaisertum, Integration oder Nichtintegration anderer Kulturen und religiös militanter (in diesem Fall etwa: christlicher) Sekten könne seiner Kultur nicht mehr viel Überraschendes geschehen.

Angesichts dieser Paradoxie einer geschichts(un?)seligen Erinnerungshochkonjunktur im posthistorischen Zeitalter ist die Frage nach der Funktion von öffentlichem Erinnern und Vergessen von unübersehbarer Brisanz. Eine im besten Sinne zeitgeistig wache Kulturzeitschrift hat das erkannt. Erinnern wir uns. 1996 hat die in mehreren Sprachen und Ausgaben erscheinende europäische Kulturzeitschrift *Lettre International* in Zusammenarbeit mit Weimar, der Europäischen

Kulturstadt des Jahres 1999, und dem Goethe-Institut unter dem Titel *Olympiade der Ideen* einen Essay-Wettbewerb ausgeschrieben. Über hundert europäische Autorinnen und Autoren wurden gebeten, die Frage zu formulieren, deren gescheite Beantwortung sie für preiswürdig hielten. Ausgewählt wurde schließlich die recht kryptisch klingende und doch sehr produktive Frage des französischen Philosophen Michel Surya: „Die Zukunft von der Vergangenheit befreien? Die Vergangenheit von der Zukunft befreien?" Diese Formulierung läßt viele Assoziationen zu und ist doch hinreichend genau. Sie spielt offensichtlich auf das berühmte Marx-Wort von der Geschichte, die wie ein Alp auf den Hirnen der Lebenden lastet, an.

Gerade die gewisse Vagheit und präzise Unschärfe der Fragestellung verhindert nun, daß die Versuche, sie zu beantworten, zügig zu Eskalationsprozessen führen. Dies nämlich ist nur allzuschnell der Fall, wenn jemand auf die Vorteile des Erinnerungsverzichts aufmerksam macht oder umgekehrt einem anderen oder einer anderen Gruppe Erinnerungspflichten auferlegen will. Im ersten Fall ist die Standardreaktion so plausibel wie gereizt: Wer Erinnerungen ausblenden möchte, habe das offenbar nötig, weil viel zu verbergen und zu verdrängen. Im zweiten Fall ist die plausible Standardreaktion nicht minder gereizt: Man solle sich doch gefälligst der eigenen Untaten erinnern. Zwei Stichworte genügen, um anzudeuten, wie erregend die Dikussion um Vergessen und Erinnern immer wieder aufs neue ist: Pinochets Verhaftung in London und Martin Walsers Frankfurter Friedenspreis-Rede, die viel Unfrieden gestiftet hat.

Widerstehen wir der starken Versuchung, sofort zu diesen schnell heißlaufenden Debatten Stellung zu nehmen. Und erinnern wir uns stattdessen zuerst an die beiden extremen Grundsatzpositionen und an einige Lieblingsbeispiele in der Debatte um Funktion, Sinn und Unsinn öffentlicher Erinnerungen. Die erste plädiert für den Verzicht, ja ab und an gar für das regelrechte Verbot der öffentlichen Erinnerung an die eigenen Großtaten und die Schandtaten der anderen Seite. Sie kann sich u.a. auf das knappe Wort aus Shakespeares Politthriller-Drama *Richard II* berufen: „Forgive, forget, conclude and be agreed." Denn nur auf der Grundlage eines wegsehenden Vergebens und Vergessens sei es feindlichen Parteien möglich, überhaupt wieder miteinander zu leben, ohne erneut in Totschlagimpulse zu verfallen. Ein klassisches Beispiel für eine solche Politik des auferlegten Erinnerungsverbots ist der Westfälische Friede, der vor 350 Jahren dem dreißigjährigen Gemetzel zwischen christlichen Konfessionsparteien ein Ende machte. „Ewige Vergessenheit und Amnestie" dekretierte schon in seinem zweiten Paragraphen der Westfälische Friedensvertrag. Michael Jeismann hat in einem Leitartikel in der FAZ vom 24. Oktober 1998 zu diesem historischen Jubiläum angemerkt: „Nur auf dieser Grundlage und nur dadurch, daß die Schuldfrage gar nicht erst gestellt werden durfte, war der Frieden zu haben. Dieser Grundsatz sollte bis zum Ende des Ersten Weltkrieges die Friedensverträge in Europa bestimmen." Womit er natürlich, ohne dies ausdrücklich zu schreiben, an den Friedensvertrag von Versailles erinnert und damit eben das tut, was er mit guten Gründen als kontraproduktiv darstellt.

Um Beispiele, die die kriegstreibende, weil scharf eskalierende Kraft öffentlich wachgehaltener Erinnerungen schrecklich eindrucksvoll demonstrieren, braucht die erinnerungskritische Position nicht verlegen zu sein. Tatsächlich gibt es Erinnerungen eben nicht nur an Massenmorde und Totschläge, sondern auch Erinnerungen zum Tode. Die Feiern des Siegs der Oranier über die katholischen Truppen Irlands oder auch der serbischen Niederlage vor sechshundert Jahren bei der Schlacht auf dem Amselfeld sind beklemmende aktuelle Beispiele für die destruktiven Kräfte ritueller Erinnerungsübungen. Um auch hier Heinrich Heine zu zitieren, der in seiner Schrift *Religion und Philosophie in Deutschland* aus seiner Göttinger Studienzeit einem „jungen Altdeutschen" gedenkt, der über sehr gute historische Erinnerungen verfügt: „Einst, im Bierkeller zu Göttingen, äußerte ein junger Altdeutscher, daß man Rache an den Franzosen nehmen müsse für Konradin von Staufen, den sie zu Neapel geköpft. Ihr (so wendet sich Heine an sein französisches Publikum, J.H.) habt das gewiß längst vergessen. Wir aber vergessen nichts. Ihr seht, wenn wir mal Lust bekommen, mit Euch anzubinden, so wird es uns nicht an triftigen Gründen fehlen. Jedenfalls rate ich Euch, daher auf der Hut zu sein." Wer sich rituell und sehnsüchtig daran erinnert, daß das Schlesien seiner Groß- und Urgroßeltern einmal deutsch war, mag und soll das tun. Wer aus dieser Erinnerung Forderungen an die gegenwärtige Politik ableitet, nimmt die Neuinszenierung des Vertreibungsleides in Kauf, an die er erinnert. Die Gegenwart und die Zukunft von der Vergangenheit befreien ...

Wer mit Nietzsche über *Nutzen und Nachteil der Historie für das Leben* nachdenkt, braucht also um Beispielmaterial für – um zurückhaltend zu formulieren – nachteilige Folgen historischer Erinnerung nicht verlegen zu sein. Und er kann mit Harald Weinrich, der in seinem 1997 erschienenen Buch *Lethe – Kunst und Kritik des Vergessens* einen der gewichtigsten unter den neueren Beiträgen zum Thema vorgelegt hat, noch einen Schritt weiter gehen. Weinrich weist nämlich nicht nur auf systemische Schwächen des historischen Bewußtseins, sondern auch auf ein Erfolgsprinzip der Naturwissenschaften und der Technik hin – auf das, was er ihren „Oblivionismus", also ihre selige Lust am Vergessen nennt. Die Naturwissenschaften leisten sich „ein bewußtes methodisch kontrolliertes Vergessen ihrer historischen Bedingungen und Voraussetzungen. Denn in die Gipfelregionen, da wo die Spitzenforschung agiert, gelangt man nur mit leichtem Gepäck."[45] Die Frage liegt nahe: Erreicht die Weltgesellschaft die „Gipfelregion" der universalen Befriedung auch nur mit dem leichten Gepäck, das bleibt, wenn es gelungen ist, die Zukunft von der Vergangenheit zu befreien? Jeder diplomatische Vermittler, der unter Zeitdruck auf die Beendigung eines blutigen Bürgerkriegs hinarbeitet, wird den feindlichen Parteien verbieten müssen, die Geschichte ihrer Feindseligkeiten aufzuarbeiten. Dafür haben beide Seiten erstens nicht genug Zeit. Und zweitens ist absehbar, daß sie mit Fragen wie denen, wer denn aus guten oder schlechten Gründen angefangen hat, den Konflikt eskalieren zu lassen,

---

45 Harald Weinrich: Lethe – Kunst und Kritik des Vergessens. München 1997, p. 268.

eben gerade nicht zur Konfliktbeendigung, sondern vielmehr zu seiner Eskalation beitragen.

Die Gegenposition setzt sich von solchen Überlegungen zur Provokations- und Gewaltbereitschaftsdynamik von Erinnerungen bzw. zur deeskalierenden und friedensstiftenden Kraft des Vergessens oder doch des Verzichts auf öffentliche Erinnerung scharf ab. Sie kann ihrerseits systemisch darauf hinweisen, daß ein Vergessensdekret wie das des Westfälischen Friedens hochparadox ist: man muß dann ja wissen, was man vergessen soll. Und wird sich also an das erinnern, ja im widrigsten Fall das erneut ausagieren müssen, was es zu vergessen gilt. So wie nach der authentischen Anekdote sich der alte vergeßliche Kant, der seinen langjährigen Diener Lampe nach Streitigkeiten entlassen hatte, die Paradoxie erlaubte, sich als Memo zu notieren: „Der Name Lampe muß unbedingt vergessen werden." Jenseits solcher komisch paradoxen Aspekte einer Logik des Vergessens, die nicht vergessen kann, was sie vergessen soll, sticht der pragmatische Hinweis heraus, daß schon die Aussicht auf Vergessen, erst recht aber eine gewissermaßen einklagbare Rechtsgarantie auf öffentliche Nichterinnerung zu Schandtaten geradezu animiert – also Schreckgestalten wie Richard II und ihre Gefolgsleute massenproduziert. Und sie kann umgekehrt darauf verweisen, daß dauerhafte Aussöhnung nur statthaben kann, wo es einfach deshalb keine Wiederkehr des Verdrängten geben kann, weil die pathogene Verdrängung durch öffentliche Erinnerung verhindert wurde. Auch für diese Position gibt es gerade in jüngerer und jüngster Zeit eindrucksvolle Beispiele: Willy Brandts Kniefall in Warschau, die zwar verhaltene, aber immerhin endlich ausgesprochene japanische Entschuldigung für Kolonialgreuel in Korea, das Vietnam-Memorial in Washington oder die so schmerzhafte wie heilsame Arbeit der Wahrheitskommissionen in Südafrika, die zur Verhinderung eines Bürgerkrieges und zur Eindämmung der Wiederbelebung rassistischer Greuel erheblich beitragen dürfte.

Samt und sonders Beispiele, die die heilende und von Traumata lösende, ja erlösende Kraft des Erinnerns belegen können. Die literarisch nach wie vor wohl eindringlichste Ausgestaltung des Motivs von der heilenden, apotropäischen, also weiteres Unheil abwendenden Kraft des Erinnerns, Wiederholens und Durcharbeitens ist Goethes *Iphigenien*-Drama. Es mutet seinen schwer traumatisierten Protagonisten und der Titelfigur vorweg zu, die Geschichte der eigenen Kultur und des eigenen Stammes verdrängungsfrei durchzuarbeiten. „Ich bin aus Tantalus' Geschlecht"[46], gesteht die feine Griechin dem „erdgeborenen" Wilden Thoas, auf dessen Insel es sie verschlagen hat. Und der antwortet mit den geflügelten Worten: „Du sprichst ein großes Wort gelassen aus." Es folgt die von Iphigenie zögernd, aber dann doch verdrängungsfrei ausgebreitete Geschichte des Tantalidengeschlechts, die umso grauenhafter wirkt, als sie ja zugleich die Geschichte einer hochkulturellen, eben nicht „barbarischen" Herrscherfamilie ist.

---

46 Johann Wolfgang von Goethe: Iphigenie auf Tauris, in: ders.: Gesammelte Werke, Bd. 5, ed. Erich Trunz (Hamburger Ausgabe in 14 Bdn.). Hamburg/München 1948–1960, Neubearbeitung München 1981/82, v. 306.

Eine Geschichte von Mord und Totschlag, von Grausamkeit und Folterlust, von Pathologie und wechselseitiger Traumatisierung. In Goethes Worten: die Geschichte einer schrecklichen „Wechselwut"[47].

Ob die unselige Logik der „Wechselwut" eher durch Erinnern oder aber eher durch Vergessen zu brechen sei – eben das steht zur Diskussion. Die Priesterin des Opferkults auf Tauris folgt einer großartigen Intuition. Sie sucht nach Prozeduren, die nicht nur sie selbst, sondern die wilden Kultivierten wie die kultivierten Wilden ins Jenseits der „Wechselwut" und der Opferlogik geleiten. Sie will das Opfer opfern. Und das gelingt ihr, weil sie sich selbst, ihrem Bruder Orest und Thoas die Pein und die Peinlichkeiten von Erinnern, Wiederholen und Durcharbeiten zumutet. Voraussetzung dieses Entspringens aus der Totschlägerreihe ist die Großzügigkeit des Herrschers, der nach herrschender Logik und Kulturtradition allen Grund hätte, die eingedrungenen, lügenden und betrügenden Feinde zu töten. Thoas aber gewährt Amnestie – in Kauf nehmend, daß er selbst, der Außenstehende, wohl das Opfer für den heilenden Ausgang einer Wechselwutgeschichte bringen wird: Sein Volk nämlich kann seiner neuen Logik kaum folgen. Dabei ist sie bestechend. Man kann sie auf eine einfache Formel bringen: weitgehende Amnestie, aber keine Amnesie. Übrigens eine bemerkenswerte Vorwegnahme der Konfliktlösung, die die südafrikanischen Wahrheitskommissionen suchen. Im Widerstreit von systemischem, weil deeskalierenden Verdrängungs- und Vergessensbedürfnis einerseits und der Erinnerungsverpflichtung, ohne die die pathogene Wiederkehr des Verdrängten droht, bringt die Formel „Amnestie ohne Amnesie" zumindest Aussicht auf ein Ende der Wechselwut.

Auch die jüngeren Deutschen sind, wie die den Schreckenstaten ihrer Familie nachgeborene Iphigenie, aus Tantalus' Geschlecht und also einer Geschichte entsprungen, die man wohl allzu euphemistisch charakterisiert, wenn man sie als Geschichte der Wechselwut bezeichnet. Denn die kalte, industriell realisierte Massenmord- und Totschlagswut war nun eben nicht wechsel-, sondern einseitig. Gerade wenn man diesen Hintergrund verdrängungsfrei gewahrt, liefert die deutsche Geschichte nach 1945 für die Gültigkeit der Iphigenie-Formel „Amnestie ohne Amnesie" ein beeindruckendes Beispiel. Und dies auch im Hinblick auf die zumindest zwei notwendigen Ergänzungen zu dieser Formel. Die erste betrifft den unter die Amnestie fallenden Personenkreis. Was die Nazis nach ihren Siegen ihren innen- und außenpolitischen Gegnern angetan haben, steht in schärfstem Kontrast zum sensationell großzügigen Umgang zumindest der westlichen Alliierten mit dem besiegten Nazi-Deutschland. Gerade auf dem Hintergrund der auch im historischen Vergleich bemerkenswert großzügigen Amnestie aber kann nicht eigentlich fraglich sein, ob das Nürnberger Kriegsverbrecher-Tribunal gerechtfertigt war oder nicht. Die deeskalierende Amnestie-Forderung darf auf die Befehlsgeber für und Exekutoren der Verbrechen gegen die Menschlichkeit wie massenhafte Verfolgung, Folter und Genozid gerade nicht angewendet werden.

---

47 Ibid., v. 973.

Ein internationaler Gerichtshof muß vielmehr für Erinnerungen im futurum exactum sorgen. Jeder Kriegs- und Bürgerkriegsgroßverbrecher muß wissen, daß seine Schandtaten öffentlich bekannt und er für sie einst bestraft worden sein wird.

Die zweite (um es sogleich zu sagen: abgründige) Ergänzung mit durchaus unheimlichen Aspekten hat gerade in der deutschen Nachkriegszeit ihre Gültigkeit demonstriert. Ersichtlich nämlich hat die Erinnerungsarbeit an die Massenmorde der Nazis erst mit einer erheblichen Verzögerung von ca. zwei Jahrzehnten begonnen. Und erst jetzt, da die letzten Nazis Greise sind, hat sich die Anti-Amnesie-Arbeit so tabulos entfaltet, daß Institutionen wie Universitäten, Kliniken oder Gerichte endlich ihre häufig hochnotpeinliche Geschichte durcharbeiten. Wohl wissend, daß dies für viele zu Recht eine Zumutung ist, sei die These in bewußt kalten Worten ausgesprochen, daß diese Zeitverzögerung systemisch funktional ist. Die Erinnerungsarbeit, also die Abwehr der Amnesie-Versuchung, muß deutlich später einsetzen als die Amnestie, wenn sie denn nicht für erneute Eskalationen, sondern für Abwehr der Wiederkehrlust des Verdrängten sorgen will. Hermann Lübbe hat mit seiner These von der funktionalen Produktivität des „kollektiven Beschweigens" der Nazi-Vergangenheit von Millionen Deutschen recht – man ist sehr versucht zu sagen, leider recht. „Kollektives Beschweigen" ermöglichte es Millionen von Deutschen, die die zwölf Jahre des tausendjährigen Reiches mit Töten, Verfolgen oder Aktivitäten wie Arisierung von jüdischem Vermögen verbracht hatten, wieder effektiv und funktional arbeitende Angestellte, Beamte und Manager zu werden und sich erstaunt von den Vorzügen einer demokratisch verfaßten Gesellschaft überzeugen zu lassen. Auch der Vergleich mit den Justiz-Possen um den sadistischen Militaristen Pinochet legt es nahe, einen Zeitraum von bis zu zwanzig Jahren (also den Juristen geläufigen Zeitraum der Verjährung von Kapitalverbrechen) als jene Zeitspanne anzunehmen, die kollektive Traumata brauchen, um überhaupt amnesiefähig zu werden, ohne sofort wieder traumatogene Aggressionen auszulösen.

Die Erörterung des Nutzens und des Nachteils der öffentlichen Erinnerung führt fast unabweisbar in pathologische Begriffsfelder. Pathologie: das ist die Logik des Leidens. Und die Logik der Leidenschaften. Beide Logiken gehören ersichtlich zusammen. Sie sind auf tiefe Störungen gewissermaßen abonniert. Wer leidenschaftlich für eine Sache, Idee, Lehre, Kultur, Religion oder Konfession kämpft, sorgt für Leiden.

In den letzten Jahren ist nun ein seit längerem zwar schon bekanntes, aber zuvor nicht im Zentrum der allgemeinen panischen Aufmerksamkeit stehendes Leiden (cf. Kap. 8) in den bewegten Mittelpunkt unserer Ausfall-Ängste gerückt: die Alzheimer-Krankheit. In Zeiten, die sich darauf verständigt haben, daß der Hirntod das Todesmerkmal ist, das eigentlich zählt, konfrontiert die Alzheimer-Krankheit (wie die zeitgleich in den Mittelpunkt der Aufmerksamkeit gerückte BSE- bzw. Creutzfeld-Jakob-Symptomatik) uns mit dem rätselhaften Phänomen des schleichenden Hirntodes. Im entfalteten Informations-Zeitalter nimmt uns die Alzheimer-Krankheit nach und nach unsere Informationszentrale. Zu den ersten und schnell Panik verbreitenden Anzeichen für diese Erkrankung zählt bekanntlich der Gedächtnisverlust. Er schreitet progredient voran und führt schließlich dazu, daß ich nicht nur vergessen habe, was ich doch eben erst erlebte und wer die seit Jahren und Jahrzehnten um mich herum lebenden Menschen sind, sondern daß ich auch vergesse, wer ich war und – bin. Den Eintritt des Todes können wir als das geheimnisvolle, weil unausdenkbare und schlechthin unentschleierbare Ereignis zu begreifen versuchen, das uns nicht nur nötigt, von allem um uns herum, sondern eben auch von uns selbst Abschied nehmen zu müssen. Die Alzheimer-Erkrankung ist in dieser Hinsicht noch gespenstischer als der Tod. Nimmt sie mir doch die Möglichkeit, mich sterbend von mir selbst zu verabschieden – was ja nach bemerkenswert übereinstimmender Auskunft fast aller near-death-Erkunder mit einem grandiosen Erinnerungsschub verbunden sein soll.

Wer nicht mehr weiß, wer er ist und woher er kommt, kann sich auch nicht von sich selbst verabschieden. Er wird verabschiedet, mehr noch: er wird dämmernd eben nicht von sich verabschiedet, sondern er verendet – ohne jedes reflexive „sich". Auffallend ist nun, daß die in den letzten Jahren explosiv gesteigerte Aufmerksamkeit für die Alzheimer Krankheit (oder auch für BSE und das damit verbundene Schreckbild von Menschen, die so vergeßlich sind, wie es Tiere zu sein scheinen) in einen kulturellen Kontext gehört, der extrem gereizt um Fragen des historisch-politischen Gedächtnisses und der Kultur der Erinnerung kreist. Die Fixierung auf die Alzheimer-Krankheit ist auch das medizinische Revers der erregten und aufgeregten Debatten um eine angemessene Kultur des Erinnerns und Vergessens. Alzheimer ist eine schreckliche Krankheitsdrohung eben nicht nur für einzelne Lebensgeschichten, sondern auch für die leidenschaftlich und leidend geteilte gemeinsame Geschichte überhaupt. Von Walter Benjamin stammt das große Wort, Glücklichsein heiße, ohne Schrecken seiner selbst inne werden zu können. Viel ist schon gewonnen, wenn es überhaupt gelingt, seiner selbst inne zu werden. Ohne Erschrecken wird das nicht häufig gelingen. Alles hängt davon ab, ob dieses Erschrecken zur Verbreitung neuer Schrecken führen muß oder ob es gelingen kann, der schrecklichen Geschichte der Wechselwut ein Ende zu machen und sich erinnernd zu befreien – befreien, um nochmals mit Iphigenie zu sprechen, zu einem „fröhlich selbstbewußten Leben."

## 11. *Willkomm und Abschied*
## „Es" und „doch":
## Noch eine Interpretation von Goethes Gedicht

„Es war gethan fast eh' gedacht": was? „Es". Mit einem doppelten „Es" beginnt anaphorisch eindringlich die 1789 im achten Band von *Goethe's Schriften* veröffentlichte Zweitfassung seines berühmten Gedichts *Willkomm und Abschied*.[48]

### *Willkomm und Abschied*

Es schlug mein Herz, geschwind zu Pferde!
Es war gethan fast eh' gedacht;
Der Abend wiegte schon die Erde,
Und an den Bergen hing die Nacht;
Schon stand im Nebelkleid die Eiche,
Ein aufgethürmter Riese, da,
Wo Finsternis aus dem Gesträuche
Mit hundert schwarzen Augen sah.

Der Mond von seinem Wolkenhügel
Sah kläglich aus dem Duft hervor,
Die Winde schwangen leise Flügel,
Umsausten schauerlich mein Ohr;
Die Nacht schuf tausend Ungeheuer;
Doch frisch und fröhlich war mein Mut;
In meinen Adern welches Feuer!
In meinem Herzen welche Glut!

Dich sah ich, und die milde Freude
Floß von dem süßen Blick auf mich,
Ganz war mein Herz an deiner Seite,
Und jeder Athemzug für dich.
Ein rosenfarbnes Frühlingswetter
Umgab das liebliche Gesicht,
Und Zärtlichkeit für mich – Ihr Götter!
Ich hofft' es, ich verdient' es nicht!

Doch ach! Schon mit der Morgensonne
Verengt der Abschied mir das Herz;
In deinen Küssen, welche Wonne!
In deinem Auge, welcher Schmerz!
Ich ging, du standst und sahst zur Erden,
Und sahst mir nach mit nassem Blick:
Und doch, welch Glück geliebt zu werden!
Und lieben, Götter, welch ein Glück!

Das deutsche Wort „es", mit dem das Gedicht anhebt und das im letzten Vers der dritten Strophe wieder aufgenommen wird („Ich hofft' es, ich verdient' es nicht!"),

---

48 Johann Wolfgang von Goethe: Willkomm und Abschied; in: Goethe's Schriften, Bd. 8. Leipzig 1789, p. 115 sq.

verdient – auch und gerade wenn man es nicht sogleich freudianisch zum großge-schriebenen „Es" aufwertet – einige Aufmerksamkeit. Denn es ist so unscheinbar wie abgründig. Wendungen wie „es regnet", „es gibt" oder „es begab sich aber zu der Zeit" kennen nur ein grammatisches, nicht aber ein personales oder gar aktives Subjekt – eben das „es". Sie lassen offen, wer da gibt oder wer etwas sich ereignen läßt. Es gibt, es war getan, es schlug: etwas geschieht in eigentümlicher Subjektlo-sigkeit. Etwas geschieht in der Weise, daß das, was geschieht, sich nicht als wil-lentliche Handlung eines Subjekts begreifen läßt. „Es schlug mein Herz" – der Herzschlag ist ein erhellendes, wenn auch harmloses Beispiel für solche Vollzüge diesseits des Willens: Wir sind nicht Herr unseres Herzschlages. Aber er läßt uns leben. Leidenschaftliche Erfahrungen sind ein anspruchsvolleres Beispiel für eine transsubjektive Gewalt: Es überkommt, es übermannt, es überwältigt uns so sehr, daß wir nicht länger Subjekte sind, die aktiv über das entscheiden, was wir wollen, sondern Sub-jekte im Wortsinne ‚Unterworfene', die erleiden, was Leidenschaften ihnen erschreckend und/oder beglückend antun. „Es schlug mein Herz" (...) „Es war gethan", eh' es gedacht. Was? Doch offenbar dies: Daß „es" geschieht bzw. „getan wird", eh' „es" gedacht, also von den Intentionen eines denktüchtigen Subjekts erreicht oder gar gewollt wird. Auch und gerade die neumodische De-batte über die Willensfreiheit hat ihre poetische Vorgeschichte.

Prosaische Paraphrasen leidenschaftlicher Gedichtzeilen sind selten ohne die Komik zu haben, die aus allzu offensichtlichen Diskrepanzen zwischen dem nüchternen propositionalen Gehalt von Lyrik (wie: die Abendsonne scheint schön, der Abschied ist traurig, die Gesellschaft ist schlecht) und ihrem spezifi-schen Pathos resultieren. Dennoch, hier folgt eine Prosaparaphrase inklusive eini-ger Hinweise auf formale Auffälligkeiten der berühmten Zeilen: Die erste der vier jeweils achtzeiligen Strophen schildert den abendlichen Ritt eines offensichtlich erregten Mannes durch eine neblig-gebirgige Landschaft von unheimlicher Aura. Das Gedicht vermeidet bis zu Beginn der dritten Strophe den expliziten Ge-brauch der ersten Person Singular. Das lyrische Ich ist ausschließlich in posses-siven Wendungen wie „mein Herz", „mein Ohr", „mein Muth", „meine Adern" präsent – was umso eigentümlicher ist, als dieses gleich vierfach erwähnte posses-sive Verfügungsverhältnis eines Subjekts über seine Organe und Stimmungen dem seltsam subjektlosen „es" widerspricht. Die zweite Strophe setzt in ihren er-sten fünf Zeilen die Schilderung der gespenstische Züge annehmenden Land-schaft fort, um sodann dagegen, mit dem kontrastiven „doch" der sechsten Zeile einsetzend, den frischen und fröhlichen Mut, die feurigen Gefühle und das glü-hende Herz des Reitenden herauszustellen.

Die dritte Strophe verwendet erstmals explizit die erste Person Singular – aber eben erst, nachdem sie das Ziel des Rittes genannt hat: „Dich sah ich." Die Zeilen dieser Strophe evozieren die zärtliche Begegnung der Liebenden und eröffnen dem Leser, auch indem sie im Übergang von der dritten zur vierten Strophe die Stunden zwischen Abend und Morgensonne aussparen, weite erotische Assoziati-onsräume: Haben sie „es" getan oder nicht? Wie immer auch – eines steht fest: Die Tonlage des Gedichts hat sich gewandelt, so wie die neblig-finstere Atmosphäre bei der Begegnung der Liebenden flugs zum „rosenfarbnen Frühlingswetter" wurde. Die vierte Strophe schließlich hebt wie der zweite Teil der zweiten Strophe mit einem „doch" an. Der Liebende verläßt die Geliebte, der Abschied verengt sein Herz, und auch die Geliebte verspürt Schmerz. Der Reim „Herz-Schmerz" war schon zu Goethes Zeiten nicht sonderlich originell (sowenig wie das viertaktige, jambisch regelmäßige, wenn auch expressiv akzentuierte Versmaß der Zeilen). Originell und überraschend ist hingegen, daß das Gedicht bei aller Akzentuierung des Abschieds- und Trennungsschmerzes der Liebenden „doch" mit einer sentenziösen Affirmation schließt: „Und doch, welch Glück geliebt zu werden!/Und lieben, Götter, welch ein Glück!"[49]

Damit weist *Willkomm und Abschied* gegenüber der Erstfassung von 1775 (sie erschien in der Zeitschrift *Iris*) einige gravierende Änderungen auf. In der frühen Fassung erschien das Gedicht ohne den berühmten und (seit Eckardt Meyer-Krentlers 1987 publizierter Interpretation[50] darf man getrost hinzufügen) berüchtigten Titel. „Mir schlug das Herz" hieß es zuerst statt wie 14 Jahre später: „es schlug mein Herz." Die wichtigsten Änderungen sind schnell verzeichnet: die zweite Zeile lautete damals „Und fort, wild, wie ein Held zur Schlacht"; Zeile 17 bringt „Ich sah dich" statt wie in der Zweitfassung „Dich sah ich"; Zeile 25 formuliert „Der Abschied, wie bedrängt, wie trübe!/Aus deinen Blicken sprach dein Herz" und unterstellt somit, anders als die spätere Fassung, die in offenbarer Anknüpfung an die Tradition des Tageliedes den Abschied ausdrücklich in die Zeit der „Morgensonne" legt, nicht, daß die Liebenden nachts zusammengeblieben sind. Gravierend ist auch die Änderung, die die viertletzte Zeile erfuhr. Heißt es doch in der Erstfassung: „Du gingst, ich stund, und sah zur Erden", in der Zweitfassung aber gerade umgekehrt: „Ich ging, du standst und sahst zur Erden." Kurzum: Die erste Fassung ist zumindest in ihren beiden ersten Strophen in spezifischer Weise subjektzentriert. Sie beginnt personal mit einem „mir (schlug das Herz)" statt betont apersonal mit einem „es". Und sie läßt den Liebenden frohgemut wie einen Helden zur Schlacht ziehen. Auffallend ist freilich gerade vor diesem Hintergrund, daß in der Erstfassung die Geliebte und nicht (wie in der Zweitfassung) der Liebende „geht". Er, der wie ein Held zur Schlacht zog, blickt wie ein Besiegter „zur Erden".

Die Geschichte der Deutungen dieses Gedichts ist eine Geschichte der Germanistik in nuce. Lange Zeit überwogen die Deutungen der Zeilen als exemplarisches Erlebnisgedicht (Max Kommerell, Hermann August Korff u.a.). Hatte Goethe doch selbst im 10. und 11. Buch seiner Autobiographie *Dichtung und Wahrheit* einen mehr als deutlichen Wink gegeben, daß sein berühmtes Gedicht seine Begegnung mit und den Abschied von Friederike Brion in der Zeit der Sesenheimer Idylle von 1770/71 verdichte. Diese Interpretationstradition übersah zumindest

---

49 Eine Wendung ins fast schon Trotzig-Affirmative und Lebensbejahende, die Goethes Werke übrigens häufig aufweisen: „Wie es auch sei, das Leben, es ist gut" heißt es paradigmatisch und mit alttestamentarischem Pathos in der Schlußzeile des späten Gedichts *Der Bräutigam*.

50 Eckhardt Meyer-Krentler: Willkomm und Abschied – Herzschlag und Peitschenhieb: Goethe, Mörike, Heine. München 1987.

zweierlei: Erstens den schlichten Umstand, daß das Gedicht Jahrzehnte vor der Autobiographie von Goethe zum Druck freigegeben wurde und also auch schon zu seiner Zeit und in seiner eigenen Autorperspektive unabhängig von den Schemata aus *Dichtung und Wahrheit* lesbar war; und zweitens, daß gerade die lyrische Gestaltung eines vermeintlich singulären Goethe-Erlebnisses auffallend stark an traditionelle rhetorische Topoi wie die sentenziöse Götteranrufung, die (scheiternde) Selbstvergötterung des „wilden Helden"[51] oder die Anthropomorphisierung der Natur anknüpfte. Der biographischen Interpretation nahe steht die klassisch-psychoanalytische Deutung des Gedichts etwa als „Psychodrama der Adoleszenz"[52], das den wilden Reiter (auch er hat durchaus klischeehafte Züge und entspricht dem Typus des „wilden Mannes") auf dem Lebensweg zum kultiviert Liebenden und Entsagenden zeigt. Strukturalistisch-dekonstruktive Analysen wie die von David Wellbery[53] haben schließlich erhellend darauf hingewiesen, daß Goethes Zeilen ihr lyrisches Ich in auffallender Weise sehen, nicht aber sprechen lassen. Das Auge und der Blick sind die Zentren seiner Aktivität. Und nicht etwa der Mund, der – Goethe hat diese anthropologische Ab-Grund-Einsicht in den *Wahlverwandtschaften* an der Figur Ottiliens eindringlich gestaltet – zum Reden, Küssen, Atmen und Essen gleichermaßen taugt (die buchstäblich ent-sagende Anorektikerin Ottlie wird alle diese Aktivitäten einstellen).

Den Liebenden in *Willkomm und Abschied* hat „es" offensichtlich die Sprache verschlagen. Nicht aber dem eloquenten Gedicht. Es spricht und beschwört – auch wenn und gerade weil die Liebenden kein einziges Wort wechseln. Begriffe aus der sprachlichen Sphäre sucht man in allen Fassungen des Gedichts vergeblich. Umso häufiger geht es um Augen-Blicke in jedem Wortsinn. Formulierungen wie „mit hundert schwarzen Augen sah"[54], „scheinen"[55], „ich sah dich"[56], „süßer Blick"[57], „deine Blicke"[58], „du sahst zu Erden"[59] oder „ich sah dir nach"[60] häufen sich in auffallender Weise. Die beiden halben Ausnahmen von dieser Fixierung auf die visuelle Sphäre sind schnell genannt und bestätigen doch nur die Feststellung von der Fixierung des Gedichts auf die visuelle Sphäre: die Wendung „aus deinen Blicken sprach dein Herz"[61] läßt eben metaphorisch den Blick und nicht etwa den Mund sprechen. Und wenn das Ohr und nicht ausschließlich das

51 Klaus Weimar: „Ihr Götter!"; in: Wilfried Barner et al. (edd.): Unser Commercium – Goethes und Schillers Literaturpolitik. Stuttgart 1984, pp. 303–328.
52 Gerhard Kaiser: Geschichte der deutschen Lyrik von Goethe bis Heine – Ein Grundriß in Interpretationen, Bd. 1. Ffm 1988, p. 64.
53 David Wellbery: The Specular Moment: Construction of meaning in a Poem by Goethe; in: Goethe Yearbook 1, 1982, pp. 1–41.
54 Johann Wolfgang von Goethe: Willkomm und Abschied, l.c., v. 8.
55 Ibid., v. 9.
56 Ibid., v. 17.
57 Ibid., v. 18.
58 Ibid., v. 26.
59 Ibid., v. 29.
60 Ibid., v. 30.
61 Ibid., v. 26.

Auge denn doch einmal aktiv wird, dann nicht, um menschliche Laute zu vernehmen: „Die Winde schwangen leise Flügel,/Umsausten schauerlich mein Ohr."[62] Augen-Blicke in den Augenblicken vor, während und nach Willkommen und Abschied stehen im Mittelpunkt des Gedichts.

Willkommen und Abschied? Nein: Willkomm und Abschied. Mit dieser Formel hat es nun, wie Eckardt Meyer-Krentler eindringlich belegen konnte, eine hocheigentümliche Bewandtnis. Denn die Formel, die Goethe zum Titel der Zweitfassung seines Gedichts macht, war zur Goethezeit ein juristischer terminus technicus, der dem Juristen Goethe ganz zweifellos vertraut war und der das emphatische Liebesgedicht mit einem abgründigen Hintersinn versieht. „Willkomm und Abschied" – das war die zynische und zugleich offizielle Bezeichnung für die häufig zusätzlich zum Freiheitsentzug verhängte Prügelstrafe bei Einlieferung ins und Entlassung aus dem Zuchthaus. Eine bizzar scheinende Assoziation, die so gar nicht in den Kontext eines Liebesgedichts passen will. Und doch: die Grausamkeit der Liebe ist ein Topos. Wer leidenschaftlich liebt, muß leiden. Wer eine Passion erlebt, erlebt eben auch (s)eine Passion. Liebespfeile verwunden. Trennungen, Abschiede und Abweisungen verletzen. Leidenschaften hinterlassen körperliche und psychische Spuren. Sie gehen unter die Haut. Sie lassen uns zerbrechen. „Die Liebe sagt man, steht am Pfahl gebunden" – dichtet Eduard Mörike, den Topos von der grausamen Liebe („sagt man") aufnehmend und zur Formel verdichtend.

Goethes Gedicht scheint ein individuelles Erlebnis auszudrücken. Und doch knüpft es an Sentenzen-Traditionen und antike Topoi an. So beschreibt es eine Struktur, wenn es in einer fabula-docet-gleichen Wendung endet: In leidenschaftlicher Liebe überkommt „es" uns. Liebe macht uns sprachlos. Wir erfahren uns, wenn „es" geschieht, nicht als willensstarke Subjekte, sondern als unterworfene Sub-jekte. Wir sind, wenn uns verliebt die Augen übergehen, gefesselt, gebannt, sprachlos. So beredt ist über Liebe, die einem die Sprache verschlägt, vor Goethe nicht gedichtet worden. Das ist das eigentümliche Pathos nicht nur dieses Textes von Goethe: Daß sie dem stummen Gewicht der Welt sprachlich elegant und pointiert standhalten und so noch die Momente traumatischen Erstarrens durch poetische Rede verflüssigen. Sie legen es verführerisch nahe, sich nicht gnostisch vom mangelhaften Sein und Dasein, von der Defizienz des Lebens und Liebens bannen zu lassen, sondern das Dasein noch in seinen tragischen Dimensionen – und das sind die des Abschieds – als Glück zu erfahren. Dasein selbst, so Goethes großartige Einsicht, ist tragisch verfaßt. Und doch ist die Hermeneutik dieses Daseins nur als fröhliche Wissenschaft vom Glück der Daseins-Liebe möglich. Die Lust am Sein kann, wenn ihr das poetische Wort sekundiert, stärker sein als die Last des Daseins. Das ist der Kern der „großen Confession", als die Goethe sein Werk verstanden wissen wollte. Es feiert den Augenblick und die profane Erleuchtung, in der diese „Und doch"-Einsicht aufblitzt.

Die fröhlich-trotzige Beredtheit der „Und doch"-Zeilen, die von stummen Liebenden berichten, ist die poetische Alternative zu einer Semantik der einschrei-

---

62 Ibid., v. 11 sq.

benden Unterwerfung, wie sie im unmittelbaren Umkreis der „Willkomm-und-Abschied"-Strafprozedur am drastischsten exemplifizierbar ist. Sie kennt nur einen trostlos dunklen Augenblick, in dem das „es geschieht" einem Sub-jekt deutlich wird. So heißt es in Adam Christoph Riedels „Beschreibung des im Fürstenthum Bayreuth zu sanct Georgen am See errichteten Zucht- und Arbeit-Hauses" (1750) über die „Zuchtbank": „Damit auch die Ursach dieser schmerzhaften Empfindung zu künftiger Nachacht besser im Gedächtnis bleibe, und die nachherige öftere Erinnerung des Sinnlichen zugleich das Angedenken der That, dadurch man es verdienet, iedezeit mit sich bringe, und die Sache andern zum Exempel und Beyspiel gereiche: muß der Züchtling ein von dem Verwalter vorgeschriebenes Bekäntnis seiner Uebelthaten öffentlich ablesen, wo er aber nicht lesen kann, dem Scribenten nachsprechen, auch wol manchmal so lange mit sich handthieren lassen, bis er es gar ins Gedächtnis gefasset und vor sich hersagen kann."[63] Noch der Jurist Kafka hat in seiner Erzählung *Die Strafkolonie* einen solchen Augenblick beschworen, in dem ein Sub-jekt zur Sprache kommt und gewaltsam zur Sprache gebracht wird, bevor es tödlich verstummt. Die Erzählung schildert bekanntlich ausführlich die Maschinerie eines semantischen Hinrichtungsapparates: Einem Delinquenten wird die Sentenz, die er ignorierte, in den Leib geschrieben, bis er stirbt: „Wie still wird dann aber der Mann um die sechste Stunde! Verstand geht dem Blödesten auf. Um die Augen beginnt es. Von hier aus verbreitet es sich. Ein Anblick, der einen verführen könnte, sich mit unter die Egge zu legen. Es geschieht ja nichts weiter, der Mann fängt bloß an, die Schrift zu entziffern, er spitzt den Mund, als horche er. (...) es ist nicht leicht, die Schrift mit den Augen zu entziffern; unser Mann entziffert sie aber mit seinen Wunden."[64]

Goethes Gesamtwerk läßt sich als der großartig gelungene Versuch verstehen, dem stummen Übergewicht der Welt sprachlich standzuhalten. Es ist weit von der zwangsneurotischen Idee entfernt, es könne verläßliche sprachliche Entsprechungen zum Sein geben. Aber es weiß, wie wichtig es ist, auch angesichts von Leid und Leidenschaft nicht zu verstummen. Das ist das apotropäische Moment jeder wirklich großen Kunst: sie bannt den Bann, der uns sprachlos macht. Sie macht sich einen Reim noch auf das „es", das uns unterwirft. „Meine beste ich bin in die Hermannsteiner Höhle gestiegen, an den Platz wo Sie mit mir waren und habe das S, das so frisch noch wie von gestern angezeichnet steht geküsst und wieder geküsst dass der Porphyr seinen ganzen Erdgeruch ausathmete um mir auf seine Art wenigstens zu antworten." So schreibt Goethe am 6. September 1780 an Charlotte von Stein.[65] Auf den Buchstaben „S" und also auf die Initiale nicht nur dieser Geliebten ist Goethe eigentümlich fixiert. Wo „Es" war, soll „S" werden.

---

63 Zit. nach dem Facsimile in Eckardt Meyer-Krentler: Willkomm und Abschied, l.c., p. 53.

64 Franz Kafka: Erzählungen, ed. Michael Müller. Stuttgart 1995, p. 142.

65 Johann Wolfgang von Goethe, in: ders.: Gesammelte Werke, Bd. 1, ed. Erich Trunz (Hamburger Ausgabe in 14 Bdn.). Hamburg 1968, p. 315. Cf. dazu auch Uwe C. Steiner: Das Glück der Schrift – Das graphisch-graphematische Gedächtnis von Peter Handkes Texten: Goethe, Keller, Kleist; in: DVjS 2, 1996, p. 267 sqq.

# 12. Neuzeitliche Kommunikationsprobleme
## Auf ein glückliches Wort hoffen – Kommunikative Irritationen in Goethes *Tasso*

Innovationen können technischer oder eben auch nicht-technischer Art sein. In den Jahren, in denen Goethe zum Autor wird, tut sich im Hinblick auf Schreib- und Medientechniken vergleichsweise wenig. Das Buch hat seit über tausend Jahren sein klassisches Codex-Design gefunden; die Drucktechnologie ist bereits gut drei Jahrhunderte alt und ausgereift; und man schreibt seit langer Zeit, indem man eine Feder in ein Tintenfaß taucht, um sodann mit ihr über ein Blatt Papier zu fahren. Revolutionäre medientechnische Erfindungen wie die elektrische Telegraphie, das Telephon, die Photographie, die Phonographie oder die Schreibmaschine hat Goethe, seinem langen Leben zum Trotz, verpaßt. Alte und bewährte Medientechniken können dennoch innovativ gebraucht oder, was fast, aber eben nur fast dasselbe ist, innovativ beschrieben, beobachtet und bewertet werden. Und eben dies tut Goethe: Er (er-?) findet ein neues Kommunikationsdesign (vor). Seinen prägnantesten Ausdruck hat es im späten Roman *Die Wahlverwandtschaften* und präziser: in der entsagenden Gestalt der Ottilie und in der unsäglichen Gestalt des Hermeneuten Mittler gefunden. Entdeckt und entwickelt hat Goethe ein neues Kommunikationsdesign bzw. ein neues Design der Beschreibung von Kommunikation in den 1780er Jahren, als er sein Drama *Tasso* zu Papier brachte.

Goethes Tasso ist nach ebenso allgemeiner wie überzeugender Deutung einer der großen Gescheiterten der Literatur. Nicht umsonst ist „scheitern" das (vor-) letzte und (wie sollte es bei einem Goethe-Text anders sein?) hochgescheit plazierte Wort des Dramas: „So klammert sich der Schiffer endlich noch/Am Felsen fest, an dem er scheitern sollte." Die Pointe dieser Schlußwendung ist deutlich. In Umkehrung berühmter Hölderlin-Zeilen, die nach Goethes *Tasso*-Drama entstanden, ließe sich diese Pointe so formulieren: Wo aber Rettung ist, wächst die Gefahr auch. Tasso scheitert genau an dem festen Fundament, das er sucht. Der Fels, auf den er vertraut und auf dem er bauen will, ist der Fels, an dem er scheitert. Es ist kein anderer Fels als der der Kommunikation.

Auf sein überragendes kommunikatives Talent ist Tasso besonders stolz. Ist es doch ihm allein gegeben, noch darüber zu sprechen, worüber andere nur schweigen können. Die meistzitierten, ja zum geflügelten Wort avancierten *Tasso*-Verse lauten denn auch: „Und wenn der Mensch in seiner Qual verstummt,/Gab mir ein Gott zu sagen, wie ich leide."[66] Ein spezifisch moderner Charakter ist Tasso nicht nur und nicht so sehr, weil er, der narzißtische Künstler, am Unverstand und an den Funktionszwängen der Gesellschaft leidet – welcher Künstler, wel-

---

66 Johann Wolfgang von Goethe: Tasso; in: ders.: Gesammelte Werke, Bd. 5, ed. Erich Trunz (Hamburger Ausgabe in 14 Bdn.). Hamburg/München 1948–1960, Neubearbeitung München 1981/82, v. 3432 sq.

cher auch nur ansatzweise sensible Mensch tut das nicht? Spezifisch modern ist Goethes Tasso vielmehr, weil er gerade auf das Funktionsprinzip neuzeitlich-moderner Gesellschaften setzt. Und das ist eben: „Kommunikation". Kommunikation scheint nach der Erosion religiöser, metaphysischer und polit-theologischer Letztbegründungen der einzige feste Fels zu sein, den wir haben.

Es gehört aus gutem Grund zum festen Bestand der aufgeklärten Neuzeit, Berufungen auf schiere Gewalt, auf göttlichen Willen, auf Offenbarungstexte oder auf charismatische Figuren argumentativ in Frage zu stellen. Was gelten soll, muß sich rechtfertigen – kommunikativ, wie denn sonst? Insofern ist Tasso, der von 1544 bis 1595, also in den aufgeklärten Zeiten der Hochrenaissance und nach der Reformation lebte, in seinem Element. Interpreten, die in ihm eine Oppositionsfigur gegen „die Gesellschaft" sehen, werden Schwierigkeiten haben, ihr Verständnis am Dramentext zu belegen. Denn ganz offenbar will Tasso ja von der Gesellschaft und von ihren herrschaftlichen Spitzen-Repräsentanten zumal akzeptiert, gefeiert und geehrt werden. Und eben dies gelingt ihm in beeindruckender Weise. Der Lorbeer wird ihm aufs Haupt gesetzt, weil „hier", in seinem an die Ideen der frühen Renaissance anknüpfenden Werk, „das schöne Licht/der Wissenschaft, des freien Denkens" entzündet wurde, „als noch die Barbarei mit schwerer Dämmrung/Die Welt umher verbarg."[67] Tasso ist als jemand, der der Kraft der besseren Argumente, des wechselseitigen Verstehens, des freien Diskurses und der Kommunikation vertraut, ein überzeugender Repräsentant der Neuzeit. Daß er ihr Erfolgsprinzip erkennt und feiert, ist der Grund auch seines Erfolges.

Nicht nur in psychodynamischer Perspektive gehört Tasso der Kategorie derer zu, die (nach Freuds schöner Formel) am Erfolge scheitern. Tasso wird zum poeta laureatus, weil er vollendet kommunizieren kann und damit dem funktionalen Grundprinzip neuzeitlich-moderner Gesellschaften entspricht. Tasso bemüht nicht nur den Topos der affektiven Bescheidenheit, wenn er das Lob, das seinem Werk gilt, denen zurückgibt, die es äußern. Das Manuskript, das er dem Herzog überreicht, wird überdies von seinem Verfasser selbst ausdrücklich als eines charakterisiert, das nicht nur ihm gehört und nicht nur von ihm stammt – ist es doch das Produkt einer fortgesetzten Kommunikation: „Wenn Ihr zufrieden seid, so ist's vollkommen;/Denn euch gehört es zu in jedem Sinn./Betrachtet' ich den Fleiß den ich verwendet,/Sah ich die Züge meiner Feder an,/So konnt ich sagen: dies Werk ist mein./Doch seh ich näher an, was dieser Dichtung/Den innren Wert und ihre Würde gibt,/Erkenn' ich wohl, ich hab' es nur von euch."[68]

Spätestens hier beginnt Tassos und nicht nur Tassos Dilemma: Man kommuniziert im Kreis um den Herzog von Ferrara auf dem Lust- und Luftschloß Belriguardo ein wenig zu harmonisch, zu höflich, zu höfisch, zu konsensorientiert, zu hermeneutisch. Das kann aus einem einfachen Grund nicht auf Dauer gutgehen. Bis heute anhaltenden anderslautenden Gerüchten zum Trotz, die im Gewand

---

67 Ibid., v. 59 sqq.
68 Ibid., vv. 397–404.

ernster hermeneutischer und kommunikativer Philosophie und Theorie daherkommen, ist nicht etwa Konsens, sondern Dissens die regulative Idee von Kommunikation. Um es weniger akademisch auszudrücken: Wir reden, weil wir uns nicht verstehen und weil wir nicht übereinstimmen. Vollendete Übereinstimmung bedeutete den Zusammenbruch jedes Gesprächs: Wer mit dem anderen völlig einig ist, hat ihm nichts mehr zu sagen. Das von Goethe hochgeschätzte und also keineswegs neumodische Wort ‚Diskurs‘ meint genau dies: Weil wir in verschiedene Richtungen laufen (dis-currere), sind wir zu differenz- und dissensbetonten Gesprächen verpflichtet.

Der Gegenbegriff zum dissensorientierten Diskurs ist deshalb, nein: wäre deshalb unschwer auszumachen, wenn der gar nicht so gesunde, aber philosophisch geadelte Menschenverstand diese Einsicht nicht verstellte: konsensorienter Konkurs. Genau den aber erfährt Tasso. Er will und erhält Zustimmung, Lob, Anerkennung; er sucht und findet Übereinstimmung, Konsens, Verständnis. Und doch ahnt er, daß er auch und stärker noch das Gegenteil braucht, um sich und anderen nicht langweilig zu werden: „Ich will dir gern gestehen, es hat der Mann, /Der unerwartet zu uns trat, nicht sanft/Aus einem schönen Traum mich aufgeweckt;/Sein Wesen seine Worte haben mich/So wunderbar getroffen, daß ich mehr/Als je mich doppelt fühle, mit mir selbst/Aufs neu in streitender Verwirrung bin."[69]

Tasso schwant, daß „streitende Verwirrung" das regulative Prinzip von Diskursen und die genuine Leistung von Kunst ist. Kunst läßt alles Vertraute in neuem Licht erscheinen und sorgt schon deshalb für (produktive!) Verwirrung. Doch auch der Künstler selbst verdrängt sein besseres Wissen. Er mißversteht sein Tun, gängigen (höfischen) Regeln folgend, als Beitrag zur Konsensbildung. Der sagenhafte showdown zwischen Tasso und Antonio im dritten Auftritt des zweiten Aktes ist dieser Logik der Eskalation aus dem Geist der gesuchten Übereinstimmung verpflichtet. Er beginnt mit einem vielfachen und wechselseitigen „Sei willkommen", schreitet mit Versicherungen der Hochschätzung fort, führt zum Angebot eines Freundschaftsbündnisses, der mit Handschlag besiegelt werden soll und endet – mit gezogenen Degen. So werden Lorbeerkränze zu Waffen. Warum? Weil auch die Suche nach Übereinstimmung eine Weise des Willens zur Macht ist. Es gehört zu Tassos Größe, keinen Hehl daraus zu machen, daß er schreibt und mitteilsam ist, um zu erringen, was er mit niemandem teilen möchte. Auf Leonores Worte „Der Baum ist breit, mein Freund, der Schatten gibt,/ Und keiner braucht den andern zu verdrängen", auf Worte also, die im Streit zwischen Antonio und Tasso vermitteln wollen, antwortet Tasso: „Wir wollen uns, Eleonore, nicht/Mit einem Gleichnis hin und wider spielen./Gar viele Dinge sind in dieser Welt/Die man dem andern gönnt und gerne teilt;/Jedoch ist es ein Schatz, den man allein/Dem Hochverdienten gerne gönnen mag,/Ein andrer den man mit dem Höchstverdienten/Mit gutem Willen niemals teilen wird –/Und

---

69 Ibid., vv. 760–767.

fragst du mich nach diesen beiden Schätzen;/Der Lorbeer ist es und die Gunst der Frauen."[70]

Das paradoxe Resultat dieses Bekenntnisses, ihm sei an der Gunst der Frauen gelegen, ist absehbar. Tasso irritiert und verwirrt noch die, die ihm so nahesteht. „Für diesmal, lieber Freund, sind wir nicht eins"[71], sagt Leonore am Ende des dritten Aufzugs – zwar zu Tassos Antipoden Antonio, aber doch so, daß ein strukturelles Gesetz deutlich wird: Dissens und nicht etwa Konsens hat das stets vorletzte Wort. Denn letzte Worte gibt es nicht. Gerade gegen Ende des *Tasso*-Dramas häufen sich die Indizien dafür, daß auch ein begnadeter Dichter wie Tasso Leonores und seine eigene Hoffnung auf ein „glücklich(es) Wort" enttäuschen muß. „Ich hoffe auf ein glücklich Wort"[72], sagt Leonore – „O warum trau' ich ihrer Lippe je!", monologisiert anschließend Tasso, in dessen Kopfe es so „spinnt und webt"[73], daß ein „heimliches Gewebe"[74] zustande kommt, in dem sich noch ein vermeintlich souveräner Schriftsteller verstrickt. Weben, spinnen: das sind Worte, die das lateinische Verb ,texere' angemessen wiedergeben. Der wunderbare Monolog Tassos im dritten Auftritt des vierten Aufzugs kreist ausdauernd um die Abgründe, die sich auftun, wenn man „Lippen", „Worten", „Silben", „Zungen", ja noch dem „Vertrauen" vertraut. Tasso erfährt, daß der felsenfeste Grund, auf den er bauen und vertrauen will, ein Abgrund ist, an dem er zugrunde gehen kann. Er weiß aber auch, daß es zur Kommunikation keine überzeugende Alternative gibt: „Die Dichter sagen uns von einem Speer/Der eine Wunde, die er selbst geschlagen,/Durch freundliche Berührung heilen konnte."[75]

Eine eminent moderne Figur ist Tasso, weil er das erfährt, was Systemtheoretiker heute gerne modisch „tragic choice" nennen und was doch zum besten Traditionsbestand der Dramenliteratur gehört. Der Glaube an die Kraft der Kommunikation ist falsch – und ohne Alternative. Denn Sprache ist zugleich ein Medium der Lüge und der Wahrheit, der Kränkung und der Heilung, der Herrschaft und der Befreiung – selbst vom falschen Glauben an den Fetisch Kommunikation und Konsens.

---

70 Ibid., vv. 2011–2020.
71 Ibid., v. 2185.
72 Ibid., v. 2466.
73 Ibid., v. 2471.
74 Ibid., v. 2470.
75 Ibid., vv. 2576–78.

# 13. Freundschaft und Liebe
## Zwei Liebende, drei Freunde

„Hollin und Odoardo kamen denselben Tag auf eine Schule, gewannen einander sogleich lieb und veranlaßten dadurch, daß ihnen der Rektor ein gemeinschaftliches Zimmer anwies, das sie auch bis zu ihrem Abgange nach der Universität mit einander bewohnten. Jener war dem letzteren an Alter, Vermögen und Talent überlegen; diese Überlegenheit war alte Gewohnheit und machte keinen Riß durch ihre Freundschaft. Sie versuchten sich mit einander in allem, was das Schulleben mit sich führt; sie präparierten sich miteinander, brateten heimlich einander Kartoffeln, schlugen gemeinschaftlich ihre Feinde auf andern Schulen, hielten sich zusammen heimlich einen Renommistenanzug, in welchem sie abwechselnd Kömodie und Kaffeehaus besuchten; sie waren auf der ganzen Schule unter dem Namen Kastor und Pollux bekannt; Odoardo, der früher schlimme Jahre bei seinem armen Vater zugebracht hatte, welcher Doktor in G. war, hatte mehr Bewußtsein dadurch, mehr Vorsicht und Klugheit gewonnen, war dadurch eine Art wohltätiger Hofmeister Hollins, der ihn von tausend Unbesonnenheiten zurückhielt; in allem übrigen lebten sie so in einander über, daß die Lehrer Mühe hatten ihre Handschriften zu unterscheiden.“[76]

So heißt es in Achim von Arnims 1810 erschienenem Roman *Armut, Reichtum, Schuld und Buße der Gräfin Dolores*. Eine Passage, die wie die gesamte Prosa, der sie entnommen ist, ihren Reiz daraus bezieht, daß sie, wie schon der Titel zu erkennen gibt, Grenzen (u.a. die zwischen Armut und Reichtum, Schuld und Buße, Glück und Unglück, Leben und Tod, Lesen und Leben) testet und für überwindbar befindet. Die Grenze, die Arnims Roman besonders intensiv einem großangelegten Test unterzieht, ist die, welche die Liebe von der Freundschaft scheidet. Achim von Arnim verwandelt damit Autobiographica in Literatur: nämlich seine kultisch stilisierte Freundschaft mit Clemens Brentano (sie begann 1801) und seine gleichermaßen kultisch stilisierte Liebe zu Bettina (der Arnim 1802 erstmals begegnete).

Draw a distinction: unterscheide zwischen Liebe und Freundschaft. Achim von Arnim und vielen seiner Zeitgenossen um 1800 fiel diese Unterscheidung sichtlich schwer.[77] Schon die Eingangspassage des Textes, der doch Freundschaft zum Thema hat, läßt zuerst das Schlüsselwort „Liebe" fallen. „Hollin und

---

76 Achim von Arnim: Armut, Reichtum, Schuld und Buße der Gräfin Dolores; in: ders.: Romane und Erzählungen – Auf Grund der Erstdrucke, Bd. 1, ed. Walter Migge. München 1962, p.93.

77 Daß diese Unterscheidung schwer fiel, dürfte damit zusammenhängen, daß das „ganze 18. Jahrhundert (von der) Bemühung (geprägt ist), den Code für Intimität von Liebe auf ‚innige‘ Freundschaft umzustellen." (Niklas Luhmann: Liebe als Passion – Zur Codierung von Intimität. Ffm 1982, p. 102.) Luhmann folgt dabei den Studie von Albert Salomon: Der Freundschaftskult des 18. Jahrhunderts in Deutschland – Versuch zur Soziologie einer Lebensform; in: Zft für Soziologie 8, 1979, pp. 279–308 und der klassischen Studie von Friedrich H. Tenbruck: Freundschaft – Ein Beitrag zu einer Soziologie der persönlichen Beziehungen; in: Kölner Zft für Soziologie und Sozialpsychologie 16, 1964, pp. 341–456.

Odoardo kamen denselben Tag auf eine Schule (und) gewannen einander sogleich lieb (...)" Dann folgen alsbald Wendungen, die deutlich erotische, ja konjugale Assoziationsfelder eröffnen: Sie „veranlaßten dadurch, daß ihnen der Rektor ein gemeinschaftliches Zimmer anwies, das sie auch bis zu ihrem Abgange nach der Universität mit einander bewohnten." Ihre Zweisamkeit ist gar so innig, daß sie je für den anderen die Köchinnen- bzw. Frauenrolle einnehmen und sich „heimlich (!) einander Kartoffeln (brateten)". Und es schließt sich die Passage an, die endgültig erotische Schlüsselwörter und -symbole verwendet, um deutlich zu machen, daß die Symbiose von Hollin und Odoardo eben nicht nur freundschaftliche, sondern erotische Qualitäten aufweist. „In allem übrigen lebten sie so in einander über, daß die Lehrer Mühe hatten ihre Handschriften zu unterscheiden."

Der Text macht keinen Hehl daraus, daß die Grenzziehung zwischen der Liebe eines Mannes zu einer Frau und der Freundschaft eines Mannes mit einem Mann noch nicht die Leitorientierung emotionaler Beziehungen zwischen etwa Gleichaltrigen um 1800 in Deutschland ist. Trotz der Anstrengungen von Matthias Claudius' Essay *Von der Freundschaft*, der diese strikt von Intimität scheidet, herrscht noch Begriffs- und damit Leitorientierungs-Konfusion. Fest steht spätestens mit Beethovens musikalischer Versiegelung von Schillers pathetischen Freundschaftsversen nur eins: Wer weder freundschafts- noch liebesfähig ist, fliegt raus, wenn er es nicht vorzieht, dem zuvorzukommen, indem er sich selbst davonstiehlt. Um es vornehmer auszudrücken: Wer weder freundschafts- noch liebesfähig ist, wird exkludiert oder exkludiert sich selbst aus sozialen Bünden aller Art.

> Wem der große Wurf gelungen,
> Eines Freundes Freund zu sein;
> Wer ein holdes Weib errungen,
> Mische seinen Jubel ein!
> Ja – wer auch nur eine Seele
> Sein nennt auf dem Erdenrund!
> Und wers nie gekonnt, der stehle
> Weinend sich aus diesem Bund!

Kein exklusives, sondern ein inklusives „oder" also. Ein enges Freundschafts- oder Liebesverhältnis muß sein; beides zugleich ist besser; und weder Freund noch Weib sein eigen nennen zu dürfen, bedeutet soziale Exklusion. Ein weiteres unter vielen möglichen Beispielen dafür, daß Liebe und Freundschaft um 1800 noch nicht hinlänglich gegeneinander ausdifferenziert sind, ist schnell genannt. Hölderlin hat die von ihm als *Nachtgesänge* charakterisierte letzte Gruppe von Gedichten, die er selbst noch im *Taschenbuch für das Jahr 1805* zum Druck brachte, mit der Notiz versehen: „Der Liebe und Freundschaft gewidmet, Frankfurt/M. 1804".

Auch hier also ein „und" statt ein exklusives „oder": Die Kombinatorik der vier Terme ‚Liebe' und ‚Freundschaft', ‚Mann' und ‚Frau' ist mit den auch gemeinsam zulässigen Koppelungen ‚heterosexuelle Liebe' und ‚gleichgeschlechtliche Freundschaft' evidentermaßen nicht erschöpft. Zur Verfügung stehen eben auch die Möglichkeiten der gleichgeschlechtlichen Liebe und der Freundschaft zwischen zwei Menschen unterschiedlichen Geschlechts. Von den genannten vier Kombinationen (die kreuztabellenfähig und also recht übersichtlich sind) hat die letztere in der europäischen Literatur der Neuzeit kaum Chancen auf poetische Darstellung. Wenn die Freundschaft zwischen einem jungen Mann und einer jungen Frau denn überhaupt literarisch nobilitiert wird, so in aller Regel, um sie qua Überschreitung der Grenze, die die Freundschaft von der Erotik trennt, scheitern zu lassen (siehe etwa Goethes Novelle von den wunderlichen Nachbarskindern, Fontanes Roman *Schach von Wuthenow* oder Thomas Manns frühe Erzählungen).

Erschienen ist die eingangs zitierte Zweitfassung von *Hollins Liebeleben* als Einschub in Arnims *Dolores*-Roman zur Ostermesse des Jahres 1810 – also acht Jahre nach der separaten Erstpublikation. Auf diese frühe Arnim-Publikation wie auf viele andere „romantische" Geschichten über Eduarde und Odoarde[78] hat Goethe mit einer grandiosen und sehr ernsten Persiflage reagiert: mit seinem Roman *Die Wahlverwandtschaften* von 1809. Der Plot ist bekannt: Eduard, ein reicher Baron im besten Mannesalter, lädt gegen die leisen Vorbehalte seiner geliebten Frau Charlotte einen alten Freund zu einem längeren Aufenthalt auf sein Schloß. Und der verliebt sich in die Frau des Freundes sowie Eduard sich leidenschaftlicher noch in Ottilie verliebt, die verwaiste Nichte seiner Frau, die diese im Gegenzug einlädt. Seltsam und buchenswert übrigens, daß bei allem Beziehungszauber, den die junge Schöne bei Männern wie dem Gehilfen, dem Architekten, dem Grafen und dem Bräutigam ihrer Cousine zu entfalten vermag, zwischen Ottilie und dem Hauptmann schier gar nichts läuft. Ihre Beziehung ist die der vollendeten Nichtbeziehung, die weder die Liebe noch die Freundschaft (und eben auch nicht die Abneigung oder gar den Haß) streift.

Ganz anders die Konstellation von Eduard und Ottilie. Sie beginnt als die entferntester Verwandter, überspringt schnell die Phase der Freundschaft und gerät alsbald in leidenschaftlichste Dimensionen. Die Szene, in der Eduard Ottilie nicht etwa seine Liebe erklärt, sondern ihr auf den Kopf (bzw. auf die Hand) zusagt, daß sie ihn liebe, hat einen Auslöser: Ottilie kopiert die Papiere des „Freundes", und sie hat dabei in vollendeter Mimikry Eduards Handschrift übernommen. „Bei dem angenehmen Gefühle, daß sie für ihn etwas tue, empfand er (Eduard) das lebhafteste Mißbehagen, sie nicht gegenwärtig zu sehen. Seine Ungeduld vermehrte sich mit jedem Augenblicke. Er ging in dem großen Saale auf und ab, versuchte allerlei, und nichts vermochte seine Aufmerksamkeit zu fesseln. Sie wünschte er zu sehen, allein zu sehen, ehe noch Charlotte mit dem Hauptmann zurückkäme./Es ward Nacht, die Kerzen wurden angezündet. Endlich trat sie herein, glänzend von Liebenswürdigkeit. Das Gefühl, etwas für den Freund getan zu haben, hatte ihr ganzes Wesen über sich selbst gehoben. Sie legte das

---

78 Cf. Gabrielle Bersier: Goethes Rätselparodie der Romantik – Eine neue Lesart der *Wahlverwandtschaften*. Tübingen 1997.

Original und die Abschrift vor Eduard auf den Tisch. ‚Wollen wir kollationie-ren?' sagte sie lächelnd. Eduard wußte nicht, was er erwidern sollte. Er sah sie an, er besah die Abschrift. Die ersten Blätter waren mit der größten Sorgfalt, mit ei-ner zarten weiblichen Hand geschrieben, dann schienen sich die Züge zu verän-dern, leichter und freier zu werden; aber wie erstaunt war er, als er die letzten Seiten mit den Augen überlief! ‚Um Gottes willen!' rief er aus, ‚was ist das? Das ist meine Hand!' Er sah Ottilien an und wieder auf die Blätter, besonders der Schluß war ganz, als wenn er ihn selbst geschrieben hätte. Ottilie schwieg, aber sie blickte ihm mit der größten Zufriedenheit in die Augen. Eduard hob seine Arme em-por: ‚Du liebst mich!' rief er aus, ‚Ottilie, du liebst mich!' und sie hielten einan-der umfaßt. Wer das andere zuerst ergriffen, wäre nicht zu unterscheiden gewe-sen."[79]

Auf diese Szene reagiert ersichtlich die Zweitfassung von Arnims früher Prosa. Sie erst stellt das Motiv der ineinander übergehenden, kaum zu unterscheidenden Handschriften gleich eingangs heraus. In der Erstfassung wird dagegen die Signi-fikanz der je eigenen Handschrift heruntergespielt. Schreibt Hollin doch an Odoardo: „Du hast recht, mehr als Handschrift und Stirnmesser (= „Lavaters physiognomischer meszapparat zur ablesung des charakters von der stirne", wie Grimms Wörterbuch erklärt, J.H.) zeichnen uns die Bücher, die wir lieben, nach unsrer innern heimlichen Seite."[80] Mit der Zweitfassung, die die liebevolle Freundschaft zwischen Hollin und Odoardo so eindringlich an das Motiv der gemeinsamen Handschrift bindet, reagiert Arnim auf die *Wahlverwandtschaften* und damit eben auch auf Goethes Reaktion auf romantische Konzeptionen der Odoardo-Lieben resp. -Freundschaften. Ein Abwehrgefecht gegen eine neu sich durchsetzende Konzeption von Liebe und Freundschaft. Um es auf den Punkt zu bringen: Goethe rechnet dem Register „Liebe" zu, was Arnim noch dem Register der „Freundschaft" zusprechen will. Zwischen zwei Personen (und zwei Hand-schriften!) nicht mehr unterscheiden zu können, weil sie „ineinander über leben" – das ist das Kriterium entweder für Freundschaft (Achim von Arnim) oder für Liebe (Goethe).

Goethe siegt, Arnim verliert. Oder in den nüchternen Worten von Niklas Luhmann, der in seinem großartigen Buch *Liebe als Passion* mit breitem histo-risch-semantisch-literarischem Material die Vermutung belegt, „daß über die Aufwertung der Sexualität (...) auch die Konkurrenz von ‚Liebe' und ‚Freund-schaft' als Grundformeln für eine Codierung der Intimität entscheidbar wird. Liebe gewinnt."[81] Daß Liebe in the long run gewinnt, zeichnet sich in der euro-päischen Literatur schon lange vor 1800 ab. Hinweise auf Petrarca und Dante

---

79 Johann Wolfgang von Goethe: Die Wahlverwandschaften, in: ders.: Gesammelte Werke, Bd. 6, ed. Erich Trunz (Hamburger Ausgabe in 14 Bdn.). Hamburg/München 1948–1960, Neubear-beitung München 1980/81, pp. 323–324.
80 Achim von Arnim: Hollins Liebeleben – Roman (1802); in: ders.: Werke in einem Band, ed. Walter Migge. München 1971, p. 15.
81 Niklas Luhmann: Liebe als Passion, l.c., p. 147.

genügen. Doch dies sind Hinweise eben auch auf Texte, die nicht nur Liebe gegenüber Freundschaft aufwerten, sondern zugleich die Nichterreichbarkeit der vergötterten Geliebten stets mitthematisieren. Cervantes hat in der Figur der Dulcinea eben dieses Motiv der Irrealisierung von Liebe ironisiert. Liebe ist sub species litterarum höher zu werten als Freundschaft – aber eben um den Preis, daß sie Lettern-Liebe ist.

Bei Shakespeare zeichnet sich ein Wechsel dieser hochliterarischen und eben deshalb irrealen Liebesordnung ab. Liebe wird bei Shakespeare, sit venia verbo, literarisch real. Sie kann tragisch scheitern (wie in *Romeo und Julia*) oder eben auch nach allen denkbaren Irrungen und Wirrungen gelingen (wie im *Sommernachtstraum*). Fast regelmäßig aber trifft man auch in Shakespeares Texten auf das Motiv des prekären Widerstreits zwischen Freundschaft und Liebe. So paradigmatisch im *Kaufmann von Venedig*. Die Freundschaft zwischen Antonio und Bassanio trägt deutlich homoerotische Züge. Antonios Melancholie hat eben auch damit zu tun, daß sein engster Freund sich einer Frau zuwendet. Diese Zuwendung aber steht gleichsam noch unter Revisionsvorbehalt. Sagt Bassanio doch am Ende des Dramas zu Antonio: „Antonio, I am married to a wife/Which is as dear to me as life itself;/But life itself, my wife, and all the world,/Are not with the esteem'd above thy life:/I would lose all, ay, sacrifice them all,/Here to this devil, to deliver you." (IV/1) Bassanios Frau ist bei dieser Liebeserklärung an den Freund anwesend – als Richter in Männerkleidern versteckt. Ihr Kommentar ist von bemerkenswerter Nüchternheit: „Your wife would give you little thanks for that,/If she were by to hear you make the offer."

Daß es Bassanio mit seinem Angebot ernst ist, macht allegorisch versiegelt die Ring-Episode deutlich. Bassanio trennt sich auf Drängen des Richters von seinem frischen Ehering, um ihn einem Mann auszuhändigen, der glücklicherweise (s)eine Frau ist. Auch hier also gilt: Amor vincit. Aber dieser Sieg ist hochprekär. Und es ist überdies ein Siegeszug, der Deutschland erst spät erreicht. Die deutschen Zeitgenossen Shakespeares (also die Barockpoeten) halten zumeist noch an der Höherbewertung von Freundschaft fest. Die deutsche Shakespeare-Rezeption setzt bekanntlich erst gegen Ende des 18. Jahrhunderts mit Wielands und später mit Schlegels resp. Tiecks Übersetzungen ein, entfaltet dann aber eine diese Verspätung überkompensierende Kraft. Und die deutsche Shakespeare-Rezeption dürfte entschieden dazu beigetragen haben, Amor auch in Deutschland siegreich sein zu lassen. Als schwerlich zu überbietende Feier ekstatischer Liebe gilt aus gutem Grund Wagners Musikdrama *Tristan und Isolde*. Doch selbst in diesem Werk gibt es noch einen tiefen Bodensatz von überwindungsbedürftiger Freundschaft.

Das Gestammel der „ineinander über lebenden", aber eben ihre ekstatische Liebe nicht mehr überlebenden Liebenden Tristan und Isolde markiert den triumphalen Sieg von Liebe über Freundschaft. „Ich nicht Tristan, ich Isolde (...) So stürben wir, um ungetrennt (...)" Wagner hat diesen Sieg von Liebe über Freundschaft in bemerkenswerter Radikalität ausgestaltet. Tristan wird durch seine Liebe zu Isolde zum Verräter am deutlich intimen, nämlich homoerotischen

Freundschaftsbund mit Melot und Kurwenal.[82] „Mein Freund war der,/der minnte mich hoch und teuer" – so charakterisiert der Isolde verfallene Tristan selbst sein Verhältnis zu Melot, der ihn umgekehrt schlicht „Verräter" nennt. Melot „war" der Freund Tristans, dem, so Isoldes Klage, „die Männer sich all (...) vertragen." Der ekstatischste aller Liebenden erfüllt, wenn er sich den Freundschaftsbanden ab- und Liebesbanden zuwendet, zum Entsetzen von Melot nichts anderes als das Gesetz der Serie. Wer im europäischen 19. Jahrhundert noch an der Verbindung von Intimität und Freundschaft festhalten will, muß in männerbündischen Subkulturen Zuflucht suchen. Und die sind (siehe paradigmatisch die schlagenden Verbindungen, die Wandervögel oder die Clubs) wiederum so subkulturell nicht, sondern ermöglichen häufig genug das, was man Zutritt zu den herrschenden Schichten nennt. Doch das ändert nichts am herrschenden semantischen Dispositiv, demzufolge Intimität im 19. Jahrhundert exklusiv der Liebe zu- und der Freundschaft zunehmend empört abgesprochen wird.

Daß dem so ist und sein muß, versucht schon in der Erstfassung von Arnims Roman der in Maria verliebte Hollin seinem Freund Odoardo klar zu machen. Er insistiert darauf, „daß die Liebe freudig alles bewilligen müsse, was sie mehr als die Freundschaft geben kann"[83] – eben Intimität. Odoardo reagiert darauf, indem er sich bei Beibehaltung der Hauptfreundschaft zu Hollin zwei neuen Freunden zuwendet. Was einer von ihnen, Roland, ihm mitgeteilt hat, muß er dem Urfreund sogleich weiter mitteilen. Roland „sagte mir, in dem ersten vollen Genusse der Liebe eines Mädchens habe er in sich ausgerufen: Ist das alles!"[84] Doch dieser Wink ist erfolglos. In seiner Antwort an Odoardo spricht Hollin dem Freund (wie später Tristan seinem Urfreund Melot und auch König Marke – „was du frägst./das kannst du nie erfahren") schlicht die Kompetenz ab, in Liebesdingen mitreden zu dürfen. „Du kannst es nicht begreifen, Odoardo, wenn Du es nie empfunden, das wundervolle Treiben des Bluts in der Nähe der Geliebten."[85] Odoardos Replik: „Ich verstehe Dich nicht mehr ganz, ich fühle es aber, daß Du mir nicht fremd geworden bist."[86]

Die frühromantischen Freunde bleiben, anders als Wagners spätromantisches Männerpaar, Freunde – auch wenn einer von ihnen sich unsterblich verliebt. Aber die Konzeption von Freundschaft selbst unterliegt dann, wenn ihr die Intimität zugunsten von Liebe abgesprochen wird, tiefgreifenden Transformationen. Die wichtigste läßt sich schnell auf den Begriff bringen: Liebe wird exklusiv. Freundschaft wird inklusiv. Die leitende Idealkonzeption von Liebe muß dem Code „Du und kein(e) andere(r)" genügen. „Ob es wohl noch eine Maria gibt?

---

82 Cf. Jochen Hörisch: Gott, Geld und Glück – Zur Logik der Liebe in den Bildungsromanen Goethes, Kellers und Thomas Manns. Ffm 1983 (Kap. 5: Ver-rückte Liebe in Wagners *Tristan und Isolde*).
83 Achim von Arnim: Armut, Reichtum, Schuld, l.c., p. 16.
84 Ibid., p. 19.
85 Ibid., p. 26.
86 Ibid., p. 35.

Unmöglich, bei allen Himmeln nein!"[87] Ironie ist, wie sollte es anders sein, bei
solchen emphatischen Wendungen gleichsam automatisch kopräsent. Daß es „bei
allen Himmeln" weitere Mariae gibt, kann Hollin nicht unbekannt sein. Und
auch auf Erden sind andere Mariae als die geliebte Maria anzutreffen – nicht umsonst beteiligt sich Hollin an einer Aufführung von Maria Stuart. Dennoch bleibt
es bei der (in petrarcistischer Tradition ausgestalteten) deificatio der einen geliebten Maria – Du und keine andere. Und so muß es, wenn Hollin der „Unna-
tur moderner Weiblichkeit"[88] in Gestalt einer jungen, reichen Witwe begegnet,
zur „freundschaftlichen" Ablehnung der mit ihm flirtenden Gräfin Irene kommen. „Ich sprach mit ihr freundschaftlich wie mit einer Schwester. (...) Ich sagte
ihr gerührt, mein Herz besäße eine andre, sie meine Freundschaft. Sie küßte mich
(...)"

Handschriften: all dies schreibt ein Mann an einen befreundeten Mann. „Auch
die Freundschaft hat ihre Geheimnisse."[89] Zum offenen Geheimnis der Freundschaft gehört, daß der Briefverkehr zwischen Männern nicht abbricht, wenn der
Verkehr mit der Geliebten beginnt. Bis zur Langweiligkeit findet man in der
deutschen Literatur um 1800 immer wieder dasselbe Dispositiv. Ob Werther
oder Lucindes Geliebter, ob Hollin oder Hyperion, ob Franz Sternbald oder
Godwi und tutti quanti: immer schreibt ein Mann einem befreundeten Mann
über seine leidenschaftliche Liebe zu einer Frau. D.h. er läßt ihn qua Mitteilungen, aber eben nur qua Mitteilungen an seiner Liebe teilnehmen. Noch Kafka
bleibt in seiner Erzählung *Das Urteil* diesem Schema verpflichtet – und bringt es
auf den Punkt: Der Verlobte steht zum Freund in seinem „besonderen Korrespondenzverhältnis". „So beschränkte sich Georg darauf, dem Freund immer nur
über bedeutungslose Vorfälle zu schreiben, wie sie sich, wenn man an einem ruhigen Sonntag nachdenkt, in der Erinnerung ungeordnet aufhäufen. Er wollte
nichts anderes, als die Vorstellung ungestört lassen, die sich der Freund von der
Heimatstadt in der langen Zwischenzeit wohl gemacht und mit welcher er sich
abgefunden hatte. So geschah es Georg, daß er dem Freund die Verlobung eines
gleichgültigen Menschen mit einem ebenso gleichgültigen Mädchen dreimal in
ziemlich weit auseinanderliegenden Briefen anzeigte, bis sich dann allerdings der
Freund, ganz gegen Georgs Absicht, für diese Merkwürdigkeit zu interessieren
begann./Georg schrieb ihm aber solche Dinge viel lieber, als daß er zugestanden
hätte, dass er selbst vor einem Monat mit einem Fräulein Frieda Brandenfeld, einem Mädchen aus wohlhabender Familie, sich verlobt hatte. Oft sprach er mit
seiner Braut über diesen Freund und das besondere Korrespondenzverhältnis, in
welchem er zu ihm stand. ‚Er wird also gar nicht zu unserer Hochzeit kommen',
sagte sie, ‚und ich habe doch das Recht, alle deine Freunde kennenzulernen.' ‚Ich
will ihn nicht stören', antwortete Georg, ‚verstehe mich recht, er würde wahrscheinlich kommen, wenigstens glaube ich es, aber er würde sich gezwungen und

---

87 Ibid., p. 36.
88 Ibid., p. 17.
89 Ibid., p. 32.

geschädigt fühlen, vielleicht mich beneiden und sicher unzufrieden und unfähig, diese Unzufriedenheit jemals zu beseitigen, allein wieder zurückfahren. Allein – weißt du, was das ist?' ,Ja, kann er denn von unserer Heirat nicht auch auf andere Weise erfahren?' ,Das kann ich allerdings nicht verhindern, aber es ist bei seiner Lebensweise unwahrscheinlich.' ,Wenn du solche Freunde hast, Georg, hättest du dich überhaupt nicht verloben sollen.' ,Ja, das ist unser beider Schuld; aber ich wollte es auch jetzt nicht anders haben.' Und wenn sie dann, rasch atmend unter seinen Küssen, noch vorbrachte: ,Eigentlich kränkt es mich doch', hielt er es wirklich für unverfänglich, dem Freund alles zu schreiben. ,So bin ich und so hat er mich hinzunehmen', sagte er sich, ,ich kann nicht aus mir einen Menschen herausschneiden, der vielleicht für die Freundschaft mit ihm geeigneter wäre, als ich es bin.'/Und tatsächlich berichtete er seinem Freunde in dem langen Brief, den er an diesem Sonntagvormittag schrieb, die erfolgte Verlobung mit folgenden Worten: ,Die beste Neuigkeit habe ich mir bis zum Schluß aufgespart. Ich habe mich mit einem Fräulein Frieda Brandenfeld verlobt, einem Mädchen aus einer wohlhabenden Familie, die sich hier erst lange nach Deiner Abreise angesiedelt hat, die Du also kaum kennen dürftest. Es wird sich noch Gelegenheit finden, Dir Näheres über meine Braut mitzuteilen.'"[90]

In der Tat ein „besonderes Korrespondenzverhältnis", ein Briefverkehr mit dem Freund über den Verkehr mit einer Frau und den Verdacht, etwas an diesem Verkehr könne verkehrt sein. Noch Kafka ist grundsätzlich (und grundstürzend – wie sollte das bei Kafkatexten anders sein?) dem um 1800 etablierten Differenzierungsschema von Freundschaft und Liebe verschrieben. Es eröffnet ein neues Verhältnis von Ex- und Inklusion. Liebe wird exklusiv und antikommunikativ (ohne Unsagbarkeitstopik ist große Liebe nicht zu haben), Freundschaft hingegen wird inklusiv und bleibt kommunikativ.[91] Konkret heißt das: Liebe wird in polemischer Absetzung von Maitressenwirtschaft nach dem Idealschema einer folie à deux konzipiert. Freundschaft aber wird immer häufiger zu einem Dreierbund. „Ich sei, gewährt mir die Bitte, in Eurem Bunde der Dritte." Schon Odoardo berichtet ja Hollin davon, daß er ein neues Freundespaar gefunden hat. Drei Freunde – das Schema wird schnell populär: *Die drei Musketiere*, *Three men in a boat*, *Die Drei von der Tankstelle* sowie viele Kinder- und Jugendbücher mit Titeln wie *Drei Freunde auf großer Fahrt* belegen die Prägekraft des Dreierschemas der Freundschaft, das sich vom Zweierschema der Liebe in der Epoche nach dem Sieg der Liebe über die Freundschaft absetzt.

---

90 Franz Kafka: Das Urteil, in: ders.: Gesammelte Werke in 9 Bdn., ed. Max Brod. Ffm 1950, p. 45 sq.
91 Cf. dazu die in andere Richtung weisenden Überlegungen von Claudia Schmölders: „Was unterscheidet die Gesprächigkeit der Liebe von jener der Freundschaft? Die Franzosen, allen voran Mademoiselle de Scudéry aus dem 17. Jahrhundert, meinten, die Liebe öffne die Herzen für alles und jedes Thema – die Freundschaft sei schamhafter. Oder mit Else Lasker-Schüler zu sprechen: Liebe sei königlich, Freundschaft dagegen indianisch." (Claudia Schmölders: Lieben auf jüdisch und deutsch – Vermutungen zur Ideengeschichte; in: Merkur 596, November 1998, p. 1039.)

Achim von Arnims Urfreund Clemens Brentano hat in seinem „verwilderten"
Roman *Godwi* in bemerkenswerter Deutlichkeit gesehen, daß neue Grenzziehungen dazu da sind, alsbald auf ihre Durchlässigkeit getestet zu werden. Ob „verliebte Freundschaft" tatsächlich an der ab dem *Werther*-Roman wie eine Super-
nova explodierende „allgemeinen Liebesziererei" zuschanden wird, ist eine der
Fragen des Romans, der ja nicht umsonst dem inzestuösen Urparadigma der Be-
griffsverwilderung verschrieben ist. Dem neuen exklusiven Liebeskult begegnet
Brentanos Prosa mit ebenso harschen Worten wie der verliebten Freundschaft:
„Die allgemeine Liebesziererei ist übrigens das Geschäft eines Complimenteurs,
wie es Philander von Sittewald übersetzt: eines compli menteur, eines vollkom-
menen Lügners./Die verliebte Freundschaft aber ist nichts anders als entweder
erbärmliche, süßliche Schwäche, völlige Unmännlichkeit des einen Teils, oder
Täuschung. Ich bin versichert, daß der Freund, der mir lange in den Armen liegt,
entweder ohnmächtig, sterbenskrank, verwundet und dergleichen ist, oder mich
gar nicht meint, sondern irgend ein hübsches Mädchen, oder eine heimliche, un-
erreichliche Geliebte, in deren Armen er gern so rechtlich, so ungestört und frei
liegen möchte./Wenn Ich es daher ja dulde, daß mein Freund so etwas tue, so tue
ich es aus Mitleid, ich laß ihn an sein Mädchen denken, und denke wo möglich
auch an irgend eine./Das Wesen der eigentlichen Freundschaft wird hierdurch
gestört, denn es besteht nicht in Auswechslung, in Vermischung und Durchdrin-
gung, es besteht in bloßer Geselligkeit."[92]
Die Versuchung, Emphatisierungs- mit Ernüchterungsschüben zu begegnen,
ist unwiderstehlich. Aber gerade diese Ernüchterungsarbeit hat ihre analytische
Kraft. Denn sie anerkennt die sozialsemantische Transformation, die man emphatisch oder eben nüchtern charakterisieren kann. Freundschaft wird zur „bloßen Geselligkeit". Und Geselligkeit umfaßt mehr als nur zwei Personen. Das aber
heißt: Freundschaft droht qua der ihr innewohnenden Geselligkeit, inflationär zu
werden und also aufzuhören, überhaupt Freundschaft zu sein. Ein Einwand, den
Brentano selbst sogleich an die soeben zitierten Überlegungen anschließt. „Hier
unterbrach mich Haber, – ‚bloße Geselligkeit ist nach meinen Gefühlen noch
lange keine Freundschaft, ich kenne sehr gesellige Menschen, die keiner eigentlichen warmen Freundschaft, die so recht aus der Seele kömmt, fähig sind, die den
Drang, sich an Freundesbrust zu schließen, Herz an Herz, Aug an Aug, Lippe an
Lippe, Pulsschlag, Blick, Hauch und Wort zu teilen, nicht in sich haben.'"[93]
Die hier verwendeten Paarformulierungen aber stehen für die Charakterisierung von Freundschaftsbeziehungen eigentlich nicht mehr zur Verfügung. Denn
sie sind ersichtlich schon vergeben – für das Liebesregister. Und so bleiben für die
Freundschaft ironische, sarkastische oder gar zynische Perspektiven über. Im
Rückblick auf die Ausdifferenzierung von Zweier-Liebe und Dreier-Freundschaft
bzw. -Geselligkeit kann es dann in Oscar Wildes *Dorian Gray* heißen: '"Poor La-

---

92 Clemens Brentano: Godwi; in: ders.: Werke, ed. Friedhelm Kemp, Bd 2. München 1964, p. 238
   sq.
93 Ibid., p. 239.

dy Brandon! You are hard on her. Harry!' said Hallward, listlessly. ‚My dear fellow, she tried to found a salon, and on I y succeeded in opening a restaurant. How could I admire her? But tell me, what did she say about Mr. Dorian Gray?'/‚Oh, something like ‚Charming boy' – poor dear mother and I absolutely inseparable. Quite forget what he does – afraid he doesn't do anything – oh, yes, plays the piano – or is it the violin, dear Mr. Gray?' Neither of us could help laughing, and we became friends at once.'/‚Laughter is not at all a bad beginning for a friendship, and it is far the best ending for one.' said the young lord, plucking another daisy. Hallward shook his head. ‚You don't understand what friendship is, Harry' he murmured – or what enmity is, for that matter. You like every one; that is to say, you are indifferent to every one.'/‚How horribly unjust of you!' cried Lord Henry, tilting his hat back, and looking up at the little clouds that, like ravelled skeins of glossy white silk, were drifting across the hollowed turquoise of the summer sky. ‚Yes; horribly unjust of you. I make a great difference between people. I choose my friends for their good looks, my acquaintances for their good characters, and my enemies for their good intellects. A man cannot be too careful in the choice of his enemies. I have not got one who is a fool. They are all men of some intellectual power, and consequently they all appreciate me. Is that very vain of me? I think it is rather vain."'[94]

Man braucht diese Oscar-Wilde-Sätze nur mit dem Gedicht *To a Friend* von Hartley Coleridge aus dem Jahr 1833 zu kontrastieren, um schlaglichtartig zu sehen, wie sich die Freundschaftskonzeptionen verschoben haben.

> When we were idlers with the loit'ring rills,
> The need of human love we little noted:
> Our love was nature; and the peace that floated
> On the white mist, and dwelt upon the hills,
> To sweet accord subdued our wayward wills:
> One soul was ours, one mind, one heart devoted,
> That, wisely doting, asked not why it doted,
> And ours the unknown joy, which knowing kills.
> But now I find how dear thou wert to me;
> That man is more than half of nature's treasure,
> Of that fair beauty which no eye can see,
> Of that sweet music which no ear can measure;
> And now the streams may sing for others' pleasure,
> The hills sleep on in their eternity.

Selig sind die Zeiten, in denen man sich noch an binären Termen wie Liebe und Freundschaft orientieren konnte. Vieles spricht dafür, daß beide Begriffe heute ihre Konkurrenzkraft verloren haben. Und das schlicht deshalb, weil sie in sich selbst pluralisiert sind. Von *einem* verbindlichen Liebeskonzept, von *einem* kulturell dominanten Freundschaftsverständnis wird man in Gesellschaften, die sich selbst als postmodern charakterisieren, nicht mehr sprechen können. Mille pla-

---

94 Oscar Wilde: The picture of Dorian Gray. Leipzig 1908, p. 16.

teaux, n-Geschlechter, unüberschaubar viele Kombinatoriken, die keine Kreuzta-belle mehr fassen kann. Das ist der Stoff, aus dem neue Romanmixturen über Liebe und Freundschaft gemacht sind – siehe paradigmatisch Thomas Meineckes Roman *Tomboy*.[95] Geblieben aber ist das Versprechen von schöner Literatur, „the unknown joy, which knowing kills" so zu thematisieren, daß auch die gewußte, beschriebene, verschriebene Lust Lust bleibt.

Weil das so ist, gibt es die Lust am Text, mit dem man befreundet ist und/oder den man liebt. Solchen Textliebhabern sollen und wollen Festschriften huldigen. „Es gibt in dem Tempel der Gelehrsamkeit würklich einen Götzen, der unter seinem Bild die Aufschrift der philosophischen Geschichte trägt; und dem es an Hohenpriestern und Leviten nicht gefehlt. Stanley und Brucker haben uns Kolossen geliefert, die eben so sonderbar und unvollendet sind als jenes Bild der Schönheit, das ein Grieche aus den Reitzen aller Schönen, deren Eindruck ihm Absicht und Zufall verschaffen konnte, zusammensetzte. Meisterstücke, die von gelehrten Kennern der Künste immer sehr möchten bewundert und gesucht; von Klugen hingegen als abentheuerliche Gewächse und Chimären in der Stille be-lacht oder auch für die lange Weile und in theatralischen Zeichnungen nachge-ahmt werden./Weil Stanley ein Britte und Brucker ein Schwabe ist: so haben sie beyde die lange Weile des Publicums zu ihrem Ruhm vertrieben; wiewohl das Publicum auch für die Gefälligkeit, womit es die ungleichen Fehler dieser Natio-nalschriftsteller übersehen, gelobt zu werden" verdient.[96]

---

95 Thomas Meinecke: Tomboy. Ffm 1989.
96 Johann Georg Hamann: Sokratische Denkwürdigkeiten für die lange Weile des Publicums zu-sammengetragen von einem Liebhaber der langen Weile; in: ders.: Sämtliche Werke, ed. Sven-Aage Joergensen. Stuttgart 1968, p. 18 sq.

# 14. Schlafen
## Unerhörte Verse: Goethes *Nachtgesang* und Storms *Hyazinthen*

„Schlafe! Senke Deine Wimpern ineinander, lasse Dich umweben so leise wie mit Sommerfäden auf der Wiese. Umweben lasse Dich mit Zauberfäden, die Dich ins Traumland bannen, schlafe! Und gib vom weichen Pfühle träumend ein halb Gehör." Die Imperative (Schlafe! Senke Deine Wimpern! Schlafe!), die Bettine von Arnim an Goethe richtet, sind überflüssig. Sinnlos sind sie sowieso. Denn keinem Schlaflosen hat je der Befehl, er müsse jetzt einschlafen, über seine Qual hinweggeholfen. Goethe aber war bekanntlich wie viele bedeutende Schriftsteller ein Schläfer von Graden. Das im *Taschenbuch auf das Jahr 1804* erstmals gedruckte Gedicht *Nachtgesang*, dessen berühmte Eingangszeile Bettine evoziert, kann nur von einem begnadeten und lustvollen Schläfer stammen. Zu den Paradoxie-Erfahrungen, die der angesprochene Schläfer (bzw. die Schläferin) mit der logischen Laxheit macht, die dem Schlaf nun einmal eigentümlich ist, gehört es, daß er oder wohl doch sie, die schon halbwegs schläft, den Imperativ „Schlafe!" gleich fünfmal vernimmt. Tu, was du eh schon tust; sei, wer du bist – es ist recht und gut so. Anders als die Augen bleiben die Ohren auch im Schlaf geöffnet. Der Aufforderung zum Schlaf Folge zu leisten, würde der Schlafenden auch dann leicht fallen, wenn sie nur im Halbschlaf und bei Halbbewußtsein wäre. Denn diese Aufforderung ist mit einer in Frageform gekleideten ultimativen Verheißung verbunden: „was willst du mehr?"

### Nachtgesang

O gib vom weichen Pfühle,
Träumend, ein halb Gehör!
Bei meinem Saitenspiele
Schlafe! was willst du mehr?

Bei meinem Saitenspiele
Segnet der Sterne Heer
Die ewigen Gefühle;
Schlafe! was willst du mehr?

Die ewigen Gefühle
Heben mich, hoch und hehr,
Aus irdischem Gewühle;
Schlafe! was willst du mehr?

Vom irdischen Gewühle
Trennst du mich nur zu sehr,
Bannst mich in diese Kühle;
Schlafe! was willst du mehr?

Bannst mich in diese Kühle,
Gibst nur im Traum Gehör.
Ach, auf dem weichen Pfühle
Schlafe! was willst du mehr?

Der Klangzauber dieses Gedichts ist immer wieder bewundert worden – selbst von Goethe-kritischen Köpfen wie Gottfried Benn. Es ist von raffinierter bzw. erlesener Einfachheit. Kein Wunder: liegt ihm doch ein im Hinblick auf die Refrain-Zeile wortwörtlich ins Deutsche übersetztes italienisches Volkslied zugrunde, das Goethe vielleicht während seines Italien-Aufenthalts, sicherlich aber in der kunstvollen Vertonung Johann Friedrich Reichardts kennengelernt hatte: „Dormi, che vuoi di più?" Die fünfmal vier Zeilen des Gedichts kommen mit nur zwei Reimen aus, die sich allerdings die Freiheit nehmen, sowohl in vollendeter Reinheit zu erklingen als auch ins Unreine hinüberzumodulieren: „Gefühle – Gewühle bzw. Pfühle – Spiele / hehr – sehr bzw. Gehör – mehr". Zum Zauber des Gedichts trägt auch seine rondohafte Qualität bei: Die dritte Zeile jeder Strophe wird (mit der kleinen Ausnahme, daß die Wendung „aus irdischem Gewühle" zu „vom irdischen Gewühle" wird) in der Anfangszeile der folgenden Strophe aufgenommen.

Und so entsteht ein vollendetes lyrisches Gebilde, das gleich drei durchgehende Text-Fäden hat: erstens die identisch wiederholte Schlußzeile jeder Strophe, zweitens die je doppelt erklingende dritte bzw. erste Zeile und drittens die alles verbindenden zwei Reimpaare. Soviel Harmonie und Homogenität ist selbst für die schwer zu ertragen, die Ruhe und Schlaf suchen. Und so gibt es in diesem schlichten Gedicht reizvolle Abgründe und Fragen, die einem den Schlaf rauben können und die geeignet sind, das Text-Gewebe reißen zu lassen – und eben dadurch eine großartige Einsicht zu gewähren. Zauberhaft ist Goethes *Nachtgesang* aufgrund der Spannungen, die er löst. Wer spricht, wer hört, wer spielt, wer träumt, wer gibt, wer nimmt, wer vereint, wer trennt, wer befreit, wer bannt denn da? Singt ein Liebender eine Geliebte in den Schlaf oder spielt eine Schöne dem Geliebten auf? Ist dem Schlaf ein Beischlaf, eine Vereinigung vorausgegangen? Hat die insistente Frage „was willst du (mehr)?" einen handgreiflichen Grund? Ist die fünffach wiederholte Frage gar auch als Bitte zu verstehen, selbst in Ruhe gelassen zu werden?

Wer immer, auf weichem Kissen liegend, wem ein halb Gehör schenken soll: die erotischen Allusionen des Gedichts sind unüberhörbar. Jeder Liebesvereinigung aber muß die Trennung der Liebenden folgen. Jedes heiße Gefühl erfährt eine Abkühlung. Jedem Aufschwung folgt ein Abschwung – und Goethe war (wie nicht nur die Schlußwendung von *Faust II* zeigt) der letzte, diesen Auf- und Abschwung nicht äußerst konkret, also phallisch zu denken. Doch ist den Zeilen auch eine Dimension eigen, die die erotische Sphäre geradezu kosmisch übersteigt. Der „Sterne Heer" segnet die ewigen Gefühle; und die ewigen Gefühle sorgen dafür, daß der oder die Singende „hoch und hehr" über das irdische Gewühle hinaufgehoben wird. Dieses Hochgefühl aber schlägt um, denn die Trennung vom irdischen Gewühle, die der Schlaf wie die Kunst gnädig gewähren, kann allzugroß werden: „Vom irdischen Gewühle/Trennst du mich nur zu sehr."

Diese Wendung „nur zu sehr" hat es in sich. Denn unversehens gewinnen die enthusiastischen Gefühle eine thanatologische Qualität. Das unbestimmte „Du", das den berühmten kleinen Tod des erfüllten Liebesaktes gewährt haben mag, droht den Singenden „zu sehr" in seinen „Bann" zu schlagen und damit seine Identität preiszugeben. Es ist die gespenstische Identität des Todes: „Bannst mich in diese Kühle." Als Bruder des Schlafs haben die Alten den Tod gebildet. Daß der Tod, wenn wir ihn mit Worten wie „vorüber, ach vorüber, geh, wilder Knochenmann" anflehen, uns Gehör gibt, ist nur ein schöner Traum: „Bannst mich in diese Kühle,/Gibst nur im Traum Gehör." Und so wird die besessen wiederholte Zeile äußerst konkret lesbar: Gib, daß dieser Schlaf ein Schlaf ist, dem ein Erwachen folgt; gib, daß dieser kleine Tod kein irreversibler ist; gib, daß ich nicht „zu sehr" vom irdischen Gewühle getrennt werde; gib, daß ich, wenn ich schlafend Abschied vom irdischen Gewühle und von meinem rigiden Tages-Ich nehme, nicht auch Abschied von mir selbst nehmen muß. Vom irdischen Gewühle nämlich gilt, was Goethe vom Leben, wie immer es sei, dichtet: lohnend ist's und gut. Schlafen, um wieder zu erwachen, um das Leben stets erneut als ein Liebes-Fest der wiederholten Schwellenüberschreitungen zu erfahren, für die das stets erneute, rätselhafte Passieren der Grenze zwischen Wachsein und Schlaf, zwischen Schlaf und Erwachen einsteht: Was willst du mehr? Daß die Bitte nicht unerhört bleibt.

*

Fünfzig Jahre nach Goethes Zeilen, also im Jahr 1852, schreibt Theodor Storm sein bestes Gedicht und eines der besten deutschsprachigen Gedichte überhaupt: *Hyazinthen*. Mit den Goethe-Zeilen sind Storms Verse wahlverwandt. Auch sie evozieren eine Liebes-Nacht voller Musik; auch sie beziehen ihren Reiz aus obsessiven Wiederholungen; auch sie handeln von Schwellen-Erfahrungen; auch sie beklagen eine Trennung, die allzugroß zu werden droht; und auch sie geben dem Wunsch Ausdruck, einen Schlaf zu finden, der nicht immer dauert.

### Hyazinthen

Fern hallt Musik; doch hier ist stille Nacht,
Mit Schlummerduft anhauchen mich die Pflanzen.
Ich habe immer, immer dein gedacht;
Ich möchte schlafen, aber du mußt tanzen.

Es hört nicht auf, es rast ohn Unterlaß;
Die Kerzen brennen und die Geigen schreien,
Es teilen und es schließen sich die Reihen,
Und alle glühen; aber du bist blaß.

Und du mußt tanzen; fremde Arme schmiegen
Sich an dein Herz; o leide nicht Gewalt!
Ich seh dein weißes Kleid vorüberfliegen
Und deine leichte, zärtliche Gestalt. –

Und süßer strömend quillt der Duft der Nacht
Und träumerischer aus dem Kelch der Pflanzen.
Ich habe immer, immer dein gedacht;
Ich möchte schlafen, aber du mußt tanzen.

Man hat diese Zeilen immer wieder als starken Ausdruck einer verstörenden Eifersucht gelesen. Ersichtlich nicht zu Unrecht. Schon die Überschrift *Hyazinthen* verweist auf eine paradigmatische Eifersuchts-Geschichte der griechischen Mythologie. In den wunderschönen Jüngling Hyakinthos verlieben sich viele und unter ihnen auch der Musengott Apoll, der ihn im Diskuswerfen unterrichtet. Das erzürnt den eifersüchtigen Westwind so sehr, daß er einen Diskus gegen den Kopf des Jünglings schleudert. Aus dem Blut des tödlich verletzten Hyakinthos entspringt die nach ihm benannte, betörend duftende Blume. Der Gedicht-Titel paßt; die lyrische Szene scheint und ist von einer Eindeutigkeit, die in Gedichten selten ist: Ein Mann erträgt es nicht, die Geliebte tanzend in den Armen eines anderen, ja mehrerer anderer zu wissen. Er verliert darüber geradezu die Fassung – so wie das Gedicht seinen jambischen Rhythmus ab und an durch wunderbare gegenmetrische Akzente bedroht. Wendungen wie „fern hallt Musik" oder „anhauchen mich die Pflanzen" verlangen mehr Akzente als der Jambus bereithält; und auch das wiederholte, eigentümlich bedrohende, weil unspezifische „es" in der zweiten Strophe läßt buchstäblich etwas – es: was? – aus dem Takt geraten.

Aus dem Takt gerät mit der Liebe das Leben. Denn die Schöne tanzt, vom Duft der Hyazinthen betört, einen Totentanz: „Die Kerzen brennen und die Geigen schreien,/Es teilen und es schließen sich die Reihen,/Und alle glühen; aber du bist blaß." Die Blasse im weißen Kleid möchte nicht, sie muß tanzen. Die Gewalt, die ihr droht, ist nicht die einer erotischen Verführung oder gar einer Vergewaltigung. Es ist keine andere als die ultimative des Todes. Und die Eifersucht, die der Liebende erfährt, der schlafen und wohl auch mit der leichten, zärtlichen Gestalt im weißen Kleid schlafen möchte, trägt das alte Eifersuchts-Duett zwischen dem Tod und der Liebe aus. Ich habe das letzte Wort, sagt Thanatos triumphierend zu Eros; „Produktion der Leiche ist, vom Tode her gesehen, das Leben", heißt es hart bei Walter Benjamin. Ohne mich aber wärst du machtlos, sagt Eros zu Thanatos; ich bin deine Voraussetzung und also größer als du (cf. Kap. 9).

Der Schlaf ist der Dritte im Bunde. Als Beischlaf paktiert er mit Eros, als Macht, die uns von uns entfernt, ist er der Bruder von Thanatos; in beiderlei Gestalt gewährt er einen kleinen Tod. In Epochen, die an der systematischen Abschaffung von Schwellen-Erfahrungen aller Art arbeiten, ist der Schlaf die verbleibende Schwellenerfahrung schlechthin. Wenn wir träumen, daß wir träumen, sind wir dem Erwachen nah. Der Schlaf, der uns von uns entfernt, ist so unwiderstehlich, weil er uns wieder freigibt. Schlafe! Was willst du mehr?

# 15. „DEN Menschen"
## Etcetera-Typen: Der Mensch im Lichte der Literatur-Wissenschaft

*Der Mensch.*

Empfangen und ernähret
  Vom Weibe wunderbar
Kömmt er und sieht und höret,
  Und nimmt des Trugs nicht wahr;
Gelüstet und begehret,
  Und bringt sein Thränlein dar;
Verachtet, und verehret;
  Hat Freude, und Gefahr;
Glaubt, zweifelt, wähnt und lehret,
  Hält Nichts, und Alles wahr;
Erbauet, und zerstöret;
  Und quält sich immerdar;
Schläft, wachet, wächst, und zehret;
  Trägt braun und graues Haar etc.
Und alles dieses währet,
  Wenn's hoch kommt, achtzig Jahr.
Denn legt er sich zu seinen Vätern nieder,
Und er kömmt nimmer wieder.

Das berühmte Gedicht von Matthias Claudius[97] fehlt in kaum einer Anthologie deutscher Lyrik. Es erschien erstmals 1783: in Frakturschrift, in jener Schrift also, „deren graphisches Bild allegorische Züge bewahrt"[98]. Und dieser Schrifttypus ist seit etwa hundert Jahren zugunsten der neuen Standard-Schrifttypen Antiqua, die Adorno wie „bloße säkularisierte Nachbilder"[99] der Fraktur erschienen, aus den Büchern weitgehend verschwunden. Mit den Schrifttypen aber ändert sich auch das Bild vom Menschen. Die nicht sehr freundliche, aber umgangssprachlich verbreitete Etikettierung eines Individuums als „diese Type" oder „dieser Typ" mag so etwas wie ein unbewußtes Wissen davon bekunden, daß Menschen Fassungen brauchen, die sie prägen.[100] ,Typos' – das griechische Wort für ,Schlag, Gepräge,

---

97 Es wurde hier nach dem Erstdruck wiedergegeben. Auch die als einigermaßen zuverlässig geltende Ausgabe der Sämtlichen Werke (edd. Jost Perfahl/Rolf Siebke/Hansjörg Platschek. München 1989) weicht vom Erstdruck erheblich ab. So fehlt der Punkt nach der Überschrift; die beiden letzten Zeilen sind nicht linksbündig hervorstehend gesetzt; „Nichts" und „Alles" in Vers 10 sind kleingeschrieben; „Thränlein" in Vers 6 ist ohne „h" gesetzt – und das bei den Versen eines Autors, der Hamanns *Neue Apologie des Buchstaben H.* rezensierte.
98 Theodor W. Adorno: Satzzeichen; in: ders.: Gesammelte Schriften, Bd. 11: Noten zur Literatur. Ffm 1974, p. 107.
99 Ibid., p. 107.
100 Cf. Walter Seitter: Menschenfassungen – Studien zur Erkenntnispolitikwissenschaft. München 1985.

Form, Muster' bezeichnet einen Menschenschlag ebenso wie den Schlag einer Letter.[101] Mit welchem für den Menschenschlag typischen Schicksal Menschen geschlagen sind, welchen Schickungen und welchen Typisierungen sie, die menschlichen Sub-jekte, unter-liegen, ist die Leitfrage des um seiner lakonischen Qualitäten willen faszinierenden Gedichts von Matthias Claudius.

Anthologien, die diese wundersamen Zeilen in Antiqua wiedergaben, standen regelmäßig vor dem Typen-Problem, wie denn das so ganz unpoetische Abkür-zungszeichen in der vierzehnten Zeile, das sich in der Erstpublikation findet, aber nur in Fraktur üblich ist, zu transkribieren sei: nämlich das „etc" (das hier aus drucktechnischen Gründen nicht in seiner Originalgestalt facsimilierbar ist und das der geneigte Leser deshalb bitte selbst nachschlagen möge). Die vordere Hälfte dieses Zeichens ist eine sogenannte Tironische Note[102]; sie steht für das lateinische „et"; bei der ergänzenden Hälfte handelt es sich um den Frakturbuchstaben „c". Macht zusammen „etc".[103] Dieses Zeichen aber war vielen Anthologie- und auch Werkherausgebern entweder nicht bekannt oder nicht geheuer. Sie ließen es deshalb in ihrer Edition einfach weg oder transkribierten es gar mit „usw."[104] Eine barbarische oder aber eine humane Philologie? Barbarisch ist zweifellos die Umschrift mit „usw."; sie mag eine semantisch untadelige funktionale Äquivalenz zum lateinischen „etcetera" sein, doch sie stört banausisch den Reimzauber, den das Gedicht so suggestiv entfacht. Es mögen ja auch die Begriffe „Vögelein" und „Piepmätzchen" von gleicher Extension sein; aber kein Anthologieherausgeber würde es wagen, Goethes Nachtliedzeile mit „die Piepmätzchen schweigen im Walde" wiederzugeben.

Die barbarische usw.-Version ist also zu verwerfen. Aber auch die, die das abkürzende Zeichen für Iteratives schlicht verschwinden läßt? Ist die humane Absicht hinter dieser Philologie nicht unübersehbar? Ist das editorisch korrekte „etc." nicht von einer unmenschlichen und antiindividuellen Nüchternheit und Kälte, die allen empfindsamen Tendenzen des Gedichts widerspricht? Liegt nicht

---

101  Cf. dazu Günter Oesterle: Arabeske, Schrift und Poesie in E.T.A. Hoffmanns Kunstmärchen *Der goldene Topf*, in: Athenäum – Jahrbuch für Romantik 1991, pp. 69–107 und Peter Fuchs: Die Form romantischer Kommunikation; in: Athenäum 1993, pp. 199–222.

102  Cf. Carl Faulmann: Das Buch der Schrift, enthaltend die Schriftzeichen und Alphabete aller Zeiten und aller Völker des Erdkreises. Wien 1880, Reprint Nördlingen 1985, p. 194: „Die tironischen Noten wurden von Marcus Tullius Cicero, einem Freigelassenen des Cicero, erfunden, um dessen Reden aufzuzeichnen. Die von Tiro aufgestellten Abkürzungen der Begriffswörter, der Präfixe und Suffixe wurden später von anderen vermehrt."

103  Matthias Claudius hat es auffallend gerne und häufig verwendet.

104  Cf. die Übersicht bei Herbert Kraft: Editionsphilologie. Darmstadt 1990, p. 97: „In den Ausgaben von Urban Roedl und Jost Perfahl sowie in der Anthologie von Edgar Hederer, in der *Frankfurter Anthologie*, in den Anthologien von Dietrich Bode und Klaus Bohnen steht dafür ‚etc.'; in den Ausgaben von Hannsludwig Geiger und Hans Jürgen Schultz aber ‚...'; in den Anthologien von Echtermeyer/von Wiese, Ernst Bender, Karl Otto Conrady und Karl Krolow ist die Abkürzung gar weggelassen; in den Ausgaben von Georg Behrmann, Gustav Graeber, Hermann Hesse und Günter Albrecht, in denen zwar die Frakturschrift beibehalten, aber die Orthographie modernisiert wurde, ist schließlich ‚usw.' zu lesen."

eine tiefere humanistische Wahrheit in der philologischen Unkorrektheit, das kaufmännische Kürzel einfach auszulassen? Heißt Humanismus nicht auch, den Menschen wichtiger zu nehmen als die Signifikanten und die Abkürzungszeichen zumal? Das „etc." will sich auf DEN Menschen nicht so recht reimen. „Etc" – das heißt: Alles geht weiterhin in einer Weise seinen absehbaren Gang, die nicht eigens buchenswert ist. Sollten die, wenn es hochkommt, achtzig Jahre eines und jeden Menschenlebens in achtzehn dichten Zeilen, deren Lektüre nicht einmal eine Minute erfordert, hinreichend beobachtet, beschrieben, verdichtet, gedichtet sein?

Das individuelle, unverwechselbare, einmalige Leben eines Menschen, das/der nimmer wiederkommt und das/der kein Double hat, ist der Struktur des Menschenschlags überhaupt verpflichtet und ihr so eingeschrieben, daß ein „etc." gerechtfertigt ist. Zu Beginn einer geistesgeschichtlich wirkungsmächtigen Epoche humanistischen Denkens erfüllt und unterläuft das (strukturalistische[105]) Gedicht das Pathos des Humanismus. Es wechselt (zwischen Individuellem und Allgemeinem, zwischen Erfüllung und Enttäuschung, zwischen Freude und Trauer, zwischen Lust und Qual) so verläßlich die Ebene der Zurechnung der Ereignisse und Erlebnisse, die ein Menschenleben ausmachen, wie den Reim. Verläßlich, ja fast schon berechenbar ist die Rhetorik und die poetische Struktur der achtzehn Verse, deren erste acht Paare mit nur zwei Reimklängen auskommen, allemal. In äußerst regelmäßigen Jamben breiten die acht ersten Reimpaare ein (sieben-sechssilbiges) Wechselspiel aus, das von der Alternanz zwischen weiblichem und männlichem Versende getragen wird („genähret, höret, begehret etc." vs. „wunderbar, wahr, dar etc."). Alliterationen („vom Weibe wunderbar") und Asyndeta („glaubt, zweifelt, wähnt und lehret" sowie „schläft, wachet, wächst, und zehret") sorgen für eine Intensivierung und Verdichtung, die nur deshalb nicht die Grenze zur Sentimentalität überschreitet, weil die kaufmännisch sachlichen Summenbegriffe „etc." und „alles dieses" einer solchen Tendenz widerstreiten.

Und so ergäbe sich mit der Alternanz der a-b-Reime, der sieben und sechs Verssilben sowie der unbetonten und der betonten jambischen Silben der Eindruck einer ewigen Wiederkehr des Immergleichen („etc."), wenn dem Gang des Gedichts und dem Lauf des Menschenlebens nicht eine doppelte Irreversibilität unabdingbar wäre. Die erste ist so schlicht wie offensichtlich: es ist die der Zeit. Das kurze Gedicht beginnt und hört auf – so wie das (auch wenn es hochkommt) kurze Menschenleben. Die vita brevis ist ein Spannungsbogen zwischen Natalität und Mortalität, zwischen dem Ereignis, „vom Weibe wunderbar" empfangen und dem, „zu den Vätern" verabschiedet zu werden. Scharf akzentuiert ist diese Irreversibilität sowohl formal als auch semantisch: Ein neues Reimpaar („nieder/wieder") macht erstmals und nun auch schon abschließend dem siebenfach

---

105 Strukturalistisch darf es genannt werden, weil es ganz offensichtlich an den elementaren Strukturen von menschlichem Dasein überhaupt interessiert ist. Begriffsgeschichtlich auffallend ist übrigens, daß Heideggers daseinsanalytisches Hauptwerk *Sein und Zeit* so intensiven philosophischen Gebrauch vom Begriff ‚Struktur' macht.

eingespielten Reimpaar ein Ende. Und die Wendung „und er kömmt nimmer wieder" läßt in all ihrer Lakonie keinen Zweifel daran entstehen, daß von Unendlichkeit und ewiger Wiederkehr keine Rede sein kann.

Die zweite Irreversibilität ist subtiler. Die Versfüße und der Lebensweg führen „vom Weibe" (im zweiten Vers) „zu den Vätern" (symmetrisch im vorletzten Vers). Das ist eine bemerkenswerte Wendung. Denn sie knüpft an einen alten Spruch an und antizipiert zugleich eine Form der Theoriebildung, die sich im endenden 19. Jahrhundert auszuprägen beginnt.[106] Auf den alten Spruch „pater semper incertus" hat Claudius häufig angespielt; ja dieser Spruch speist durchweg seine so ausgeprägte Mädchen- und Mond-Metaphysik, die Mädchen und Frauen ein innigeres, ein intimeres Verhältnis zu Sein, Zeit und Gestirnen zuspricht als Jungen und Männern. Der Mensch (und der männliche Mensch zumal), der „wunderbar" vom Weibe empfangen und genährt wird und sich nach seiner Geburt vorrangig in Kontexten sinnlicher Erfahrungen (sehen, hören, gelüsten, begehren) durch sein junges Leben schlägt, ist mit zunehmendem Alter zusehends auf die Abstraktionen und Symbolisierungen angewiesen, die als spezifisch paternal gelten dürfen. Aufgrund der Prämaturität seiner Geburt (Lacan) mit symbolischen Orientierungen geschlagen, wird er zum instinktentbundenen Mängelwesen (um lieblos mit Gehlens Anthropologie zu formulieren), das ein abstraktes Weltverhältnis ausbilden muß.

Denn Vaterschaft beruht, wie Bachofen in seinem monumentalen Werk *Mutterrecht* (1861) darlegte, anders als Mutterschaft nicht auf sinnlicher Gewißheit, sondern auf „logischen" Postulaten und Überzeugungen (cf. Kap. 4). Zwischen Zeugung und Geburt, zwischen Ereignissen also, die in der Regel neun Monate auseinanderliegen, überhaupt einen Zusammenhang zu vermuten, setzt jene Abstraktionskraft, Theoriefreudigkeit und experimentelle Beobachtungslust voraus, die Frühgeschichte von Geschichte unterscheiden dürfte. Diese philogenetische Lösung des Prokreationsproblems, das Bachofen für den Sturz matriarchalischer Frühkulturen verantwortlich macht, wiederholt sich ontogenetisch unter dem vieldeutigen Titel *Aufklärung*. Sexuell und generell aufgeklärt ist, wer es gelernt hat oder sich gesagt sein läßt, daß sinnlichen Gewißheiten und suggestiven Erzählungen zu mißtrauen ist, wer „zweifelt, wähnt und lehret", wer „Nichts, und Alles wahr hält". Wohl wissend (aber eben nicht sinnlich beobachtend!), daß zur Geburt eines Kindes sowohl eine Mutter als auch ein Vater notwendig sind, rubriziert das Gedicht den Gewinn und Verlust dieser aufklärenden Verschiebung

---

106 Literaturwissenschaft macht gerne darauf aufmerksam, daß schöne Literatur theoretische Einsichten und Hypothesen mit einiger Regelmäßigkeit vorwegzunehmen pflegt. Wenn sie es nicht besser weiß als spezifische Disziplinen, so ahnt sie „es" doch früher. Man kann gar Theorien überhaupt danach ordnen, ob sie (wie etwa Systemtheorie, Kritische Theorie, Daseinsanalyse, Psychoanalyse oder Dekonstruktion) schöner Literatur einen relevanten Erkenntniswert zuspricht oder nicht (wie u.a. die analytische Philosophie, die nicht mehr Kritische Theorie des späten Habermas oder der logische Empirismus). Und natürlich kommt man, wenn man Theorien nach dieser Unterscheidung beobachtet, zur Beobachtung seltsamer Allianzen.

von den Sinnen zur Abstraktion doch in erwähnenswerter Weise: Die Geburt gehört dem mütterlichen Gravitationskreis, der Tod aber dem väterlichen zu.

Daß einer Mutter und einer sinnlichen Gewißheit („vom Weibe") viele Väter und viele Lehren („zu den Vätern") gegenüberstehen, macht das Gedicht nicht weniger tiefsinnig. Vielheit und Unentscheidbarkeit aber haben in den schönen Zeilen nicht das letzte Wort. Das letzte Wort hat vielmehr eine andere Gewißheit als die der lebenschenkenden Mutterschaft. Denn gewiß wie die Mutterschaft ist auch der Tod. Und so verfängt sich das Gedicht in einem eigentümlichen Chiasmus[107], der das Kreuz bezeichnet, das ein Menschenleben zu tragen hat: Gewiß ist, daß ein Menschenleben aus der mütterlichen Sphäre sinnlicher Gewißheit in eine Welt der Ungewißheit und Unsicherheit exiliert wird, in der es keine verläßlichen Grenzen zwischen Erkennen und Verkennen, zwischen Fürwahrhalten und Wähnen, zwischen Wahrheit und Trug gibt. Gewiß ist die Ungewißheit (des Lebens), ungewiß aber ist alle Gewißheit mitsamt der des Todes, über den wir, da er kein Ereignis des Lebens ist, nichts wissen können.

Nun mag man diese Thesen in sachlicher Hinsicht für angemessen, für immerhin diskussionswürdig oder für unsinnig halten. Das Voranstehende entstammt nun aber dem PC eines (glücklichen) Literaturwissenschaftlers, der aus dieser Berufsperspektive zu einem soziologischen Sammelband über das Thema „Der Mensch" beizutragen aufgefordert wurde. Glücklich ist er, der doch das Fach Literaturwissenschaft vertritt, von der Pflicht entbunden, in Hinsicht auf Sachprobleme wahre Sätze formulieren zu müssen. Als Literaturwissenschaftler ist er vielmehr gehalten, zutreffende Sätze über Literatur zu produzieren. Und die Haltbarkeit literaturwissenschaftlicher Aussagen bemißt sich nicht an ihrer sachlichen Richtigkeit, sondern einzig und allein daran, ob diese an „Primärliteratur" zu belegen sind.

Literaturwissenschaftliche Sätze werden nicht durch logische Ableitungen, Beweise, empirisches Datenmaterial etc., sondern durch philologisch korrekte Zitate aus und Verweise auf Primärliteratur „belegt". Über die Angemessenheit der vorgetragenen Interpretation entscheidet also nicht, ob das Ausgeführte anthropologisch, kulturhistorisch, soziologisch, psychologisch etc. haltbar ist, sondern ob es philologisch zu belegen ist. Wer die vorgetragene Interpretation bestreiten will, muß also z.B. bestreiten, daß sich dort die Wendung „vom Weibe" und „zu den Vätern" findet (ein Verweis darauf, daß Bachofens These von der scientific community nicht allgemein anerkannt wird, stürzt nicht schon die Deutung des Claudius-Gedichts), muß in Abrede stellen, daß die Formulierung „und er kömmt nimmer wieder" Irreversibilität ausdrückt, muß darlegen, daß die Reim- und Metrumsanalyse unzutreffend ist, muß belegen, daß die textkritischen und druckhistorischen Ausführungen falsch sind etc.

---

107 Die Tironische Note konfiguriert zusammen mit dem folgenden c übrigens zu einer Druckgestalt, die dem griechischen Buchstaben ‚chi' entspricht.

Literaturwissenschaft darf nicht nur, sie muß vielmehr, wenn sie denn Wissenschaft sein will, davon absehen, ob ihre Aussagen (mit der exklusiven Ausnahme ihrer Aussagen über Texte) sachlich stimmen. Was der Mensch sei, wird sie deshalb nicht sagen können. Was in Versen eines Dichters in einer bestimmten historischen und diskursiven Formation über DEN Menschen gesagt wurde, kann sie hingegen angeben. Dabei muß sie zur Kenntnis nehmen, daß sich die Bilder vom Menschen mit den Drucktypen und den diskursiven Formationen elementar ändern. So läßt sich literaturhistorisch beobachten, daß dem Bekanntheitsgrad des Gedichts *Der Mensch* von Matthias Claudius heute bloß noch der der zahlreichen Gedichte von Eugen Roth entspricht, die nicht mit dem bestimmten, sondern mit dem unbestimmten Artikel beginnen: „Ein Mensch". Und diese Gedichte klingen dann bei aller thematischen Affinität zu den Versen von Claudius ganz anders als diese – z.B. so:

*Mensch und Zeit*

Ein Mensch west, vorerst nur ein Traum,
Im All, noch ohne Zeit und Raum.
Doch sieh, schon drängt's ihn in die Furt
Des Stroms ans Ufer der Geburt,
Und eh er noch ein Erdengast,
Hat ihn die Zeit bereits erfaßt.
Der erste Blick, der erste Schrei –
Schon ist ein Quentchen Zeit vorbei,
Und was von nun an kommt, das ist
Nur Ablauf mehr der Lebensfrist,
Von deren Dauer er nichts weiß:
Ob er als Kind stirbt, ob als Greis,
Geboren ist er jedenfalls,
Entrückt der Ewigkeit des Alls.
Geburtsjahr, Tag und Stunde wird
Vom Standesamte registriert;
Der Mensch, merkt er's auch erst nur wenig,
Er ist der Zeit jetzt untertänig.[108]

Das wundersame Pathos in der poetischen Rede von DEM Menschen verstummt spätestens im 20. Jahrhundert weitgehend. Gedichte wie die von Eugen Roth (er veröffentlichte 1935 in Weimar seine berühmte Sammlung *Ein Mensch*, die inzwischen eine nach Millionen zählende Auflage erreicht hat) oder auch Christian Morgensterns schwindelerregender lyrischer Einhorn-Mensch-Vergleich beerben mit ihrer tiefsinnigen Ästhetik der Oberfläche die metaphorische Metaphysik der Lyrik vor und um 1800.

---

108  Eugen Roth: Das Eugen Roth-Buch. München 1993 (11.), p. 11.

*Das Einhorn*

Das Einhorn lebt von Ort zu Ort
nur noch als Wirtschaft fort.

Man geht hinein zur Abendstund
und sitzt den Stammtisch rund.

Wer weiß! Nach Jahr und Tag sind wir
auch ganz wie jenes Tier

Hotels nur noch, darin man speist –
(so völlig wurden wir zu Geist)

Im ‚Goldnen Menschen‘ sitzt man dann
und sagt sein Solo an ...[109]

Angesichts solcher Zeilen ist es einigermaßen leicht plausibel zu machen, daß zumindest die VertreterInnen einer Literaturwissenschaft, die vor der „Wut des Verstehens"[110] noch die gleichschwebend aufmerksame Lektüre pflegen, vergleichsweise (also im Vergleich zu Philosophen, Soziologen, Psychologen, Pädagogen etc.) wenig Vorbehalte gegen Diskursanalyse und Systemtheorie haben. Denn sie sind wie die Igel immer schon da. Wer Claudius und Morgenstern gelesen hat, wird für Sätze wie den folgenden ein offenes Ohr haben und ihn erst einmal hochplausibel finden: „Sieht man den Menschen als Teil der Umwelt der Gesellschaft an (statt als Teil der Gesellschaft selbst), ändert das die Prämissen aller Fragestellungen der Tradition, also auch die Prämissen des klassischen Humanismus."[111] Und er, der Spezialist für Paradoxien, Ironien, Chiasmen und Metaphern, die im poetischen Diskurs eher akzeptiert werden als im wissenschaftlichen, wird für das Problem der ethischen Paradoxien mensch-zentrierter Theorie sensibel sein: „Wen solche Lehren nicht erfreuen, verdienet nicht, ein Mensch zu sein", erklingt es in Mozarts *Zauberflöte*. Luhmann zitiert diese geflügelten Worte und schließt nüchtern an: „Dann bleibt aber die Frage: was machen wir mit ihm?"[112]

Und so ist es wohl auch kein Zufall, daß die französische Diskursanalyse in Deutschland zuerst und vergleichsweise vorbehaltlos von Literaturwissenschaftlern rezipiert wurde. Die ansonsten schon fast hysterische Reaktion auf den Schlußsatz von Foucaults *Les mots et les choses*, der ja trotz seiner Vieldeutigkeit in seinem sachlichen Gehalt nicht ernsthaft zu bestreiten ist: „daß der Mensch verschwindet wie am Meeresufer ein Gesicht im Sand", werden historisch orientierte Philologen nicht unbedingt teilen. Die schlichteste Lesart dieses Satzes,[113] derzu-

---

109  Zit. nach Jochen Hörisch (ed.): Das Tier, das es nicht gibt – Eine Text-Bild-Collage über das Einhorn. München 2005 (2.), p. 127.

110  So die Wendung des frühen vor-hermeneutischen Schleiermacher; cf. Jochen Hörisch: Die Wut des Verstehens – Zur Kritik der Hermeneutik. Ffm 1988.

111  Niklas Luhmann: Soziale Systeme. Ffm 1984, p. 288.

112  Niklas Luhmann: Gesellschaftsstruktur und Semantik, Bd. 3. Ffm 1989, p. 380.

113  Die Ironie seines unmittelbaren Kontextes wird selten vermerkt: „man kann wohl wetten, daß der Mensch verschwindet." Wer kann, wer soll, wer wird diese Wette gewinnen?

folge es in der Evolutionsgeschichte den Menschen nicht immer gegeben hat und nicht immer geben wird, mag die Gattung narzißtisch kränken. Ihr fast schon trivialer Sachgehalt aber wird von keiner ernstzunehmenden Seite in Frage gestellt. Und auch die sicherlich angemessenere und anspruchsvollere Lesart, wonach das humanistische Konzept des Menschen als eines in jeder Weise zentralen, konstitutiven und unhintergehbaren (transzendentalen) Wesens einen diskursanalytisch und -historisch präzise angebbaren Ort hat, ist nicht ernsthaft zu bestreiten. Man hat über den Menschen nicht immer so gedacht wie Kant, Fichte und Humboldt.

Literaturgeschichtsschreibung kann solche auffallenden stilistisch-rhetorisch-thematischen Verschiebungen (wie die zwischen Claudius und Morgenstern) beobachten und für weitere Theoriebildung anschlußfähig machen.[114] Und sie kann, eben weil sie nicht an Sachverhalten, sondern an Texten (sowie ihren Reimen, Metren, Motiven, Stilen und spezifischen Stimmigkeiten) interessiert ist, dabei beobachten, was der Aufmerksamkeit anderer Disziplinen entgeht, weil diese andere Unterscheidungen als die von ‚stimmig/unstimmig‘ resp. ‚ästhetisch geglückt/mißglückt‘ ziehen und kennen.

Nun ist dieses gerne verdrängte Paradox (daß der Wahrheitsanspruch von Literaturwissenschaft erfüllt ist, wenn sie darauf verzichtet, wahre/richtige Sätze über Sachverhalte zu formulieren)[115] nur möglich, weil Literatur (und dies eben nicht erst in modernen ausdifferenzierten Gesellschaften, sondern „seit jeher“, präziser: seit Hesiod und Platon)[116] weiß und sich sagen lassen muß, daß sie lügt (cf. Kap. I/1).

Gerade wegen dieses zumutungsreichen Verzichts auf Richtigkeit/Wahrheit kann sich Literatur ungewöhnliche Beobachtungen erlauben, die Literaturwissenschaft dann ihrerseits beobachten kann. So kann Literaturwissenschaft es für nennenswert halten, daß es auf das deutsche Wort ‚Mensch‘ kein stimmiges Reimwort gibt[117] – auf das englische ‚man‘ oder das französische ‚homme‘ kann man sich hingegen vielfache Reime machen (auch so schöne Binnenreime wie den von Jacques Offenbach, der – lange vor Mandelbrot – Paris als chaotischen „homme de la pomme“, als Apfelmännchen charakterisiert). Ob dergleichen mentalitätsgeschichtliche Folgen hat? Ob die spezifisch deutsche Hochschätzung DES Menschen und des Subjekts auch damit zusammenhängt?

---

114 Sie meidet freilich auffallend häufig die Möglichkeit zu problemzentrierter und aggregierender Stoff- und Motivanalyse und reagiert einigermaßen undankbar darauf, wenn z.B. Wissenssoziologen sie darauf hinweisen.

115 Die Literaturwissenschaft war traditionell gerade dann für Irrationalismen anfällig, wenn sie dieses Paradox beseitigen und Literatur zum genuinen Wahrheitsmedium machen wollte – z.B. indem sie Dichtern die Fähigkeit zur „Wesensschau“ zusprach oder sie als „Führer“ durch unübersichtliches Gelände begriff.

116 Cf. Heinz Schlaffer: Poesie und Wissen – Die Entstehung des ästhetischen Bewußtseins und der philologischen Erkenntnis. Ffm 1990.

117 Es sei denn den geistreichen, den Peter Rühmkorf ge- bzw. erfunden hat: „Die schönsten Gedichte der Menschen –/Nun finden Sie mal einen Reim! –/Sind die Gottfried Bennschen:/Hirn, lernäischer Leim/Sinkende Euphratthrone,/Rosen auf Rinde und Stamm –/Gleite Epigone/Ins süße Benn-Engramm.“

Wie dem auch sei: lohnend ist's und gut, daß es schöne Literatur (und menschliches Leben) gibt. Welche Verdienste und Funktionen Literatur darüber hinaus auch immer haben mag – sie hat gewiß auch diese: systematisch und systemtheoretisch überholte Menschen, auf die man sich keinen rechten Reim machen kann, von dem Anspruch zu entlasten, theoretisch partout la hauteur sein zu müssen, zu terminologischer Schärfe verpflichtet zu sein, spezifische Vagheiten meiden zu müssen und auf (humanistische) Anachronismen allergisch reagieren zu sollen. Man (genauer: ein Mensch) kann, Gedichte, Aphorismen, Romananekdoten zitierend, dem Anspruch gewachsen bleiben, geistreich zu sein, und man kann im selben Atemzug alle avantgardistischen Theorieeinsichten unterbieten (inklusive den der Systemtheorie). Beschäftigung mit und Beobachtung von schöner Literatur ermöglicht es einigermaßen blamagefrei, unter seinem und anderer Leute Niveau bleiben zu dürfen. Denn niemand verlangt ernsthaft von einem Gedicht, einem Drama, einem Roman, so konsistent und komplex zu sein wie soziale Systeme.

Schöne Literatur ist der mediale Anachronismus, der der Antiquiertheit des Menschen entspricht. Schöne Literatur ermöglicht und legitimiert (wenn ästhetische Stimmigkeiten denn Legitimationen sind: aber sie werden häufig so behandelt) Zuschreibungen und Zurechnungen unterhalb der Theorieebene. Sie rechtfertigt suggestiv das systematische Recht, unter sein theoretisches Niveau zu gehen. Auch unterhalb der Ebene elaborierter Hochtheorie kann man Dissonanzen feststellen und sich einen Reim zu machen versuchen – z.B. auf folgende Beobachtungen: Auch hartgesottene Systemtheoretiker können – rein menschlich, versteht sich – Schwierigkeiten haben mit der Art, wie einer der ihren vorträgt. Oder man kann Systemtheorie für abwegig halten und gleichwohl die Eleganz und den Witz eines Systemtheoretikers goutieren. Auch der militanteste unter den diskursanalytischen Kritikern der Kategorie Autor fühlt sich – rein menschlich – gekränkt, wenn seine bedeutende Abhandlung nicht zitiert wird. Und er freut sich in aller Regel, wenn man ihn als einen großartigen Autor lobt. Und noch der entschiedene Anti-Humanist hat allen Grund und alles Recht zur Klage, wenn er unmenschlich behandelt wird.

„Der Mensch" ist, wie schöne Literatur, eine so subtheoretische wie offenbar (lebensweltlich[118]) unverzichtbare Auffangkategorie. Sie erlaubt es nicht nur Theoretikern, unter ihr Niveau zu gehen. Dies aber ist konstitutiv für das Theorieniveau selbst. Komplexe Theorien müssen um ihrer Komplexität willen auf die Unvermeidbarkeit der Beobachtung gefaßt sein, daß das Niveau ungeheuer hoch ist und sich niemand (kein Mensch und derb umgangssprachlich oder – dank Gottfried Benn – doch wieder hochsprachlich: kein Schwein[119]) auf dieser Höhe bewegt. Viele „Niemande"/Menschen ergeben (sich als) Leute. Das Wort ‚Mensch' gehört zu den wenigen Wörtern deutscher Sprache, auf die es kein

---

118 Nur lebensweltlich? Auch Systemtheorie nobilitiert wenn nicht den, so doch die vielen Menschen (Leute) als Medium. Und kann es heute etwas Wichtigeres geben als Medien?
119 Benn dichtete bekanntlich: „Die Krone der Schöpfung, der Mensch, das Schwein."

Reimwort gibt; der Begriff ‚Leute' aber gehört zu den wenigen Begriffen deutscher Sprache, die keine Singularbildung zulassen. Und auf Leute kann man sich (anders als auf DEN unvergleichlichen Menschen) gleich vielfach einen Reim machen: Leute reimen sich auf ‚heute' und auf ‚Häute', auf ‚Beute' und auf ‚Meute'. Aber das ist ein anderes Feld als das des Menschen: ein weites Feld, ein Meeresstrand.

# 16. Musik und Zeit
## „Unaufhaltsam rollt sie hin (...)" – Musische Zeit, Medienzeit, Schubert, Beatles

Das früheste von Schubert erhaltene Gedicht trägt den schlichten Titel *Die Zeit*. Daß Musik Zeitkunst ist, ist eine höhere Trivialität. Die Radikalität, die Schubert dieser Trivialität verliehen hat, ist in vielfachem Sinn unerhört. Denn die Töne, die Schubert komponiert, sind gewissermaßen immer schon verklungen, bevor sie überhaupt ertönen. Gerade der hingegebene, wache und aufmerksame Hörer hört etwa den ersten Takten der posthumen B-Dur-Sonate oder der G-Dur-Sonate für vier Hände nicht zu, sondern nach. Er will die Töne, die, wenn sie erklingen, immer schon vergangen sind, wiederholen. Schuberts Kompositionen stillen dieses Verlangen. Sie leben vom Pathos der Wiederholung, aber eben auch von der pathologischen Erfahrung, daß die Wiederholung auch die Paradoxie wiederholt, die die Wiederholung so zwingend macht (besonders berückend wird das im wiederholungsbesessenen zweiten Satz des Trios in Es-Dur hörbar: Das schwedische Volkslied, das ihm melodisch zugrundeliegt, haben wir als immer schon verklungenes gehört). Die Reprise ist bei Schubert gewissermaßen früher als das, was sie wiederholt. (Schuberts Töne klingen, als habe man sie immer schon als immer schon verklungene gehört.) Dieses Paradox des Erklingens des immer schon Verklungenen verleiht Schuberts besten Kompositionen die seit Schumanns Prägung dieser Wendung vielgerühmte „himmlische Länge". Zeitliche Länge aber ist das Supplement der unmöglichen Dauer. Daß das, was geschieht, immer schon geschehen ist, ist ein ewig währendes Phänomen. Es gibt, wie die avanciertesten Köpfe um 1810 wissen, nur eine unwandelbare Dauer: die der Furie des Verschwindens. Auf dem Niveau dieser Einsicht prozediert auch Schuberts im Mai 1813 entstandenes und so aussagekräftiges wie unbeholfen sperriges Gedicht:

### Die Zeit

Unaufhaltsam rollt sie hin
Nicht mehr kehrt die Holde wieder
Stät im Lebenslauf Begleiterin
Senkt sie sich mit uns ins Grab hernieder.

Nur ein Hauch! – und er ist Zeit
Hauch! Schwind' würdig ihr dort nieder
Hin zum Stuhle der Gerechtigkeit
Bringe deines Mundes Tugendlieder!

Nur ein Schall! Und er ist Zeit
Schall! Schwind' würdig ihr dort nieder
Hin zum Sitze der Barmherzigkeit
Schütte reuig Flehen vor ihm nieder!

Unaufhaltsam rollt sie hin
Nicht mehr kehrt die Holde wieder
Stät im Lebenslauf Begleiterin
Senkt sie sich mit uns ins Grab hernieder.[120]

Schuberts frühes Gedicht, bestehend aus vier Strophen zu je vier Zeilen, ist
schlicht geformt und hat doch den Reiz alles Hochparadoxen. Schlicht und paradox ist schon die Anordnung der Strophen: Die letzte Strophe wiederholt wortwörtlich die erste – und widerspricht damit eklatant dem eigenen Diktum, die
Zeit kenne keine Wiederkehr. Reimschema und Metrum sind ebenfalls einfach
und vertrackt zugleich. Das Reimschema kommt mit drei Reimen aus und scheut
auch vor dem leeren Reim „nieder – nieder" in den Zeilen 10 und 12 nicht zurück (abab – cbcb – cbcb – abab). Unregelmäßig ist hingegen das Metrum. An
den Verslängen fällt auf, daß nicht nur männlicher und weiblicher Ausklang al-
ternieren, sondern die drei letzten Zeilen jeder Strophe im Vergleich zur vorhergehenden Zeile je eine Silbe mehr haben. Die Strophen beginnen jeweils sieben-
silbig mit vierhebigen Jamben und männlichem Reimende, die zweiten Verse
sind achtsilbig und vierhebig-jambisch, die dritten Verse dann neunsilbig und
fünfhebig, die letzten Verse schließlich fünfhebig und zehnsilbig: eine eigentümliche Verschränkung von Jambentrott und metrischer Bewegtheit.

Semantisch auffallend ist an diesen Zeilen eines Sechzehnjährigen, daß sie (wie
seine spätere Aufzeichnung *Ein Traum*) von deutlichen Entgegensetzungen zwischen dem männlichen und dem weiblichen Personalpronomen geprägt sind. Im
Zeichen des feminen Personalpronomens „sie" stehen die erste und die vierte
Strophe („rollt sie hin", „senkt sie sich"), im Zeichen des maskulinen Personalpronomens „er" stehen die beiden mittleren Strophen („er – der Hauch bzw. der
Schall – ist Zeit"). Das Konstruktionsprinzip ist recht durchsichtig und wohl
eben deshalb abgründig: Die weiblich-mütterliche Zeit ist „stät" – aber „stät" ist
diese holde Begleiterin unseres Lebenslaufs allein in der Weise, daß sie in ihren
Momenten eben nicht wiederkehrt, sondern unaufhaltsam hinrollt und irreversibel ist: Mit uns senkt sie, die „stäte", rollende, uns ständig begleitende Zeit, sich
ins Grab hernieder. Die Ambivalenz ist deutlich: Zeit ist holde und „stäte" Begleiterin und zugleich schreckliche Garantin des einsamen Endes. Wer sich auf
diese Ambivalenz einen Reim machen will, wird bei „Hauch" und „Schall" Zuflucht suchen. Diese in Schuberts Zeilen deutlich maskulin konnotierten Begriffe
(„er ist Zeit") treten an, um dem steten zeitlichen Entzug von Sein Paroli zu bieten. Hauch und Schall sind Begriffe, die der akustisch-phonetisch-semantischen
Sphäre zugehören.

Sinn ist die Größe, die mit (im klassischen Fall: Ewigkeits-) Konzepten wie
Ideen, Gott und Transzendenz die Erfahrung von Endlichkeit und zeitlich
schwindendem Sein konterkarieren will. Bemerkenswert ist an Schuberts frühen

---

120  Franz Schubert: Die Zeit; in: ders.: Briefe, Gedichte, Notizen, ed. Rüdiger Görner. Ffm 1996,
     p. 8.

Gedichtzeilen, daß sie diese Sinn-Sphäre deutlich entwerten. Zum ewig allen Wandel überdauernden transzendentalen Signifikat taugt sie nicht. Denn sie ist eben bloß dies: „Nur ein Hauch!" – „Nur ein Schall". Ein stärkerer Kontrast zum Topos „Himmel und Erde mögen vergehn,/Aber die musici, aber die musici, aber die musici bleibet bestehn" ist schwerlich denkbar. Hauch, Schall und damit nichts Geringeres als das musikalische Element bzw. die Medien des Sinns selbst sind eben der Zeit unterworfen, der sie standhalten wollen. Was ihnen bleibt, ist allein, diesen Akt der Unterwerfung „würdig" zu begehen und also mit einem gewissen Stilbewußtsein zu „schwinden". Eben diese Würde vermißt Schubert, der bekanntlich (darin Mozart ähnlich) nicht viel von ritualisierter Etikette hielt, in seinem Brief an den Bruder Ferdinand aus Zeléz vom 29. Oktober 1818: „Der unversöhnliche Haß gegen das Bonzengeschlecht macht Dir Ehre. Doch hast Du keinen Begriff von den hiesigen Pfaffen, bigottisch wie ein altes *Mistvieh*, dumm wie ein *Erzesel*, u. roh wie ein *Büffel*, hört man hier Predigten, wo der so sehr venerierte Pater Nepomucene nichts dagegen ist. Man wirft hier auf der Kanzel mit Ludern, Kanaillen etc. herum, daß es eine Freude ist, man bringt einen Todtenschädel auf die Kanzel, u. sagt: Da seht her, ihr pukerschäkigen Gfrieser, so werdet ihr einmahl aussehen." (Hervorh. J.H.)[121] „Würdig" sind solche Äußerungen gewiß nicht. Dem auf Phänomene des „Schwindens" fixierten Schubert aber sind sie immerhin mitteilenswert.

Hier ist eine erste medienanalytische Unterbrechung eines Gedankengangs angebracht, der ansonsten in die trüben Gewässer eines falschen Tiefsinns geraten könnte: Gerade wenn ein Komponist wie Schubert die genuin musische Sphäre von „Hauch" und „Schall" so abgründig von Zeit bedroht erfährt, ist unschwer plausibel zu machen, warum er ein so ausgeprägtes Interesse an, ja eine so auffallende Fixierung auf Texte und auf das Schriftmedium hat. Ein gewichtiger Grund für Schuberts Textfixierung ist leicht zu nennen: Texte sind in Schuberts Epoche und also in der Zeit vor der Erfindung von Phonographie rein medientechnologisch besser davor gefeit „hinzuschwinden" als Kompositionen. Natürlich kann man wie Buchstaben auch Noten drucken. Partiturlesen aber ist nicht in der Weise lern- und lehrbar wie Textlektüre. Die Lektüre von Partituren bleibt auch in Zeiten der universalen Alphabetisierung eine vergleichsweise exklusive Arkantechnik. Umso auffallender ist es, wie sehr Schubert von Text-, Schrift- und Posttechnologie und also von Medien fasziniert ist, die dafür sorgen, daß Hauch und Schall materialisierbar, registrierbar und übertragbar werden. „Ich schnitt in seine Rinde so manches liebe Wort", „die Post hat keinen Brief für mich", „schreib im Vorübergehen ans Tor ihr ,Gute Nacht'": Man muß kein derridascher Grammatologe sein, um Schuberts Schriftfixiertheit und sein Bemühen, distinkt zu hörn, was das Rauschen des Bächleins „also gemeint" hat, auffallend zu finden. Und um auf den einfachen Zusammenhang zu stoßen, der Schrift so unwiderstehlich macht: daß sie raumzeitliche Ferne, Abwesenheit und Vergangenheit zur Voraussetzung hat. Die Phoné („Schall und Hauch") ist das Medium

---

121 Ibid., p. 25.

der Präsenz, die dafür, daß sie Präsenz ist, einen hohen Preis zahlt: Sie ist als Prä-
senz immer schon zerfallen. Schrift ist das Medium der Absenz, die dafür, daß sie
Absenz komplementiert, einen gewissen Preis erzielt: Sie wird als Medium der
Absenz immer schon dauerhafter gewesen sein als die Phoné. Doch auch diese
Dauerhaftigkeit hat ihren Preis – ist sie doch die Dauerhaftigkeit einer Absenz:
„Die Post hat keinen Brief für mich (...)"

Zurück zu Schuberts frühem Gedicht *Die Zeit*. Es ist ein seltsames, weil vielfach paradoxes Gedicht. „Da spielt ein Greis einen Sechzehnjährigen oder ein
Sechzehnjähriger einen Greis", kommentiert Peter Härtling dieses Gedicht in seinem psychologisierenden *Schubert*-Roman. Härtling läßt Schuberts Freund
Holzapfel diese Zeilen mit den Worten „immer deine Melancholien" quittieren,
worauf Schubert antwortet: „Wieso, Holzapfel? Mir geht es gut. Ich fühl mich lustig." Und dann stellt Härtling einen Bezug zu Schuberts drei Jahre später er-
folgten Tagebuchnotiz vom 14. Juni 1816 her, in der es heißt: „Nach einigen
Monaten machte ich wieder einmal einen Abendspaziergang. Etwas angenehme-
res wird es wohl schwerlich geben, als sich nach einem heißen Somertage Abends
im Grünen zu ergehen, wozu die Felder zwischen Währing u. Döbling eigens ge-
schaffen scheinen. Im zweifelhaften Dämerschein, in Begleitung meines Bruders
Carl ward mir so wohl ums Herz. Wie schön, dacht' ich u. rief ich, u. blieb er-
götzt stehen. Die Nähe des Gottesackers erinerte uns an unsere gute Mutter. So
kamen wir unter traurig traulichen Gesprächen auf den Punkt, wo sich die Dö-
blinger Straße theilt (...)" Härtling kommentiert: „Hier schaue ich den beiden
nach, dem Jüngeren, der dem Älteren inzwischen über den Kopf gewachsen ist,
und fange an, die niedergeschriebenen Sätze zu hören. Sie gleichen seiner Musik,
wie die Wörter aus einem Gefühl unvermittelt ins andere springen."[122]

Bei aller problematischen Lust daran, das eine oder andere sentimental-
psychologische Schubert-Klischée zu bedienen, hat Härtlings Text-Assoziation
und -Kommentierung doch Entscheidendes gesehen. Die Wörter und die Töne
springen bei Schubert in der Tat „unvermittelt aus einem Gefühl ins andere". Pa-
storale Naturfeier und Gottesackermemento schlagen nicht nur in dieser Tagebuchnotiz ineinander um. „Zweifelhafter Dämmerschein" ist das Medium dieses
Umschlags. Das Lied *Zwielicht* aus dem *Winterreise*-Zyklus ist eine Schubertsche
Programmusik; denn es läßt offen, ob da etwas herandämmert oder aber ver-
dämmert. Eben dies aber ist die programmatische Pointe von Schuberts Kompo-
sitionskunst. Sie verbucht ein und dasselbe Phänomen – nämlich den zeitlichen
Entzug von Gegenwart – doppelt: als zeitlichen Entzug von Sein und als semantischen Vollzug von Bedeutsamkeit. Ohne „stäten" Gegenwartszerfall keine Bedeutsamkeit. Schubert kennt selbstverständlich den romantisch rundumerneuer-
ten ,natura-loquitur'-Topos; das *Zeit*-Lied, das in allen Dingen schläft, dürfte
kein zweiter so deutlich zum Erklingen gebracht haben wie er. Unerhört an
Schuberts Semantisierung der Natur aber ist eigentlich, daß sie das tradierte ,na-

---

122 Peter Härtling: Schubert – Zwölf Moments musicaux und ein Roman. Hamburg/Zürich 1992,
    p. 89.

tura-loquitur'-Motiv in ein „ens temporalis loquitur" hinübermoduliert. Wer
dem Hauch und Schall zeitlich dekomponierten Seins so nachhört wie Schubert,
kann beide Seiten der Sein/Zeit-Unterscheidung akzentuieren und also darüber
staunen, daß es Gegenwärtigkeit des Seins nicht gibt oder eben darüber, daß es
angesichts des Immer-schon-Vergangenseins der Jetztpunkte dennoch das Sein
gibt, welches seiner zeitlichen Dekomposition so standhält, daß sein Schwinden
nicht schwindet.

Es gibt einen erstaunlichen Text des acht Jahre nach Schubert geboren Adalbert Stifters. Er ist ein Jahr vor Stifters Tod entstanden, aber er schlägt den Bogen
zu vorprädikativen, jedoch keineswegs a-semantischen Kindheitserfahrungen zurück und dürfte dem Modus von Schuberts Zeit- und Seinserfahrung sprachlich
nahekommen. Erstaunlich darf dieser Text nicht nur wegen seiner ganz unge-
wöhnlichen sprachlichen Dichte, sondern auch wegen seiner unvermuteten Affinität zu fast surrealistisch radikalen Denk- und Schreibfiguren genannt werden:
„Weit zurück in dem leeren Nichts ist etwas wie Wonne und Entzücken, das gewaltig fassend, fast vernichtend in mein Leben drang und dem nichts mehr in
meinem künftigen Leben glich. Die Merkmale, die festgehalten wurden, sind: es
war Glanz, es war Gewühl, es war unten. Dies muß sehr früh gewesen sein, denn
mir ist, als liege eine hohe weite Finsternis des Nichts um das Ding herum./
Dann war etwas anderes, das sanft und lindernd durch mein Inneres ging: es waren Klänge./Dann schwamm ich in etwas Fächelndem, ich schwamm hin und
wider, es wurde immer weicher und weicher in mir, dann wurde ich wie trunken,
dann war nichts mehr./Diese Demi-Inseln liegen wie feen- und sagenhaft in dem
Schleiermeere der Vergangenheit, wie Urerinnerungen eines Volkes./Die folgenden Spitzen werden immer bestimmter, Klingen von Glocken, ein breiter Schein,
eine rote Dämmerung./Ganz klar war etwas, das sich immer wiederholte. Eine
Stimme, die zu mir sprach, Augen, die mich anschauten, und Arme, die alles lin-
derten. Ich schrie nach diesen Dingen./Dann war Jammervolles, Unleidliches,
dann Süßes, Stillendes. Ich erinnere mich an Strebungen, die nichts erreichten,
und an das Aufhören von Entsetzlichem und Zugrunderichtendem. Ich erinnere
mich an Glanz und Farben, die in meinen Augen, an Töne, die in meinen Ohren, und an Holdseligkeiten, die in meinem Wesen waren./Immer mehr fühlte
ich die Augen, die mich anschauten, die Stimme, die zu mir sprach, und die Arme, die alles milderten. Ich erinnere mich, daß ich das ‚Mam' nannte./Diese Arme fühlte ich mich einmal tragen. Es waren dunkle Flecken in mir. Die Erinnerung sagte mir später, daß es Wälder gewesen sind, die außerhalb mir waren.
Dann war eine Empfindung wie die erste meines Lebens, Glanz und Gewühl,
dann war nichts mehr."[123]

Instrumentale Musik in Sprache zu übersetzen, ist bekanntlich ein hochheikles
Geschäft. Aus einem einfachen Grund: Die Sprache der Musik kennt, so sie nicht

---

123 Adalbert Stifter: Sämtliche Werke in fünf Einzelbänden, Bd. 5 (Die Mappe meines Urgroßva-
ters – Schilderungen/Briefe), edd. Fritz Krökel/Magda Gerken. München 1952, p. 602 sq.

Textvertonung ist, keine propositionalen Gehalte. Wer Musik auch nur auf Thema-Rhema-Strukturen festlegen will, geht ein hohes Risiko ein – z.B. das, sich lächerlich zu machen, wenn er Musik verstanden zu haben glaubt, weil er zu Beethoven-Takten Mondschein, Schicksal oder Frühlings-Natur als Thema und Melancholie, Aufruhr oder freudige Erregung als Rhema assoziiert. Wenn man die Risiken dieses Übersetzungs-Geschäfts zwischen Musik und Sprache mindern will, kann man sich auf poetische Texte berufen, die musikalischen Erfahrungen affin sind (gerade beim Hören von Schuberts seltsam sprachverfallener Musik liegt das nahe). Und Stifters Text, der nicht von ungefähr das „Klingen von Glocken" und „Töne, die in meinem Ohr waren" erwähnt und verschriftlicht, ist ein Text, der Schuberts Tönen wahlverwandt ist. Denn er holt, wohl wissend, daß es keine prädiskursive Realität gibt,[124] eine vorprädikative Zeiterfahrung wieder, die sich wie die Schuberts aus dem Paradox nährt, daß der zeitliche Entzug von Sein eins ist mit dem Vollzug, der Sein bedeutend macht. „Ganz klar war etwas, das sich immer wiederholte." Was? Das, wonach das Kind offenbar schrie, weil es nicht da war. Was hier wieder(ge)holt wird, wird als Wiederholung nachgetragen.

Schuberts Kompositionstechnik setzt sich geradezu ostentativ ab von Beethovens Heroik der Erfüllungsanstrengung und noch von der Beethovenschen Geste des heroischen Scheiterns. Und sie ist auch Wagners Endzeit-Pathetik überlegen. Kennt Wagners nicht umsonst überinstrumentierende Kompositionstechnik doch den Augenblick des Untergangs als den der Erfüllung. „Eines nur will ich noch, das Ende, das Ende." Und das ist anders als der erfüllte Augenblick erreichbar. Hölderlin hat in seinem *Mnemosyne*-Gedicht wohl am prägnantesten das Paradox auf den Begriff gebracht, demnach ein Gott, wenn er seine Bestimmung erfüllt, unsterblich zu sein, weniger vermag als Sterbliche: kann er doch nicht nicht sein. „Denn nicht vermögen/Die Himmlischen alles. Nämlich es reichen/Die Sterblichen eh an den Abgrund. Also wendet es sich, das Echo,/Mit diesen."[125] Die Faszination der Einsicht, daß Gott den Sterblichen in einer ekstatischen Dimension deutlich unterlegen ist, prägt auch Schuberts Kompositionen. Denn sie verstehen Nichtsein und Nichtgegenwärtigkeit nicht nur als Mangel, sondern auch als Vorzug – nämlich als den Vorzug der Bedeutsamkeit, die ohne endliche Zeitlichkeit nicht wäre. Schuberts Musik ist der Lösung des fundamentalsemiologischen Rätsels nahe, warum überhaupt Bedeutsamkeit ist und nicht vielmehr nicht:[126] Weil das Jetzt sagt, es sei das Ehemals; weil Sein in der Weise als Zeit verfaßt ist, daß endliches Dasein die temporale Abgrund-Differenz im Sein selbst vernehmen kann.

---

124  Cf. Jacques Lacan: Ecrits. Paris 1966, passim: „Il n'y a pas de réalité prédiscursive."
125  Friedrich Hölderlin: Mnemosyne (zweite Fassung); in: ders.: Werke und Briefe, Bd. 1, edd. Friedrich Beißner/Jochen Schmidt. Ffm 1969, p. 200.
126  Cf. Dazu Jochen Hörisch: „Fremd bin ich eingezogen" – Die Erfahrung der Fremde und die fremde Erfahrung in der *Winterreise*, in: Athenäum – Jahrbuch für Romantik 1, 1991, pp. 41–68.

Adorno hat diese eigentümliche Zeitverfassung von Schuberts Kompositionen in seinem „eminenten Essay"[127] aus dem Jubiläumsjahr 1928 mit einer prägnanten Formel zu fassen versucht: „zu tief ist ihm (Schuberts Werk) der Tod eingesenkt, als daß es den Tod zu fürchten hätte."[128] Deutlich ist Adornos Essay (er ist auch als esoterische – und zwar weitgehend zustimmende! – Reaktion auf Heideggers ein Jahr zuvor erschienenes Buch *Sein und Zeit* zu lesen) daran interessiert, die Zeit- und Todesmotivik bei Schubert zu entpsychologisieren.[129] Das verbindet ihn mit Thomas Manns (natürlich deutlich von Adorno-Lektüre geleiteter) Schubert-Deutung im *Doktor Faustus*-Roman, und das unterscheidet beide, Adornos und Thomas Manns Versuche, Schuberts Kompositionen wirklich recht zu erhören, von der Tradition, in der sich noch Härtlings *Schubert*-Roman verfängt. „Vor Schuberts Musik stürzt die Träne aus dem Auge, ohne erst die Seele zu befragen: so unbildlich und real fällt sie in uns ein." Unbildlich und real darf Schuberts Musik genannt werden, weil sie nicht psychische Muster der Reaktion auf die Erfahrung schwindender Zeit auskomponiert, sondern vielmehr die zeitliche Verfassung von Realität selbst. Deshalb liegt Adorno an der Wendung von „objektiven Todessymbolen" bei Schubert, die als objektive Symbole die Grenze zur Allegorie überschritten haben und einen Kontrapunkt zu jeder psychologisierenden Vergänglichkeitsmelancholie bilden. „Der exzentrische Bau jener Landschaft, darin jeder Punkt dem Mittelpunkt gleich nah liegt, offenbart sich dem Wanderer, der sie durchkreist, ohne fortzuschreiten: alle Entwicklung ist ihr vollkommenes Widerspiel, der erste Schritt liegt so nahe beim Tode wie der letzte, und kreisend werden die dissoziierten Punkte der Landschaft abgesucht, nicht sie selbst verlassen."[130]

An der Präsenz allegorischer Todesrequisiten im *Winterreise*-Zyklus hat Adorno die rätselhafte Struktur der „Landschaft des Todes" deutlich zu machen versucht, als deren musikalische Vermessung er Schuberts Werk versteht. „Bach, Mühle und schwarze winterliche Einöde, im Zwielicht der Nebensonnen ohne Zeit wie im Traum sich erstreckend, sind die Zeichen der Schubertschen Landschaft, trockene Blumen ihr trauriger Schmuck; die objektiven Todessymbole lösen sie aus, und ihr Gefühl kehrt in die objektiven Todessymbole zurück." Und nicht in das, was die philosophische Tradition „Subjekte" nennt. An diesem Punkt ist Adornos Deutung der freundlichen Radikalität von Schuberts Musik am nächsten. Denn diese ist eben nicht Schwanengesang, sondern Abschied von allen Formen des Abschieds, die noch ein Ziel im Auge haben. In seiner großen Studie unter dem Titel *Der Abschied – Theorie der Trauer* hat Karl Heinz Bohrer

---

127 Friedrich Dieckmann: Franz Schubert – Eine Annäherung. Ffm 1996, p. 97.
128 Theodor W. Adorno: Schubert; in: ders.: Gesammelte Schriften, Bd. 17, ed. Rolf Tiedemann. Ffm 1982, p. 24.
129 Wie „psychologisch" bzw. sachlich Schuberts Musik zu spielen sei, ist bis heute umstritten. Alfred Brendels psychologisch aufladende und Maurizio Pollinis sachliche Schubert-Interpretationen bezeichnen Extreme. Pollinis Interpretation ist die sperrigere und dem, was an Schuberts Kompositionen unerhört ist, angemessener.
130 Theodor W. Adorno: Schubert, l.c., p. 25.

an Baudelaires Texten den Stachel einer Zeiterfahrung charakterisiert, die jenseits
jeder Teleologie, aber eben auch diesseits jeder Metaphysik des Augenblicks statt-
hat. Die *Winterreise* wird in Bohrers Studie nicht erwähnt. Dabei wäre sie durchaus qualifiziert, als radikalromantische Vorbereitung von Baudelaires postroman-
tischer Einsicht gelesen und vor allem in Schuberts Vertonung gehört zu werden.
Also als Initiation in den mit Baudelaires Lyrik und Radikal-Essayistik erreichten
illusionslosen Stand der Einsicht in die Zeitverfassung der Moderne: daß es Gegenwärtigkeit nicht gibt. Baudelaire hat dafür eine schlagende Formulierung gefunden: „Jetzt: ich bin das Ehemals."[131]

Bohrer übersetzt diese poetische Formel doppelt: einmal eindringlich so, daß
„alles Erlebte im Augenblick des Erlebens schon hinfällig ist", und einmal in
Professorendeutsch: Danach begreift Baudelaire den „Abschied als Reflexionsfigur
des je schon Gewesenen". Diese Wendung durchzieht Bohrers mäandernde Studie wie ein roter Faden. „Abschied als Reflexionsfigur des je schon Gewesenen" –
das soll heißen: Anlaß zu wirklich abgründiger Trauer gibt nicht so sehr der Umstand, daß alles vergänglich ist und Gegenwartspunkte unaufhörlich vorüberflie-
ßen, sondern daß schon diese Gegenwartspunkte eben als Gegenwartspunkte
immer schon vergangen sind. In Bohrers Worten: „Gegenwärtigkeit wird selbst
ergriffen vom Sog des nur noch negativen Momentanismus."[132] Negativ sind die
einzelnen Momente schlicht deshalb, weil sie als Momente der Zeitreihe in dem
Moment immer schon zerfallen sind, in dem sie stattfinden. Für „diese so quä-
lende Bewandtnis des Verzehrs des Seins durch die Zeit"[133] hat Baudelaires
schwarzer Genius eine konzentrierte Formel gefunden: „Le temps mange la
vie."[134] Die Zeit verzehrt das Leben in seinen Augenblicken.

Baudelaire ist der Held von Bohrers Studie. Sie ist auch eine vertrackte Liebeserklärung an Paris und eine spezifisch französische Form der Intellektualität. In
Baudelaires Texten findet Bohrer nämlich jene heroische Illusionslosigkeit, die er
in der deutschen Tradition vermißt. Baudelaire kommt ohne Idyllenbeschwö-
rung, ohne wohlig-elegische Stimmung, ohne religiös aufgeladene Zukunftshoff-
nung und auch ohne Politmythologeme aus. Mit Bohreres klarem Wort: Baudelaire hat alle Trauer über verfließende Zeit „brutal entromantisiert".[135] Das bezeichnet seine „singuläre Position innerhalb des elegischen Diskurses des 19.
Jahrhunderts".[136] Schubert nimmt in diesem „elegischen Diskurs" eine eigentümliche Zwischenposition ein. Aus Schuberts Feder stammen, dem Genre entsprechend, sinnige Albumeintragungen wie die für Katharina Stadler aus Steyr vom
14. September 1819: „Genieße stets der Gegenwart mit Klugheit, so wird Dir die
Vergangenheit eine schöne Erinnerung und die Zukunft kein Schreckbild

---

131 Zit. nach Karl Heinz Bohrer: Der Abschied – Theorie der Trauer. Ffm 1996, p. 139.
132 Ibid., p. 160.
133 Ibid., p. 161.
134 Zit. nach ibid., p. 239.
135 Ibid., p. 39.
136 Ibid., p. 319.

sein."[137] Aus seiner Feder stammen aber auch Kompositionen, die gerade im Hinblick auf den ihnen eigenen Modus der Zeiterfahrung so avanciert sind wie Baudelaires Lyrik und Essayistik. Auch Schuberts Kompositionen wissen zumeist (Werke wie *Die holde Kunst* sind die Ausnahmen), daß das Jetzt das Ehemals ist. Dennoch sind sie konzilianter als Baudelaires schockhafte Reflexionen. Und das gewiß nicht nur, weil die Texte, die Schubert vertonte, häufig genug elegische Momente aufweisen. Sondern vor allem deshalb, weil sie wissen, daß die Zeit nicht nur das Jetzt, den erfüllten Augenblick und die Ewigkeit sowieso nimmt, sondern in diesem Akt des Nehmens auch etwas gibt: Schall und Hauch, Echo und Bedeutsamkeit.

Will kein Gott auf Erden sein, sind wir selber Götter. Wo keine Götter sind, walten Gespenster. Wo gehen wir denn hin? Immer nach Hause. Drei romantische Kardinalsätze. Sie messen die Spannweite zwischen der furchtbaren und der enthusiastisch gelassenen Lesart der romantisch-baudelaireschen und später nietzscheanischen Entdeckung aus, daß Seins- und Daseinsvollzüge nur als schrecklicher oder aber eben bedeutsamer Entzug von Gegenwärtigkeit, Jetztpunkten und erfüllten Augenblicken zu erfahren sind. Wer, wohin er auch geht, nach Hause geht, lebt jenseits jeder teleologischen Zeiterfahrung und diesseits zentrischer Weltbilder. Die avancierte, nämlich radikal postmetaphysische Lesart des Novalis-Satzes hat so wenig Aussichten gehabt, sich durchzusetzen, wie die unsentimentale Weise, Schuberts Musik zu hören. Zu dieser Verfehlung hat – um eine zweite und abschließende medientechnologische Reflexion dem falschen Tiefsinn ins Wort fallen zu lassen – ein so profaner wie weitreichender Umstand beigetragen: die gespensterhafte Speicherbarkeit von Schall und Hauch. Sie ist uns heute so selbstverständlich geworden, daß kaum je bedacht wird, welche Ab/Gründe ihr zugrundeliegen.

Die gegenwärtige Aufzeichnungs-, Registrier- und Echtzeitwut läßt sich angemessen wohl nur begreifen, wenn man versteht, worauf sie reagiert: eben auf die Erfahrung der Furie des Verschwindens. Kein anderer als Baudelaire und also der moderne Heros der Formel vom Jetzt, das da sagt „Ich bin das Ehemals", ist, nachdem er *Tannhäuser* gehört hatte und dann nach der zügigen Absetzung dieses Werks vom Spielplan der Pariser Oper mangels Aufzeichnungstechnologie nicht mehr hören konnte, als Süchtiger durch Paris gelaufen, laut schreiend „Ich muß jetzt *Tannhäuser*" hören. Wir können heute, wann immer wir wollen, *Tannhäuser* und alles, was wir hören wollen, hören. Thomas Mann läßt in seinem *Zauberberg*-Roman Hans Castorp zum Priester eines Schreins werden, in dem sich nicht Oblaten, sondern jene Platten befinden, die das Schwinden von Schall und Hauch zum Verschwinden bringen. Sein Lieblingslied ist das Lied vom Brunnen vor dem Tore; Hans Castorp kann und mag es in endlosen Winternächten endlos hören. Der thematische Kern der Musik, der Hans Castorp seine Spätzeit auf dem Zauberberg geweiht hat, ist durchweg ein thanatologi-

---

137 Franz Schubert: Briefe, Gedichte, Notizen, l.c., p. 30.

scher. Der *Aida*-Schluß oder die Sequenzen aus Gounods *Faust* nehmen ihn fast so gefangen wie Schuberts Töne, die ihn eben deshalb in ihren Bann zu schließen vermögen, weil er gelernt hat, sich von der Todesfaszination zu befreien. Schuberts auf „Hartgummidisken"[138] gepreßtes *Lindenbaum*-Lied hörend, wird Hans Castorp eine profane Erleuchtung zuteil (cf. das nächste Kap. 17). Dem Ingenieur Hans Castorp gerät das Abspielen der Plattenrillen, die die Schwingungen von *Am Brunnen vor dem Tore* speichern, zum Anlaß einer groß angelegten fundamentalsemiologischen Reflexion über die Herkunft des Phänomens Bedeutsamkeit.[139] Ihr Resultat: Zeitlichkeit und Endlichkeit sind die Möglichkeitsbedingungen von Bedeutsamkeit.

Auf den letzten Seiten von Thomas Manns Roman erklingen die Takte von Schuberts *Lindenbaum*-Lied einmal nicht technologisch reproduziert, sondern so unvollendet wie „lebendig" aus Hans Castorps Kehle – nämlich in den Augenblicken seines Sterbens auf den Schlachtfeldern des Ersten Weltkrieges. „Seht, er tritt einem ausgefallenen Kameraden auf die Hand, – tritt diese Hand mit seinem Nagelstiefel tief in den schlammigen, mit Splitterzweigen bedeckten Grund hinein. Er ist es trotzdem. Was denn, er singt! Wie man in stierer, gedankenloser Erregung vor sich hin singt, ohne es zu wissen, so nutzt er seinen abgerissenen Atem, um halblaut für sich zu singen: ‚Ich schnitt in seine Rinde/So manches liebe Wort –' Er stürzt. (...) Er taumelt hinkend weiter mit erdenschweren Füßen, bewußtlos singend: ‚Und sei-ne Zweige rau-uschten,/Als rie-fen sie mir zu –'."[140] Thomas Manns Konstruktion ist von großartiger Präzision und Stringenz: Wenn nicht die tote „Hartgummidiske", sondern die lebenverheißende Stimme erklingt, muß Hans Castorp mit Schuberts Lied auf den Lippen in jenem Weltkrieg sterben, der wie alle modernen Kriege für einen neuen Schub an Medientechnologie sorgen wird.

Paul Virilio[141] und Friedrich Kittler[142] haben in eindringlichen Studien darlegen können, daß sogenannte Unterhaltungstechnologie in der Tat Abfallprodukt von Kriegstechnologie ist. Hinter den „holden Produkten" der Medientechnologie steht ganz buchstäblich der Tod – nämlich die Kriegs- und also Todesproduktion. Ohne die Beschleunigung der Kriegskommunikation unter Napoleon gäbe es keine Telegrammtechnik; Fotos „schießt" man bekanntlich; die Erfindung des Trommelrevolvers und der Transportfeinmechanik von Filmkameras ist ein- und dieselbe; aus Nitrocellulose macht man Zündstoff und Filmmaterial; der Gründer der Ufa heißt General Ludendorff; ohne militärischen Funk gäbe es keinen Rundfunk; ohne Radar keine TV-Technologie; ohne Kryptographiedechiffrierung im Zweiten Weltkrieg keine Computer; und ohne U-Boot-Ortungs-

---

138 Thomas Mann: Der Zauberberg; in: ders.: Gesammelte Werke in Einzelbänden, ed. Peter de Mendelssohn (Frankfurter Ausgabe). Ffm 1981, p. 899.
139 Cf. dazu Jochen Hörisch: Gott, Geld und Glück – Zur Logik der Liebe in den Bildungsromanen Goethes, Kellers und Thomas Manns. Ffm 1983, p. 218 sq.
140 Thomas Mann; Der Zauberberg, l.c., p. 1005.
141 Paul Virilio: Krieg und Kino – Logistik der Wahrnehmung. München 1986, pp.19, 26 u.ä.
142 Friedrich Kittler: Grammophon, Film, Typewriter. Berlin 1986.

technologie keinen Stereoton. Die Beatles-Songs vom Yellow Submarine und von Sergeant Pepper, der im Zweiten Weltkrieg ein U-Boot kommandierte und danach seine Band dirigiert, haben diese Genealogie suggestiv offengelegt.

### Sgt. Pepper's Lonely Hearts Club Band

It was twenty years ago today
that sergeant Pepper taught the band to play
They've been going in and out of style
but they're guaranteed to rise a smile
So I may introduce to you
the act you've known for all these years
Sergeant Pepper's Lonely Hearts Club Band[143]

(...)

### Yellow Submarine

In the town where I was born lived a man who sailed to sea
And he told us of his life, in the land of submarines.
So we sailed on to the sun, till we found the sea of green
And we lived beneath the waves in our Yellow Submarine.

(...)

And our Friends are all aboard
Many more of them live next door
And the band begins to play.

(...)

As we live a life of ease,
Ev'ry one of us has all we need
Sky of blue and sea of green
In our Yellow Submarine.[144]

Wir leben nach der präzisen Analyse der Beatles im Raum einer temporalen Endlosschleife – in einem „yellow submarine", in einem gegenüber einer Umwelt, die von Zeitlichkeitsmerkmalen wie Jahreszeiten geprägt ist, abgeschotteten Akustikraum voll von jener Medientechnologie, die zeitliche Stimmen enttemporalisiert. „Das Totenreich", schreibt Friedrich Kittler, „ist eben so groß wie die Speicher- und Sendemöglichkeiten einer Kultur. Medien, wird bei Klaus Theweleit zu lesen sein, sind immer auch Flugapparate ins Jenseits. Wenn Grabsteine als Symbole am Anfang von Kultur überhaupt gestanden haben, bringt unsere Medientechnik sämtliche Götter zurück. Mit einem Schlag verstummen die alten Klagen über Vergänglichkeit, die immer geschrieben waren und immer nur den

---

143 Pocket Beatles Complete, ed. Clive A. Sansom. London 1979, p. 304.
144 Ibid., p. 362.

Abstand zwischen Schrift und Sinnlichkeiten ausmaßen. In der Medienlandschaft gibt es wieder Unsterbliche."[145]

Man kann jenseits von preiswerter Pointenhascherei Paul McCartney als Schubert redivivus begreifen. Beide sind unsterblich. Unsterblich ist Paul McCartney aber – gegen Friedrich Kittlers These, die alten Klagen über Vergänglichkeit seien mit einem Schlag verstummt – weil er in seinen besten Liedern die Tradition des Kunstliedes mitsamt ihrer tiefsinnigen Ambivalenz von Zeitklage und Zeitlob in das Zeitalter der Hifistudiomusik gerettet hat.

*Yesterday*

Yesterday all my trouble seemed so far away
Now it looks as though they're here to stay.
Oh I believe in yesterday.

Suddenly I'm not half the man I used to be
There's a shadow hanging over me.
Oh yesterday came suddenly.

Yesterday love was such an easy game to play
Now I need a place to hide away
Oh I believe in yesterday.

Why she had to go
I don't know she wouldn't say.
I said something wrong now I long for yesterday
Yesterday
Mm mm mm mm mm mm mm[146]

---

145  Friedrich Kittler: Grammophon, Film, Typewriter, l.c., p. 23.
146  Pocket Beatles Complete, l.c., p. 375.

# 17. Die Erfahrung des Fremden und die fremde Erfahrung
## Eine Interpretation von Wilhelm Müllers und
## Franz Schuberts *Winterreise*

Schon zu Beginn seiner so kurzen wie intensiven Lebensreise ist Thomas Manns Doktor Faustus einem Lied Schuberts gänzlich verfallen. Adrian Leverkühn hat seine Heimatstadt Kaisersaschern noch nie recht verlassen, wenn er, der frühreife Unterprimaner, der puer senex, bereits in fremdesten Bereichen schweift. Zum Wegweiser in diesen und in diesem Bereich dient ihm eben jener Text aus der *Winterreise*, der nicht anders denn *Der Wegweiser* überschrieben ist. Zu seiner „Bestürzung" muß Serenus Zeitblom eben in dem Augenblick, da er seinen Freund die Zeilen dieses Liedes vor sich hinsprechen hört, erstmals in aller Schroffheit erfahren, daß der Gegenstand seiner biographischen Aufmerksamkeit ihm fremd, ja befremdlich ist. Denn Adrian, der Stolze, Kalte und Intellektuelle, fällt, Schuberts Vertonung der Zeilen Wilhelm Müllers skandierend, dem Schein einer Sentimentalität anheim, die ihm ansonsten fremd ist. „Schuberts immer zwielichtiges, vom Tode berührtes Genie aber suchte er dort mit Vorliebe auf, wo es einem gewissen nur halb definierten, aber unabwendbaren Einsamkeitsverhängnis zu höchstem Ausdruck verhilft, wie in dem großartig eigenbrödlerischen ‚Ich komme vom Gebirge her' des Schmidt von Lübeck, und jenem ‚Was vermeid' ich denn die Wege, wo die andren Wandrer gehn' aus der ‚Winterreise', mit dem allerdings ins Herz schneidenden Strophenbeginn:

> Habe ja doch nichts begangen,
> Daß ich Menschen sollte scheu'n –
> Diese Worte habe ich ihn, nebst den anschließenden,
> Welch ein törichtes Verlangen
> Treibt mich in die Wüstenei'n?,

die melodische Diktion andeutend, vor sich hinsprechen hören und dabei, zu meiner unvergessenen Bestürzung, Tränen in seine Augen treten sehen."[147]

Diese „unvergessene Bestürzung" ist so unverständlich nicht. Adrian Leverkühn nämlich versteht sich wohl auf die Tränen des homerischen und nietzscheschen Gelächters, mit der bedeutenden Ausnahme dieser einen und also exklusiven Stelle, aber nie auf die Tränen empfindsamer Trauer. Psychologisch sind diese Tränen denn auch kaum zu deuten. Philologisch schon eher. Hat doch Adorno

147 Thomas Mann: Doktor Faustus; in: ders.: Gesammelte Werke in Einzelbänden, ed. Peter de Mendelssohn (Frankfurter Ausgabe). Ffm 1980, p. 107 sq. Die Gedichte Wilhelm Müllers werden nach der Ausgabe von Hans-Rüdiger Schwab bei ‚insel taschenbuch' zitiert und nicht einzeln nachgewiesen. Schwabs Edition folgt der alten, überarbeitungsbedürftigen, doch halbwegs kritischen Ausgabe von James Taft Hatfield aus dem Jahr 1906. Anja Flender bereitet eine Neuausgabe der *Winterreise* vor, die vor allem auch die unterschiedliche Anordnung der Texte in Müllers Ausgaben und bei Schubert kommentiert.

in seiner frühen (und Thomas Mann thematisch gewiß bekannten[148]) Schubert-Studie von 1928 die Weise einer angemessenen Schubert-Rezeption eben nach dem Bild bestimmt, das der junge Adrian Leverkühn mit seinem Romanleben erfüllt: „Die Sprache dieses Schubert ist Dialekt: aber es ist ein Dialekt ohne Erde. Er hat die Konkretion der Heimat; aber es ist keine Heimat hier, sondern eine erinnerte. Nirgends ist Schubert der Erde ferner, als wo er sie zitiert. In den Bildern des Todes eröffnet sie sich: im Gesicht der nächsten Nähe aber hebt Natur sich selber auf. Darum führt von Schubert kein Weg zur Genre- und Schollenkunst, sondern bloß einer in die tiefste Depravation und einer in die kaum nur angesprochene Realität befreiter Musik des veränderten Menschen. In unregelmäßigen Zügen, einem Seismographen gleich, hat Schuberts Musik die Botschaft von der qualitativen Veränderung des Menschen notiert. Ihr antwortet zurecht das Weinen: Weinen der ärmsten Sentimentalität im Dreimäderlhaus nicht anders als das Weinen aus erschüttertem Leib. Vor Schuberts Musik stürzt die Träne aus dem Auge, ohne erst die Seele zu befragen: so unbildlich und real fällt sie in uns ein."[149]

Die Frage, die Doktor Faustus weinen macht, die Frage nach der „qualitativen Veränderung des Menschen" und nach dem „törichten Verlangen", das Menschen fliehen und in fremde Wüsteneien treiben läßt, findet in den Texten der *Winterreise* keine sinnfällige und d.h. immer auch: keine psychologische Antwort. Ebenso läßt Thomas Mann seinen anthropofugalen Helden eine Winterreise in das absolute Kältezentrum des Teufelgesprächs antreten, ohne diese Reise psychologisch hinreichend motivieren zu wollen. Für Wilhelm Müllers Winterreisenden wie für Thomas Manns Doktor Faustus sind Lieder einzig noch zu singen jenseits der Psychologie, die Seelen befragen zu können glaubt. Denn die Psychologie einer „Trennung der Liebenden"[150] ist dem romantischen wie dem spätzeitlichen Dichter buchstäblich so selbstverständlich geworden, daß sie keiner

---

148  Cf. Thomas Manns Tagebucheintragung vom 4. Oktober 1943, die eines (von mehreren) Abendessen mit Adorno festhält, bei denen „viel über Musik" gesprochen wurde. Auch am 30. September 1943 waren „Adornos mit ihrem affenartigen Hund" zu Besuch bei Thomas Mann. Abends hörte man dann „Parsifal-Musik". Das 8. Kapitel des *Doktor Faustus*, das dem Schubert-Zitat vorangeht, hat Thomas Mann Adorno vorgelesen (24. und 27. September 1943). In ihm findet sich die erratische Formulierung, die sich auch auf die *Winterreise* beziehen läßt, „daß gerade Menschenflucht wohl den Flüchtling ins Menschliche verflicht" (Thomas Mann: Doktor Faustus, l.c., p. 90).

149  Theodor W. Adorno: Schubert, in: ders.: Gesammelte Schriften, Bd. 17: Musikalische Schriften IV., ed. Rolf Tiedemann. Ffm 1982, p. 33. Adorno bezieht sich in dieser Schlußpassage „nicht bloß" auf das ungarische Divertissement, die F-Moll-Phantasie und das Finale des A-Moll-Quartetts, sondern aufs „ganze Schubertsche Werk". Mit dem unmittelbar anschließenden Satz „Wir weinen, ohne zu wissen warum", assoziiert Adorno Schubert mit Kafka und genauer mit dem kleinen Text *Auf der Galerie*, dessen Schlußwendung lautet: „(...) da dies so ist, legt der Galeriebesucher das Gesicht auf die Brüstung und, im Schlußmarsch wie in einem schweren Traum versinkend, weint er, ohne es zu wissen." – Cf. zu Adornos Schubert-Deutung auch die instruktive Studie von Hans-Georg Nicklaus: Sonanzen – Musikphilosophische Aufsätze. Essen 1987, p. 95 sqq.

150  Cf. Igor A. Caruso: Die Trennung der Liebenden. München 1974, p. 22: „Die Trennung (der Liebenden) stellt die Manifestation des Todes im Leben dar."

ausdrücklichen Darlegung mehr bedarf. Vielmehr ist diese Logik von Psychen, die einander so fremd werden wie der Winterreisende und das Mädchen, das bloße Epiphänomen einer grundsätzlichen Erfahrung von Fremdheit, die in einer Psychologie der Trennung ihren aufschlußreichen Schauplatz findet.

In diesen fremdesten Bereich jenseits aller Psychologie führt das erwähnte Gedicht jenes Schmidt von Lübeck hinein, der sich ein gutes Jahrzehnt später so entschieden für den rätselhaften Fremden interessierte, der alle gängigen Schemata des Vertrauten sprengte: für den Findling Kaspar Hauser.[151] Es ist mit *Der Wanderer* überschrieben und wurde von Schubert bereits 1816 vertont (op. 4 Nr. 1). Ihm kommt, da es geradezu programmatisch Schuberts obsessive Themen – das nomadische Dasein und die Erfahrung des Fremden – verschränkt, äußerste Bedeutung zu. Nomadisch ist schon der Titel dieses Liedes, dessen Text Schubert 1815 unter der Überschrift *Der Unglückliche* und unter der falschen Autorenangabe Zacharias Werner in einer Anthologie fand. Die Richtigstellung erfolgte bald und gleich doppelt: Mit dem Verweis auf den rechten Verfasser ging bei der Zweitpublikation eine Änderung des Titels einher – *Der Fremdling*. Und als Schubert 1818 seine Komposition für den Grafen von Esterhazy nach H-Moll transponierte, brachte er auf dem Titelblatt den Vermerk auf den schweifenden Titel an: „DER WANDERER: oder DER FREMDLING: oder DER UN-GLÜCKLICHE".[152] Textlich zu vertreten sind sicherlich alle drei Überschriften:

> Ich komme vom Gebirge her,
> Es dampft das Tal, es braust das Meer.
> Ich wandle still, bin wenig froh,
> Und immer fragt der Seufzer: wo?
> Immer wo?
>
> Die Sonne dünkt mich hier so kalt,
> Die Blüte welk, das Leben alt,
> Und was sie reden, leerer Schall,
> Ich bin ein Fremdling überall.
>
> Wo bist du, mein geliebtes Land?
> Gesucht, geahnt und nie gekannt!
> Das Land, das Land, so hoffnungsgrün,
> Das Land, wo meine Rosen blühn.
>
> Wo meine Freunde wandeln gehn,
> Wo meine Toten auferstehn,
> Das Land, das meine Sprache spricht,
> O Land, wo bist du?

---

151 Georg Philipp Schmidt von Lübeck: Über Caspar Hauser. Altona 1831, wiedergegeben in Jochen Hörisch (ed.): Ich möchte ein solcher werden wie ... – Materialien zur Sprachlosigkeit des Kaspar Hauser. Ffm 1979, pp. 222–236.

152 Zu diesen Zusammenhängen cf. auch Dietrich Fischer-Dieskau: Auf den Spuren der Schubert-Lieder – Werden, Wesen, Wirkung. Wiesbaden 1972, p. 99 sq.

Ich wandle still, bin wenig froh,
Und immer fragt der Seufzer: wo?
Immer wo?
Im Geisterhauch tönt's mir zurück:
,Dort, wo du nicht bist, dort ist das Glück!'[153]

Diese Verse sind so dilettantisch wie eindringlich. Das nicht eben originelle
Versmaß des fünffüßigen Jambus ist nur an den beiden identischen eigentümlichen Echo-Stellen der Frage „Immer wo?" und im zurücktönenden, gleichfalls
echohaften „Geisterhauch" der letzten Zeile zugunsten einer metrischen Unge-
schicktheit aufgehoben, die Schubert zur Produktivkraft seiner rhythmisch gebro-
chenen Vertonung macht. Diese letzte Zeile verkündet in geradezu deutungsun-
bedürftiger Klarheit das Ideal des Problems, das Schuberts Lieder wenn nicht zu
lösen, so doch intensiv erfahrbar zu machen versprechen: daß Glück und (buchstäblich zu verstehendes) Dasein nie ein Rendezvous haben, weil Glück stets dort
und nie hier ist. Zu Hause und heimatlich aber wäre Dasein erst in dem Land,
„das meine Sprache spricht". Und diese Sprache wäre die des intensivsten Glücks
– des Glücks nämlich, das verstummen macht. Dieses Land, dieses „gesuchte, ge-
ahnte und nie gekannte", dieses „so hoffnungsgrüne" Land der glücklichen Sprache zu finden, die keine Sprache mehr wäre – das ist das „törichte Verlangen",
das auch den Winterreisenden umtreibt.
    Töricht muß dieses Verlangen heißen, weil es die Einsicht der Schlußzeile des
*Wanderer*-Liedes unterbietet. Denn alles spricht dafür, daß die Paradoxie, der
zufolge Glück und sprachliches Dasein keine gemeinsame Heimat haben, in der
sie sich symbiotisch verschränken können, schlechthin unlösbar ist. Das deutet
Schuberts gespenstische Liebe zu Texten an, die keine Angst vor Allsätzen haben,
in denen die Unmöglichkeit glücklicher Identität festgeschrieben steht. Vor Allsätzen wie diesem: „Ich bin ein Fremdling überall." Oder vor Sätzen von hoff-
nungsferner Sachlichkeit wie: „Die Liebe liebt das Wandern –/Gott hat sie so
gemacht –/Von einem zu dem andern. –/Fein Liebchen, gute Nacht!" Damit ist
die grundsätzliche und eben auch grundstürzende Paradoxie angedeutet, die
Schuberts Lieder umwerben und gleichsam umstimmen wollen: daß die Bewegung der Nichtidentität, die Zusammengehöriges (paradigmatisch: Glück und
Dasein) befremdlich auseinanderdriften läßt, die einzig sich durchhaltende Identität ist. Der Wanderer ist der Fremdling, und der Fremdling ist der Unglückliche, der niemals der erlöste andere seiner selbst und also nie ein Seßhafter, Hei-
matlicher und Glücklicher werden kann. Deshalb ist er dazu verdammt, sich stets
selbst gleich zu sein: als Nomade und als beziehungsferne Monade. Von dieser
versöhnungs- und hoffnungslosen Dialektik künden – deutlich auf das Lied *Der
Wanderer* zurück- und auf die *Winterreise* vorverweisend – auch gleich drei zu-
sammengehörende Lieder aus dem Zyklus *Die schöne Müllerin* von 1823, welche
die im späteren Werk (1827) unbeantwortete Frage nach der Art des Verlangens,

---

153  Georg Philipp Schmidt von Lübeck: Der Wanderer; in: Dietrich Fischer-Dieskau (ed.): Texte
    deutscher Lieder – Ein Handbuch, p. 137. Der Band ist philologisch sehr unzuverlässig.

das in die Fremde führt, zumindest ansatzweise beantworten. Es sind die drei Lieder, die ausdrücklich schon im Titel von der hoffnungsgrünen Farbe handeln, die zum universalen Weiß der Winterlandschaft komplementär steht. *Mit dem grünen Lautenbande* ist das erste dieser Lieder überschrieben.

> ‚Schad um das schöne grüne Band,
> daß es verbleicht hier an der Wand,
> ich hab das Grün so gern!'
> So sprachst du, Liebchen, heut zu mir;
> gleich knüpf ich's ab und send es dir:
> Nun hab das Grüne gern!
>
> Ist auch dein ganzer Liebster weiß,
> soll Grün doch haben seinen Preis,
> und ich auch hab es gern.
> Weil unsere Lieb ist immer grün,
> weil grün der Hoffnung Fernen blühn,
> drum haben wir es gern!
>
> Nun schlinge in die Locken dein
> das grüne Band gefällig ein,
> du hast ja's Grün so gern.
> Dann weiß ich, wo die Hoffnung wohnt,
> dann weiß ich, wo die Liebe thront,
> dann hab ich's Grün so gern!

Eine tiefe Paradoxie kennzeichnet kaum überhörbar diesen ansonsten recht kunstlosen Liedtext. Der „ganz weiße" Liebste schenkt der Geliebten das grüne Lautenband, damit ihr möglich werde, was ihr eh schon zuteil ist: die Liebe zur Farbe grün, die die seine nicht ist. „Ich hab das Grün so gern!" – „Nun hab das Grüne gern!" Doch diese seltsame Überwertigkeit der fast schon beschämend konventionell auf Liebe und Hoffnung gedeuteten Farbe hat in jeder Weise ihren Preis: Das Lob der Farbe des blühenden Lebens fordert den Preis alles Konventionellen – das Fremde und Befremdliche nicht zu lieben. Eben im bannenden Zeichen des Fremden aber steht der „Liebste". Konventionell die Farbe grün zu lieben, schließt demnach aus, den zu lieben, der schon so ist, wie das verbleichende Lautenband erst zu werden droht – „ganz weiß". Die Lieder, die der bleiche Liebende singt, nachdem er der fernen Geliebten das grüne Band gesandt hat, wissen, daß die Trennung der fernen Liebenden nun durch eine zackige Demarkationslinie unüberbrückbar geworden ist. Es ist die Linie, die die Glücklichen von den Unglücklichen trennt. Denn „die Welt des Glücklichen ist eine andere als die des Unglücklichen".[154]

Welcher Abgrund die Liebenden scheidet, verdeutlichen zumal die beiden folgenden Lieder, die schon im Titel ihren strikt antipodischen Status kundtun. *Die liebe Farbe* heißt das erste, *Die böse Farbe* das zweite. Schubert hat die Aporie die-

---

154 Ludwig Wittgenstein: Tractatus logico-philosophicus (Logisch-philosophische Abhandlung) Ffm 1964, Satz 6.43.

ser Gedichte bestürzend adäquat vertont: in trostloser Langsamkeit und in trauender H-Moll-Färbung wird die „liebe Farbe" verabschiedet; in euphorischer Lust aber feiert Schubert die „böse Farbe".

*Die liebe Farbe*

In Grün will ich mich kleiden,
in grünen Tränenweiden:
mein Schatz hat's Grün so gern.
Will suchen einen Zypressenhain,
eine Heide von grünen Rosmarein:
Mein Schatz hat's Grün so gern.

Wohl auf zum fröhlichen Jagen!
Wohl auf durch Heid und Hagen!
Mein Schatz hat's Jagen so gern,
Das Wild, das ich jage, das ist der Tod,
die Heide, die heiß ich die Liebesnot:
Mein Schatz hat's Jagen so gern.

Grabt mir ein Grab im Wasen,
deckt mich mit grünem Rasen!
Mein Schatz hat's Grün so gern.
Kein Kreuzlein schwarz, kein Blümlein bunt,
grün, alles grün so rings und rund:
Mein Schatz hat's Grün so gern.

Diese Zeilen versuchen eine deutliche Umschrift der hoffnungsfrohen Bedeutung der lieben Farbe grün. Der sich da in grünen „Tränen-" oder Trauerweiden[155] kleidet, erfährt die Farbe des Lebens tödlich. Wenn schlechthin „alles grün" ist, so auch noch das „mit grünem Rasen" gedeckte Grab. Der Tod nämlich läßt sich nicht erfolgreich verdrängen, nicht jagen und schon gar nicht töten. Er ist die absolute Grenze, die kein noch so universales Grün überwuchern kann. Darauf verweist nicht nur musikalisch die Insistenz, mit der in diesem Lied „das ‚fis' wie ein Totenglöckchen unausgesetzt erklingt"[156], darauf deutet nicht nur die deutlich allegorische Struktur dieses Gedichtes, darauf beruht auch deutlich die thanatographische Ikonologie des Textes. Der Zypressenhain gilt seit jeher als arkadischer locus amoenus, dessen topologische Bedeutung dem „Griechen-Müller" vertraut war: Dort ist nicht nur das geglückte Dasein, sondern auch der Tod heimisch, der von sich selbstbewußt sagen kann: „et in Arcadia ego"[157]. Daß das Fremde

---

155 Das Grimmsche Wörterbuch weist „Tränenweide" als Synonom für „Trauerweide" aus. Fischer-Dieskaus *Handbuch* gibt fälschlich und doch interessant wieder: „in grünen Tränen weiden".
156 Thrasybulos G. Georgiades: Schubert – Musik und Lyrik. Göttingen 1979 (2.), p. 283.
157 Cf. dazu Erwin Panofsky: Et in Arcadia ego – Poussin und die Tradition des Elegischen; in: ders. (ed.): Sinn und Deutung in der bildenden Kunst. Köln 1975, pp. 351–377. Panofsky macht auf die arkadischen Motive in Jacobis *Winterreise* aufmerksam, ohne freilich Müllers und Schuberts Zyklus heranzuziehen. – Auf thematische Interferenzen zwischen den Liedern der

schlechthin, daß auch der Tod, ja daß der Tod auch noch in Arkadien heimisch ist – dieses Motiv brauchte Wilhelm Müller aber nicht allein der ihm wohlvertrauten antiken Literatur zu entnehmen.[158] Er konnte es in einem Buch finden, das 1769 erschienen war. Johann Georg Jacobi ist sein Autor, *Winterreise* sein bemerkenswerter Titel. In diesem empfindsamen Buch heißt es lapidar: „Wenn ich auf schönen Fluren einen Leichenstein antreffe mit der Überschrift ‚Auch ich war in Arkadien‘, so zeig’ ich den Leichenstein meinen Freunden, wir bleiben stehen, drücken uns die Hand und gehen weiter.“[159]

Keine Frage: Die Todes-Landschaft der *Winterreise* ist bereits in den grünen Gefilden der *Schönen Müllerin* gegenwärtig. Das bezeugt in aller kristallinen Klarheit das abgründig wohlgemute Lied über die „böse Farbe":

*Die böse Farbe*

Ich möchte ziehn in die Welt hinaus,
hinaus in die weite Welt;
wenn’s nur so grün, so grün nicht wär
da draußen in Wald und Feld!

Ich möchte die grünen Blätter all
pflücken von jedem Zweig,
ich möchte die grünen Gräser all
weinen ganz totenbleich.

Ach Grün, du böse Farbe du,
was siehst mich immer an
so stolz, so keck, so schadenfroh,
mich armen, weißen Mann?

Ich möchte liegen vor ihrer Tür,
im Sturm und Regen und Schnee,
und singen ganz leise bei Tag und Nacht
das eine Wörtchen ade.

Horch, wenn im Wald ein Jagdhorn schallt,
so klingt ihr Fensterlein,
und schaut sie auch nach mir nicht aus,
darf ich doch schauen hinein.

O binde von der Stirn dir ab
das grüne, grüne Band;
Ade, ade! und reiche mir
zum Abschied deine Hand!

Ein befremdlicher Text – zumal im Kontext mit dem vorangehenden Lied: Beide Texte wollen die Paradoxie erfahrbar machen, daß das Böse und das Liebe eins sein können. Und eine befremdliche Vertonung, die zwar durchweg in H notiert

*Winterreise* und denen der *Schönen Müllerin* verweist auch die Arbeit von Alan P. Cottrell: Wilhelm Müller’s Lyrical Song-Cycles. Chapel Hill 1970, bes. p. 35 (zu *Die böse Farbe*).

158 Cf. dazu die eindringliche Studie von Thomas Macho: Todesmetaphern – Zur Logik der Grenzerfahrung. Ffm 1987, p. 284 (Kap. *Die Fremden*).

159 Johann Georg Jacobi: Winterreise. Düsseldorf 1769, p. 92.

ist, aber in dieser Tonart (und nicht etwa in der zu erwartenden Paralleltonart) geradezu exzessiv zwischen Dur und Moll wechselt.[160] Diesem schnellen Wechsel von Dur und Moll entspricht die schizoide Spannung in den Stimmungen des Liebenden. Dem, der der Geliebten das grüne Lautenband um die Stirn gebunden hatte, wird die liebe Farbe unerträglich. Er will die Welt so „totenbleich" weinen, bis sie ihm, dem „armen, weißen Mann", entspricht. Der Winter ist die Zeit dieser Entsprechung. Und das befremdliche Lob einer solchen Entsprechung singt *Die Winterreise*. In ihren geglücktesten Passagen vertraut sie darauf, daß sich die Vermutung aus dem vorangehenden Liederzyklus umkehren läßt: Wenn alles so „totenbleich" wird, wie zuvor alles grün war, so möge sich zeigen, daß nicht nur der Tod die absolute Grenze des Lebens, sondern das Leben auch die absolute Grenze des Todes sei. Deshalb soll und braucht man dem Tod keine grenzüberschreitende Macht im Leben einzuräumen. In die Nähe dieser befremdenden und bedeutenden Grenze, die das Leben vom Tode scheidet, führt den Winterreisenden das „törichte Verlangen", glücklich zu sein. Mitunter ist es von der Kunst kaum zu unterscheiden, unglücklich zu sein.

\*

Mit einem zweifachen „fremd" beginnt *Die Winterreise*: „Fremd bin ich eingezogen,/Fremd zieh ich wieder aus." Im Zeichen dieses anaphorischen Beginns steht der gesamte „schauerliche"[161] Liederzyklus. Befremdlich, ja schauerlich ist zumal, daß der, der als Fremder kam und geht, diese seine Fremdheit offenbar will. Die gängige Deutung der „poetischen Einfühlung", wonach „der Liebende das Haus des Mädchens verläßt, das ihn betrogen hat"[162], ist textlich einfach nicht zu belegen. Welches Ereignis zur Trennung der Liebenden führt, gibt der Text nämlich nicht zu erkennen. Vielmehr markiert er mit einem Gedankenstrich (und in der Vertonung durch eine zwei Takte lange Pause) die Leerstelle, die der Allsatz von der nomadischen Liebe, die Gott so und nicht anders gemacht hat, abgründig füllt. Der Abschied, den der Winterreisende nimmt, ist denn auch gewiß kein verzweifelter.[163] Schuberts Vertonung bringt die tiefe Ambivalenz dieses Ab-

---

160 Solche Wechsel finden sich von T. I sq. zu 3 sq., T. 13–16 zu 17–21 und 22, T. 32–36 zu 37–40 und 41, T. 42–45, T. 52–57 zu 58–60, T. 61 sq. zu 63 sq. Cf. dazu Thrasybulos G. Georgiades: Schubert – Musik und Lyrik, l.c., p. 290. Zur musikalischen Analyse cf. auch Ludwig Stoffels: Die Winterreise. Würzburg 1987.

161 So äußerte sich Schubert selbst nach dem Zeugnis seines Freundes Joseph von Spaun über *Die Winterreise* (cf. Spaun: Aufzeichnungen über meinen Verkehr mit Franz Schubert; in: Otto Erich Deutsch (ed.): Schubert – Die Erinnerungen seiner Freunde. Leipzig 1983 (4.), p.117 sq.

162 Gerald Moore: Schuberts Liederzyklen – Gedanken zu ihrer Aufführung. Tübingen 1975, p. 105.

163 Cf. dazu die eindringliche Analyse von Gunzelin Schmid Noerr: Der Wanderer über dem Abgrund – Eine Interpretation des Liedes *Gute Nacht* aus dem Zyklus *Winterreise* von Franz Schubert und Wilhelm Müller – Zum Verstehen von Musik und Sprache; in Jürgen Belgrad et al. (edd.): Zur Idee einer psychoanalytischen Sozialforschung – Dimensionen szenischen Verstehens – Alfred Lorenzer zum 65. Geburtstag. Ffm 1987, pp. 367–409. Zum Kontext des Problems bei Müller/Schubert cf. auch Dietrich Krusche: Literatur und Fremde – Zur Herme-

schieds, den der Wandernde nicht nur zum Anlaß seiner stolzen und kühnen
Trauer nimmt, sondern auch begrüßt, eindrucksvoll zum Ausdruck. Sie modu-
liert schon in den Takten 63 sqq., die den Gruß „fein Liebchen, gute Nacht" mit
einem Nachspiel versehen, fast unmerklich von D-Moll eben nicht in die zu erwartende Parallele Dur-Tonlage (F-Dur), sondern in D-Dur. Die Stimmungen
der Freude und der Trauer sind einander gespenstisch nah und doch so fern – eine kompositorische Eigenheit, die nicht nur die Vertonung dieses Liedes kennzeichnet. Die in D-Dur gesungene Schlußstrophe macht denn auch nachhaltig
deutlich, daß nicht die wahre Liebe es ist, die den Gesellen mit dem Mädchen
verband. Allzu offensichtlich nämlich ist die Tendenz, um diese Liebe nicht zu
kämpfen:

> Will dich im Traum nicht stören,
> Wär schad um deine Ruh',
> Sollst meinen Tritt nicht hören –
> Sacht, sacht die Türe zu!
> Schreib' im Vorübergehen
> Ans Tor dir: Gute Nacht,
> Damit du mögest sehen,
> An dich hab ich gedacht.

In nuce vollzieht dieses Eingangslied eine Bewegung, die den gesamten Zyklus
kennzeichnet. Das Themenfeld Liebe verblaßt gegen Ende des Liedes wie des Zyklus immer mehr, um den Problemfeldern von doppelsinnig zu verstehender Ruhe und Bedeutsamkeit Platz zu machen. Bedeutende Botschaften aber können
nur ergehen, wenn die getrennt sind, zwischen denen sie ergehen: „Schreib' im
Vorübergehen". Dieses Vorübergehen aber ist selbst so vorübergehend wie die
wandernde Liebe: Das Mädchen möge sehen, so der Wunsch des nomadisch
Schreibenden, daß er an sie gedacht habe und nicht, daß er in zeitlos andauernder
Gegenwart an sie denke.

Die Erinnerung an die vergangene Liebe durchzieht auch die nächsten Lieder.
Aber in befremdlicher Weise. Denn der Liebende verstrickt sich affektiv zunehmend mehr in die bedeutsame Differenz, die ihn von der Liebsten scheidet. Bedeutsam darf diese Differenz heißen, weil sie als diese Differenz selbst stets bedeutender wird. Und sie wird bedeutender, weil sie Bedeutung freisetzt. Diese
Bewegung, die Bedeutsamkeit und Differenz ineinander windet, wird zum eigentlichen Ideal des Problems der *Winterreise* – und nicht etwa die Psychologie
des Liebesleids. Sie ist vielmehr bloßer Schauplatz der Probleme von Differenz
und Bedeutsamkeit. Nicht die Trennung der *Liebenden*, sondern der Zusammenhang von *Trennung* bzw. Differenz und Bedeutsamkeit ist das Ideal des Problems,
das *Die Winterreise* zu lösen versucht. Sie stellt – in hilfloser, aber eindrucksvoller
Weise – die fundamental- semiologische Frage, warum überhaupt Bedeutsamkeit
ist und nicht vielmehr nicht.

---

neutik kulturräumlicher Distanz. München 1985 und Wolfgang Griep/Hans-Wolf Jäger
(edd.): Reisen im 18. Jahrhundert – Neue Untersuchungen – Neue Bremer Beiträge, Bd. 3.
Heidelberg 1987.

Daß der Liedzyklus nicht eigentlich um das Thema des Liebesleids kreist, gibt schon ein schlichter Textbefund zu erkennen. Die ferne Liebste kommt in der zweiten Hälfte des Zyklus (so wie Schubert ihn angeordnet hat[164]) nicht mehr vor. Ja, sie verliert schon in der ersten Hälfte des Liederzyklus an Gewicht. Die Trauerarbeit des Wanderers gilt nicht dem Verlust des Liebesobjekts, sondern dem Umstand, daß Bedeutsamkeit ohne Differenz nicht sein kann und nicht zu haben ist. Das akzentuiert wie das erste, so auch das zweite Lied. Es deutet allegorisch die Wetterfahne „auf meines schönen Liebchens Haus" als Zeichen jener erotischen Unstetigkeit, die schon das Eingangslied in bemerkenswerter Gelassenheit besang. Wichtiger als diese Motivwiederholung aber ist, daß sich auch hier schon der Themenkreis hypertropher Bedeutsamkeit wiederholt: „Da dacht ich schon in meinem Wahne,/Sie pfiff den armen Flüchtling aus." Alles spricht, schreibt, tut kund und ist bedeutend – aus dem, der im Vorübergehen eine Botschaft ans Tor schrieb, wird schon im zweiten Lied einer, der überall Zeichen gewahrt und nichts als nicht bedeutend erfahren kann. „Der Wind spielt drinnen mit dem Herzen/Wie auf dem Dach, nur nicht so laut." Nicht ob, sondern „wie laut" Botschaften ans Ohr des Einsamen gelangen, steht fortan in Frage.

Das dritte Lied trägt den Titel *Gefrorne Tränen*. An dieses Lied mag Adorno gedacht haben, als er von den Tränen schrieb, die so rätselhaft unbildlich und real vor Schuberts Musik aus dem Auge fallen, ohne zuvor die Seele zu befragen.

> *Gefrorne Tränen*
>
> Gefrorne Tränen fallen
> Von meinen Wangen ab:
> Ob es mir denn entgangen,
> Daß ich geweinet hab'?

Von der fremd gewordenen Geliebten ist in diesen Zeilen nicht mehr die Rede. Wohl aber von der Differenz, die nunmehr den Wanderer von sich selbst scheidet und zum Fremden sich selbst gegenüber macht. Ihm ist entgangen, daß er geweint hat. Und er setzt gegen diese nachträgliche Feststellung seiner Selbstfremdwerdung einen geradewegs pantheistisch dimensionierten Verschmelzungs- und Vereinigungswunsch („als wolltet ihr zerschmelzen/Des ganzen Winters Eis!"), dessen Paradoxie das sogleich folgende Lied benennt. Es heißt *Erstarrung*

---

164  Wilhelm Müller veröffentlichte seine Gedichtsammlung 1823 in der Zeitschrift *Urania* in folgender Reihenfolge: *Gute Nacht, Die Wetterfahne, Gefrorene Tränen, Erstarrung, Der Lindenbaum, Wasserflut, Auf dem Flusse, Rückblick, Irrlicht, Post, Frühlingstraum, Einsamkeit.* Fortgesetzt wurde diese Publikation in den *Deutschen Blättern* vom 13./14. März 1823 mit: *Der greise Kopf, Letzte Hoffnung, Die Krähe, Im Dorfe, Der stürmische Morgen, Die Nebensonnen, Der Wegweiser, Das Wirtshaus, Mut, Der Leiermann.* 1824 folgte dann die Buchveröffentlichung unter dem Titel *Gedichte aus den hinterlassenen Papieren eines reisenden Waldhornisten;* sie bringt zwei neue Gedichte und ordnet die Texte folgendermaßen an: *Gute Nacht, Die Wetterfahne, Gefrorne Tränen, Erstarrung, Der Lindenbaum, Die Post* (neu!), *Wasserflut, Auf dem Flusse, Rückblick, Der greise Kopf, Die Krähe, Letzte Hoffnung, Im Dorfe, Der stürmische Morgen, Täuschung* (neu!), *Der Wegweiser, Das Wirtshaus, Irrlicht, Rast, Die Nebensonnen, Frühlingstraum, Einsamkeit, Mut, Der Leiermann.*

und gibt somit schon im Titel zu erkennen, daß Zerschmelzen und Erstarren das
je andere ihrer selbst sind.

### Erstarrung

Soll denn kein Angedenken
Ich nehmen mit von hier?
Wenn meine Schmerzen schweigen,
Wer sagt mir dann von ihr?

Mein Herz ist wie erstorben,
Kalt starrt ihr Bild darin;
Schmilzt je das Herz mir wieder,
Fließt auch ihr Bild dahin!

Die Überlegung der Schlußverse ist in der Tat befremdlich und doch von großer
Verbindlichkeit. Wenn in der Differenz der Fremde und in der Fremde der Differenz die Geliebte nur noch als Schmerz der Trennung gegenwärtig ist; wenn
allein ein bis an den Rand der katatonischen Erstarrung getriebenes Leiden noch
das principium individuationis trägt – dann wird mit den Schmerzen auch die
Rede (von) der Geliebten verstummen; dann wird mit dem Schmilzen des erstor-
benen Herzens auch das Bild der Geliebten dahinfließen. Deshalb entschließt
sich der ursprünglich vom Verlangen nach Glück umgetriebene Fremde, allen
Wünschen nach Glück und Symbiose zu entsagen, starre Differenzen und zackige
Demarkationslinien aufrechtzuerhalten und also: nicht glücklich sein zu wollen.
Es ist allein dieser befremdliche Entschluß, der in den folgenden Liedern das Bild
der fernen Geliebten doch noch gegenwärtig hält. Trotzdem verblaßt dieses Bild;
und es muß verblassen, weil in der Fremde der Differenz die Liebste immer mehr
zum bloßen Erinnerungszeichen wird. In dem Maße aber, in dem ihr Bild verblaßt, wächst ihre Bedeutung. Doch sie wächst so, daß schließlich das Phänomen
der Bedeutsamkeit schlechthin sich überwertig verbindlich macht und einzelnes
Bedeutendes – und sei es die Geliebte – verblassen läßt. Der Wandernde spürt
schließlich kaum mehr den Alpdruck der Trennung, zunehmend aber das bedeutende Gewicht der Welt.

So schon im unmittelbar folgenden Lied, dem berühmtesten des gesamten Zyklus: *Der Lindenbaum*. Ein Text, der seiner Abgründigkeit zum Trotz volkstüm-
lich geworden ist. Ein Glücksfall des Dichtens von und aus der Fremde, das mit
dem heimatlichen locus-amoenus-Bild des liebevoll Vertrautesten beginnt.

### Der Lindenbaum

Am Brunnen vor dem Tore
Da steht ein Lindenbaum;
Ich träumt' in seinem Schatten
So manchen süßen Traum.
Ich schnitt in seine Rinde
So manches liebe Wort;
Es zog in Freud' und Leide
Zu ihm mich immerfort.

Gleich der ersten Strophe schreiben sich irreduzible Differenzen ein. In bemerkenswerter Verdichtung häufen die beiden Eingangszeilen uralte Schwellensymbole: den Brunnen, das Tor und den Lindenbaum. Sie sind dort zu finden, wo rites de passage, wo Geburt, Hochzeit und Sterben, wo Ereignisse stattfinden, die in jeder Weise bedeutend sind. Nur die beiden Eingangszeilen (und die vorletzte der Schlußstrophe) stehen im Präsens. Und gegenwärtig mögen auch noch die Inschriften sein, die vergangene und flüchtige süße Träume in lieben Worten zu bewahren suchen. Auch hier finden sich die beiden Leitthemen der Liebestrennung und der Bedeutsamkeit aufs engste ineinander verschränkt – und wiederum so, daß die bedeutsame Sphäre der Inschriften und des raunenden Rauschens der sprechenden Natur die Suprematie über die konkrete Erinnerung an die Geliebte haben. Zur zeitlichen Differenz von Gegenwart und Vergangenheit gesellt sich die räumliche: An den Ort jener Inschriften zieht es den Wandernden „immerfort" zurück. Ein eigenartiges Wort: immerfort. Eigenartig ist auch die Weise seiner Wiedergabe. Fischer-Dieskaus Notenedition, die als „Ergebnis quellenkritischer Forschung" verstanden werden will, notiert „immerfort" als ein zusammenhängendes Wort, das dann nur im Sinne von „unablässig" begriffen werden kann. Sein (nicht eben sehr zuverlässiges) Handbuch deutscher Liedtexte bringt hingegen „immer fort" in zwei Worten. Es folgt dabei wohl der von James T. Hatfield 1906 herausgegebenen *Vollständigen kritischen Ausgabe der Gedichte von Wilhelm Müller*, die es ebenfalls vorzieht, das Wort zu zweiteilen. Wie immer auch: Ein tiefer Doppelsinn ist der Aussage: „Es zog in Freud' und Leide/Zu ihm mich immer/fort" nicht zu nehmen. Wen es immerfort fort und eben nicht hin oder zurück an den Ort der Herkunft zieht, dem ist die Heimat selbst zur Fremde geworden. So wie der, der nach dem Wort des Novalis immer nach Hause geht, keinen topographisch unverwechselbaren Ort als Heimat erfahren kann, so wird auch die langsame Heimkehr[165] des Winterreisenden keine an den Ort des Ursprungs sein. Es sei denn, man verstehe diesen ursprünglichen Ort als einen, dem man irreversibel in die Fremde entsprungen ist. „Im Ursprung wird (dann) kein Werden des Entsprungenen, vielmehr dem Werden und Vergehen Entspringendes gemeint. Der Ursprung steht im Fluß des Werdens als Strudel und reißt in seine Rhythmik das Entstehungsmaterial hinein."[166]

In die Rhythmik dieses ursprünglichen Strudels wird auch der Winterreisende hineingerissen. Das deutet schon die zweite Strophe an.

> Ich mußt' auch heute wandern
> Vorbei in tiefer Nacht,
> Da hab' ich noch im Dunkeln
> Die Augen zugemacht.

---

165 Zu Handkes Anverwandlung des romantischen Wortes cf. Jochen Hörisch: „Ein Schwanken ging durch die Welt" – Peter Handkes poetisches Abendmahl; in: Norbert Oellers (ed.): Vorträge des Germanistentages Berlin 1987, Bd. 3. Tübingen 1988, pp. 41–47.

166 Walter Benjamin: Ursprung des deutschen Trauerspiels; in: ders.: Gesammelte Schriften, Bd. 1/1, edd. Rolf Tiedemann/Hermann Schweppenhäuser. Ffm 1974, p. 226.

> Und seine Zweige rauschten,
> Als riefen sie mir zu:
> Komm her zu mir, Geselle,
> Hier find'st du deine Ruh'!

Der, der da unter dem nomadischen Imperativ steht, wandern zu müssen, will, als er den Ort jener ursprünglich entsprungenen Inschriften kreuzt, nicht lesen, was dort immerfort geschrieben steht. Er schließt noch im Dunkeln die Augen. Doch dieser Versuch, das Menetekel der Bedeutsamkeit selbst übersehen zu können, muß scheitern. Denn was der Wandernde nicht lesen will, ist er zu hören genötigt. Genötigt wird er damit auch zu einer bedeutsamen Umkehrung: Er muß „das Wandern der Liebe in die Liebe zum Wandern"[167] verwandeln. Diese Nötigung aber will er, der noch (wenn nicht nach Glück, so doch) nach Verläßlichkeit giert, nicht wahrhaben. Deshalb hört er, der wohl die Augen, nicht aber das Ohr verschließen kann, die Botschaft des entsprungenen Ursprungs, der als Strudel im Fluß des Werdens steht, mißverstehend im Modus indikativischer Eindeutigkeit: „Komm her zu mir, Geselle,/Hier find'st du deine Ruh'!" Die vielen Paradoxien jedoch, die den Zyklus markieren, finden hier keineswegs ihren ruhigen Ausgleich, sondern ihre beunruhigende, weil grundlegende und zugleich grundstürzende Wendung. Noch das Versprechen auf unzerstörbare Ruhe ist nämlich ein Versprechen und muß also sprachlich ergehen. In dieser mittleren Strophe ergeht es im irrealen Modus: „Und seine Zweige rauschten,/Als riefen sie mir zu". Die Botschaft selbst steht hingegen im Indikativ: „Hier find'st du deine Ruh'!"

Dieses Arrangement verkehrt die dritte Strophe auf ebenso tiefsinnige wie präzise Weise. Sie läßt die ursprünglich entsprungene Botschaft über alle sich potenzierenden Entfernungen hinweg weiterhin und immer/fort ergehen. Doch so, daß nunmehr – welch bestürzende Erfahrung – aus dem Irrealis, wonach es täuschend so scheint, als ob das Rauschen der Zweige des Lindenbaums eine Botschaft habe, ein Indikativ geworden ist, die Botschaft selbst aber im enttäuschenden Konjunktiv steht. Aus dem „als riefen sie mir zu: (…) Hier find'st du deine Ruh!" wird somit ein „Und immer hör' ich's rauschen: Du fändest Ruhe dort!"

> Die kalten Winde bliesen
> Mir grad ins Angesicht;
> Der Hut flog mir vom Kopfe,
> Ich wendete mich nicht.
> Nun bin ich manche Stunde
> Entfernt von jenem Ort,
> Und immer hör' ich's rauschen:
> Du fändest Ruhe dort!

---

167 Gunzelin Schmid Noerr: Der Wanderer über dem Abgrund, l.c., p. 389.

Die Ruhe aber, die der immerfort hören müssende Wanderer fände, wenn er an den Ort des Ursprungs zurückkäme, wäre keine. Denn auch sie ist bedeutsam, und noch diese bedeutsame Ruhe müßte der Wanderer hören. Eine verwandte Paradoxie findet sich bereits im Anhang der *Winterreise* von Jacobi, der den Titel *Das Closter* trägt: „(...) Und lispelte den Todten zu:/O findet die gewünschte Ruh!", heißt es dort.[168] Daß noch der Ruhe eine Botschaft innewohnt, die aber, eben weil sie Botschaft ist, diese Ruhe immer schon gestört hat, erfährt und erlauscht, als einer der ersten das romantische *Lindenbaum*-Lied im Zeitalter seiner technischen Reproduzierbarkeit hörend, ein zweiter Held Thomas Manns: Hans Castorp auf dem Zauberberg. Er ist (nicht nur musikanalytisch) um ein vielfaches inkompetenter als Adrian Leverkühn. Doch weder an Schubert-Bewunderung noch an Einsicht steht er dem avancierten Komponist nach – auch wenn ihm der Erzähler bei der Form-Analyse zur Hilfe kommen muß: „Wir alle wissen, daß das herrliche Lied im Volks- und Kindermunde etwas anders lautet denn als Kunstgesang. Dort wird es meist, vereinfacht, nach der Hauptmelodie strophisch durchgesungen, während diese populäre Linie im Original schon bei der zweiten der achtzeiligen Strophen in Moll variiert, um beim fünften Vers, überaus schön, wieder in Dur einzulenken, bei den darauf folgenden ‚kalten Winden‘ aber und dem vom Kopfe fliegenden Hute dramatisch aufgelöst wird und sich erst bei den letzten vier Versen der dritten Strophe wiederfindet, die wiederholt werden, damit die Weise sich aussingen könne. Die eigentlich bezwingende Wendung der Melodie erscheint dreimal, und zwar in ihrer modulierenden zweiten Hälfte, das drittemal also bei der Reprise der letzten Halbstrophe ‚Nun bin ich manche Stunde‘. Diese zauberhafte Wendung, der wir mit Worten nicht zu nahe treten mögen, liegt auf den Satzfragmenten ‚So manches liebe Wort‘, ‚Als riefen sie mir zu‘, ‚Entfernt von jenem Ort‘, und die helle und warme, atemkluge und zu einem maßvollen Schluchzen geneigte Stimme des Tenoristen sang sie jedesmal mit soviel intelligentem Gefühl für ihre Schönheit, daß sie dem Zuhörer auf ungeahnte Weise ans Herz griff, zumal der Künstler seine Wirkung durch außerordentlich innige Kopftöne bei den Zeilen ‚Zu *ihm* mich immerfort‘, ‚Hier *find'st* du deine Ruh‘ zu steigern wußte." (Hervorh. J. H.)

Soweit die formale Analyse des „zugleich simplen und gipfelhohen Gegenstandes", die derart Hans Castorp kaum ganz zuzutrauen ist. Auffallend ist immerhin, daß diese Analyse genau die Wendungen herausstreicht, die auf die fundamentalsemiologische Themen-Struktur des Textes verweisen. Diesen „simplen und gipfelhohen Gegenstand" angemessen zu deuten, fällt hingegen dem Protagonisten selbst zu. Bescheiden tritt der Erzähler zurück, wenn er, der Worte kaum mehr mächtig und deshalb wohl übermächtig, schildert, was Hans Castorp dieses kunstlose Lied „be-deutete": „Soviel vom Liede und seinem Vortrag. (...) Aller-

---

168 Johann Georg Jacobi: Winterreise, l.c., p. 99. Weitere parallele Wendungen und Formulierungen zwischen Jacobis und Müllers *Winterreise* sind unverkennbar. Einige seien hervorgehoben: „der Dohlen heiseres Geschrey" (v. 7); „eine Erndte? mitten im Winter? warum nicht?" (v. 9); „Ihr, welche das Geschick in Wüsteneyen trug" (v. 13); „kein Glück ist ohne Ruhe" (v. 52); „und danket dem, der ihn zum Tode schuf" (v. 59).

dings begreiflich zu machen, was (…) dies Lied, der alte ‚Lindenbaum‘ ihm be-
deutete, das ist nun freilich ein Unternehmen der kitzligsten Art, und höchste
Behutsamkeit der Intonation ist vonnöten, wenn nicht mehr verdorben als geför-
dert werden soll./Wir wollen es so stellen: Ein geistiger, das heißt ein bedeutender
Gegenstand ist eben dadurch ‚bedeutend‘, daß er über sich hinausweist, daß er
Ausdruck und Exponent eines Geistig-Allgemeineren ist, einer ganzen Gefühls-
und Gesinnungswelt, welche in ihm ihr mehr oder weniger vollkommenes Sinn-
bild gefunden hat, – wonach sich denn der Grad seiner Bedeutung bemißt. Ferner ist die Liebe zu einem solchen Gegenstand ebenfalls und selbst ‚bedeutend‘.
Sie sagt etwas aus über den, der sie hegt, sie kennzeichnet sein Verhältnis zu jenem Allgemeinen, jener Welt, die der Gegenstand vertritt und die in ihm, bewußt oder unbewußt, mitgeliebt wird.“[169]
    Souverän reproduziert Thomas Manns Roman die Paradoxie, von der auch
Schuberts Lied handelt: Beide sprechen bedeutend davon, worüber man nur
schweigen zu können glaubt. Über die bedeutende Ruhe nämlich, die sprechen
macht und läßt, über die Todes-Ruhe, die streng komplementär zur Rede des
Lebens steht. Bedeutend im doppelten Wortsinne ist diese befremdlich sprechende Ruhe, weil sie die Grundfigur von Verweisung[170] überhaupt in Erscheinung
treten läßt: die temporale Bewegung, die Sein als zeitlich verfaßt ausweist. „Das
Lied bedeutete ihm viel, eine ganze Welt, und zwar eine Welt, die er wohl lieben
mußte, da er sonst in ihr stellvertretendes Gleichnis nicht so vernarrt gewesen wäre. (…) Worin bestanden dann aber Hans Castorps Gewissens- und Regierungs-
zweifel an der höheren Erlaubtheit seiner Liebe zu dem bezaubernden Liede und
seiner Welt? Welches war diese dahinter stehende Welt (auf die das Lied verweist
und die es in diesem Sinne bedeutet, J.H.), die seiner Gewissensahnung zufolge
eine Welt verbotener Liebe sein sollte?/Es war der Tod.“[171]
    Thomas Manns Analyse ist, den sogleich folgenden Selbsteinwürfen zum
Trotz, schlechterdings zutreffend. Und sie widersteht in bemerkenswerter Weise
der Versuchung, falschen Tiefsinn zu pflegen. Schon Thomas Manns Bildungsroman läßt nämlich keinen Zweifel daran, daß der Tod ein Meister aus
Deutschland ist. Romantisches Eingedenken des Todes und seine massenweise
Fabrikation schließen einander nicht aus. Und so macht es nicht nur kompositi-
rischen Sinn, wenn Thomas Manns Roman seinen schlichten Helden mit Takten
dieses Liedes auf den Lippen in den Schützengräben des Ersten Weltkrieges den
Tod und seine Ruhe finden läßt. Unruhiger und beunruhigender aber könnte
diese Todesruhe nicht sein. „Seht, er tritt einem ausgefallenen Kameraden auf die
Hand, – tritt diese Hand mit seinem Nagelstiefel tief in den schlammigen, mit
Splitterzweigen bedeckten Grund hinein. (…) Was denn, er singt! Wie man in
stierer, gedankenloser Erregung vor sich hin singt, ohne es zu wissen, so nutzt er

---

169 Thomas Mann: Der Zauberberg; in: ders.: Gesammelte Werke in Einzelbänden, ed. Peter de
    Mendelssohn (Frankfurter Ausgabe). Ffm 1981, p. 915.
170 Cf. dazu Martin Heidegger: Sein und Zeit. Tübingen 1993 (17.), § 17.
171 Thomas Mann: Der Zauberberg, l.c., p. 915 sq.

seinen abgerissenen Atem, um halblaut für sich zu singen: ‚Ich schnitt in seine Rinde/So manches liebe Wort –'" Auch das allerletzte Wort, das unter dem infernalischen Krach „anheulender Projektile" über Hans Castorps Lippen geht, ist kein anderes als das „bewußtlos" gesungene „Und sei-ne Zweige rau-schten,/Als rie-fen sie mir zu –".[172] Im maschinisierten Sterben hat Hans Castorp nichts anderes als dieses bedeutende Rauschen; und noch im industriellen Massentod vernimmt er das Rauschen der Bedeutsamkeit.

*

Nach einer berühmten Formulierung aus dem *Zauberberg* hat der Schubert-Bewunderer Hans Castorp alle Mühe, seine „Sympathie mit dem Tode" zu überwinden. Möglich wird diese Überwindung allein dadurch, daß im endenden Roman zunehmend deutlich die Liebe zur Bedeutsamkeit als Horizont jener Thanatophilie erscheint. Eine solche „Sympathie mit dem Tode" empfindet überdeutlich auch Schuberts und Müllers Winterreisender. Diese Sympathie aber findet, anders als die von Hans Castorp, keine noch so hintersinnige Erfüllung – der winterliche Wanderer will die bedeutende Grenze zwischen Tod und Leben überschreiten und kann dennoch (wie später fast alle todeswilligen Helden Richard Wagners) nicht sterben. Zwar hat ihn, um noch einmal frappante Parallelformulierungen aus Jacobis *Winterreise* zu bemühen, „das Geschick der Wüsteneyen" getragen.[173] Die winterlichen Wüsteneien, in die ein törichtes Verlangen den Nomaden trieb, haben aber kein erreichbares Zentrum. Nicht einmal ein thanatologisches – wenn auch im voranschreitenden Liedzyklus die thanatologische zunehmend mehr die erotische Thematik überformt.

Nur bis zum dreizehnten Lied ist von der Liebsten ab und an noch die zerstreute Rede. So phantasiert das Lied *Wasserflut* davon, wie die Tränen des Liebenden in den Schnee fallen, vom Bächlein aufgenommen werden und schließlich durch ihr „Glühen" im Vorbeifließen anzeigen, wo „meiner Liebsten Haus" zu finden sei. Im folgenden Lied wird diese possessive Formel von „meiner Liebsten" ein letztes Mal wiederholt. Und es scheint gar so, als solle ihr Name wieder einmal durch eine Inschrift verewigt werden. Diese Inschrift aber erfolgt nicht etwa in die dauerhafte Rinde eines Baumes, sondern in die bald tauende Eisdecke eines noch winterstarren Flusses:

> In deine Decke grab' ich
> Mit einem spitzen Stein
> Den Namen meiner Liebsten
> Und Stund' und Tag hinein:
>
> Den Tag des ersten Grußes,
> Den Tag, an dem ich ging;
> Um Nam' und Zahlen windet
> Sich ein zerbroch'ner Ring.

---

172 Ibid., p. 1005.
173 Jacobi: Winterreise, l.c., p. 13.

Daß die Erinnerung an die Liebste so schwindet, wie mit dem einsetzenden Frühling diese eisesstarre Inschrift zerbricht, deuten schon die folgenden Schwundstufen ihrer Benennung an. Statt der superlativischen „Liebsten" wird im Lied *Rückblick* nur mehr „zwei glühender Mädchenaugen" gedacht, die den Wunsch entstehen lassen, „noch einmal rückwärts sehn" zu können. In den Liedern neun und zehn wird die Liebste nicht einmal mehr retrospektiv erwähnt. An die Stelle dieses Rückblicks tritt vielmehr die vermeintlich einzig feste (und also wiederum in Form eines Allsatzes festgehaltene) Vorausgewißheit, wonach gilt: „Jeder Strom wird's Meer gewinnen,/Jedes Leiden auch sein Grab." Das Grab des Leidens aber ist auch das der Erinnerung an die Geliebte: „Wenn meine Schmerzen schweigen,/Wer sagt mir dann von ihr?" Deshalb macht es konsequenten Sinn, wenn das elfte Lied mit dem Titel *Frühlingstraum* wie das erste gänzlich abstrakt von Liebe handelt: „Ich träumte von Lieb' um Liebe,/Von einer schönen Maid". Aus der possessiven und superlativischen Anrede „meine Liebste" ist die konventionelle Formel „eine schöne Maid" geworden; und selbst in der Schlußfrage dieses Liedes, in die sich ein letztes Mal das Possessivpronomen einschleicht, erscheint die Liebste bloß noch im Diminutiv: „Wann halt' ich mein Liebchen im Arm?"

Vollends abgegolten ist die alte Geschichte von Liebe und Liebestrennung im dreizehnten Lied. Schon sein Titel – *Die Post* – kündet das Ideal des Problems einer neuen Geschichte an. Diesem Lied kommt in jeder Weise und also nicht nur, weil es genau in der Mitte des gesamten Zyklus steht, peripetetische Bedeutung zu. Denn hier wird die ehemals Liebste in bemerkenswerter Gelassenheit und Distanz ein allerletztes Mal erwähnt. Und zwar in einem Kontext, der mit geradezu diskursanalytischer Präzision zu erkennen gibt, daß die Probleme der Differenz und der Bedeutsamkeit die der Liebe überformt und abgelöst haben.

> Von der Straße her ein Posthorn klingt.
> Was hat es, daß es so hoch aufspringt,
> Mein Herz?
> Die Post bringt keinen Brief für dich.
> Was drängst du denn so wunderlich,
> Mein Herz?
>
> Nun ja, die Post kommt aus der Stadt,
> Wo ich ein liebes Liebchen hatt',
> Mein Herz!
> Willst wohl einmal hinüberseh'n
> Und fragen, wie es dort mag geh'n,
> Mein Herz!

Die Formel „nun ja" zählt nicht gerade zum unverzichtbaren Inventar der leidenschaftlichen Liebessemantik. Und die Wendung „wo ich ein liebes Liebchen hatt" zeugt nicht eben von tiefer Verzweiflung. Auch lassen sich innigere Fragen an die Geliebte denken als die, „wie es denn gehe?" Keine Frage: Mit dem seltsam wohlgemuten Lied *Die Post* hat der Zyklus in jedem Sinn seine Peripetie erreicht.

Die Trennung der Liebenden ist nun definitiv kein Motiv stolzer und kühner Trauer mehr. Wohl aber Anlaß zur Neugierde – zur Neugierde nach dem Zusammenhang von Differenz und Bedeutsamkeit, den die Post in allegorischer Sinnfälligkeit in Erscheinung treten läßt.[174] Überbrückt sie doch räumliche wie zeitliche Differenzen: Sie läßt das „hoch aufspringende" Herz einen Brief erwarten, der so von „dort" (aus der Stadt) nach hier (in die Landschaft der Winterreise) transportiert wurde, daß mit dieser räumlichen zugleich die temporale Differenz in Erscheinung tritt, die die Epoche der Liebe von der der Einsamkeit scheidet.

Mit dem Lied *Die Post* deutet sich nichts geringeres als die Möglichkeit an, die fundamentalsemiologische Frage nach dem Ursprung von Bedeutsamkeit nicht nur tiefsinnig, sondern auch medientechnisch und historisch präzise zu beantworten. Bedeutsame Differenzen (wie die von Sein und Seiendem) und die zeitliche Differenzialität des Seins selbst sind im Zeitalter der Postkutsche (die Menschen und Nachrichten noch mit derselben Langsamkeit transportiert) eben grundsätzlich anders erfahrbar als etwa im Zeitalter Hans Castorps (das schon Telephone und Telegraphie kennt und somit über Techniken verfügt, Nachrichten schneller als Menschen zu transportieren). Von der Möglichkeit, die medientechnische Organisation von Bedeutung zu befragen, macht Wilhelm Müllers Lyrik (anders als Büchners Prosa, die an sie anknüpft) jedoch nur andeutungsweise Gebrauch. Aber sie macht grundsätzlich die semantische Kraft von Differenzen erfahrbar.

Zwischen diesen Differenzen Symbiosen stiften zu wollen, heißt, das Unmögliche zu begehren. Diese Unmöglichkeit positiv zu erfahren, ist dem Wanderer noch versagt. Deshalb begehrt er in strikter Antithetik diejenige differenzlose Einheit, auf die allein scheinbar fest zu rechnen ist: die des Todes. Ihn umwirbt gleich das folgende Lied *Der greise Kopf.*

> Der Reif hatt' einen weißen Schein
> Mir übers Haar gestreuet;
> Da glaubt ich schon ein Greis zu sein
> Und hab' mich sehr gefreuet.
>
> Doch bald ist er hinweggetaut,
> Hab' wieder schwarze Haare,
> Daß mir's vor meiner Jugend graut –
> Wie weit noch bis zur Bahre!
>
> Vom Abendrot zum Morgenlicht
> Ward mancher Kopf zum Greise.
> Wer glaubt's? und meiner ward es nicht
> Auf dieser ganzen Reise!

---

174 Cf. hierzu und zum folgenden Jacques Derrida: La carte postale –De Socrate à Freud et au-dela. Paris 1981.

In diesen Versen ist in aller Klarheit eine Erfahrung ausgesprochen, die der Reisende um ihrer Befremdlichkeit willen anfangs nur verwerfen kann: Nicht nur die Liebe, auch der Tod liebt das Wandern, die Unstetigkeit, die Unverläßlichkeit und die irreduzible Differenz. In ihm die Erfüllung derjenigen Symbiosewünsche zu erhoffen, die der Liebe versagt blieben, ist demnach eine so übliche wie suggestive Naivität. Das gibt schon die Schlußwendung des Liedes zu verstehen: „Wer glaubt's? und meiner ward es nicht/Auf dieser ganzen Reise!" ‚Es', nämlich das tödliche Ziel, wird dem Winterreisenden bis zum Ende seines Weges nicht zuteil werden. Wohl aber das Gewicht der Bedeutsamkeit, das sich angesichts der Bewegung des Liebes- wie des Todesentzugs, den der Liedzyklus geradezu irritiert verzeichnet, immer hartnäckiger Geltung verschafft.

Gegen diese irritierende Erkenntnis, nach der selbst die vermeintlich unüberbietbar beruhigende Weisheit des Einverständnisses mit dem Tod die Erfahrung bedeutender Unruhe nicht auszublenden vermag, mobilisieren die folgenden Lieder die unterschiedlichsten Einstellungen. Das Lied *Die Krähe* ist einem Pathos der Verzweiflung verpflichtet, das sich nach „Treue bis zum Graben" sehnt. *Letzte Hoffnung* ist dann aber das Lied überschrieben, das der Hoffnung selbst ein Grab zuweist, im Zeichen tiefster Resignation stehen folgerichtig die Verse des Gedichtes *Im Dorfe*. An revoltierender Lust hingegen versuchen sich die Zeilen, die der Wandernde dem „stürmischen Morgen" entgegenschleudert. Und die Freuden der sowie das Recht auf Verkennung feiern schließlich klug die Verse, die den Titel *Täuschung* tragen.

Ob Verzweiflung, Hoffnung, Resignation, Revolte oder Täuschung – sie alle behalten nicht das letzte Wort. Denn ihnen liegt gemeinsam das „törichte Verlangen" zugrunde, das den Winterreisenden eben gerade nicht zugrunde, sondern zum Grunde seines Wunsches nach Zugrundegehen gehen läßt. Dieser Grund ist im Lied *Der Wegweiser* angegeben: ihm gilt die Suche nach „Unverrücktem", Festem, Irreversiblem, nach „einer Straße (…), die noch keiner ging zurück". Die Grundgestalten des Irreversiblen aber scheinen eben Zeitlichkeit und Tod zu sein. Ihnen will sich deshalb der Reisende vorbehaltlos anvertrauen; von ihnen aber wird er geradezu brüsk (und deutlicher jedenfalls als zuvor von der Geliebten) abgewiesen.

> Auf einen Totenacker hat mich mein Weg gebracht;
> Allhier will ich einkehren, hab' ich bei mir gedacht.
> Ihr grünen Totenkränze könnt wohl das Zeichen sein,
> Die müde Wand'rer laden ins kühle Wirtshaus ein.
>
> Sind denn in diesem Hause die Kammern all' besetzt?
> Bin matt zum Niedersinken, bin tödlich schwer verletzt.
> O unbarmherz'ge Schenke, doch weisest du mich ab?
> Nun weiter denn, nur weiter, mein treuer Wanderstab!

Die „Zeichen", die ins kühle Wirtshaus einzuladen scheinen, trügen. Ihre Sprache ist eine fremde und befremdliche. Denn die Zeichen dieser Sprache bedeuten anderes, als der Reisende es bei sich gedacht hat. Sie scheinen irreversible Ruhe zu versprechen und lösen doch, eben diese Ruhe brüsk verweigernd, bei dem, der da „tödlich schwer verletzt" ist, äußerste Unruhe aus. Eine Unruhe aber, deren Produktivität außer Frage steht. Legt der winterliche Wanderer doch im drittletzten Lied endlich jenes Selbstverhältnis ab, das sein maß- und ruheloses Suchen nach Ruhe eigentlich begründete. Er denkt nämlich nicht mehr „bei sich", wie die Semantik dieses oder jenes Zeichens zu konstituieren oder zu begreifen sei. Vielmehr verschließt er die Ohren gegenüber jener subjektzentrischen Selbstaffektion des „bei sich denken", die traditionell in der Wendung vom sprechenden Herzen ihren Ausdruck findet:

> *Mut*
>
> Fliegt der Schnee mir ins Gesicht,
> Schüttl' ich ihn herunter.
> Wenn mein Herz im Busen spricht,
> Sing' ich hell und munter.
>
> Höre nicht, was es mir sagt,
> Habe keine Ohren;
> Fühle nicht, was es mir klagt,
> Klagen ist für Toren.

Wer so die Ohren gegenüber dem verschließt, was das eigene Herz im Busen spricht, kann endlich die fremde Botschaft und die Botschaft der Fremde vernehmen: daß „kein Gott (und auch kein funktionales Äquivalent Gottes, J.H.) auf Erden sei". Die maß- und ruhelose Suche nach dem beruhigend festen und Ruhe verheißenden Grund von Welt und Dasein ist schlechthin objektlos. Der Winterreisende ist nicht eigentlich auf der Suche nach der verlorenen Zeit glücklicher Liebeseinheit, sondern vielmehr auf der desaströsen Suche nach beruhigenden Letztbegründungen um jeden und also auch um einen tödlichen Preis. Doch er begegnet allenfalls scheinhaften „Nebensonnen", nicht aber dem Zentralgestirn eines transzendentalen Signifikats, das all das, was der Fall ist, ins Licht seiner unbewegt ruhigen Bedeutsamkeit taucht. Kein gestirnter Himmel über dem und kein moralisches Gesetz im Winterreisenden mag mehr als Wegweiser bei der unendlichen Suche nach verläßlichem Sinn dienen.

Weil es diesen (wie immer auch: sei's theologisch, philosophisch, kommunikativ, selbstbewußtseins- oder geschichtstheoretisch zu findenden) Sinn nicht gibt und weil es Sinn schon gar nicht in der Weise des „es gibt xyz" gibt, müssen das Tun und die Welt des Winterreisenden noch lange nicht bedeutungslos sein. Im Gegenteil: Eben weil er die Suche nach zentrischem Sinn und begründenden Prinzipien endlich aufgibt, wird ihm die befremdliche Erfahrung einer Welt zuteil, die bedeutsam ist um ihrer Sinnlosigkeit willen. Im letzten Lied des Zyklus trifft der Wanderer auf einen Leiermann, den keiner sehen und hören will. Er aber hört nur dessen Weise, die unaufhörlich ergeht. „Und er läßt es gehen alles, wie es will,/Dreht und seine Leier steht ihm nimmer still." Es gibt noch Lieder zu singen und Weisen zu hören jenseits der Suche nach Sinn. Es sind Weisen, die das Gewicht von Welt und Dasein als bedeutsam erfahren, weil ihm (ontologi-

sche und temporale) Differenzen eignen, die „nimmer still" stehen. Die befremdliche Bewegung dieser Differenz ist eins mit dem Geschenk der Bedeutsamkeit,
deren entschlossener Gegner fester, zentrischer und also ein in jeder Weise beru-
higender Sinn ist.

Um 1830 zeichnen sich weitreichende Verwerfungen im mitteleuropäischen
Projekt der Sinnfundierungsversuche überhaupt ab. Offensichtlich macht es einen gewichtigen Unterschied, ob die Zentren des traditionellen ontotheologi-
schen Rahmens von Welt- und Daseinsfundierungen nur (und wie entschieden
auch immer) mit neuen Begriffen (wie Vernunft, Konsens, Fortschritt und Revolution oder Wille, Volk und Rasse) besetzt werden oder ob das Schema der Suche nach unhintergehbaren Gewißheiten (und sei es die des Todes) überhaupt
verworfen wird. *Die Winterreise* ist das befremdlich frühe Dokument einer solchen Verwerfung – mit Adorno zu sprechen: einer „qualitativen Veränderung des
Menschen". Sie ermöglicht grundsätzlich, weil grundstürzend fremde (und deshalb häufig genug in vertrauten psychopathologischen Kategorien interpretierte)
Weisen, Welt und Dasein zu erleben. Nämlich in exzentrischer Gelassenheit
Differenz(en) zu erfahren, die auf keinen Einheitsgrund zurück- oder vorauszube-
ziehen sind. Doch sie manifestiert diese fremde Erfahrung noch mit einem
durchaus traditionellen, wenn auch virtuos gehandhabten poetischen Inventar,
das die Abgründigkeit seiner Einsichten häufig genug durch rhetorische Konven-
tion vergessen macht.

Das unterscheidet die *Winterreise* von Büchners 1835 entstandener *Lenz*-
Erzählung, die verblüffende Affinitäten[175] zum wenige Jahre zuvor veröffentlich-
ten und vertonten Gedichtszyklus aufweist. Ungleich entschiedener als Müllers
Diktion ist die Büchners. Sie verzichtet gänzlich auf alle konventionellen und
zumal romantischen Formen poetischer Bildlichkeit, um lakonisch jene Realien
zu benennen, die Müllers und Schuberts poetische Überwindung der Metaphysik
allererst ermöglichen: Die infrastrukturelle Verbesserung Mitteleuropas. Eindringlich erfährt der Winterreisende Lenz im stillen Steintal von den bis zur Schi-
zoisierung befremdlichen Effekten der infrastrukturellen Mobilmachung (u.a.
durch Alphabetisierung, Vermessung, Monetarisierung, Hygienisierung etc.), der
der Reformer Oberlin noch in der Peripherie Mitteleuropas zum durchschlagen-
den Erfolg verhilft.[176]

Schuberts Vertonung hat die Verse der *Winterreise* davor bewahrt, zum konventionellen Ausdruck melancholischer Befindlichkeiten über Sinndefizite herab-
zusinken. Sie bringt Müllers Verse auf den Stand der Einsicht von Büchners Erzählung: daß die Moderne sich geradezu systematisch auf die hochriskante Ope-
ration einläßt, die Erfahrung des Fremden selbst zur Grundfigur des Vertrauten
zu machen, Vertrauen (in Sein und Zeit) aber als in jeder Weise grundlos dar-

---

175 Es ist hochwahrscheinlich, daß Büchner Müllers Gedichte kannte. Ein philologisch stringenter
    Nachweis ist mir allerdings bisher nicht gelungen.
176 Cf. dazu Jochen Hörisch: Pathos und Pathologie – Der Körper und die Zeichen in Büchners
    *Lenz*; in: Katalog zur Georg-Büchner-Ausstellung. Ffm. 1987.

stellen zu müssen. Diese Paradoxie sorgt für eine ebenso maßlose wie produktive Unruhe. Denn sie stellt universale Bedeutsamkeit und Bezüglichkeit her, die keinen beruhigenden Letztbezug mehr (aner)kennt. Und als ästhetische Simulation, gar als Kompensation eines solchen (den verbindlichen Symbolordnungen abhanden gekommenen) Letztbezuges mag die *Winterreise* gewiß nicht dienen. Diese funktionale Leistung können die Infrastrukturen überzeugender erbringen, die Reformer wie Oberlin flächendeckend einrichteten. Zu ihnen verhalten sich die Lieder der *Winterreise* wie das absolute Wissen, das sich von dem Zusammenhang absolviert hat, den es weiß. Fragmentiert und abgefallen von jedem festen Zentrum, versammelt die *Winterreise* exzentrische und befremdliche Lieder von einer Welt, der der Mensch und die dem antiquierten Menschen abhanden gekommen ist.

# 18. Paradoxien der Neuzeit
## Romantische Dialektik

Im Berliner Salon der Frau von Carayon ist einer der Habitués enttäuscht. Hat er doch den letzten jour fix und damit ein großes Ereignis versäumt: Zu Gast war der romantische Dichter Zacharias Werner, dessen Luther-Drama *Die Weihe der Kraft* in wenigen Tagen seine Uraufführung erleben soll. Doch dem Freund der Familie von Carayon (ein klug gewählter Name: nur ein überflüssiger Buchstabe trennt ihn vom französischen Wort ‚crayon‘) wird in Theodor Fontanes Erzählung *Schach von Wuthenow* Tröstung zuteil. So viel hat er nämlich wiederum nicht verpaßt. Haben doch selbst exaltierte romantische Dichter ihre durchaus profanen Seiten. „‚Sie sollten sich umgekehrt beglückwünschen, einer Enttäuschung entgangen zu sein‘, nahm Bülow das Wort. ‚Es ist selten, daß die Dichter der Vorstellung entsprechen, die wir uns von ihnen machen. Wir erwarten einen Olympier, einen Nektar- und Ambrosiamann, und sehen statt dessen einen Gourmand einen Putenbraten verzehren; wir erwarten Mitteilungen aus seiner geheimsten Zwiesprach mit den Göttern und hören ihn von seinem letzten Orden erzählen oder wohl gar die allergnädigsten Worte zitieren, die Serenissimus über das jüngste Kind seiner Muse geäußert hat. Vielleicht auch Serenissima, was immer das denkbar Albernste bedeutet.‘"[177] Aus seiner antiromantischen Haltung und seiner spezifischen Abneigung gegen „diesen pfäffischen Zacharias Werner (...), der mir in seinen mystisch-romantischen Tendenzen einfach zuwider ist", macht Bülow kein Geheimnis. Der Verleger Sander springt ihm bei; Schach widerspricht. Und so kommt es zum kultivierten Salon-Streit, zum Wechsel von Bonmots wie „jeder Staat (gemeint ist: auch der preußische, J.H.) ist in gewissem Sinne zugleich auch ein Kirchenstaat" und zum Vorschlag, die Kontroverse über „die Romantik" dadurch voranzubringen, daß Victoire, die Tochter des Hauses, einige der dem Drama „eingelegten Lieder" mit Klavierbegleitung Schachs zu Gehör bringt.

„‚Ich habe sie kaum durchgespielt.‘/‚Oh, dann bitt ich um so mehr‘, bemerkte Schach. ‚Alle Salonvirtuosität ist mir verhaßt. Aber was ich in der Kunst liebe, das ist ein solches poetisches Suchen und Tappen.‘/Bülow lächelte vor sich hin und schien sagen zu wollen: ‚Ein jeder nach seinen Mitteln.‘/Schach aber führte Victoiren an das Klavier, und diese sang, während er begleitete:

> Die Blüte, sie schläft so leis und lind
> Wohl in der Wiege von Schnee;
> Einlullt sie der Winter: ‚Schlaf ein geschwind,
> Du blühendes Kind.‘
> Und das Kind, es weint und verschläft sein Weh,
> Und hernieder steigen aus duftiger Höh
> Die Schwestern und lieben und blühn ...

---

177 Theodor Fontane: Schach von Wuthenow – Erzählung aus der Zeit des Regiments Gensdarmes; in: ders.: Werke in vier Bänden, Bd. 2, ed. Helmuth Nürnberger. München/Wien 1979, p. 147.

Eine kleine Pause trat ein, und Frau von Carayon fragte: ‚Nun, Herr Sander, wie besteht es vor Ihrer Kritik?‘ – ‚Es muß sehr schön sein‘, antwortete dieser. ‚Ich versteh es nicht. Aber hören wir weiter. Die Blüte, die vorläufig noch schläft, wird doch wohl mal erwachen.‘

> Und kommt der Mai dann wieder so lind,
> Dann bricht er die Wiege von Schnee,
> Er schüttelt die Blüte: ‚Wach auf geschwind,
> Du welkendes Kind.‘
> Und es hebt die Äuglein, es tut ihm weh
> Und steigt hinauf in die leuchtende Höh,
> Wo strahlend die Brüderlein blühn.

Ein lebhafter Beifall blieb nicht aus. Aber er galt ausschließlich Victoiren und der Komposition, und als schließlich auch der Text an die Reihe kam, bekannte sich alles zu Sanders ketzerischen Ansichten./Nur Bülow schwieg. Er hatte, wie die meisten mit Staatenuntergang beschäftigten Frondeurs, auch seine schwachen Seiten, und eine davon war durch das Lied getroffen worden. An dem halbum-wölkten Himmel draußen funkelten ein paar Sterne, die Mondsichel stand da-zwischen, und er wiederholte, während er durch die Scheiben der hohen Bal-kontür hinaufblickte: ‚Wo strahlend die Brüderlein blühn.‘/Wider Wissen und Willen war er ein Kind seiner Zeit und romantisierte.“[178]
  Es gibt fraglos bedeutendere romantische Gedichtzeilen als die, die hier im Jahre 1805 in Berlin zu Gehör gebracht werden. Dennoch ist selbst der Roman-tik-Kritiker Bülow von ihnen gefangen. Der geradezu prototypisch realistische Erzähler Fontane erweist der Romantik nicht nur in dieser Passage seine Reve-renz. Aufschlußreich ist diese Reverenz, weil sie ausdrücklich festhält, daß selbst die Romantik-Kritiker „wider Wissen und Willen“ Kinder ihrer Zeit sind. Soll heißen: Man kann um 1800, wenn man ein gewisses Niveau an Einsichten nicht unterbieten will, nicht nicht Romantiker sein. Es ist also, unabhängig von der Binsenweisheit, daß einzelne Werke je einzelne Werke sind, die sich voneinander unterscheiden und die in ihrer unverwechselbaren Individualität rezipiert sein wollen, möglich, die Romantik als eine Epoche zu charakterisieren, die ihre Zeit-genossen zwar nicht darauf verpflichtet, dasselbe zu denken, aber eben doch dar-auf, über dieselbe Konstellation von Problemen nachzudenken. Um es neu-deutsch zu formulieren: Mit der Romantik verschreibt sich Alteuropa ein neues und abgründiges Reflexions-, Beobachtungs-, Theorie- und Kunst-Design.
  Eigentümlich obligatorisch, ja notwendig ist dieser neue Stil angesichts einer um 1800 schon nicht mehr so ganz neuen, sondern eben generalüberholten und fortentwickelten Neuzeit, die Gründe hat, selbstreflexiv zu werden. Fast dreihun-dert Jahre nach der Reformation, die das Skandalstück von Zacharias Werner zum Thema hat, und ein gutes Jahrzehnt nach der französischen Revolution setzt die romantische Generation zu einer Generalrevision tradierter Denkmuster an.

---

178 Ibid., p. 151 sq.

Mit einem der romantischen Grundmotive spielt Fontanes Text ganz offensichtlich. Die Romantik ist nämlich paradoxiesensibel. Paradoxien, also im Wortsinne miteinander unverträgliche Meinungen und Ansichten, hält sie nicht für ein vermeidbares, durch logisches Argumentieren auszutreibendes Problem, sondern für Manifestationen hartnäckiger logischer (und ontologischer, theologischer, psychologischer etc.) Widerspruchsstrukturen und – für das unwiderstehliche Ingredienz eines nicht langweiligen Lebens. Die in Fontanes Prosa offengelegten Paradoxien sind vergleichsweise harmlos, aber gewissermaßen vielversprechend: Der dezidierte Romantikkritiker romantisiert selber; der Mystiker hält weniger Zwiesprache mit dem Göttlichen, als mit weltlichen Autoritäten; der „Olympier", der „Nektar- und Ambrosiamann" ist dem Putenbraten verfallen; der Fromme sündigt lustvoll; der Atheist führt ein asketisches Leben und was dergleichen Fälle mehr sind. Die Biographie von Zacharias Werner eignet sich vorzüglich, um dergleichen Paradoxe reichhaltig und fast ein wenig zu plakativ zu illustrieren. Sein Lebensweg führt ihn bekanntlich von Königsberg nach Wien; vom Protestantismus zum Katholizismus; von der preußischen Beamtenlaufbahn in die Sphären des österreichischen Priesterdaseins; von den Wonnen des Libertins und dreifach Geschiedenen zu denen des fanatischen Zölibatfans.

Auf Paradoxien kann man verärgert reagieren, dann muß man alles daransetzen, sie auszutreiben. Oder aber man läßt sie romantisch gewähren, weil man einsieht, daß der Wille, Paradoxien auszutreiben, sie nur verstärkt. Um paradox zu formulieren: Paradoxe sind eben gerade nicht Probleme der doxa, des Meinens und Glaubens, sondern vielmehr vergleichsweise charmante Indizien, die auf ein gravierendes und schwer zu überwindendes Strukturfaktum verweisen, das – ein weiteres Paradox – der exponierteste unter den zeitgenössischen Romantikkritikern (also Hegel) am klarsten ausgesprochen hat: Widerspruchsstrukturen sensu strictu zeigen sich dem romantisch-wachen Geist in eben dem Maße, in dem man nach Gewißheit oder gar in cartesianischer Tradition nach einem fundamentum inconcussum fahndet. Die Romantik stellt über die Lust am Paradoxon hinaus auf Dialektik im schärfsten Sinne des Begriffs um: Widerspruchsstrukturen sind im Jenseits des Trivialen, also in anspruchsvollen Begründungszusammenhängen nicht skandalöse Ausnahmen, sondern der nicht minder skandalöse Normalfall.

Die frühen Jenaer Romantiker haben diese Erfahrung des Denkens an zumindest drei Paradigmata gemacht. Sie sind erstens Zeitgenossen der Kantischen Destruktion des altehrwürdigen Gottesbeweises, der die rasante Erosion der tradierten Universal-Gewißheit auf den argumentativen Punkt brachte: Sein ist kein reales Prädikat; wer von Prädikaten wie Allmacht auf die Existenz dessen schließt, der da „Allmächtiger" heißt, macht sich eines schwerwiegenden Kategorienfehlers schuldig. Die Romantiker geben Kants Argument eine dramatische Wende, indem sie – ein prototypisch romantisches Verfahren – nicht mit neuen Argumenten alte Gewißheiten destruieren, sondern vielmehr die Logik der alten Gewißheiten immanent dekonstruieren. Gerade wenn man dem alten Glauben an die Kraft göttlicher Allmacht vertraut, läßt sich zeigen, daß diese Allmacht z.B. nicht so allmächtig sein kann, ihre Allmacht aufzugeben; daß der ewige und allmächtige Gott sich in den Widerspruch verwickelt, etwas nicht zu vermögen, was die sterblichen und ohnmächtigen Menschen mit eigentümlicher Sicherheit leisten: zu sterben. Wie aber sollte man einer Größe, die etwas so Essentielles wie nicht (mehr) zu sein nicht vermag, Allmacht zusprechen? Um es mit Hölderlins genuin romantischen *Mnemosyne*-Versen schöner, aber nicht etwa unpräziser auszudrükken:

>           Denn nicht vermögen
>           Die Himmlischen alles. Nämlich es reichen
>           Die Sterblichen eh an den Abgrund. Also wendet es sich, das Echo,
>           Mit diesen. Lang ist
>           Die Zeit, es ereignet sich aber
>           Das Wahre.

Um so unpoetisch und sachlich wie möglich zu sprechen: Die Romantik sorgt an einer ersten essentiellen Scharnierstelle für einen abgründig neuen Denkstil. Sie transformiert den altehrwürdigen Satz vom Grund in den Satz vom Abgrund. „Nihil est sine ratione" kann eben (wie die Romantiker lange vor Heidegger wissen) nicht nur heißen, daß nichts ohne Grund ist, sondern auch, daß das Nichts ohne Grund ist (cf. Kap. 7). Bei aller gewaltigen Unterschiedlichkeit in Stil und Diktion umkreisen doch Texte wie Wackenroders *Herzensergießungen* eines Klosterbruders, der die abgründige Kunst liebt, Hardenbergs *Hymnen an die Nacht*, Hölderlins Feier des R(h)einentsprungenen, Schellings Freiheitsschrift, Friedrich Schlegels *Philosophische Lehrjahre* oder Schleiermachers *Reden über die Religion* (um nur diese Texte zu nennen) die Einsicht in die Abgründigkeit des Grundes. Sie erschließen „Schichten (...), in denen kein Wesen mehr wurzelt, sondern alle Wurzeln verwesen."[179]

Wenn alle Wurzeln abgründig verwesen, tut eine neue Gewißheit not und gut. Das avancierteste Theorieprogramm, das die Romantiker vorfinden, hat eine Antwort auf die faustische Epochenfrage bereit, was die Welt im Innersten zusammenhält, wenn die alte Joker-Antwort „Gott" irreversiblen Plausibilitätsverlust erlitten hat. Die Antwort ist bekannt: transzendentale Subjektivität tritt an die Stelle der Transzendenz. Das heißt auch: Funktionstheorie tritt an die Stelle von Ontologie – die Romantiker schwenken, Aug in Aug mit der Kritik des „Alleszermalmers" Kant am ontologischen Gottesbeweis, vom Fokus „Sein" auf den Fokus „Prädizieren" um. Alles mag, wenn es bedacht und begründet werden soll, bezweifelt werden und in den Malstrom von Destruktion bzw. Dekonstruktion geraten – nicht aber die zweifelnde, begründende, denkende, Urteile aussprechende Instanz selber. Fichte hat die cartesianische und kantische Tradition dieses Arguments so pointiert, daß sie den frühen Romantikern eine glänzende zweite Plattform für ihre dialektische Analyselust bot. Ihr Gegenargument ist schlagend. Gerade, wenn die Fichtesche Gleichung für unüberbietbare und

---

179 Wolfram Hogrebe: Prädikation und Genesis – Metaphysik als Fundamentalheuristik im Ausgang von Schellings *Die Weltalter*. Ffm 1989, p. 127.

unhintergehbare Gewißheit in Zeiten wachsender Ungewißheitsbeschleunigung, nämlich die „Ich=Ich"-Gleichung gilt, kann sie nicht als Fundament von Identität gelten. Denn völlig unabhängig davon, ob man das Selbstverhältnis von transzendentaler Subjektivität als reflexives oder präreflexives, als thetisches oder athetisches, als sich selbst konstituierendes oder gegebenes begreift – immer konturiert sich scharf ein dialektischer Widerspruch. Es ist kein anderer als der, der ca. hundert Jahre später auf den Namen „mengentheoretisches Dilemma" getauft wird.

Wenn das Ich sich als Ich weiß (oder wie immer auch: erfährt, spürt, gegeben, präsent, mit sich vertraut etc. ist), so ist es wissendes und gewußtes Ich zugleich. Als sich wissendes Ich ist das Ich die Menge aller (Wissens-) Mengen, die sich selbst als Element enthält. Denn die Pointe der Identitäts-Gleichung ist ja gerade, daß beide Ich-Größen dies- und jenseits des Gleichheitszeichens einunddasselbe sind. Wenn sie dasselbe sind, so sind sie doch auch nicht dasselbe. Denn zwischen dem Ich, das sich weiß, und dem Ich, das dem Selbstbewußtsein gegeben ist, tut sich ein Abgrund auf, der es ausschließt, beide Identitäten als mit sich identisch zu begreifen. Selbstbewußtsein, das unhintergehbar Identität stiften und garantieren soll, entspricht dann aber gerade dem logischen Inbegriff des intern Inkonsistenten. Daher die eigentümliche romantische Fixierung auf Doppelgänger-, Spiegel- und Schizo-Motive (vor allem bei Tieck, Novalis, E.T.A. Hoffmann, Jean Paul, Brentano und später bei Büchner): Wer sich romantisch-narzißtisch in seinem Spiegelbild selbst erkennen will, muß schon zuvor wissen, wie er aussieht, um sich mit sich identifizieren zu können. Wer sich als sich erkennen, erfassen, erfahren will, macht die abgründige Erfahrung, daß (um nochmals mit Hegel zu sprechen) Identität die Identität von Identität und Differenz ist, die sich in infiniten Re- oder Progressen so zu verlieren droht, daß man Gründe bzw. Abgründe hat, die hegelsche Formel romantisch zu überbieten und von einer Differenz von Identität und Differenz, in der Identität ihren (Ab-)Grund findet. Wer dies weiß, muß geradezu systematisch erfahren, daß er ist, was er nicht ist: das seinem Wissen Gegebene, das das Wissen selbst sein soll.

Auch die romantische Obsession, Inzest-Motive auszugestalten, dürfte von diesem Reiz mit gespeist sein: Widerspruchsstrukturen durchzudeklinieren, von denen schwer auszumachen ist, ob sie solche im Reich des „Seins" oder der „Prädikate" sind. Wenn im Bildungsroman Goethes, der von den Romantikern besonders aufmerksam rezipiert wurde, der Harfner und seine Schwester Sperata ein gemeinsames Kind namens Mignon haben, so ist dieses Kind beider Tochter und Nichte zugleich: tertium datur. Und wenn (wie in E.T.A. Hoffmanns *Elixieren des Teufels* oder in Brentanos Roman *Godwi*) Mütter mit ihren Söhnen und Väter mit ihren Töchtern Kinder haben, so sind sie eben zugleich Mütter und Großmütter bzw. Väter und Großväter dieser Kinder, die ihrerseits zugleich und in Hinsicht auf dieselbe Bezugsperson Kinder und Enkel sind. Inzestmotivik ist bekanntlich, wie ein kurzer Verweis auf die Ödipus-Mythe oder die Gregorius-Legende belegt, keine genuin romantische Erfindung. Spezifisch romantisch aber ist die dialektische Pointierung der dem Inzest immanenten Widerspruchsstrukturen – und die Aufstufung der Frage, ob diese Widersprüche „reale" oder aber „nomenklatorische" sind.

Die Antwort liegt nahe: Es handelt sich um jeweils sphärenimmanente Widersprüche, darüber hinaus aber eben auch um unaustreibbare Widersprüche im Verhältnis von „Sein" und „Sinn" (bzw. dem Sinn-Medium Sprache). Die Logik des Seins (Ontologie) und die des Sinns (Semiologie) ist nicht mehr als eine Korrespondenz-Logik zu denken. Womit der dritte romantisch-dialektische Transformations-Schritt avisiert ist: Den Satz vom Grund schrieb die Romantik erstens in den vom Abgrund um, den Satz der Identität dekonstruierte sie zweitens als Satz vom Widerspruch,[180] und das Versprechen der Sprache, einigermaßen verläßlich angeben zu können, was der Fall ist, dechiffriert sie als Versprecher und Angeberei. Die vielgespriesene und vielgescholtene romantische Lust am Wortspiel ist kein Oberflächen-Phänomen. In ihm wird vielmehr die Sprach-Skepsis, die sich im *Don Quichotte* oder im *Hamlet* entfaltet, selbstreflexiv. Das geradezu militante Interesse der Romantiker an den Werken von Cervantes und Shakespeare findet hier seinen Abgrund. Die Welt ist aus den semontologischen bzw. ontosemiologischen Fugen, wenn Fragen nach dem, was einer liest, mit der Antwort „words, words, words" versehen wird oder wenn der zur lachhaften Figur wird, der noch Büchern, also Wortanhäufungen vertraut.

Die romantische Entdeckung schlechthin ist die, daß der vermeintliche semantische Ausnahmefall die Regel ist: word und world können nicht zueinander kommen, zwischen dem Buch der Welt und den Büchern (ja selbst dem Buch der Bücher) gibt es keine verläßliche Korrespondenz. Die Wiener Neuromantik (bzw. Neuro-Mantik) um 1900 (u.a. Hofmansthal, Mauthner und Wittgenstein – ja: auch Wittgensteins Werk läßt sich als ein neuromantisches lesen) kann mit ihrer schwelgerischen Sprachskepsis daran anknüpfen. Zur romantischen Lust an Paradoxien und an Dialektik gehört es, daß sie (wie später die neoromantische Dekonstruktion Derridas) eben in dem Maß, in dem ihr Vertrauen in die Kraft von Worten und Büchern zerfällt, Worte und Bücher häuft. Denn eine Einsicht ist schwer zu umgehen: Wie immer auch das Verhältnis von world und word, von Sein und Sinn, von soma und sema zu denken ist – aussagbar ist es selbstredend nur von der Seite der Aussagen her. Selbst dann, wenn man den antiken Topos „natura loquitur" romantisch rundumerneuert[181] und das Lied, das in allen Dingen schläft, mit einem Zauberwort derart erweckt, daß die Welt zu singen anfängt, wird man das dann erklingende Lied eben doch „nur" als Aussage, als grundstürzendes semantisches Ereignis verbuchen dürfen. Um es erneut roman-

---

180 Cf. dazu ausführlicher Jochen Hörisch: Die fröhliche Wissenschaft der Poesie – Der Universalitätsanspruch von Dichtung in der frühromantischen Poetologie. Ffm 1976, p. 54 sqq.
181 Cf. dazu die klassische Darstellung von Alexander von Bormann: Natura loquitur – Naturpoesie und emblematische Formen bei Josef von Eichendorff. Tübingen 1968.

tisch-paradox zu formulieren: Der Satz „tertium datur"[182] gilt gerade deshalb, weil es im Verhältnis zwischen Sein und Sinn keine dritte, übergeordnete Instanz gibt, die über Struktur und Eigenart dieses Verhältnisses entschiede.

*

Wenn Integrale und Fundamente wie „Gott" und „Selbstbewußtsein" erodieren oder sich gar als argumentativ schlechthin nicht haltbar erweisen (und wohl keine zweite literarische Epoche dürfte der Kraft von Argumenten soviel Gewicht beigemessen haben wie die romantische), so ist zumindest ein Problem nur allzu manifest: Es läßt sich (um noch einmal den Romantiker Goethe zu zitieren[183]) nicht mehr verbindlich angeben, was die Welt im Innersten zusammenhält. Welten, die kein Integral (mehr) haben, werden unstimmig. Sie erscheinen als eine bizarre Ansammlung von Dingen und Personen, Sachverhalten und Ereignissen, Meinungen und Meldungen, auf die man sich keinen plausiblen Reim mehr machen kann.

Im Nachlaß Arnims und Brentanos findet sich eine von fremder Hand geschriebene, aber offenbar von den beiden romantischen Freunden diktierte Liste, die Achim von Arnim mit einer Überschrift von eigener Hand versehen hat: *Zufälligkeiten im Zusammentreffen beyder gespaltenen Kolumnen einer Zeitung.* In ihr heißt es u.a.: „Neulich gab unser Fürst dem Dohm Kapitel ein prächtiges Soupée – drey Personen wurden gerettet, die übrigen ersoffen alle. (...) Am 13ten dieses schlug der Blitz in der hiesigen Domkirche – und sezte Tages drauf seine Reise weiter fort. (...) Ein junges Frauenzimmer, so alle nöthige Kenntniße besizet, dazu gut französisch spricht – ist in unserer Buchhandlung gratis zu haben."[184] Nicht nur die Welt, auch die Meldungen aus der und über die Welt sind buchstäblich aus den Fugen geraten. Zu den romantischen Grundeinsichten gehört es, daß man dieses – sei's drum – seinsgeschichtliche Ereignis unterschiedlich verbuchen kann: z.B. nach dem Muster *Hamlets* als Grund für tiefe Melancholie oder nach dem Muster *Don Quichottes* als Anlaß zum Lachen. Melancholie und Lachen reagieren auf dieselbe Erfahrung der Nicht-Korrespondenz und der Disproportion (zwischen Ich und Welt, Selbstbewußtsein und Bewußtsein, Sein und Sinn). Sie ist die romantische Grunderfahrung schlechthin.

Kann man (und wenn ja: wie bzw. wie lange und welches „man") – kann man mit der Erfahrung leben, daß Paradoxien, Widersprüche, Disproportionen das

---

182  Klaus Heinrich: tertium datur – Eine religionsphilosophische Einführung in die Logik – Dahlemer Vorlesung Bd. 1. Basel 1981.

183  Die Üblichkeit der sogenannten Auslandsgermanistik, Klassik und Romantik als nicht nur zeitgleich, sondern auch als rhetorisch-thematisch wahlverwandt zu verstehen, ist einfach überzeugender als die deutsche Gebräuchlichkeit, à tout prix Wesensunterschiede zwischen den Topoi Jena und Weimar herauszustellen.

184  Zit. nach Heinz Härtl: Ein journalistischer Scherz-Artikel der Heidelberger Romantik; in: Neue Zeitung für Einsiedler – Mitteilungen der Internationalen Arnim-Gesellschaft, Jahrgang 1, Heft 2, 2000/2001, pp. 31–34.

letzte Wort haben? Bzw. das vorletzte, weiß doch ein paradoxiesensibles Bewußt-sein, daß es letzte Worte, die schlechthin alles klären und zurechtrücken, nicht gibt. Die Antworten auf diese romantische Grund- bzw. Abgrundfrage fallen un-terschiedlich aus (wie sollte das anders sein, wie anders wären romantische Texte lesenswert, romantische Gemälde betrachtenswert, romantische Kompositionen hörenswert?). Daß sie unterschiedlich ausfallen, ist die romantische Gemeinsam-keit, die Jenaer, Berliner, Heidelberger und Wiener Köpfe verbindet. Weil Para-doxien und Differenzen nicht eigentlich vermeidbar sind, ja weil es nicht einmal wünschenswert wäre, sie zu vermeiden, ist – wohl berühmtestes der romantischen Schlüsselwörter – auch Ironie unvermeidbar. Und zwar Ironie im definitorischen und strikten Sinne: etwas anderes zu sagen als man meint. Ironie wird dann er-sichtlich zu einer sehr ernsthaften Angelegenheit. In seiner zu Recht berühmten Rezension von Goethes *Wilhelm Meister* hat Friedrich Schlegel dafür eine großar-tige Formulierung gefunden: „Das (= über die Grenzen des sichtbaren Werkes mit Vermutungen und Behauptungen hinausgehen, J.H.) muß alle Kritik, weil jedes vortreffliche Werk, von welcher Art es auch sei, mehr weiß, als es sagt, und mehr will, als es weiß."[185]

Die eigentümliche Pointe der romantischen Ironie-Theorie ist es demnach ge-rade nicht, das ironische Sprechen und Schreiben als geistreiche Ausnahme zu li-zensieren. Vielmehr ist Ironie so unvermeidbar, wie Paradoxien es sind. Denn Bewußtsein und Kommunikation sind schlechthin nicht verläßlich aneinander zu koppeln. Die postmoderne Kalauer-Frage „Wie soll ich wissen, was ich denke, bevor ich höre, was ich sage?" hat einen seriöseren romantischen Vorläufer. Wis-sen und Sagen können sowenig übereinstimmen wie Bewußtsein und Wille. Die Romantiker (und voran die frühen Jenaer Romantiker Friedrich Schlegel, Nova-lis, Schleiermacher und Tieck) setzen bei ihren Versuchen, eine Antwort auf die Frage zu finden, was denn die Welt nach der Erosion aller Grund- und Identi-täts-Integrale noch zusammenhält, auf ein komplexes, prototypisch modernes und bis hin zur witzigen späten Systemtheorie von Niklas Luhmann (die nicht ohne Grund auffallend häufig Frühromantiker zitiert) anschlußfähiges Reflex-ions-Design. Sie verstehen das von Schlüsselworten wie Paradox und Integral-verlust angezeigte Problem nämlich paradox als die Lösung. Daß es keine ver-bindlichen Integrale mehr gibt, ist kein Anlaß zur Trauer, sondern zur Freude: Endlich kann man ungestraft und jenseits aller Tabus leben, lieben, sprechen, denken, schreiben und sich offensiv auf Neues einlassen.

Und man kann das guten, ja besten Gewissens tun. Denn man weiß ja, para-doxie- und dialektikgeschult: Der Mangel an Integralen ist die Gemeinsamkeit, die man hat. Im Hinblick auf Kommunikationsprobleme heißt das (wie u.a. der phantastische *Monolog* des Novalis vorgeführt hat): man ist klüger als jeder Kon-senstheoretiker, weil man einsieht, daß Dissens und nicht Konsens die regulative Idee von Kommunikation ist. Wäre Kommunikation an Konsens interessiert, so

---

185 Friedrich Schlegel: Über Goethes Meister; in: ders.: Kritische Friedrich-Schlegel-Ausgabe, Bd. 2, ed. Ernst Behler. München/Paderborn/Wien 1967, p. 140.

würde sie ja in dem Augenblick, da ihr Ziel: die Übereinstimmung erreicht ist, zusammenbrechen. Wenn zwei und mehr übereinstimmen, haben sie sich nichts mehr zu sagen. Im Hinblick auf Verstehensprobleme heißt das (wie u.a. Schleiermachers antihermeneutische *Reden über Religion* oder Friedrich Schlegels Essay *Über die Unverständlichkeit* dargelegt haben): Die frühromantische Hermeneutik stellt Programme der Übereinstimmung von Primär- und Sekundärtext auf solche des differenzbetonten Verstehens um. Ein interpretatorischer Text wird dann in dem Maße komisch, in dem er vergißt, daß er seinem Wortsinn alle Ehre macht: er fährt dazwischen, er interpretiert, er überschreibt den ersten Text, er diskurriert so, daß deutlich wird, wie zwei Texte dis-currieren, auseinanderlaufen. Die schöne Einsicht, daß zwei, die sich streiten, dasselbe tun: nämlich sich zu streiten, gilt dann gerade und besonders für Texte, die von sich behaupten, interpretatorisch herauszustellen, was ein anderer Text „eigentlich" sagen will. Im Hinblick auf Liebesprobleme heißt das (wie Schlegels *Lucinde* skandalträchtig vorgeführt hat): Man stellt von Vereinigungs- auf Spannungsprogramme um und macht dem Begriff des Heterons alle Ehre: Man liebt den oder die andere als anderen und nicht als Double seiner selbst. Und man weiß, man akzeptiert, man feiert unter Umständen auch, daß es andere gibt. Die Liebe liebt das Wandern, Gott hat sie so gemacht. Im Hinblick auf Probleme gesellschaftlicher Integration heißt das: Man stellt von Inklusion auf Exklusion um, die dann ihre verbindende Kraft paradox entfaltet. Daß keiner will, was der andere will; daß alle nur an sich denken; daß jeder egoistisch ist; daß das Geld des einen nicht das Geld des anderen ist: Eben das haben all die gemeinsam, die keinen gemeinsamen Glauben, kein gemeinsames Wertesystem, keine gesellschaftlichen Hierarchien, keine höheren Werte mehr miteinander teilen. Im Hinblick auf das alte Integral-Angebot „Gott" heißt das (wie alle kunstreligiösen Texte der Romantiker gezeigt haben): Es wird offenbar, daß Gott nicht offenbar ist. Denn wenn er offenbar wäre, könnte es so viele unterschiedliche Ansichten seiner Beschaffenheit, seines Willens und noch seiner Existenz nicht geben. Man kann die später einsetzende romantische Konversionslust paradox auch als Bestätigung contre coeur dieser frühromantischen Einsicht begreifen.

Die Brillanz dieser ersten unter den romantischen Optionen, auf Paradoxie-Probleme und Widerspruchsstrukturen zu reagieren, ist unübersehbar: Man erklärt das Problem zur Lösung; es gibt keine allumschließenden Integrale – und das ist auch gut so. Die Welt wird dadurch im Innersten zusammengehalten, daß ihre Elemente munter oder bedrohlich auseinanderdriften. Kleist hat dafür ein wunderbares Denkbild gefunden. In seinem Brief an Wilhelmine von Zenge vom 13. November 1800 heißt es: „Ich ging an jenem Abend vor dem wichtigsten Tag meines Lebens in Würzburg spazieren. Als die Sonne herabsank war es mir als ob mein Glück unterginge. Mich schauerte wenn ich dachte, daß ich vielleicht von allem scheiden müßte, von allem. Was mir teuer ist./Da ging ich, in mich gekehrt, durch das gewölbte Tor, sinnend zurück in die Stadt. Warum, dachte ich, sinkt wohl das Gewölbe nicht ein, da es doch *keine* Stütze hat? Es steht, antwortete ich, *weil alle Steine auf einmal einstürzen wollen.*" (Hervorh. J.H.) In seinem

*Penthesilea*-Drama hat Kleist diesem Denkbild klassischen Ausdruck verliehen. Die Amazonenkönigin Penthesilea, erotische Inkarnation des *tertium datur*, steht buchstäblich vor einer Aporie und sucht den rechten Weg. Angesichts von Abgründen muß sie, der der Boden unter den Füßen entzogen wurde, zu einem Entschluß kommen.

> Penthesilea. Wo geht der Weg? Sie sammelt sich und steht auf.
> Meroe. So willst du dich entschließen?
> Prothoe. So hebst du dich empor? – Nun, meine Fürstin,
> So seis auch wie ein Riese! Sinke nicht,
> Und wenn der ganze Orkus auf dich drückte!
> Steh, stehe fest, wie das Gewölbe steht,
> weil seiner Blöcke jeder stürzen will!
> Beut deine Scheitel, einem Schlußstein gleich,
> Der Götter Blitzen dar, und rufe, trefft!
> Und laß dich bis zum Fuß herab zerspalten,
> Nicht aber wanke in dir selber mehr,
> Solang ein Atem Mörtel und Gestein,
> In dieser jungen Brust, zusammenhält.
> Komm. Gib mir deine Hand.
> Penthesilea.                    Geht's hier, geht's dort?
> Prothoe. Du kannst den Felsen dort, der sichrer ist,
> Du kannst auch das bequemre Tal hier wählen. –
> Wozu entschließen wirst du dich?
> Penthesilea.                    Den Felsen!
> Da komm ich ihm um soviel näher.[186]

Der Felsen, den zu erklimmen Penthesilea sich anschickt, ist – spätestens seit der Einsetzung Petri als Nachfolger Jesu Christi – der Inbegriff des festen Fundaments in bewegter und unsicherer Zeit. Der Fels aber ist Lösung und Problem zugleich. Denn noch das festeste Fundament ist ja ein Supplement des abwesenden Gottessohnes – ein Stellvertreter eben. Nur weil die inkarnierte Offenbarung nicht mehr unter den Lebenden weilt, tut ein festes Fundament not. Penthesilea wird mit ihrer Gefolgschaft den Fels erklimmen, nur um einen um so tieferen Sturz zu tun. Eine prototypisch verdichtete romantische Szene in einer Caspar-David-Friedrich-Landschaft, die Meta-Paradoxien zur Beobachtung freigibt. „Küsse, Bisse,/Das reimt sich."[187]

Man wird einfach wacher und klüger, man denkt komplexer und macht subtilere Erfahrungen, man beobachtet, was andere nicht beobachten, wenn man sich auf das romantische Reflexions-Design einläßt und es bei der Suche nach einem alles übergreifenden Integral auch für möglich hält, daß dieses Integral so „Küsse-Bisse"-haft widersprüchlich ist wie das, was es integrieren soll. Man liebt dann die Liebe, betreibt Poesie der Poesie, fragt nach einer möglichen Wissen-

---

186 Heinrich von Kleist: Penthesilea; in: ders.: Sämtliche Werke und Briefe, ed. Helmut Sembdner. München 1952 sqq., vv. 1346–1362.
187 Ibid., v. 2981 sq.

schaft der Wissenschaft, erforscht den Sinn des Sinns und versucht die Erzieher zu erziehen, die Aufklärung über sich selbst aufzuklären sowie das Verstehen zu verstehen. Die zu Recht berühmten romantischen Meta-Formeln lassen sich in all ihrem frivolen Pathos unschwer in die nüchterne Sprache der Systemtheorie übersetzen. Die Romantik läßt sich dann als *die* klügste intellektuelle Reaktion auf all die Prozesse funktionaler Ausdifferenzierung begreifen, in deren Zeichen die Moderne steht. Es gibt eben keine überzeugende Universalinstanz mehr (heiße sie Gott oder ewiges Gesetz, Kaiser oder Papst, transzendentale Subjektivität oder Konsens), die für alles zuständig wäre. Es gibt nur die Probleme, ohne die es keine Systeme (wie Religion, Kunst, Wissenschaft, Politik, Ökonomie etc.) gäbe, die autopoietisch prozedieren und ihrerseits (schon wegen ihres Interesses an Bestandserhaltung) Probleme produzieren.

*

Dieser romantische Habitus ist glänzend – und er ist (wie viele Zeitgenossen und frühe Kritiker von Hegel bis Kierkegaard alsbald gesehen haben) frivol.[188] Denn er erlaubt sich sehr ernste Scherze und Scherze noch mit dem Ernstesten. Nicht alle reagieren darauf humorvoll. Ironieverweigerung wird deshalb so etwas wie das Markenzeichen all derer, die im Namen *einer* Gewißheit, *einer* Wahrheit, *einer* Offenbarung oder *einer* Letztinstanz gegen die romantische Option für second-order-observation polemisieren. Dabei machen sie, wenn sie das mit der frühen Romantik erreichte Reflexionsniveau nicht fahrlässig unterbieten wollen, eine eigentümliche Erfahrung. Nämlich diese: nur eines ist bei Option für Analyse und Argumente schwerer als Romantiker zu sein – nämlich keiner zu sein. Wie hoch der Preis dafür sein kann, romantische Abgrund-Einsichten wütend zu verwerfen, hat jüngst in geradezu grotesker Überdeutlichkeit Peter Hacks mit seiner Polemik *Zur Romantik* herausgestellt. Ein Autor also, der als Nationalpreis-Träger der DDR sich dem Projekt einer sozialistischen postrevolutionären Klassik verschrieben hatte, die ihr festes Fundament im wissenschaftlichen Marxismus-Leninismus und ihren Intimfeind in allen Formen von Romantik erkennt.

Es gibt Bücher, mit denen man allzu gnädig umgeht, wenn man den romantischen Grundsatz von der Nicht-Kritisierbarkeit des Schlechten achtet. Es gibt Bücher, deren Lektüre man nur erträgt, wenn man ihre grotesken, weil unfreiwillig komischen Seiten goutiert. Peter Hacks hat es mit seiner schockierend schlechten, 157 Seiten starken Hetz-Schrift *Zur Romantik* fertiggebracht, mit einem Buch diese beiden Kategorien zu bedienen – und eine weitere dazu: Es gibt Bücher, die man, wenn man es über sich gebracht hat, sie zu Ende zu lesen, nur zu zitieren braucht, um sie eben nicht zu richten, sondern sich selbst richten zu lassen.

---

188 Cf. Arthur Henkel: Was ist eigentlich romantisch? In: Festschrift für Richard Alewyn. Köln/Graz 1967.

Also einige Zitate des besinnungslosen Romantik-Hassers Hacks. „Jeder Eng-länder, will ich sagen, hat Opium zur Hand."[189] „Die gesamte deutsche Romantik, so fing ich an, ist eine mutmaßliche Bande von Opiophagen."[190] „August Wilhelm Schlegel war impotent, da können Sie Heinrich Heine so gut wie Germaine de Stael fragen. Ich konjekturiere: August Schlegel genoß Opium."[191] Drogenkonsum ist teuer. Aber die Romantiker haben Geld, d.h. sie bekommen Geld, viel Geld vom britischen Secret Service. Hacks enttarnt die deutschen Romantiker „als Einflußagenten der englischen Regierung"[192] und das „Verhältnis der deutschen Klassik zur französischen Abwehr (als) ein enges"[193]. Ja, Hacks durchschaut souverän die Tiefenstruktur der gesamten Weltliteratur. Der erste Groß-Ironiker und Proto-Romantiker Sokrates war „ein persischer Agent"[194]. Seitdem sind alle romantischen Schriftsteller Geheimdienst-Agenten. „Die imperialistische Literatur wird von der CIA gehandhabt (...), so wie es der Secret Service um 1800 tat. Es ist ja der heutige Einsatz der USA für den Weltrückschritt einfach die Fortsetzung des seinerzeitigen englischen."[195] Hacks, der einer Fußnote seine Hitliste der „genialen Elite" der Russen anvertraut: „Iwan IV, Peter I, Katharina II, Wladimir Iljitsch Lenin und Josip Wissariowitsch Stalin"[196], grämt sich, „daß keiner weiß, für wen seit 1953 das KGB eintrat"[197] – vermutlich ist es seit Stalins Tod romantisch unterwandert.

Gebilde, die vom romantischen Bazillus befallen sind, müssen alles tun, um diesen Bazillus – „auszuschwitzen". Sonst sind sie geliefert. „Das erste Auftauchen der Romantik in einem Land ist wie Salpeter in einem Haus, Läuse auf einem Kind oder der Mantel von Heiner Müller am Garderobenhaken eines Vorzimmers. Ein von der Romantik befallenes Land sollte die Möglichkeit seines Untergangs in Betracht ziehen."[198] „Senecas Dramen sind nicht anders zu verstehen denn als Ausdruck einer anticaesaristischen Romantik: einer Ausschwitzung der inzwischen gegen das Kaisertum vereinigten Parteien des Bürgerkrieges."[199] Ausschwitzen muß man vor allem auch „Judenmädchen" und „Lagerhuren" wie – Rahel Varnhagen. „Nicht viele wissen, daß das Judenmädchen, bevor sie (recte: es, J.H.) 1814 in die christliche Religion eintrat und ihr (recte: ihm, J.H.) gelang (...) Varnhagen vor den Altar zu schleppen, sich ihrerseits als Soldatenweib und Lagerhure versucht hatte."[200] Damit ist der schwache Schutzwall vor dem faschistischem Klartext des sozialistischen Klassikers endgültig gebrochen. „Ich halte

---

189  Peter Hacks: Zur Romantik. Hamburg 2001, p. 35.
190  Ibid., p. 36.
191  Ibid., p. 45.
192  Ibid., p. 74.
193  Ibid., p. 93.
194  Ibid., p. 38.
195  Ibid., p. 74.
196  Ibid., p. 13.
197  Ibid., p. 74.
198  Ibid., p. 140.
199  Ibid., p. 148.
200  Ibid., p. 63.

eine physiologische Definition der Romantik – als eines ethischen Defekts oder einer Hirnschwäche – für möglich."[201] „Die biologische Überzahl der Unfähigen unter den Künstlern und den Kunstfreunden rät uns, nicht mit einem baldigen Verschwinden der Romantik zu rechnen."[202] Da empfiehlt sich die „Ausschwitzung". Hacks hat, all denen willig Material liefernd, die in der DDR rotlackierte Faschisten am Werk sahen, eine genuin faschistische Hetzschrift vorgelegt, an der denn doch verblüfft, wie mutwillig direkt sie sich aus dem Stilreservoir des *Stürmer* bedient.

Selbst faschistische Bücher können komisch sein – so komisch wie ein schwarzäugiger und schwarzhaariger Hitler, der von blonden Haaren und blauen Augen deliriert, ein morphinistisch-adipöser Göring, der flinke Windhunde bewundert, ein klumpfüßiger Goebbels, der die überlegene Gesundheit der germanischen Rasse preist. Auch Hacks geiferndes Traktat ist von verzweifelter Komik und brutalkomischer Verzweiflung: ein Haßausbruch, ein Desaster, ein intellektueller Kollaps. Von verläßlicher Komik ist es, wenn jemand der ist, den er paranoisch haßt. Und Hacks ist der Romantiker nach Hacksschem Bilde: „Er war ein befugter Paranoiker, so nenne ich einen Menschen, der nicht irrt, wenn er sich einbildet, es meide ihn jeder nach Kräften."[203] „Romantischer Stil ist oft absichtlich schlechter Stil."[204] Hacks kennt sich da gut aus, produziert er doch zuhauf Sätze wie: „Das Buch (*The Monk* von Lewis, J.H.) ist ein sowohl schwul als sadistischer Porno."[205] „Es war sogar sein eigener Vater, der sie gemalt hat, aber zu was das?"[206] Hacks bringt das „urwaldartige Geheul, das wir bei Fichte und Jahn, Kleist und Adam Müller, Arndt und Körner vernehmen"[207] oder eben nicht vernehmen, enthemmt aufs Papier. Und Hacks, der wie der Klappentext erwähnt, 1977 den Nationalpreis der DDR I. Klasse erhielt, ist der angesichts seiner dummdreisten Brutalitäten allzugut bezahlte Literat im staatlichen Auftrag, der die von den DDR-Romantikern Franz Fühmann und Christa Wolf vorbereitete „Konterrevolution von 1989" nicht verhindern konnte.

Lesenswert ist das widerwärtige Buch von Peter Hacks allein, weil es in bizarrer Drastik ein Problem deutlich macht, das die dialektischen romantischen Denkfiguren tatsächlich bereithalten: Sie sind für alle, die es gerne einfach und sicher haben, zumutungsreich und insofern schwer auszuhalten. Die Romantik ist deshalb systematisch von Entlastungsangeboten, Unterbietungen und zumal von Selbstunterbietungen bedroht. Paradoxien und Aporien das vorletzte Wort zu lassen und zugleich zu wissen, daß es letzte Offenbarungsworte nicht gibt, ist nämlich nicht nur eine intellektuelle, sondern auch eine emotionale Zumutung. Zu den wirklich großen Entdeckungen der Romantiker gehört denn auch die, daß es

---

201 Ibid., p. 153.
202 Ibid., p. 157.
203 Ibid., p. 33.
204 Ibid., p. 47.
205 Ibid., p. 18.
206 Ibid., p. 23.
207 Ibid., p. 103.

reine Vernunft nicht gibt, weil Intellektualität und Emotionalität nicht etwa unterschiedlichsten Sphären angehören, sondern einander zugehören. Vernunft ist durch und durch unrein: im Hinblick auf ihre Genese, auf ihre interne Verfassung, auf ihre Geltung.

Das romantische Projekt einer Kritik der unreinen Vernunft ist häufig mißverstanden worden. Die Romantiker spielen nicht etwa Gefühle, Stimmungen und Affekte gegen die Rationalität aus, sondern erkunden vielmehr, wieviel und welche Emotionen in Vernunft und Verstand stecken. Ihr in enger und argumentativer Auseinandersetzung mit der Kant- und Fichte-Tradition entwickeltes Grundargument ist schlagend. Selbstbewußtsein ist nicht nur eine in sich inkonsistente, sondern auch eine gestimmte Größe. Sich rein seiner selbst bewußt zu sein, ist unmöglich. Ein Ich ist sich seiner immer nur als eines bewußt, das so oder so gestimmt ist – das z.B. Heimweh hat, sich über einen wunderbaren Einfall freut, eitel oder verzweifelt, verliebt oder melancholisch ist. Gestimmtheit ist nichts, was zum Selbstbewußtsein noch hinzutritt. Selbstbewußtsein ist selbst immer schon gestimmtes Selbstbewußtsein. Gute Gründe sprechen übrigens dafür, in dieser Konstellation die eigentliche Differenz zwischen menschlicher und künstlicher Intelligenz zu sehen. Ein Computer freut sich nicht und bekommt keinen ihn euphorisierenden Endorphin-Ausstoß, wenn er den Schachweltmeister besiegt hat. Er wird auch nicht depressiv, wenn er verliert. Der Schachspieler aber erfährt den intellektuell-psychologischen Doppelsinn des Wortes ‚Selbstbewußtsein‘. Denn sein Selbstbewußtsein ist nunmehr angeschlagen. Kurzum: Ausnahmsweise gilt einmal, daß ein banales Argument das Zentrum einer Diskussionslage trifft: Computer sind seelenlos – und mangels „Gestimmtheit" nicht selbstbewußtseinsfähig. Was ja heißen muß, daß man gute Gründe hat, sie gering zu schätzen. Denn wer weiß schon definitiv, ob Selbstbewußtsein ein Vorzug ist – oder ein Handicap?

Die Romantiker entdecken, wieviel Affekte im Denken stecken, wieviel Irrationalität in der Ratio, wieviel Emotionen in der Intelligenz. Und sie entdecken, wie schwierig es nicht zuletzt aufgrund der emotionalen Tönung noch der brillantesten Analysen ist, Paradoxien offen gewähren zu lassen und das Problem als Lösung zu verstehen. Und so müssen sie eine *zweite* Option zur Lösung von Dialektik- und Paradoxie-Problemen avisieren: den Dezisionismus. Wer – wie Penthesilea – vor Aporien steht und nicht weiß, wie er, sie oder es weitergehen soll, kann sich weigern, weiterzugehen. Aber er kann nicht die Zeit stillstellen. So muß man sich entscheiden, eben weil die dialektische Erfahrung unvermeidbar ist, daß auch der Verzicht auf eine Entscheidung eine Entscheidung ist. Der berühmte „ekstatische Vortrag" am Anfang von Kierkegaards so romantischer wie Romantik-kritischer Schrift *Entweder-Oder* hat dieses Problem mit der seinen Schriften eigentümlichen Verve formuliert: „Heirate, du wirst es bereuen; heirate nicht, du wirst es auch bereuen; heirate oder heirate nicht, du wirst beides bereuen; entweder du heiratest oder du heiratest nicht, du bereust beides. Lache über die Torheiten der Welt, du wirst es bereuen; weine über sie, du wirst es auch bereuen; lache über die Torheiten der Welt oder weine über sie, du wirst beides bereuen; entweder du lachst über die Torheiten der Welt oder du weinst über sie, du bereust beides. Trau einem Mädchen, du wirst es bereuen; traue ihr nicht, du wirst es auch bereuen; trau einem Mädchen oder traue ihr nicht, du wirst beides bereuen; entweder du traust einem Mädchen oder du traust ihr nicht, du wirst beides bereuen. Erhänge dich, du wirst es bereuen; erhänge dich nicht, du wirst beides bereuen; erhänge dich oder erhänge dich nicht, du wirst beides bereuen; entweder du erhängst dich oder du erhängst dich nicht, du wirst beides bereuen. Dies, meine Herren, ist aller Lebensweisheit Inbegriff."[208]

Man kann diese berühmten Kierkegaard-Worte unschwer auf Fontanes Erzählung *Schach von Wuthenow* beziehen. In zumindest zwei Kapiteln umkreist sie, wovon schon die Titel dieser Kapitel künden, ausdrücklich Probleme des Dezisionismus. „Es muß etwas geschehen" ist das zehnte, „Le choix du Schach" ist das dreizehnte Kapitel überschrieben. Einmal geht es darum, wie das Regiment Gensdarmes angesichts der aufgeheizten Diskussionen über Werners Luther-Drama reagiert: „Zehntes Kapitel: ‚Es muß etwas geschehn'/Die ‚Weihe der Kraft' wurde nach wie vor gegeben, und Berlin hörte nicht auf, in zwei Lager geteilt zu sein. Alles, was mystisch-romantisch war, war für, alles, was freisinnig war, gegen das Stück. Selbst im Hause Carayon setzte sich diese Fehde fort, und während die Mama teils um des Hofes, teils um ihrer eignen ‚Gefühle' willen überschwenglich mitschwärmte, fühlte sich Victoire von diesen Sentimentalitäten abgestoßen. Sie fand alles unwahr und unecht und versicherte, daß Schach in jedem seiner Worte recht gehabt habe."[209] Schach macht denn auch bei der öffentlichen Verulkung des Dramas nicht mit. Doch auch Schach kann sich – noch dazu bei einer wichtigeren Frage – nicht nicht entscheiden: „Le choix du Schach" besteht darin, daß er sich nicht entscheiden kann, der Entscheidung, zu der andere ihn drängen, zu widerstehen. Er heiratet die blatternarbige Victoire und setzt sich damit dem Spott der Öffentlichkeit aus, die ihn in den Selbstmord treibt.

Die *dritte* und *vierte* Option, auf romantisch aufgewiesene Paradoxien und Dialektiken romantisch zu reagieren, sind in Wien besonders wirkungsmächtig ausgebildet worden: nämlich der Funktionalismus bzw. die Re-Fundamentalisierung. Wenn man feststellt, in welchen dezisionistischen Paradoxien sich noch die paradoxie-lässige und -tolerante romantische Subjektivität verstrickt, so kann man sich von den Vorzügen transsubjektiver und funktionaler Medien wie Geld oder von der Notwendigkeit funktionierender Institutionen überzeugen lassen. Adam Müller hat diese Option wohl am überzeugendsten und wirkungsmächtigsten vertreten und damit eine noch wenig erforschte Brücke zwischen später Romantik und Systemtheorie geschlagen. Oder man startet (etwa mit Zacharias Werner, mit dem späten Friedrich Schlegel oder auch tausend Kilometer nördlich von Wien in Kopenhagen mit Kierkegaard) durch und entscheidet sich zu einer auf- und abgeklärten Re-Fundamentalisierung romantischer Programme. Die letztgenannte Option hat zumindest für sogenannte Geistes- und Ideenge-

---

208 Sören Kierkegaard: Entweder-Oder, übers. von Heinrich Fauteck. München 1975, p. 49 sq.
209 Theodor Fontane: Schach von Wuthenow, l.c., p. 207 sq.

schichtler einen unübersehbaren Vorteil: Der romantische paradoxieverliebte Habitus findet ein neuromantisches Betätigungsfeld. Die Kraft der Paradoxien bewährt sich auch in dieser Hinsicht: Die späte Wiener Romantik ist die Möglichkeitsbedingung all der neuromantischen Dekonstruktions-Ansätze des 20. Jahrhunderts.

Mit bemerkenswerter Regelmäßigkeit und Ausdrücklichkeit greifen nämlich die theoretischen und ästhetischen Avantgarde-Bewegungen auf Impulse der frühen Romantik zurück. Der Surrealismus erklärte Achim von Arnim zu einem seiner Vorväter; Walter Benjamin promovierte über den *Begriff der Kunstkritik in der deutschen Romantik*; Georg Lukács' frühe Schriften *Die Seele und die Formen* sowie *Theorie des Romans* knüpfen an die Jenaer Frühromantik an; Herbert Marcuses Dissertation über den deutschen Künstlerroman stellt den *Heinrich von Ofterdingen* in ihren Mittelpunkt; Ernst Blochs *Geist der Utopie* beschäftigt sich ausführlich mit der Romantik von Novalis bis Wagner und insbesondere mit dem Bild zu Sais.[210] Aufschlußreicherweise aber finden sich nicht nur untergründige, sondern explizit benannte Anknüpfungen an romantisch-dialektische Überlegungen nicht nur im Umkreis des ästhetischen Neomarxismus, sondern auch bei der Systemtheorie Niklas Luhmanns und der Dekonstruktion Derridas. Immer erneut bewährt sich die Einsicht, daß ab einem gewissen Komplexitätsniveau nur eines schwieriger ist als Romantiker zu sein – kein Romantiker zu sein.

Nicht irgend ein Romantiker, sondern Romantiker aus Wien zu sein, bewährt sich, wenn es um allerletzte Dinge geht – wie Heinrich Heine in seinem späten *Lazarus*-Gedicht eindringlich dargelegt hat. Lazarus hat, nachdem er alle somatischen und semantischen Paradoxien des Lebens romantisch durchgemacht hat, seine Erdentage hinter sich und verlangt im Himmel Einlaß. Bei Petrus beißt er erst einmal auf Granit. Kein Wunder – hat der romantische Lazarus doch Überlegungen wie diesen nachgehangen:

> Laß die heilgen Parabolen,
> Laß die frommen Hypothesen –
> Suche die verdammten Fragen
> Ohne Umschweif uns zu lösen.
>
> Warum schleppt sich blutend, elend,
> Unter Kreuzlast der Gerechte,
> Während glücklich als ein Sieger
> Trabt auf hohem Roß der Schlechte?
>
> Woran liegt die Schuld? Ist etwa
> Unser Herr nicht ganz allmächtig?
> Oder treibt er selbst den Unfug?
> Ach, das wäre niederträchtig.

---

210 Cf. Jochen Hörisch: Herrscherwort, Geld und geltende Sätze – Adornos Aktualisierung der Frühromantik und ihre Affinität zur poststrukturalistischen Kritik des Subjekts; in: Burkhardt Lindner/W. Martin Lüdke (edd.): Materialien zur ästhetischen Theorie Th. W. Adornos – Konstruktion der Moderne. Ffm 1979, pp. 397–414.

> Also fragen wir beständig,
> Bis man uns mit einer Handvoll
> Erde endlich stopft die Mäuler –
> Aber ist das eine Antwort?

Wer solche Fragen stellt, hat schlechte Aussichten, am festen Fels Petrus vorbeizukommen.

> So brummt der Alte, doch kann er nicht
> Im Polterton verharren, er spricht
> Gutmütig am Ende die tröstenden Worte:
> ‚Du arme Seele, zu jener Sorte
> Halunken scheinst du nicht zu gehören –
> Nu! Nu! Ich will deinen Wunsch gewähren,
> Weil heute mein Geburtstag just
> Und mich erweicht barmherzige Lust –
> Nenn mir daher die Stadt und das Reich,
> Woher du bist; sag mir zugleich,
> Ob du vermählt warst? – Eh'liches Dulden
> Sühnt oft des Menschen ärgste Schulden;
> Ein Eh'mann braucht nicht in der Hölle zu schmoren,
> Ihn läßt man nicht warten vor Himmelstoren.'

> Die Seele antwortet: ‚Ich bin aus Preußen,
> Die Vaterstadt ist Berlin geheißen.
> Dort rieselt die Spree, und in ihr Bette
> Pflegen zu wässern die jungen Kadette;
> Sie fließt gemütlich über, wenn's regent –
> Berlin ist auch eine schöne Gegend!
> Dort bin ich Privatdozent gewesen,
> Und hab über Philosophie gelesen –
> Mit einem Stiftsfräulein war ich vermählt,
> Doch hat sie oft entsetzlich krakeelt,
> Besonders wenn im Haus kein Brot –
> Drauf bin ich gestorben und bin jetzt tot.'

> Sankt Peter rief: ‚O weh! o weh!
> Die Philosophie ist ein schlechtes Metier.
> Wahrhaftig, ich begreife nie,
> Warum man treibt Philosophie.
> Sie ist langweilig und bringt nichts ein,
> Und gottlos ist sie obendrein;
> Da lebt man nur in Hunger und Zweifel,
> Und endlich wird man geholt vom Teufel.'

Die Karten sind also schlecht gemischt für den armen Lazarus, der im Himmel Einlaß begehrt. Doch Petrus ist großzügig gestimmt. Denn er hat just an dem Tag Geburtstag, an dem der arme Lazarus an seine Türe klopft. Und so nimmt er ihn gut dezisionistisch doch noch in seinem Reiche auf – nicht ohne einen letzten goldwerten Hinweis für den romantischen Sünder:

,Vergiß mich nicht. Wenn dir die Pracht
Des Himmels einmal Langweile macht,
So komm zu mir; dann spielen wir Karten.
Ich kenne Spiele von allen Arten,
Vom Landsknecht bis zum König Pharao.
Wir trinken auch – Doch apropos!
Begegnet dir von ungefähr
Der liebe Gott, und fragt dich: woher
Du seiest? so sage nicht: aus Berlin,
Sag lieber: aus München, oder aus Wien.'

So handfest kann, selbst wenn letzte Dinge gestreift werden, das Wissen sein, das
Literatur vermittelt.

# NACHWEISE

Die in diesem Buch versammelten und z.T. stark überarbeiteten Essays und Studien gehen auf folgende Erstpublikationen (dort z.T. unter anderen Titeln) zurück:

1. Warum lügen und was wissen die Dichter? – Plädoyer für eine problem- und themenzentrierte Literaturwissenschaft; in: Konrad Paul Liessmann (ed.): Der Wille zum Schein – Über Wahrheit und Lüge – Philosophicum Lech Band 8. Wien 2005, pp. 114–150. Die Rezension von Oliver Jahraus ‚Literatur als Medium – Sinnkonstitution und Subjekterfahrung zwischen Bewußtsein und Kommunikation‘ (Weilerswist 2003) erschien zuerst in: Arbitrium – Zft. für Rezensionen zur germanistischen Literaturwissenschaft 2/2006, pp. 147–151.
2. Ver-Dichtungen – Metaphern sagen es dichter; in: Hans Rudi Fischer (ed.): Eine Rose ist eine Rose .... Zur Rolle und Funktion von Metaphern in Wissenschaft und Therapie. Weilerswist 2005, pp. 100–109.
3. Die Kunst des Lebens und das Leben der Kunst – Überlegungen zu Schillers Konzeption einer ästhetischen Erziehung des Menschen; in: Text & Kontext – Zeitschrift für Germanistische Literaturforschung in Skandinavien 28.1. Kopenhagen/München 2006, pp. 36–54.
4. „Am farbigen Abglanz haben wir das Leben"; in: Matthias Götz et al. (edd.): Schatten, Schatten – Der Schatten: das älteste Medium der Welt. Basel 2003, pp. 72–79.
5. Das Gesetz der Literatur; in: Matthias Eitelmann/Nadyne Strizke (edd.): Ex praeteritis Praesentia – Sprach-, literatur- und kulturwissenschaftliche Studien zu Wort- und Stoffgeschichten – Festschrift zum 70. Geburtstag von Theo Stemmler. Heidelberg 2006, pp. 369–381.
6. (Wie) passen Justiz und Massenmedien zusammen? In: Strafverteidiger 3/2005, pp. 151–156.
7. Zu Gericht sitzen – Wilhelm Raabes abgründige Prosa; in: Hubert Winkels (ed.): Jochen Missfeldt trifft Wilhelm Raabe – Der Wilhelm Raabe-Literaturpreis und seine Folgen. Göttingen 2003, pp. 75–101.
8. Epochen-Krankheiten – Das pathognostische Wissen der Literatur in: Frank Degler/Christian Kohlroß (edd.): Epochen/Krankheiten – Konstellationen von Literatur und Pathologie. St. Ingbert 2006, pp.21–44.
9. Sinnende Zeit – Herder, Hofmannsthal, Gernhardt: Drei Stadien poetischer Zeiterfahrung; in: H.-J. Bieber/H. Ottomeyer/G.Ch. Tholen (edd.): Die Zeit im Wandel der Zeit. Kassel 2002, pp. 319–334.

10. Gedächtnis und Vergessen; in: D. Ottmann/M. Symmank (edd.): Poesie als Auftrag – Festschrift für Alexander von Bormann. Würzburg 2001, pp. 311–319.

11. *Willkomm und Abschied* –„Es" und „doch": Noch eine Interpretation von Goethes Gedicht; in: B. Witte (ed.): Gedichte von J.W. Goethe – Interpretationen. Stuttgart (Reclam 17504) 1998, pp. 11–21.

12. Neuzeitliche Kommunikationsprobleme – Auf ein glückliches Wort hoffen – Kommunikative Irritationen in Goethes *Tasso;* in: Roland Borgards/Almuth Hammer/Christiane Holm (edd.): Kalender kleiner Innovationen – Für Günter Oesterle. Würzburg 2006, pp. 37–40.

13. Freundschaft und Liebe – Zwei Liebende, drei Freunde; zuerst in englischer Fassung unter dem Titel: Two Lovers, Three Friends; in: Literary Paternity, Literary Friendship – Essays in Honor of Stanley Corngold, ed. Gerhard Richter. Chapel Hill/London 2002, pp. 159–174.

14. Schlafen – Unerhörte Verse: Goethes *Nachtgesang* und Storms *Hyazinthen;* in: NZZ vom 24.12.2001, p. 62.

15. „DEN Menschen" – Etcetera-Typen: Der Mensch im Lichte der Literatur-Wissenschaft; in: Merkur 548/November 1994, pp. 998–1007.

16. Musik und Zeit: „Unaufhaltsam rollt sie hin (...)" – Musische Zeit, Medienzeit, Schubert, Beatles; in: Ursula Keller (ed.): Zeitsprünge. Berlin 1999, pp. 177–192.

17. Die Erfahrung des Fremden und die fremde Erfahrung – Eine Interpretation von Wilhelm Müllers und Franz Schuberts *Winterreise;* in: Athenäum – Jahrbuch für Romantik 1/1991, pp. 41–68.

18. Paradoxien der Neuzeit – Romantische Dialektik; in: Athenäum – Jahrbuch für Romantik 13/2003, pp. 43–61.